鉄筋コンクリート構造

第6版

福島正人
大場新太郎 共著
和田　勉

森北出版株式会社

● 本書のサポート情報を当社Webサイトに掲載する場合があります．
下記のURLにアクセスし，サポートの案内をご覧ください．

https://www.morikita.co.jp/support/

● 本書の内容に関するご質問は，森北出版 出版部「(書名を明記)」係宛に書面にて，もしくは下記のe-mailアドレスまでお願いします．なお，電話でのご質問には応じかねますので，あらかじめご了承ください．

editor@morikita.co.jp

● 本書により得られた情報の使用から生じるいかなる損害についても，当社および本書の著者は責任を負わないものとします．

■ 本書に記載している製品名，商標および登録商標は，各権利者に帰属します．

■ 本書を無断で複写複製（電子化を含む）することは，著作権法上での例外を除き，禁じられています．複写される場合は，そのつど事前に(一社)出版者著作権管理機構（電話03-5244-5088，FAX03-5244-5089，e-mail：info@jcopy.or.jp）の許諾を得てください．また本書を代行業者等の第三者に依頼してスキャンやデジタル化することは，たとえ個人や家庭内での利用であっても一切認められておりません．

は じ め に

　鉄筋コンクリート構造は，その優れた特質から，永い間，わが国における現代建築の主流であった．したがって，鉄筋コンクリート構造に関する研究や著書は数多いが，まだ十分に明らかにされていない点も少なくない．また，昭和43年の十勝沖地震による鉄筋コンクリート造の被害から，この構造の再検討がなされ，鉄筋コンクリート構造は反省期に入ったといってよい．

　しかし，プレストレストコンクリートの利用，プレキャスト鉄筋コンクリート部材の計画的生産・利用など，鉄筋コンクリート構造の新しい分野の開発が期待され，建築の技術者は，鉄筋コンクリート構造の基本的性質と，それに基づく設計理論を，十分に理解する必要がある．

　日本建築学会の「鉄筋コンクリート構造計算規準・同解説」（本文では，「計算規準」と記す）を初め，諸計算規準・設計規準に準拠して記述したが，いわゆる構造計算に重きをおくことより，鉄筋コンクリート構造の基本的なことがらの理解を深めるように心掛け，計算図表などは最小限必要なものだけにとどめた．また，初学者のための参考書，または教科書として役立つよう，簡単な例題や演習問題をつけ，平易簡潔に記述したつもりである．

　しかし，筆者らの浅学に起因する重要事項の脱落，誤り，その他訂正を要する箇所が少なくないと思われるので，諸賢のご教示とご叱正をお願いしたい．

　記述にあたって，直接・間接に利用させて頂いた多くの参考文献は，一括して巻末に掲げておいた．参考文献の利用をお願いするとともに，その著書，並びに付図・付表の転載を，心よく許可された方々のご好意に，深甚な謝意を表する．

　なお，浅学の筆者らに執筆の機会を与えられた伴博士，図表の作成，校正その他，種々のことに協力と助力を賜わった多くの方々に心からのお礼を申し上げる．

　1972年10月

著　　　者

改訂にあたって

　セメントの品質に関する JIS 規格の改正（1973），日本建築学会の建築工事標準仕様書 JASS 5 鉄筋コンクリート工事（1975）とプレストレストコンクリート設計施工規準（1975）の改訂，および鉄骨鉄筋コンクリート構造計算規準（1974）と荷重規準（1975）の改訂（案）に従って改訂することにした．

　大きく改めたのは，主として第 2 章の材料の中のコンクリート，第 12 章のプレストレストコンクリート，および第 13 章の鉄骨鉄筋コンクリート構造であるが，全体にわたって，理解しにくいと思われるところは書き改め，記述の順序を大きく変えた．壁式構造は思いきって省いた．

　浅学な筆者らの故に，とくに改訂（案）の部分については，重大な誤りや説明の不十分な箇所があることを恐れている．ご教示とご叱正をお願いしたい．

　なお，例題・演習問題については，大場新太郎君の協力を得た．ここに付記して謝意とする．

　　1975 年 7 月

著 者 識

2 訂版について

　1979 年 11 月，日本建築学会「鉄筋コンクリート構造計算規準」の独立フーチング基礎に関する部分が改定された．それにしたがって，第 7 章基礎の後半を書き改めた．

　また，1980 年 7 月建築基準法施行令が改正され，昭和 56 年 6 月から施工されている．特に耐震設計に関しては抜本的な改正で，静的な考え方から動的な考え方へ移行する，いわゆる新耐震設計法である．したがって，本書も全面的に書き改める必要があるが，新耐震設計法の具体的な取り扱い方については，まだかなり流動的な面があることと，現行との相違が明らかになる利点を考えて，新耐震設計法は補遺として巻末に付し，その要旨を簡単に記すだけにとどめた．

　他日機会が与えられれば，全面的に書き改めたいと考えているので，御叱正

と御教示をお願いしたい．

　　1981 年 7 月

著　　　者

第 4 版にあたって

　初版（1972）以来 10 数年を経た．その間，諸規格・計算規準など，幾度も改正が繰り返され，そのつど，できるかぎりの改訂を加えてきたが，1980 年の建築基準法施行令の改正（いわゆる「新耐震設計法」）によって，本書の主要部分を全面的に書き改めなければならなくなった．

　新しく稿を起すような心構えで改訂にあたったが，留意したことは初版以来一貫して変ってはいない．省略できると思われる部分は思い切って除き，よりいっそう平易簡潔になるように心掛けた．

　改訂の要点は大略次の通りである．
① 鉄骨鉄筋コンクリート造は計算規準が全面的に改正され，本書に含めるには余りにも膨大な内容となったので，これを省くことにし，
② 1975 年の改訂で取り除いた壁式構造を復活した．
③ 1981 年の改訂で補遺として加えた「新耐震設計法」を，本文の中に組みこんだ．といっても，その内容は複雑かつ膨大であり，本書でその全容を尽すことはできないので，詳細はその専門の書によられたい，と言わざるを得ない．

　初版以来，共著者であった立川正夫博士のたっての御希望で，この改訂を機に，残念ながら共著者からその名を除かざるを得ないことになった．永い間の御協力に深甚の謝意を表する．

　本書の例題や演習問題等には，大場新太郎博士の協力をいただいてきたが，新たに共著者として，この改訂の援助をお願いした．

　従前にもまして，御教示と御叱正をお願いしたい．

　　1985 年 1 月

福島正人　識

第5版について

　第4版の改訂からすでに5年を経過したが，日本建築学会の建築工事標準仕様書 JASS 5 鉄筋コンクリート工事と，鉄筋コンクリート構造計算規準の最近の改正に従って書き改めることにした．

　改訂にあたって，かねて要望の多かった構造設計例（構造計算書）を付章として記載した．そのために，壁式鉄筋コンクリート構造・フラットスラブ構造・プレストレストコンクリートの3章を省くことになった．単に頁数の関係からで，他意はない．鉄筋コンクリート構造の初学者の教科書・参考書として，以前にもまして分りやすくなったと思っている．

　改正点などの勉強不足で，誤りや脱落があるかとも思われるので，諸賢の御教示と御叱正をお願いしたい．

　なお，構造設計例は和田勉氏の労をわずらわし，共著者として加わっていただくことにした．ここに記して感謝の意を表する．

　　1991年1月

著　　者

第6版にあたって

　前回の改訂からすでに10年以上が経過した．この間，1995年1月に発生した兵庫県南部地震は，土木・建築構造物に大きな被害をもたらし，鉄筋コンクリート造建物にも多くの被害が生じた．その後の調査研究の成果を取り入れ，日本建築学会の規準，指針や規定などが改定され，限界耐力計算法なども整えられてきた．本書の今回の改訂では，全体的な見直しをし，読者から要望の強かった単位系を SI 単位系に統一した．

　従前にもまして，ご教示とご叱正をお願いしたい．

　　2004年2月

著　　者

目　　次

第1章　序　　　説

1・1　鉄筋コンクリートの意義 …………………………………………… 1
1・2　鉄筋コンクリートの歴史 …………………………………………… 1
1・3　鉄筋コンクリート構造の利点と欠点 ……………………………… 2

第2章　材料の性質と許容応力度

2・1　鋼　　　材 …………………………………………………………… 4
　（1）概　　説 …………………………………………………………… 4
　（2）鋼の力学的性質 …………………………………………………… 4
　（3）鋼の熱に対する性質 ……………………………………………… 6
　（4）棒　　鋼 …………………………………………………………… 6
2・2　コンクリート ………………………………………………………… 8
　（1）概　　説 …………………………………………………………… 8
　（2）コンクリートの材料 ……………………………………………… 9
　（3）コンクリートの強度 ……………………………………………… 14
　（4）コンクリートの弾性性質 ………………………………………… 18
　（5）コンクリートのその他の性質 …………………………………… 23
2・3　鉄筋とコンクリート ………………………………………………… 25
　（1）かぶり厚さと鉄筋の相互間隔 …………………………………… 25
　（2）付　着　力 ………………………………………………………… 26
2・4　定数と許容応力度 …………………………………………………… 28
　（1）定　　数 …………………………………………………………… 28
　（2）ヤング係数比 ……………………………………………………… 28
　（3）許容応力度 ………………………………………………………… 30
演　習　問　題(1) ………………………………………………………… 32

第3章　骨組の計画と解析

- 3・1　概　説 …………………………………………………………………………34
- 3・2　構　造　計　画 …………………………………………………………………34
  - （1）　構造計画の役割 ……………………………………………………34
  - （2）　骨組の種類 …………………………………………………………34
  - （3）　柱・はりの配置 ……………………………………………………36
  - （4）　耐震壁の配置 ………………………………………………………37
  - （5）　建物の形その他 ……………………………………………………39
- 3・3　荷　　　重 ………………………………………………………………………39
  - （1）　荷重の種類と組合わせ ……………………………………………39
  - （2）　用　途　係　数 ……………………………………………………40
  - （3）　固　定　荷　重 ……………………………………………………40
  - （4）　積　載　荷　重 ……………………………………………………42
  - （5）　積　雪　荷　重 ……………………………………………………44
  - （6）　風　荷　重 …………………………………………………………45
  - （7）　地　震　荷　重 ……………………………………………………45
- 3・4　応力解析のための準備 …………………………………………………………49
  - （1）　ラーメンに関する仮定 ……………………………………………49
  - （2）　部材の剛比 …………………………………………………………50
- 3・5　鉛直荷重による応力 ……………………………………………………………52
  - （1）　計　算　法 …………………………………………………………52
  - （2）　はりの荷重項 ………………………………………………………53
  - （3）　小ばりの曲げモーメント …………………………………………55
  - （4）　ラーメンの応力算定 ………………………………………………55
  - （5）　略　算　法 …………………………………………………………58
  - （6）　はりのせん断力と柱の軸方向力 …………………………………58
  - （7）　剛域のあるラーメン ………………………………………………59
- 3・6　水平荷重による応力 ……………………………………………………………59
  - （1）　計　算　法 …………………………………………………………59
  - （2）　せん断力分布係数 D 値 …………………………………………60
  - （3）　D 値による応力算定 ……………………………………………62
- 3・7　断面設計用応力 …………………………………………………………………65
- 3・8　耐震設計法 ………………………………………………………………………67

(1) 概　　説 ………………………………………………………67
　　　(2) 1 次設計 ………………………………………………………67
　　　(3) 2 次設計 ………………………………………………………68

第4章　曲げを受ける部材（はり）

4・1　断面算定の基本仮定と記号 ………………………………………75
　　　(1) 断面算定の基本仮定 …………………………………………75
　　　(2) 記　　号 ………………………………………………………76
4・2　左右対称な任意断面のはり ………………………………………78
4・3　長方形断面のはり …………………………………………………80
　　　(1) 単筋長方形ばり ………………………………………………80
　　　(2) 複筋長方形ばり ………………………………………………83
4・4　T 形　ば　り ………………………………………………………86
　　　(1) T 形ばりのはり幅 ……………………………………………86
　　　(2) 単筋 T 形ばり …………………………………………………86
　　　(3) 複筋 T 形ばり …………………………………………………89
4・5　はりせいの変化する長方形ばり …………………………………89
4・6　長方形ばり（T 形ばり）の構造制限および断面決定 …………91
　　　(1) 構　造　制　限 ………………………………………………91
　　　(2) 計　算　図　表 ………………………………………………91
　　　(3) 断　面　決　定 ………………………………………………92
4・7　特殊な断面のはり …………………………………………………95
　　　(1) 台形・三角形断面のはり ……………………………………95
　　　(2) 半 T 形（Γ 形）ばり …………………………………………97
演　習　問　題(2) ………………………………………………………99

第5章　圧縮と曲げを受ける部材（柱）

5・1　概　　説 …………………………………………………………100
5・2　中心軸圧を受ける柱 ……………………………………………101
5・3　軸圧と主軸のまわりの曲げを受ける柱 ………………………102
5・4　長方形断面柱 ……………………………………………………104

（1）中立軸が断面内にある場合 …………………………104
　　　（2）中立軸が断面外にある場合 …………………………105
　　　（3）計　算　図　表 ………………………………………106
5・5　円形断面柱 ……………………………………………………109
5・6　環状断面柱 ……………………………………………………111
5・7　長　　　柱 ……………………………………………………112
5・8　柱の構造制限および断面決定 ………………………………113
　　　（1）構　造　制　限 …………………………………………113
　　　（2）断　面　決　定 …………………………………………114
　　　演　習　問　題（3）……………………………………………116

第6章　曲げとせん断を受ける部材（せん断補強）

6・1　概　　　説 ……………………………………………………117
6・2　曲げとせん断を受ける部材のせん断応力 …………………118
　　　（1）せ ん 断 応 力 ……………………………………………118
　　　（2）はりせいの変化する長方形ばりのせん断応力 ………120
6・3　斜張力とせん断補強 …………………………………………121
　　　（1）斜　張　力 ………………………………………………121
　　　（2）せん断補強筋 ……………………………………………121
6・4　許容せん断力と補強筋の算定 ………………………………123
　　　（1）長方形（T形）断面のはり ……………………………123
　　　（2）柱 …………………………………………………………127
6・5　せん断力による付着力の検討 ………………………………130
6・6　ねじりモーメントを受ける材 ………………………………131
　　　演　習　問　題（4）……………………………………………137

第7章　基　　　礎

7・1　概　　　説 ……………………………………………………138
7・2　基礎底面の算定 ………………………………………………139
　　　（1）独　立　基　礎 …………………………………………139

（2）複合基礎 …………………………………145
　（3）連続基礎 …………………………………146
　（4）べた基礎 …………………………………147
　（5）くい基礎 …………………………………147
7・3　基礎スラブの算定 ……………………………150
　（1）独立基礎 …………………………………150
　（2）複合基礎 …………………………………154
　（3）連続基礎 …………………………………155
　（4）べた基礎 …………………………………156
　（5）くい基礎 …………………………………156
演習問題（5）………………………………………161

第8章　床スラブ・階段・耐震壁

8・1　概　説 …………………………………………162
8・2　床スラブ ………………………………………162
　（1）平面版の応力の概要 ……………………162
　（2）交差ばりの理論 …………………………165
　（3）設計用応力 ………………………………167
　（4）構造制限 …………………………………168
　（5）断面算定 …………………………………169
8・3　階　段 …………………………………………170
8・4　耐震壁 …………………………………………171
　（1）概　説 ……………………………………171
　（2）無開口壁の許容水平せん断力 …………171
　（3）開口をもつ耐震壁の許容水平せん断力 …173
　（4）構造制限 …………………………………176
演習問題（6）………………………………………182

第9章　定着と継手

9・1　鉄筋のフックと折曲げ部 ……………………184
9・2　定着長さ，継手長さ …………………………186

（1）定着，継手部の付着応力度 …………………………………186
　　（2）定着，および継手の長さ …………………………………186
9・3　主筋の延長長さと余長 …………………………………………189
9・4　継手の工法と位置 ………………………………………………191
演 習 問 題（7）………………………………………………………193

第10章　終 局 強 さ

10・1　概　　説 ………………………………………………………194
10・2　曲げ材の終局強さ ……………………………………………196
　　（1）長方形断面のはり …………………………………………196
　　（2）T 形 ば り …………………………………………………198
10・3　曲げと軸方向力を受ける部材の終局強さ …………………199
　　（1）長方形断面の柱 ……………………………………………200
　　（2）円形断面の柱 ………………………………………………201
　　（3）長柱の終局荷重の補正 ……………………………………202
10・4　せん断補強および付着力 ……………………………………202
　　（1）せ ん 断 補 強 ………………………………………………202
　　（2）付 着 応 力 …………………………………………………203
10・5　はり・柱の曲げ終曲強度の略算式 …………………………203
　　（1）はりの曲げ終曲強度略算式 ………………………………204
　　（2）柱の曲げ終曲強度略算式 …………………………………204
演 習 問 題（8）………………………………………………………205

付章　鉄筋コンクリート造建物の構造設計例

§1．建物概要 …………………………………………………………206
§2．構造計画 …………………………………………………………208
§3．仮定荷重 …………………………………………………………221
§4．鉛直時応力 ………………………………………………………224
§5．水平時応力 ………………………………………………………235
§6．断面設計 …………………………………………………………243

§7．基礎設計 …………………………………………………262
§8．保有水平耐力 ……………………………………………264

付表 …………………………………………………………287
付図 …………………………………………………………295
演習問題略解 ………………………………………………306
参考文献 ……………………………………………………309
索　　引 ……………………………………………………310

第1章　序　　説

1・1　鉄筋コンクリートの意義

　圧縮にくらべて引張りに弱いコンクリートの中に，引張りに強い鋼材を埋めこんで，両者が一体となって外力に抵抗するようにした構造を，鉄筋コンクリート構造(reinforced concrete construction)という．鋼材には，一般の棒鋼(steel bar)が用いられ，これを鉄筋(reinforcing bar)という．

　鉄筋とコンクリートとは全く異質の材料であるが，両者が一体となって外力に抵抗する構造材料となりうるのは，主として次の事実による．
　1) コンクリートはアルカリ性であり，鉄筋がさびるのを防ぐ．
　2) 鉄筋とコンクリートとの間には付着力(bond strength)が存在する．
　3) 鉄筋とコンクリートは，常温付近における熱膨張係数がほぼ等しい．

1・2　鉄筋コンクリートの歴史

　コンクリートは，英人 Aspdin がポルトランドセメントを発明(1824)してから広く利用されるようになったが，鉄筋コンクリートは，仏人 Lambot が鉄網とモルタルで作ったボート(1850)に始まるといわれる．モルタルを鉄網で補強して植木ばちを作った仏人 Monier は，鉄筋を格子に配置したコンクリート床板を発明(1868)し特許をえた．

　Monier の特許を買った独人 Wayss は，Köenen, Bauschinger とともに研究を進め，Köenen は，圧縮をコンクリートで，引張りを鉄筋で受ける鉄筋コンクリートばりの理論的計算法を発表(1887)し，Bauschinger は，コンクリート中の鉄筋がさびないことを確認(1892)した．仏人 Hennebique は，せん断力に対して，折曲げ筋(bent-up bar)，あばら筋(stirrup)の配筋法を考案(1892)し，米人 Abrams は，コンクリートの強度に関して，水セメント比(water-cement ratio)説を発表(1918)し，今日の鉄筋コンクリート構造の基礎が築かれた．

　独人 Doehring はコンクリートにプレストレスを導入することを初めて試みて失敗(1888)したが，仏人 Freyssinet は，高張力鋼，高強度コンクリートを

使用して，プレストレストコンクリート (prestressed concrete) を実用化 (1928) した．

鉄筋コンクリート構造の特質は一体的構造であり，剛節点のラーメン構造がその代表的なものといえるが，コンクリートの可塑性を巧みに利用した平版 (plate) 構造，曲面版 (shell) 構造も行われる (1920 年代) ようになってきた．

わが国で，鉄筋コンクリートが初めて使用されたのは，横浜岸壁のケーソン (1890) といわれ，京都に橋 (1905)，神戸に倉庫 (1906) が造られてからしだいに普及した．とくに関東大震災 (1923) を機として，ラーメン構造の研究が進み，わが国独自の発達をとげた．プレストレストコンクリートは，小松市役所の地下室の床に初めて利用 (1951) されてから，しだいに鉄筋コンクリート構造の新しい分野を開拓している．

鉄筋コンクリート構造の初期の頃の設計理論は，コンクリートの塑性 (plasticity) を考えた計算式であったが，その後，材料の安全率 (safety factor) による許容応力度 (allowable unit stress) を用いた計算法，すなわち，弾性設計法が広く用いられて今日に及んでいる．しかし，材料の安全率と部材の安全率，構造物としての安全率とは必ずしも一致せず，明確でないため，終局強さ (ultimate strength) 設計法が研究され，再びコンクリートの塑性が注目されている．

地震の多いわが国においては，構造物の耐震性が強く要求されるが，鉄筋コンクリート構造もこの要求を満足すべく研究され発展してきた．しかしながら，近年の地震に際し少なからぬ被害が発生し，これに対処するためにより耐震性能の良い構造物としようとする機運が高まった．建設省は 1980 年建築基準法施行令の耐震に関する構造計算関係規定を抜本的に改正し，1981 年からいわゆる「新耐震設計法」が施行された．さらに単位系が変わり，1999 年から SI 単位へ完全移行された．

1・3 鉄筋コンクリート構造の利点と欠点

鉄筋コンクリート構造には，次のような利点が考えられる．

 i) **耐久性**　　コンクリートはアルカリ性で，鉄筋はさびにくく，また，風雨寒暑の影響を受けることが少ない．

 ii) **耐火性**　　鉄筋もコンクリートも不燃材料であるが，高温に熱せられ

ると，強度は著しく減少する．しかし，コンクリートの熱伝導率が小さいので，かぶり厚さを適当にすることによって耐火的構造とすることができる．

iii) **耐震性** 鉄筋コンクリートは，鉄筋とコンクリートとの協力による構造材であるので，圧縮・曲げ・せん断などいずれの応力にも耐えるように設計し，必要があれば，部分的に部材の断面を増すことができる．したがって，鉄筋コンクリート構造は，一体的構造であることと相まって，耐震的に造ることができる．

iv) **設計の自由性** コンクリートは可塑性であり，鉄筋の加工も比較的容易であるので，かなり自由にその形を造ることができる．また，建物の目的によって，ラーメン・平版・曲面版構造など，その構造を選択することができるので，設計は比較的自由である．このことは他の構造材料では得られない特質である．

鉄筋コンクリートは，その優れた特質の反面，次のような欠点をもつ．

i) **自重の大** コンクリートは，その強度の割に，重量が大きく，そのため，大きな部材断面が必要となり，軽快な構造とはいえない．

ii) **ひび割れの発生** コンクリートは乾燥収縮・硬化収縮し，引張り強度が弱いため，ひび割れの発生は避けがたい．そのため，ひび割れを生じていない鉄筋コンクリート構造はないといっても過言ではない．

iii) **施工の繁雑** 鉄筋コンクリート工事は，鉄筋の工作・組立て，型枠(わく)の製作・組立て，コンクリートの打込み・突固め・養生，仮枠の取外しなどの工程が複雑であり，施工が繁雑で，ややもすれば粗雑になりやすい．また，監督・検査なども容易ではない．

iv) **長い工期** 施工の繁雑さに加えて，コンクリートが所要の強度をもつようになるまで，相当の時日を必要とする．そのため，工期が長くなる．

なお，鉄筋コンクリート構造は計算に従って設計されるといっていいが，計算の体系そのものにも，まだ研究のとどかない点もあり，技術者の適切な判断を要することも少なくないと云わざるを得ない．

第2章　材料の性質と許容応力度

2・1　鋼　　材

(1) 概　　説

鉄筋コンクリート用の鋼材に要求される性質は，降伏点(yield point)の高いこと，加工性のよいこと，コンクリートとの付着力の強いことなどである．

鉄筋コンクリートによく使用される鋼材は，鋼塊を直接圧延してできる一般構造用圧延鋼材で，降伏点 235 N/mm² 以上のいわゆる軟鋼(mild steel)である．降伏点が 490 N/mm² 以上のものは一般に高張力(high-tension)鋼といわれ，その製法から成分調整鋼と冷間加工鋼に分けられるが，わが国では主として前者が作られている．

高張力鋼を用いて引張り耐力を増しても，付着力が伴わなければその意味がないので，高張力鋼は，一般に異形鉄筋(deformed bar)として用いられる．

(2) 鋼の力学的性質

(a) 応力度とひずみ度　　図 2・1 に鉄筋を引張った応力ひずみ図(stress-strain diagram)を示す．

A′点までは，引張り応力度 σ_t とひずみ度 ε は正比例し，図は直線となる．A′点から A 点までは直線ではないが，σ_t を 0 にすれば，ε も 0 にもどる．A′点・A 点をそれぞれ，比例限度(proportional limit)・弾性限度(elastic limit)という．

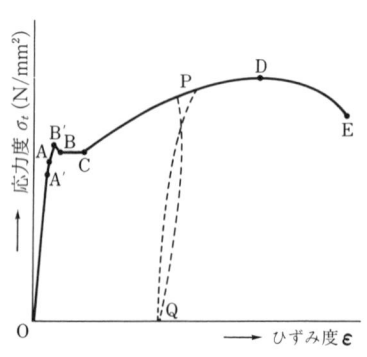

図 2・1　軟鋼の応力ひずみ図

通常は，A 点を比例限度とみなして，フックの法則が成立するものとして取り扱う．

SR 235 規格の市場品の比例限度は，180 N/mm² 内外である．

A 点を過ぎると，いわゆる塑性変形 (plastic deformation) が加わり，応力ひずみ図は曲線となり B 点に達する．B 点を降伏点という．厳密には，上降伏点 B′ があるが，不安定で見出し得ないこともあり，B 点を基準とするのが通常である．SR 235 規格の市場品の降伏点は 300 N/mm² 内外で，降伏点ひずみ度 ε_y は，0.15〜0.2% 程度である．

降伏点をこえると，σ_t の増加は停止するが，ひずみだけは増大して C 点に達する．C 点までのひずみ度は，ε_y のほぼ 10 倍ぐらいになる．

C 点を過ぎると σ_t は再び増加し，最大荷重点 D に達すると，断面の一部がくびれ，見かけの σ_t（荷重/原断面積）は減少し，E 点で破断する．D 点の応力度が引張り強さで，SR 235 規格の市場品では 380〜520 N/mm² 程度，D 点までのひずみ度は ε_y の 100 倍以上，20〜25% 程度である．

通常取り扱う応力度は降伏点以下であり，ヤング係数 (Young's modulus) は一定値としてよい．

鋼材のヤング係数 $_sE$ は，比例限度以下では，その強度に関係なく，2.0〜2.2×10⁵ N/mm² 程度であるので，一般に次の値が用いられる．

$$_sE = 2.05 \times 10^5 \quad (\text{N/mm}^2) \tag{2・1}$$

図 2・1 の A〜D 間の任意の点 P で荷重を取り去ると，PQ のように OA にほぼ平行してもどる．すなわち，弾性変形だけが元に帰り，永久ひずみ OQ を残す．さらに荷重をかけると，荷重を取り去ったときとほぼ同じ経路で P 点に達し，それ以後は処女曲線と一致する．このように，鋼材が破断しない範囲で，降伏点以上に応力を与えたものは，比例限度が上昇することになる．この性質を利用したものが冷間加工鋼である．

圧縮の場合の応力ひずみ図も，引張りの場合とほぼ同じとされている．

なお，ポアソン数は 3〜4 で，通常 10/3，せん断弾性係数は $0.385 _sE$ が用いられている．

（b）高張力鋼の応力度とひずみ度　　成分調整鋼の応力ひずみ図は，図 2・2 に示すように軟鋼と似ている．比例限度・降伏点・引張り強さは，軟鋼にくらべていずれも高いが，降伏区間のひずみ，破断時の伸びは，ともに高強

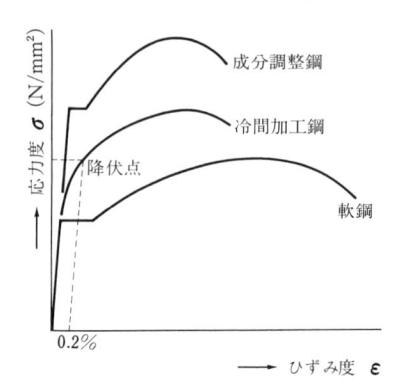

図2・2　高張力鋼の応力ひずみ図

度になるほど小さくなる．

　冷間加工鋼は，図2・1のOPQの操作を与えて，降伏点を高めたものであるが，図2・2のように，はっきりとした降伏点を示さない．このような場合の降伏点は，永久ひずみが0.2％になるような応力度とするのが通常であり，弾性限度としては，永久ひずみが0.02％となる応力度をとっている．

　ヤング係数は，プレストレスコンクリート用のものを除いて，軟鋼と同様，式 (2・1) が用いられる．

（3）鋼の熱に対する性質

　鋼材の常温付近における熱膨張係数は $11\times10^{-6}/℃$ 内外で，コンクリートとほぼ同じである．

　鋼の強さは温度によって変化し，200 ℃ では常温時より 20％ 程度強くなるが，350 ℃ になるとほぼ常温時の強度にもどり，それ以上になると急速に強度は低下する．降伏点は 450 ℃ で，常温時の 2/3 程度に低下するので耐火被覆が必要である．

　ヤング係数も温度が昇ると小さくなり，300 ℃ では常温時の 90％，500 ℃ では 60％ 程度になる．

（4）棒　　鋼

　鉄筋コンクリートに用いられる棒鋼には，丸鋼と異形鉄筋がある．付表2・1 に丸鋼の直径・周長・断面積・重量 ($78 kN/m^3$) を示す．

　丸鋼は 22ϕ または $\phi22$（直径 22 mm）などの記号で表す．

　異形鉄筋の直径や断面積は，一般にその異形鉄筋と同じ単位重量をもつ丸鋼

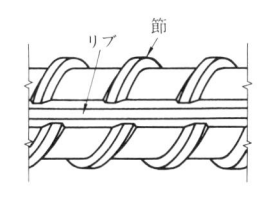

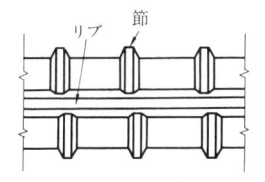

図2・3 異形鉄筋の例

の直径や断面積で表し，これを公称直径・公称断面積などという．記号は公称直径の端数を四捨五入して，D16，D19(呼び名)などとする．

異形鉄筋の突起は，軸方向のものをリブ，ふし状のものを節と呼ぶ．節間隔が狭く，節の高さが高いほど付着力は強くなる．

付表2・2に異形鉄筋の呼び名(公称直径)・周長・断面積・重量を示す．

棒鋼の機械的性質を表2・1に示しておく．

市販されている棒鋼の定尺は，3.5，4.0，4.5，5.0，5.5，6.0，6.5，7.0，8.0，9.0，10.0 m の11種である．

床スラブには，径4 mm 以上の鋼線を網目に溶接した溶接金網(JIS G 3551)も使用できる．鋼線端の定着(第9章参照)に十分注意すれば，あばら筋や壁筋などのせん断補強筋としても有効に利用できよう．

金網の素線の直径は，4，4.5，5，5.5，6，7，8 mmの7種であるが，軽微な部材を除いて，部材の軸方向など，主方向の素線の径は6 mm 以上のものが望ましい．溶接金網の品質の要点は，交点溶接部のせん断強度で，1溶接点

表2・1 鉄筋コンクリート用棒鋼の性質および径または呼び名

区　分	種類の記号	降伏点または0.2％耐力 N/mm^2	引張強さ N/mm^2	径[1]または呼び名
丸　鋼	SR 235	235 以上	380 〜 520	9 ϕ，13 ϕ，16 ϕ，19 ϕ，22 ϕ，25 ϕ，28 ϕ，32 ϕ
	SR 295	295 以上	440 〜 600	
異形棒鋼	SD 295 A	295 以上	440 〜 600	D 6，D 10，D 13，D 16，D 19，D 22，D 25，D 29，D 32，D 35，D 38，D 41，D 51
	SD 295 B	295 〜 390	440 以上	
	SD 345	345 〜 440	490 以上	
	SD 390	390 〜 510	560 以上	
	SD 490	490 〜 625	620 以上	

注(1) 丸鋼の径は，JIS G 3191(熱間圧延棒鋼とバーインコイルの形状，寸法及び質量並びにその許容差)による径のうち鉄筋コンクリート用に用いられるもの．

当たりのせん断強度は，主方向素線の断面積当たり 250 N/mm² 以上が必要である．

2・2 コンクリート

（1） 概　　説

コンクリートは骨材 (aggregate) をセメントペーストの硬化体で固めたものであるが，鉄筋コンクリート構造用のコンクリートに要求される基本的性質は，所要の強度・均一性・耐久性である．

強度は，円柱形供試体（直径 100 mm，高さ 200 mm）の材齢 4 週における圧縮強度を基準とする．均一性はワーカビリチー (workability) のよいコンクリートと，入念な施工によって得られ，耐久性は，有害物質を含まない原料と適当な調合，および均一性によって得られるといえよう．

鉄筋コンクリート構造用のコンクリートは，使用する粗骨材によって，

普通コンクリート $\begin{cases} 砂利コンクリート……粗骨材は砂利 \\ 砕石コンクリート……粗骨材は砕石 \end{cases}$

軽量コンクリート
(light-weight concrete) 　1 種・2 種……粗骨材は人工軽量骨材

に大別される．気乾状態の単位体積重量は，普通コンクリートで 23 kN/m³ 程度，軽量コンクリートは一般に 21 kN/m³ 以下である．

種々の目的に応じて，次のような特殊なコンクリートの施工がある．

寒中コンクリート　　コンクリートの打込み後の養生期間中に，コンクリートが凍結する恐れのある場合に施工されるコンクリート．

暑中コンクリート　　気温が高く，水分の急激な蒸発やワーカビリチーの変化する恐れのある場合に施工されるコンクリート．

流動化コンクリート　　流動化剤を混入して所要のワーカビリチーが得られるようにしたコンクリート．

マスコンクリート (mass concrete)　　部材断面の最小寸法が 800 mm 以上で，水和熱によって，コンクリート内部の最高温度と外気温との差が 25 ℃ 以上になることが予想される場合に適用される．

水中コンクリート　　水中または安定液中に打ち込む場所打ちコンクリート杭，または地中壁などに適用される．

高耐久性コンクリート　高度の耐久性を必要とする鉄筋コンクリート造に適用されるコンクリート．

高強度コンクリート　設計基準強度（後述する）が，普通コンクリートで $36 N/mm^2$ を超え $60 N/mm^2$ 以下のコンクリート．

水密コンクリート　特に水密性を必要とするコンクリートに適用される．

海水の作用を受けるコンクリート　海水に接するコンクリートおよび海岸地域で波しぶきを受けるコンクリートに適用される．

凍結融解作用を受けるコンクリート　凍結融解作用に対する耐久性を必要とするコンクリートに適用される．

しゃへい（遮蔽）用コンクリート　放射線をしゃへいする目的で作られるコンクリートで，重量コンクリートが用いられる．

簡易コンクリート　木造の基礎，居住の用に供しない軽微な構造物，門・塀などに用いられる．

プレストレストコンクリート　プレストレストコンクリート工事に適用される．

無筋コンクリート　捨コンクリートおよび鉄筋を必要としない土間コンクリートなどに適用される．

なお，コンクリートは，現在ではほとんど工場で生産・供給される．これをレディーミクストコンクリート (ready-mixed concrete) といい，通常，レミコンとか生コンなどと略称している．

(2) コンクリートの材料

(a) セメント　一般にセメントといえば，ポルトランドセメントのことで，ポルトランドセメントは，セメントの基本的なものである．ポルトランドセメントは，ほぼ石灰4，粘土1の割合で混合したものを，1400 °C 程度の高温に熱して作られるクリンカーに，凝結時間を調整するための小量の石こうを混ぜて微粉砕したものである．ポルトランドセメントには，超早強・早強・普通・中庸熱・低熱・耐硫酸塩ポルトランドの6種がある．

高炉セメントは，ポルトランドセメントのクリンカーに高炉スラグを混ぜ，小量の石こうと混合，微粉砕したものである．シリカセメントは，ポルトランドセメントのクリンカーにシリカ (SiO_2) 質の粘土または天然鉱物粉と，少量の石こうとを混ぜて微粉砕したものである．このシリカ質の混合物の代わりに，

フライアッシュ（主として火力発電所の粉炭廃煙から回収される SiO_2 に富んだ微粉）を混ぜたものをフライアッシュセメントという．これらを一括して混合セメントといい，ポルトランドセメント分の多いもの，すなわち混合物の少ないものから順に，A種・B種・C種に区分される．

ポルトランドセメントの化学成分が水和して，セメントは硬化するのであるが，セメントの水和に必要な理論的水量は，セメントの重量の40％内外といわれている．材齢4週程度のコンクリートでは，セメントと水和している水量は，セメント重量の25％程度と推定される．

強度上最も主要な水和作用は，大略次のようなものとされている．

$$\left.\begin{array}{l} 3CaOSiO_2 + (n+2)H_2O \rightarrow CaOSiO_2 \cdot nH_2O + 2Ca(OH)_2 \\ 2CaOSiO_2 + (n+1)H_2O \rightarrow CaOSiO_2 \cdot nH_2O + Ca(OH)_2 \\ 3CaOAl_2O_3 + mH_2O \rightarrow 3CaOAl_2O_3 \cdot mH_2O \end{array}\right\} \quad (2 \cdot 2)$$

第1式は主として1週から4週まで，第2式は4週以後，第3式は1週までの強度を支配するものとされている．

水和作用の結果，第1式，第2式に見るように $Ca(OH)_2$ すなわち水酸化石灰を生じるが，これがコンクリートをアルカリ性にし，鉄筋の防錆性をもたせる反面，水溶性で，水に溶失しやすく，壁面に現れて汚染の原因となったりする．混合セメントで，シリカ質のものを混ぜるのは，この水酸化石灰とシリカ分とを結合させ，水に溶失するのを防ぎ，さらに，長期の強度に寄与させようとして考えられたものである．

各種のセメントの試験例によれば，超早強・早強ポルトランドセメントは，普通ポルトランドセメントにくらべ，強度の発現が早いが，水和時の発熱量が大きい．低熱ポルトランドセメントは，強度の発現はやや遅いが，発熱量が小さく，収縮も少ない．

混合セメントは，一般に化学的作用や海水に対する抵抗力は大きいのであるが，コンクリートの中性化が速く，早期の強度の発現も小さい．また，水和時の発熱量も小さいので，一般に気温の低い場合の使用は注意を要する．混合セメントのA種は，普通ポルトランドセメントとほぼ同様に扱ってよいが，C種は冬季以外の"簡易"にだけ使用できる．

上記のセメントのほかにアルミナセメントがある．その硬化は式(2・2)の3式によるもので，早期の強度は期待できるのであるが，鉄筋の防錆力に疑問

があり，今のところ鉄筋コンクリートには使用できない．わが国では一般には市販されていない．

(b) 骨　材　　骨材は粒の大きさによって細骨材と粗骨材に分けられる．

細骨材　　5 mm ふるいを重量で 85%（以下 °/wt と記す）以上通過する骨材

粗骨材　　5 mm ふるいに 85°/wt 以上とどまる骨材

また，骨材はその重さによって次の 3 種類に分けられる．

普通骨材　　絶乾密度（絶対乾燥状態の見掛け密度）が 2.4～2.6 程度で，砂利・砕石，砂・砕砂・山砂・海砂のほか，高炉スラグ骨材など

軽量骨材　　普通骨材より軽いもので，細骨材の絶乾密度は 2.3 未満，粗骨材は 2.0 未満と規定（JIS A 5002）されている．

重量骨材　　普通骨材より重い骨材，褐鉄鉱・磁鉄鉱・バライトなど

骨材は，細粗粒が適当に混合しているものがよいが，JASS 5 にはその標準的な粒度配列が定められている．

骨材の全体的な大きさを示すのに，粗粒率（fineness modulus 略称 f.m.）を用いることがある．粗粒率は，9 種のふるいにとどまる重量の全重量に対する百分率の合計を 100 で割った値で，粗い骨材ほど大きな値を示す．通常の鉄筋コンクリート用の粗骨材の f.m. は 6～7 程度で，細骨材の f.m. は 2.0～3.0 程度である．

コンクリートの耐久性や鉄筋との付着力などを考慮して，コンクリートの充填性を確保しなければならない．そのため，粗骨材の大きさは最大寸法で表示され，表 2・2 のように骨材の種類，使用箇所によって，標準的な最大寸法が定められている．

表 2・2　使用箇所による粗骨材の最大寸法(mm)　　(JASS 5)

使用箇所	砂　利	砕石・高炉スラグ砕石	再生骨材
柱・はり・スラブ・壁	20, 25	20	20, 25
基　礎	20, 25, 40	20, 25, 40	20, 25

粗骨材の最大寸法は，コンクリートのかぶり厚さ（後述 2・3 節参照）以下，鉄筋間のあきの 0.8 以内となるようにする．

i) 普通骨材　　骨材は清浄で，有害量の不純物（ごみ・粘土・土・有機物・塩分）などを含まず，粒形の悪い（偏平な・細長い・不整形な）ものを含ま

ず，硬質な(死石などを含まない)ものを用いる．

不純物については，粘土塊量試験・洗い試験・有機不純物試験・塩分試験によって検定される．とくに細骨材の塩分は，鉄筋をさびさせる主要な原因となる．

なお，骨材による塩化物の他，後述する混和材料によるものもあり，それらを含めて，塩素イオン量として制限が設けられることもある．

骨材の粒形は，コンクリートのワーカビリチーや調合などを左右する重要な要素である．粒形のよいものは一般に実績率が大きい．標準計量による実績率は，砂利で $60 \sim 67°/vol$（$°/vol$ は容積%），川砂で $62 \sim 68°/vol$ 程度である．砕石は $55°/vol$ 以上のものが望ましい．

堅硬な石質のものは，一般に見掛け密度は大きく，吸水率は小さい．絶乾比重は 2.5 を標準とし，吸水率は $3.0°/wt$ 内外である．

ⅱ）**軽量骨材**　構造用の軽量骨材には，人工軽量骨材（A.L.A. と略称する．artificial light-weight aggregate）がある．A.L.A. は，膨張頁岩・膨張粘土・フライアッシュなどを原料として焼成したもので，砕石型と造粒型とがある．

軽量骨材の一般的な性質の考え方は，普通骨材と同様であるが，そのほかに，化学成分・絶乾比重・コンクリートとしたときの強度，粗粒率の変動，安定性，浮粒率など，生産・製法や軽量ということからくる諸規定がある．

コンクリート強度による区分は，所定の調合のコンクリートの強さによって，軽量骨材の強さを区分しようというものである．実績率の区分は，粒形の判定に資するもので，細骨材は，所定の調合によるモルタルとしたときの実績率で判定される．

人工軽量骨材は，種々の強度のものを作ることが可能であるが，一般の強度の区分は 3（30 N/mm^2 以上），4（40 N/mm^2 以上）である．

なお安定性の試験は，吸水率の大きい軽量骨材の凍結に対する耐久性の判定に資する目的の試験法である．浮粒率は，絶乾骨材を 10 分間吸水させた後，どの程度水に浮くものがあるかということを示すものである．

軽量コンクリートは，使用する骨材によって，表 2・3 のように種別される．

（ｃ）**水**　清浄で，酸・アルカリ・有機不純物・塩類・油などを含まないものでなければならない．とくに塩分は鉄をさびさせるし，砂糖分はごく少量

表 2・3　構造用軽量コンクリートの種別　　　　　(JASS 5)

種別	使用する粗骨材	使用する細骨材
1 種	人工軽量骨材	砂または砕砂・スラグ砂
2 種	〃	人工軽量骨材またはそれと砂(砕砂・スラグ砂)との混合砂

でも，コンクリートの硬化を妨げる．水道水や飲用に適する水はコンクリート用水として理想的であるが，地下水・湖沼水などは有害物を含む恐れがあるので注意を要する．

（d）**混和材料**　コンクリートの性質を改良するために，セメント・水・骨材以外にコンクリート中に加える材料である．使用量が多い（コンクリートの 1 m³ 中に数 10 kg 程度以上）ものを混和材といい，使用量が比較的少なく，薬品的な用い方をする混和剤と区別する．シリカセメントやフライアッシュセメントは，混和材の混じったセメントといえる．

混和剤はその目的によって種々の種類があるが，一般にコンクリートのある性質を改良するために，他の性質を犠牲にするものが多いので，鉄筋コンクリートでは，表面活性剤以外の混和剤は使用しないのを原則とする．

表面活性剤は，コンクリートのワーカビリチー・ブリージング・凝結時間・強度・中性化その他の耐久性・水和熱などの諸性質を改善する目的のために使用するもので，AE 剤・減水剤・AE 減水剤および高性能 AE 減水剤の 4 種がある．

AE 剤は，独立した微細な空気の泡(あわ)を無数に連行し，コンクリートのワーカビリチーと耐久性を向上させるための混和剤で，連行空気量は，コンクリート容積の 4.5%/vol を標準とする．

減水剤は，コンクリートのワーカビリチーをよくし，所定のコンシステンシーをうるのに必要な単位水量が少なくてすむもので，標準形・遅延形・促進形の 3 種に分けられる．

AE 減水剤は，AE 効果と減水効果とを併せもつようにしたもので，標準形・遅延形・促進形の 3 種に分けられる．

この他に流動化剤がある．たとえば，スランプ 15 cm のベースコンクリートに，流動化剤を添加することによって，そのスランプを 18 cm とすることができる．したがって，使用水量を減らすことができるという利点がある．

（3） コンクリートの強度

（a） 概説　練り混ぜ直後のコンクリートは流動体であるが，しだいに凝結し，次いで硬化し，時とともに強度を増す．強度は材齢の初期には急速に，長期では緩慢に増大する．普通ポルトランドセメントを使用したコンクリートは，材齢3日の圧縮強度を1とすれば，1週で2，4週で4，3箇月では4.8，1年で5.2程度の強度となる．材齢4週は強度がほぼ安定し始める早期の限界とみてよい．

コンクリートの強度には，圧縮強度・引張り強度・曲げ強度・せん断強度・付着強度などがあるが，これらは一般に圧縮強度にほぼ比例する．したがって，コンクリートの強度は，一般に材齢4週の圧縮強度を基準とし，通常，コンクリート強度といえば，材齢4週の圧縮強度のことである．

コンクリートの強さに影響する主なものは，材料の性質，水量，空げき，練り時間，養生と材齢，試験方法などである．

（b） 圧縮強度

ⅰ） 水量　使用する水量が多ければ，コンクリートの強度は弱くなる．水量はセメントに対する重量比，水/セメント$=w/c=x$ で表し，これを水セメント比という．Abramsの水セメント比説は，「コンクリートかプラスチックでワーカブルな範囲では，コンクリートの強さは水セメント比によって定まる」とし，次の実験式を示した．

$$F=\frac{A}{B^x} \qquad (2・3)$$

ここに　F：コンクリートまたはモルタルの圧縮強度 (kg/cm²)

　　　　x：水セメント比

　　　　A, B：セメントの品質・種類などにより実験的に求められる定数

式(2・3)は指数式であるが，Lyseは水セメント比の逆数 $1/x=X$ を用いて，次の直線式を示した．すなわちセメント水比説(1932)である．

$$F=aX-b \quad (\text{kg/cm}^2) \qquad (2・4)$$

ここに　X：セメント水比$=c/w=1/x$

　　　　a, b：セメントの品質，種類などによって定まる定数

実用的な範囲($X ≒ 2.5〜1.4$, $x=40〜65°/\text{wt}$)では，式(2・4)にセメントの4週規格強度と，骨材の種別による補正係数を入れて次の式を用いる．

$$\frac{F}{K} = \beta \cdot 0.51 X - 0.31 \qquad (2 \cdot 5)$$

ここに　K：セメントの4週規格強度 $(\mathrm{N/mm^2})$
　　　　β：コンクリートの種別による補正係数（表 2・4）

表 2・4　コンクリートの種別による補正係数 β

コンクリートの種類		β の標準値
普通コンクリート	砂　利	1.0
	砕　石	1.15
軽量コンクリート	1種・2種	0.90

したがって，式 (2・5) から，$\beta=1$ として水セメント比 (%) を求めると，

$$x = \frac{0.51}{\frac{F}{K} + 0.31} \times 100 \quad (°/\mathrm{wt}) \qquad (2 \cdot 6)$$

となる．

　式 (2・5)，(2・6) は普通ポルトランドセメントを使用した場合であるが，JASS 5 の解説には，早強ポルトランドや，混合セメントなど，セメントの種類に応じた算定式が与えられている．

　砂利コンクリートと同一水セメント比とした砕石コンクリートは，砂利コンクリートの強度の 1.1〜1.2 倍となり，軽量コンクリートは，使用する骨材に応じた強度を示す．それを考慮した補正係数 β の標準的な値が表 2・4 である．

　ii）空げき　　水量が多くなると，コンクリートの強度が低くなる．セメントと結合していない水分が，硬化後コンクリート中に空げきを残すからと考えられる．AE 剤を使用したコンクリートの強度が低くなるのも，導入空気による空げきが原因と考えてよい．ちなみに，AE 剤を用いないコンクリートの空気量は，通常 1〜2°/vol である．

　AE 剤を用いたコンクリートの空気量は，3°/vol 以上 5°/vol 以下とする．連行空気量が 3°/vol 未満では，コンクリートの耐久性の改善に効果が少なく，5°/vol 以上であると，強度低下や乾燥収縮などが大きくなり，コンクリートの品質はあまり改善されないからである．

　したがって，AE 剤を用いたコンクリートの空気量は 4.5°/vol を標準とする．凍結融解作用を受けるコンクリートや軽量コンクリートの空気量は，多少多くてもよいが，6°/vol を超してはならない．

iii) **練り時間**　コンクリートの練り混ぜ時間は 10 分以内であれば，長く練る程強度の発生は早くて大きいが，それ以上になると，練り混ぜの効果はそれ程著しくない．レミコンのように長時間練りながら運搬される場合，1 時間以上になると，かえってひび割れや安定性で有害なことがある．

iv) **養生と材齢**　コンクリート強度には温度と湿度の影響は大きい．コンクリートの硬化は，セメントと水との化学変化であるから，温度が高ければ強度の発生は早い．しかし，十分な温度がなければ，強度の増加は中絶するので，施工中は低温をさけ，乾燥を防ぐ養生が必要である．

コンクリートの強度は，材齢とともに，増加するが，Abrams はそれを次の式で示している．

$$F_t = n \cdot \log t + k \quad (\text{kg/cm}^2) \tag{2・7}$$

ここに　F_t：材齢 t における強度

　　　　$n,\ k$：各場合の定数

v) **試験方法**　試験体の形状・寸法・加圧面の仕上げの程度・載荷の速さなどによって，試験結果は異なる．試験体の高さ h と加圧面直径 d との比 h/d が大きいほど，寸法が大きいほど，加圧面が粗面になるほど，強度は弱く現れ，荷重速度が速いほど強度は強く現れる．

したがって，試験体の作り方，試験法 (JIS A 1108, 1132) が定められ，形状，寸法，仕上げ面の程度，載荷速度などが規定されている．

(c) **圧縮強度以外の強度**　圧縮強度以外のコンクリートの強度は，圧縮強度にくらべてきわめて小さく，一般に圧縮強度の 1/10 程度である．

i) **引張り強度**　コンクリートの引張り強度は，試験体の形状，試験方法の影響がかなり大きい．引張り強度 F_t と圧縮強度 F_c との関係は，狩野博士によれば純粋引張りの場合，普通コンクリート，軽量コンクリートとも，次の式で示される．

$$\left.\begin{array}{l} F_c = 2.66 F_t^{1.44} \quad (\text{kg/cm}^2) \\ F_t/F_c = 0.508 F_c^{-0.305} \end{array}\right\} \tag{2・8}$$

圧縮試験用の円柱供試体を，直径方向に加圧して引張強度を求める割裂試験

$$F_t = \frac{2p}{\pi d l} \tag{2・9}$$

によって，赤沢氏は次式を示している．

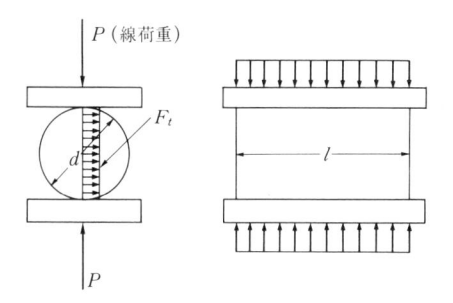

図2・4 引張強度試験法(JIS A 1113)

$$F_t = 0.39 F_c^{0.73} \quad (\text{kg/cm}^2) \tag{2・10}$$

コンクリートの引張り強度は，圧縮強度の大きいものほど大きいが，その増加率は小さくなり，

　　　　F_t/F_c は，弱いコンクリートで，1/10 程度

　　　　　　　　強いコンクリートで，1/13 程度

になる．

すなわち，脆度係数 (F_c/F_t) は高強度になる程大きい．

コンクリートの引張り強度は，コンクリートの圧縮，鉄筋の引張り強度にくらべてきわめて小さいこと，収縮によるひび割れの発生などの理由から，強度計算では無視されるが，ひび割れの発生に影響する重要な性質である．

ii) 曲げ強度　コンクリートの曲げ破壊強度 F_b は，長方形断面の場合

$$F_b = \frac{M}{\frac{bh^2}{6}} \quad (\text{N/mm}^2) \tag{2・11}$$

ここに，M：最大曲げモーメント (N·mm)

　　　　b, h：断面の幅，断面の高さ (mm)

で求められる．この値は縁応力で，F_b は F_t と同じであるべきであるが，実際は，$F_b = (1.6 \sim 2) F_t$ 程度の値となる．

式 (2・11) は，応力ひずみ図が圧縮・引張りとも同一直線の場合にだけ成立するもので，コンクリートのように応力ひずみ図は直線ではなく，しかも圧縮と引張りとでは異なる場合の曲げ破壊強度は，弾性体と仮定すればどの程度の曲げ強さになるか，といった程度のものである．

iii) せん断強度　コンクリートのせん断強度は，2〜3 N/mm² 程度と

いわれているが，試験方法によってかなり異なる．普通コンクリートの直接せん断強度は，坂博士によれば圧縮強度の 1/4.5〜1/6.5 である．軽量コンクリートの直接せん断強度は，圧縮強度の 1/5〜1/6 であった．

鉄筋コンクリート構造では，部材の内部に生じるせん断応力度そのものより，それと同時に存在する斜め引張り力（斜張力）が問題である．したがって，直接せん断強度の実験結果は，引張り強度より大きいにもかかわらず，コンクリートのせん断強度は，斜張力に対するものとして，引張り強度と同じ値とするのが妥当である．

（4） コンクリートの弾性性質

（a） 応力度とひずみ度　　コンクリートの規格供試体を圧縮したときの応力ひずみ図は，図 2・5 のようになる．

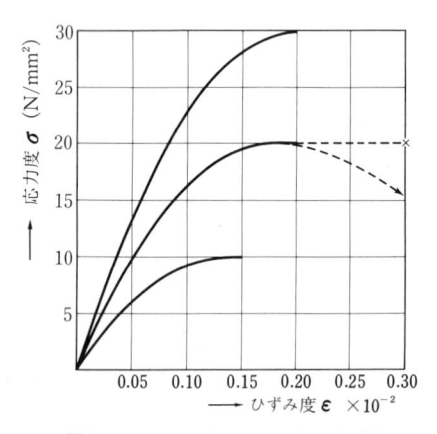

図 2・5　コンクリートの応力ひずみ図

圧縮強度の 20% 程度の応力度までは，ほぼ弾性的としてよいが，それ以上になると塑性傾向が加わり，強度の 1/2 以上の応力度になると，塑性性質がさらに著しくなって，パラボラ状の曲線で破壊点に達する．

強いコンクリートは，弱いコンクリートより応力ひずみ図の立上がりが急で（弾性が高い），強度時のひずみもやや大きい，普通コンクリートと圧縮強度時のひずみ度は，$0.15〜0.20 \times 10^{-2}$ 程度である．

破壊時のひずみ度は測定が困難で，種々の見解がある．最大応力度のまま強度時のひずみの 2 倍程度，または 0.3×10^{-2} 程度とするもの，応力は徐々に下がるが，相当のひずみ（0.7×10^{-2} 程度）まで達するというものなどがある．鉄

筋コンクリートでは，破壊時のひずみ度として，一般に 0.3×10^{-2} が用いられている．

　軽量コンクリートの場合も，普通コンクリートとほぼ同じ傾向であるが，強度時のひずみ度は大きく，$0.2 \sim 0.4 \times 10^{-2}$ 程度である．同一強度のもので比較すれば，2種軽量が1種軽量より大きく，軽いコンクリートほどひずみ度は大きいといえる．

　強度時までの応力ひずみ曲線式については数多くの研究があるが，その主なものを紹介しておく．

　坂博士は，普通コンクリートについて次の式を示した．

$$\sigma = a\varepsilon + b\varepsilon^2 + c\varepsilon^3 \tag{2・12}$$

　ここに　σ：圧縮応力度 $(\mathrm{kg/cm^2})$

　　　　　ε：ひずみ度

　　a, b, c：圧縮強度 F_c によって定まる係数

　浜田博士は，普通コンクリートおよび軽量コンクリートについて，次の式を提案している．

$$1 - \frac{\sigma}{F_c} = \left(1 - \frac{\varepsilon}{\varepsilon_B}\right)^k \tag{2・13}$$

　ここに　ε_B：圧縮強度 F_c 時のひずみ度

　　　　　k：曲率によって定まる数，$\sigma = F_c/2$ の点を通るように定めると，

$$k = \frac{0.301}{\log \varepsilon_B/(\varepsilon_B - \varepsilon_{1/2})}$$

　　　　　$\varepsilon_{1/2}$：$F_c/2$ におけるひずみ度

　引張り応力度とひずみ度との関係は，圧縮の場合とほぼ同様の傾向を示すとされているが，強度の1/2程度の応力度までは，圧縮の場合より弾性に近いといわれている．

　引張り破壊時までの応力ひずみ曲線は，狩野博士によれば，式(2・13)と同じ形式の次式で示される．

$$1 - \frac{\sigma_t}{F_t} = \left(1 - \frac{\varepsilon}{\varepsilon_m}\right)^k \tag{2・14}$$

　ここに　ε_m：引張強度 F_t 時のひずみ度

　　　　　k：普通コンクリートでは $1.16 \sim 1.42$ 程度

　引張り破壊時の最大伸びは，狩野博士によれば，普通コンクリートの場合，

$0.012×10^{-2}$ 内外，軽量コンクリートでは，骨材の種類によって異なるが，普通コンクリートの 2～2.5 倍である．

（b） 弾性係数

ⅰ） ヤング係数（Young's modulus） 応力ひずみ図の原点における接線から求めたものを初期ヤング係数（initial tangent modulus）といい，図 2・6 の $\tan\theta_0$ で，動弾性係数に近い値である．

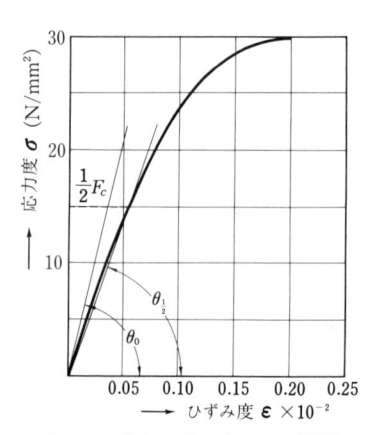

図 2・6 応力ひずみ図とヤング係数

応力ひずみ図上の点と原点，または僅少応力度の点とを結んだ直線から求められるヤング係数を，正割ヤング係数（secant modulus）という．曲線上の点は，一般に使用応力の点，たとえば，$F_c/3$，$F_c/2$ などの応力度が選ばれる．$F_c/2$ のヤング係数は，図 2・6 で，$_cE_{1/2}=\tan\theta_{1/2}$ (N/mm^2) である．

ヤング係数（正割）は，コンクリートの種類・強度だけでなく，使用する応力度によっても異なることになる．長期荷重時の応力程度，すなわち，圧縮強度の 1/3 の応力度の正割ヤング係数 $_cE_{1/3}$ は，A. Pauw によれば，

$$_cE_{1/3}=4\,300\rho^{1.5}\sqrt{F_c} \quad (\text{kg/cm}^2)$$

ここに ρ：コンクリートの比重 (t/m^3)
F_c：コンクリートの圧縮強度 (kg/cm^2)

で示され，わが国でもほぼそのまま適用できるようである．

計算規準では，応力算定用，またはたわみ算定用のヤング係数として，次の式を用いることにしている．

$$E = 3.35 \times 10^4 \times \left(\frac{\gamma}{24}\right)^2 \times \left(\frac{F_c}{60}\right)^{1/3} \quad (\text{N/mm}^2) \tag{2・15}$$

ここに　γ：コンクリートの単位体積重量 (kN/m^3)
　　　　F_c：コンクリートの設計基準強度 (N/mm^2)

式 (2・15) を図 2・7 に示しておく．

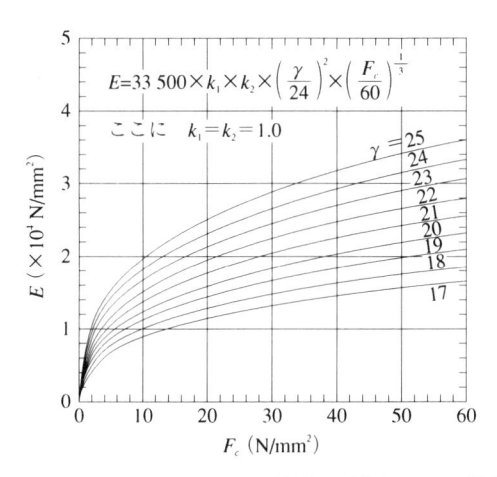

図 2・7　コンクリートのヤング係数 $_cE$（応力，たわみ算定用）

ii）ポアソン数　　許容圧縮応力度付近におけるポアソン数 (Poisson's number) は普通コンクリートで 5～7，通常 6 とする．軽量コンクリートはやや大きいようであるが，普通コンクリートと同じく 6 としてよい．圧縮破壊付近では 2 に近づき，2～4 程度である．

引張りの場合は，田辺博士によれば，普通コンクリートでは低応力度で 7～8，ひび割れ発生付近で 9～12 である．

iii）せん断弾性係数　　せん断弾性係数 G は通常次の式で計算される．

$$G = \frac{m_c E}{2(m+1)} = \frac{_cE}{2(1+\nu)} \quad (\text{N/mm}^2) \tag{2・16}$$

ここに　m, ν：ポアソン数，ポアソン比

普通，軽量コンクリートとも，$m=5$，つまり $\nu=1/5$ とすれば，せん断弾性係数は次の式となる．

$$G \fallingdotseq 0.42 \, _cE \quad (\text{N/mm}^2) \tag{2・17}$$

(c) 疲れとクリープ

ⅰ) 疲　れ　　コンクリートに繰返し荷重を加えると静的載荷の場合よりひずみが大きくなり，静的破壊荷重より小さい荷重で破壊する．この現象を疲れという．

　コンクリートに0に近い応力からある応力までを繰り返し加える場合，破壊に至る最小応力は静的破壊荷重の50～60％で，一般に弾性限度（繰返し荷重によって弾性的性質を示す応力の限界）に近い．これは圧縮・引張りともほぼ同じである．

ⅱ) クリープ　　コンクリートは持続荷重を受けると，時間とともにひずみが増大する．この現象をクリープ（creep）という．一般に静的破壊荷重の90％内外の持続荷重で破壊し，この点をクリープ限度という．

　クリープの様相を圧縮の場合で示すと図2・8(a)のようになる．

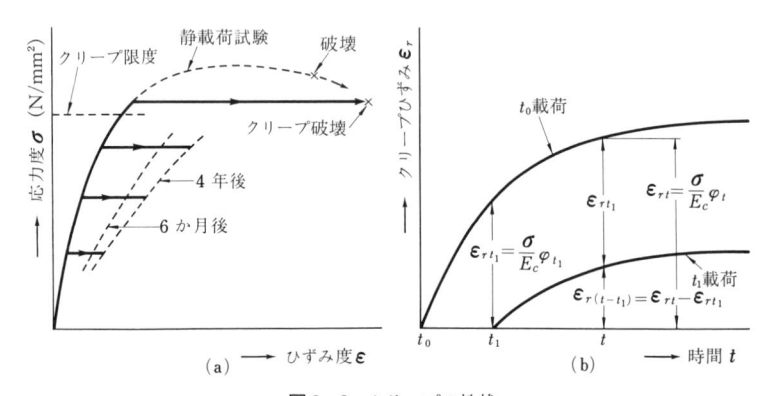

図2・8　クリープの性状

　ひずみは，載荷し終わるまでに生じた弾性ひずみと，載荷後クリープによって生じる塑性ひずみ（クリープひずみ）とに分けられるが，クリープひずみは短期間に急増し，その後しだいに緩慢になり，数年後には安定する．その一定値に達したクリープひずみは，普通コンクリートの場合，弾性ひずみの約3倍といわれる．軽量コンクリートのクリープひずみは，普通コンクリートの1.3～1.6倍程度である．

　ある材齢 t_0 で載荷した場合と，t_1 で載荷した場合とでは，無載荷の材齢が長いほどクリープひずみは小さくなる．Witney はこの現象を，図2・8の(b)のように，材齢 t_1 で載荷したクリープ曲線は，材齢 t_0 で載荷したクリー

プ曲線の材齢 t_1 以後の部分に平行であるとしている．また，低応力度でのクリープは，その応力に比例し，その比例定数は圧縮・引張りともほぼ等しい（Davis-Glanville の法則）とされている．

任意時間 t におけるクリープひずみ ε_{rt} は，便宜上，載荷時の弾性ひずみに比例するものとし，通常次の式で示される．

$$\varepsilon_{rt} = \frac{\sigma}{_cE}(\varphi_t - \varphi_{t_1}) \tag{2・18}$$

ここに　φ_t：クリープ係数
　　　　φ_{t_1}：載荷時までのクリープ係数
　　　　σ：載荷応力 (N/mm^2)
　　　　$_cE$：コンクリートのヤング係数 (N/mm^2)

長期の許容応力度程度の応力を載荷し，クリープを十分に進行させた後，静的圧縮試験をすると，その強度およびヤング係数は，無載荷の場合と同程度か，やや大きい値を示すといわれる．

iii) 高速繰返し荷重を受ける場合　　地震力のように急速に加力されると，コンクリートの圧縮強度，ヤング係数ともに増大し，加力速度が早いほど著しいといわれる．地震動の周期 (1/10 秒のオーダー) 程度の場合，加藤博士によれば強度およびヤング係数は，静的載荷の値より 10～20% 程度大きくなるが，強度時のひずみはほとんど変わらない．

(5) コンクリートのその他の性質

(a) 容積変化　　コンクリートは吸水・吸湿して膨張し，乾燥すれば収縮する．変形を拘束されたコンクリート部材は，収縮すればひび割れを生じるか，生じやすくなる．

i) 乾燥収縮　　コンクリートは，大気中で長期間にわたって乾燥収縮・硬化収縮する．一般に両者を合わせて，乾燥収縮または硬化収縮という．

乾燥収縮はセメント量が多いほど，水量が多いほど大きくなる．通常の鉄筋コンクリートに使用される程度のコンクリートの大気中での最大自由収縮量は，普通コンクリートで $7～10×10^{-4}$ 程度，1，2 種軽量コンクリートは，普通コンクリートとほぼ同じで $6～8×10^{-4}$ 程度である．

コンクリートの品質の高級なものでは，乾燥収縮は $6×10^{-4}$ 以下，普通のものでは $8×10^{-4}$ 以下が期待される．

拘束されたコンクリートは，一般に，収縮ひび割れは避けがたいが，その収縮ひび割れの発生条件は，理想化すると次の式で示される．

　　自由収縮－クリープひずみ－引張り破壊時のひずみ－拘束弛緩度＞0

　軽量コンクリートの自由収縮が普通コンクリートより大きい場合，クリープひずみ，引張り破壊時のひずみも大きいので，ひび割れの発生条件は，必ずしも普通コンクリートより悪いとは限らない．しかし，ひび割れが発生すれば，自由収縮が大きいので，ひび割れは普通コンクリートより大きくなることもある．

　ⅱ） 熱膨張係数　　普通コンクリートの常温付近における熱膨張係数は，$9 \sim 13 \times 10^{-6}/℃$ 程度で鋼とほぼ等しい．
　1，2種軽量コンクリートは，$7 \times 10^{-6}/℃$ 内外である．

　（b） 熱に対する性質　　普通コンクリートは，火熱にあうと 100℃ ぐらいまでは膨張し，それ以上になるとやや収縮し，260℃ 以上ではしだいに結合水を失う．200℃ 以上になると強度はしだいに低下し，500℃ 程度になると，常温時の強度の 65% 内外の強さになり，これを急冷すると大きなひび割れを生じる．

　熱伝導率は含水率によって異なるが，気乾状態における普通コンクリートの熱伝導率は，$1.6 \mathrm{W/m \cdot K}$ 内外，軽量コンクリートはその 1/2～1/3 程度で，密度の小さいコンクリートほど熱伝導率は小さい．

　浜田博士は，気乾密度 ρ が 2.0 以下の軽量コンクリートの熱伝導率 k を次の式で示した．

$$k = 0.22 - 0.20\rho + 0.24\rho^2 \quad (\mathrm{kcal/mh℃}) \tag{2・19}$$

　（c） 耐久性　　新しいコンクリートはアルカリ性（pH は 13 程度）で，鋼のさびるのを防ぐが，空気中の炭酸ガスなどによって中性化する．コンクリートがアルカリ性を失うと，鉄筋はさびやすくなる．

　岸谷博士によれば，コンクリートの施工に欠陥がなく，仕上げをしない場合，大気中でコンクリートを中性化する速度は次の式で表される．

　水セメント比 $x = 0.6$ 以上のとき

$$y = \frac{0.3(1.15 + 3x)}{R^2(x - 0.25)^2} C^2 \quad (年) \tag{2・20a}$$

　水セメント比 $x = 0.6$ 以下のとき

$$y = \frac{7.2}{R^2(4.6x-1.76)^2} C^2 \quad (年) \tag{2・20b}$$

ここに　y：Cまで中性化する期間（年）

　　　　C：中性化深さ（cm）

　　　　R：コンクリートの種類による中性化比率（表2・5参照）

表2・5　コンクリートの種類による中性化比率 R の標準的な値（プレーンコンクリート）

セメントの種類		砂利コンクリート	1・2種軽量コンクリート
ポルトランドセメント	普通	1	$1 \times 1.1 = 1.1$
	早強	$1 \times 0.6 = 0.6$	$1.1 \times 0.6 = 0.66$
混合セメント	高炉 A種	$1 \times 1.2 = 1.2$	$1.1 \times 1.2 ≒ 1.3$
	高炉 B 〃	$1 \times 1.4 = 1.4$	$1.1 \times 1.4 ≒ 1.5$
	高炉 C 〃	$1 \times 2.2 = 2.2$	$1.1 \times 2.2 ≒ 2.4$
	シリカ B種	$1 \times 1.7 = 1.7$	$1.1 \times 1.7 ≒ 1.9$
	フライアッシュ B 〃	$1 \times 1.9 = 1.9$	$1.1 \times 1.9 ≒ 2.1$

注）AE剤を使用したコンクリートは，上記の値を0.7倍する．AE減水剤を使用したコンクリートは，上記の値の0.4倍とする．プレーンコンクリートとは，混和剤を使用してないコンクリートのことである．

水セメント比の小さいもの，AE剤・AE減水剤を使用したものは，耐久性が著しく改善される．砕石コンクリートは意外に中性化が早い．水セメント比の実用的な範囲（$w/c = 45 \sim 70\%$）では，中性化比率 R は表2・5のようになる．

2・3　鉄筋とコンクリート

（1）　かぶり厚さと鉄筋の相互間隔

かぶり厚さは，鉄筋の表面とそれを覆うコンクリート表面との最短距離である．かぶり厚さは，

　付着強度　　かぶり厚さ20 mm以下では付着強度は期待できない．

　耐 火 性　　火災時鉄筋温度が450 °C（鉄筋の降伏点が2/3以下になる）以上にならない．

　耐 久 性　　コンクリートの中性化が鉄筋までおよぶまでの期間

などを考慮しなければならないが，かぶり厚さの最小値は表2・6のように定められている．

鉄筋の降伏点が1/2に下がるのはおよそ600 °Cであるが，この点を考えて，

表 2・6 鉄筋に対するコンクリートのかぶり厚さの最小値 (mm)　(JASS 5)

部　位			かぶり厚さ (mm)
土に接しない部分	屋根スラブ 床スラブ 非耐力壁	屋　内	30
		屋　外	40[(1)]
	柱 はり 耐力壁	屋　内	40
		屋　外	50[(2)]
	擁　　壁		50[(3)]
土に接する部分	柱・はり・床スラブ・耐力壁		50
	基礎・擁壁		70

注 (1)　耐久性上有効な仕上げのある場合，30 mm とすることができる．
　 (2)　耐久性上有効な仕上げのある場合，40 mm とすることができる．
　 (3)　コンクリートの品質および施工方法に応じ，工事監理者の承認を受けて 40 mm とすることができる．

かぶり厚さ 30 mm というのは 3 時間耐火ということになる．

太い鉄筋や異形鉄筋を用いる場合は，鉄筋径の 1.5 倍以上のかぶり厚さが必要である．これよりかぶり厚さが小さければ，それだけ付着力は低下する．

また，径の大きい骨材を用いる場合とか摩滅が予想される部分，倉庫のように長時間燃焼の恐れのある場合なども，かぶり厚さを大きくする．

鉄筋の相互間隔も，コンクリートの打込みおよび付着力を確保するため，できるだけ広いのが望ましい．骨材の最大径の 1.25 倍以上の正味間隔（あき）が必要であり，付着力を確保するには，25 mm 以上で，丸鋼では鉄筋径の 1.5 倍，異形鉄筋では呼び名の 1.5 倍 (1.7 倍がのぞましい) 以上の正味間隔が必要である．

（2）付　着　力

コンクリートに鉄筋を埋めこむと，粘着力と摩擦力，異形鉄筋では，節による機械的な抵抗も加わって，鉄筋は容易に滑動しない．この滑動に抵抗する力を付着力という．

付着力は，試験方法によって異なった値を示すが，一般によく用いられるのは引抜き試験である．引抜き試験による付着力は，図 2・9 に示すように，鉄筋の各部で異なった大きさを示し，しかも，丸鋼の最大付着応力の位置は，引抜き力が大きくなるにつれて移動するが，異形鉄筋の場合には，その位置はほ

丸鋼 ← → 異形鉄筋

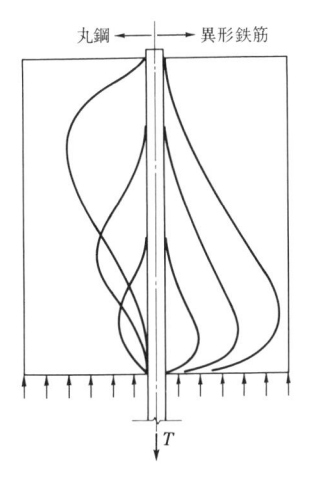

図2・9 引抜き試験の付着力の分布

とんど移動しない．

付着強度は一般に平均付着応力度で示され次の式で求める．

$$\tau_a' = \frac{T}{\phi l} \quad (\text{N/mm}^2) \tag{2・21}$$

ここに　τ_a'：付着応力度 (N/mm²)
　　　　T：引抜き力 (N)
　　　　ϕ：鉄筋の周長 (mm)
　　　　l：鉄筋の埋込み長さ (mm)

付着強度は，通常コンクリートの強度の大きいものほど大きくなるが，種々の条件によっても異なった値を示す．引抜き試験では，他の試験法にくらべて，一般に丸鋼は小さい値，異形鉄筋では大きい値を示す．また，埋込み長さの長いものほど小さな値を示す．押込み試験では，逆に埋込み長さの長いほど大きい値を示す．

鉄筋の方向および位置によっても，付着強度は著しく異なる．横筋は縦筋より小さく，横筋では，鉄筋より下のコンクリートの厚いほど，鉄筋の上のコンクリートが薄いほど付着強度は小さくなり，その差は意外に大きい．鉄筋の方向・位置などによる付着強度の相異は，主としてコンクリートの沈みに原因するものとみてよい（表2・14参照）．

また，コンクリートのかぶりが小さいほど，鉄筋間隔が小さいほど，付着強

度は小さくなり，コンクリートの打込み直後，コンクリートに適当な振動を与えたり，圧力を加えたりすれば，付着強度は大きくなる．

2・4 定数と許容応力度

(1) 定　　数

一般の構造設計に用いるコンクリートの設計基準強度 F_c（3で割り切れる値）および鉄筋コンクリート重量の標準値を，表2・7のように定めている．

コンクリートの気乾比重は，表2・7の鉄筋コンクリートの重量の標準値から，鉄筋の重量，1.0 kN/m³を差し引いたものとなる．

計算規準では，鉄筋とコンクリートの定数を，表2・8のように定めている．せん断弾性係数は，耐震壁の応力計算などに用いられるものである．

表2・7　コンクリートの設計基準強度と鉄筋コンクリートの重量

(JASS 5, 計算規準)

コンクリートの種類	設計基準強度の範囲 (N/mm²)	鉄筋コンクリートの単位体積重量 (kN/m³)
普通コンクリート	$F_c \leq 36$ $36 < F_c \leq 48$ $48 < F_c \leq 60$	24 24.5 25
軽量コンクリート1種	$F_c \leq 27$ $27 < F_c \leq 36$	20 22
軽量コンクリート2種	$F_c \leq 27$	18

表2・8　鉄筋とコンクリートの定数

材料	ヤング係数 (N/mm²)	せん断弾性係数 (N/mm²)	ポアソン比 ν	線膨張係数 1/℃
鉄筋	2.05×10^5	—	—	1×10^{-5}
コンクリート	$3.35 \times 10^4 \times \left(\dfrac{\gamma}{24}\right)^2$ $\times \left(\dfrac{F_c}{60}\right)^{1/3}$	$\dfrac{{}_cE}{2(1+\nu)}$	0.2	1×10^{-5}

注）　γ：コンクリートの気乾重量(kN/m³)，表2・7の重量の標準値から1.0(kN/m³)を引いたものとすることができる．

(2) ヤング係数比

弾性設計の基礎は，フックの法則（$\sigma = \varepsilon \cdot E$）であるので，それぞれの場合に応じたヤング係数が必要である．鉄筋コンクリートは，鉄筋とコンクリートが一体となって外力に抵抗するものであるから，その応力の配分は，ヤング係数

比，$n = {}_sE/{}_cE$ によって算定されることになる．

表2・9に，計算規準に定められた**ヤング係数比**を示す．

表2・9 ヤング係数比 （計算規準）

種別	応力・微小変形計算用	長期・短期断面算定用
普通コンクリート	式(2・22)による	15
軽量コンクリート 1種・2種	式(2・22)による	15

計算規準では，応力・微小変形計算用のヤング係数比は前述の式(2・15)，表2・8を用いて，

$$n = \frac{20.5}{3.35 \times \left(\frac{\gamma}{24}\right)^2 \times \left(\frac{F_c}{60}\right)^{1/3}} \tag{2・22}$$

を用いることになった．表2・10は，コンクリート設計基準強度別に式(2・22)を表示したものである．

表2・10 コンクリートに対する鉄筋のヤング係数比

コンクリート設計基準強度 F_c (N/mm²)	ヤング係数比 n
$F_c \leq 27$	15
$27 < F_c \leq 36$	13
$36 < F_c \leq 48$	11
$48 < F_c \leq 60$	9

断面算定の場合のヤング係数比は，普通コンクリートに対して，コンクリートの慣用のヤング係数，

$$_cE = 1.4 \times 10^4 \quad (\text{N/mm}^2) \tag{2・23}$$

を用いて，表2・9のように，長期・短期の別なく，しかも強度にも関係なく，

$$n = \frac{2.1 \times 10^5}{1.4 \times 10^4} = 15 \tag{2・24}$$

の慣用値を用いることに定められた．

軽量コンクリートの場合，旧計算規準では，普通コンクリートより大きなヤング係数比が採られていた．そのため，設計荷重が同じであれば，普通コンクリートより鉄筋量が少なくてすむことになる．そこで，終局耐力に対する考慮から，普通コンクリートと同じヤング係数比の慣用値，$n=15$ を採ることに改定された．

コンクリートのクリープに対する考慮を除いたヤング係数比を使用した場合，

圧縮鉄筋の応力は増大する恐れがあるが，一般に鉄筋の許容値をこすようなことはないし，引張り鉄筋の応力の増大は，一般にきわめて小さい．

(3) 許容応力度

弾性設計では，構造材に生じうる応力がある限度をこえないようにする．この限度を許容応力度という．

許容応力度は，材料の強度または降伏点を，材料の安全率で割ったものである．安全率は，人的，経済的原因による誤差，施工・荷重状態，部材の重要度，材料強度の低下・変形など，種々のことを考慮して定められる．

固定荷重や積載荷重のような長期荷重による応力に対する安全率は，応力の種類によって多少の差はあるが，コンクリートで約3，鋼で1.5とし，地震力や風圧力・積雪荷重のような短期荷重に対する安全率は，コンクリートで約1.5，鋼で1を採用している．

長期荷重と短期荷重とで安全率が異なるのは，種々の理由があるが，主としてクリープに対する考慮と，破壊に対する考え方からである．

(a) コンクリートの許容応力度

長期荷重に対する許容圧縮応力度は，前述したように安全率を3として，$F_c/3$ であるが，短期荷重時の許容圧縮応力度は，安全率を1.5として $2F_c/3$ と定められている．

長期の許容せん断応力度は，旧計算規準ではコンクリート強度の強弱に関係なく，一律に $F_c/30$ と定められていたが，改訂された計算規準では，

$F_c ≦ 21\,\mathrm{N/mm^2}$ のコンクリートの許容せん断応力度は，$F_c/30$

$F_c > 21\,\mathrm{N/mm^2}$ の場合は，$(0.5 + F_c/100)$

と定められた．強度の高いコンクリートの場合の比例定数が小さくなるのは，高強度になっても，せん断耐力は，それほど増加しないことを考慮したためである．

軽量コンクリート1種および2種の長期許容せん断応力度は，普通コンクリートの場合の0.9倍に低減するように定められている．

短期の許容せん断応力度は，あばら筋の必要な場合と必要でない場合とのつりあいや，せん断補強の終局強度的な取扱いなどを考慮して，安全率を大きくして，長期の値の1.5倍と定められた．

表2・11にコンクリートの許容応力度，表2・12に計算規準によって算定した設計基準強度別の許容せん断応力度を示しておく．

表 2・11　コンクリートの許容応力度 (N/mm²)　　　(計算規準)

種　別	長　期		短　期	
	圧縮	せん断	圧縮	せん断
普通コンクリート	$\dfrac{1}{3}F_c$	$\dfrac{1}{30}F_c$, かつ $\left(0.5+\dfrac{1}{100}F_c\right)$ 以下	長期の値の 2 倍	長期の値の 1.5 倍
軽量コンクリート 1 種・2 種		普通コンクリートの 0.9 倍		

表 2・12　コンクリートの許容せん断応力度 (N/mm²)

設計基準強度 F_c (N/mm²)		18	21	24	27
普通コンクリート	長期	0.6	0.7	0.74	0.77
	短期	0.9	1.05	1.11	1.155
軽量コンクリート 1 種・2 種	長期	0.54	0.63	0.666	0.693
	短期	0.81	0.945	0.999	1.04

（b）鉄筋の許容応力度　　鉄筋の長期許容引張り応力度は，安全率を 1.5 として定められているが，高張力鋼は，許容応力度をあまり大きく採ると，コンクリートのひび割れ幅が大きくなるので，最大ひび割れ制御（0.3 mm 程度）の面から検討されている．

せん断補強に対する許容引張り応力度は，高張力鋼の場合，計算上，補強筋が少なくなって，補強効果が期待できないことにならないように考慮して定められている．

表 2・13 に鉄筋の許容応力度を示す．

表 2・13　鉄筋の許容応力度 (N/mm²)

（令 90 および H12 建告 2464）

鉄筋の種類		長　期		短　期	
		引張り・圧縮	せん断補強	引張り・圧縮	せん断補強
丸鋼	SR 235	155	155	235	235
	SR 295	155	195	295	295
異形	SD 295 A・B	195	195	295	295
	SD 345	215 (195)	195	345	295
	SD 390	215 (195)	195	390	295
溶接金網		200	200	—	295

注)　( ) 内の数値は D29 以上の太さの鉄筋．

（c）許容付着応力度 　許容付着応力度は，普通コンクリートに比べて軽量コンクリートが低く，普通コンクリートの 0.8 倍に低減する．

短期荷重時の許容付着応力度は，繰り返し応力が作用する場合，付着応力が減少することが実験で明らかにされてきたので，長期の値の 1.5 倍と定められた．

表 2・14 に，計算規準に定められた許容付着応力度を示す．

表 2・14　異形鉄筋のコンクリートに対する許容付着応力度 (N/mm²)

(計算規準)

	長	期	短　　期
	上ば筋	その他の鉄筋	
普通コンクリート	$0.8 \times \left(\dfrac{F_c}{60} + 0.6\right)$	$\dfrac{F_c}{60} + 0.6$	長期の値×1.5

注）上ば筋は，その下に 300 mm 以上のコンクリートが打ち込まれる場合の水平筋をいう．
　　軽量コンクリートでは本表の値に 0.8 を乗じる．

［例　題］ 　普通ポルトランドセメントを使用した水セメント比 65％，55％ の普通コンクリートが，表面から 3 cm および 4 cm まで中性化するのに何年ぐらいかかるか比較してみよう．

　［解］　$x = 0.65 > 0.6$　∴　式 (2・20a) を用いる．表 2・5 から $R=1$

$$y = \frac{0.3(1.15+3x)}{R^2(x-0.25)^2}C^2 = \frac{0.3(1.15+3\times 0.65)}{(0.65-0.25)^2}3^2 \fallingdotseq 52 \quad (年)$$

$$y = \frac{0.3(1.15+3\times 0.65)}{(0.65-0.25)^2}4^2 \fallingdotseq 93 \quad (年)$$

$x = 0.55 < 0.6$　∴　式 (2・20b) を用いる．

$$y = \frac{7.2}{R^2(4.6x-1.76)^2}C^2 = \frac{7.2}{(4.6\times 0.55-1.76)^2}3^2 \fallingdotseq 109 \quad (年)$$

$$y = \frac{7.2}{(4.6\times 0.55-1.76)^2}4^2 \fallingdotseq 194 \quad (年)$$

かぶり厚さを大きくし，水セメント比を小さくすることが，いかに効果的であるかがわかるであろう．

◎　演　習　問　題　(1)

(1) 前出の［例題］で，水セメント比が 50％ の場合を計算せよ．水セメント比の小さいのが効果的であることがわかる．

(2) 砂利コンクリート・1 種軽量コンクリートについて，普通ポルトランドセメント・早強ポルトランドセメントおよび高炉セメント B 種を用いた場合，水

演習問題（1）　　　　　33

セメント比 60%，普通ポルトランドセメント使用の砂利コンクリートと同じ中性化を示す水セメント比を求めよ．

（3）気乾比重 $\gamma=1.8$，設計基準強度 $F_c=24\,\mathrm{N/mm^2}$ の1種軽量コンクリートに4週以後 $8\,\mathrm{N/mm^2}$ の圧縮応力度を長期間載荷したときの，クリープひずみの最終値を求めよ．ただし，クリープ係数の最終値 $\varphi_t=3$，4週までのクリープ係数 $\varphi_{t_1}=1.2$ とする．

（4）安全率について考えてみよ．

第3章　骨組の計画と解析

3・1　概　　　説

　鉄筋コンクリート構造物といっても，その範囲は広く，内容は多様であるが，ここでは最も一般的な，一体式ラーメン構造のうち低層建物を対象とし，構造計画と応力解析のあらましを述べる．なおわが国では，鉄筋コンクリート造は5，6階程度までに限られ，それ以上はより強じんな鉄骨鉄筋コンクリート造が採用されているのが実情である．

3・2　構　造　計　画

（1）　構造計画の役割

　建物の目的に合致し，力学的に無理のない骨組の形式と配置を決定するのが構造計画である．構造計画は構造設計の第1の段階であり，また最も重要な部分といえる．

　建物は予想される各種の状態において安全であり，使用上支障になる変形や振動があってはならないが，重い鉄筋コンクリート造の場合には，とくに地震時の安全性に構造設計の重点がおかれる．もちろん，構造計算において地震力に対する検討は行われるが，設計用地震力のとり方を含め，現在の計算法にはなお問題があり，計算上耐震規定に合格する建物でも，実際の耐震力にはばらつきがあって，中には，危険なものも含まれる可能性がないとはいえない．

　現状では，地震時の建物の安全性は，構造計算よりも構造計画，これを行う構造技術者の良識に，大きく依存しているといっても過言ではない．

　構造計画は，意匠計画・設備計画・施工計画と同時に進められるべきもので，各担当者の間には，緊密な連繋が必要とされる．ときには構造的な表現が，意匠上重要な意味をもつこともある．また，設備工事のための開口，施工上の困難などが，耐震力に大きな影響をおよぼすこともあり，細部に対する検討も忘れてはならない．

（2）　骨組の種類

　建物は通常2次元の骨組の組合わせで構成される．図3・1は2次元骨組の

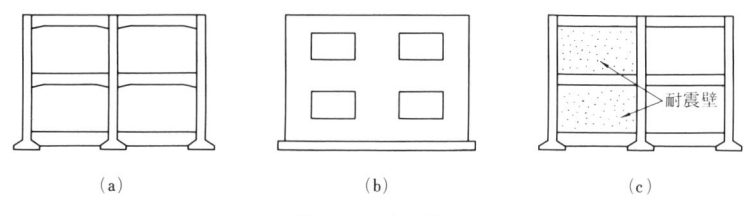

図3・1 骨組の種類

種類を示すもので，武藤博士はこれを三つの構造要素とよんだ．（a）は無壁ラーメン，（b）は壁式ラーメン，（c）は耐震壁をもつラーメンである（このほかに筋違い入りラーメンもあげられる）．

建物を（a）の無壁ラーメンだけで構成したものを純ラーメンとよぶ．軟らかい構造で水平力は大きくない．じん性が十分なら，耐震性も期待できるが，階段など計算外の剛性の高い部分が偏在した場合には地震力でねじれる心配もあり，設計には細心の注意を必要とする．

（b）は剛域のあるラーメンとして応力計算の対象になるもので，大きな水平耐力をもち，建物の四周に用いると効果的である．

（c）の耐震壁の歴史は古い．これを用いた日本興業銀行の建物が，よく関東地震に耐えたことは有名であるが，設計者の内藤博士は，この耐震壁の概念を旅行中トランクに入れた中仕切の板が，トランクの破損を防いだことから得たという．大きな水平耐力をもつ耐震壁の入ったラーメンは，以後わが国における耐震構造の主流となり，いわゆる剛構造の系譜を形成した．剛な構造であるから，作用する地震力も大きいが，それなりに水平耐力も大きく，仮に設計震度を上げたとしても設計は無理でない．周辺にフレームのある壁は，せん断ひび割れができても容易に骨組の破壊にいたらない．最近はひび割れ発生後のねばりを期待しようという考えもでてきており，現在でも中低層の重い建物にとって，適切に耐震壁を設けることは，最も確実な耐震対策であるといえる．

骨組を考えるうえで忘れてならないことに，たれ壁・腰壁などの影響がある．従来このような部分は無視し，柱・はりだけでラーメンを考え，計算するのが常であったが，十勝沖地震（1968）では，図3・2のように，これらが取り付いた柱のせん断破壊が目立った．このような柱は可撓部分が短く，剛性が高いために応力が集中しやすく，材端が曲げ降伏する前に，コンクリートのもろい性質を露呈するせん断破壊を起こし，耐力を一挙に失ってしまう．一部の部材が

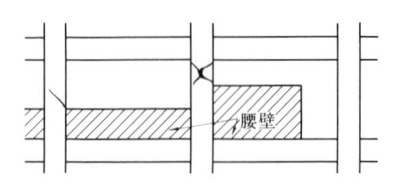

図 3・2　短い柱のせん断破壊

もろい破壊を起こすと，応力集中が次々に他の部材に波及し，いわゆる各個撃破型の破壊経過をたどり，骨組が高次の不静定であっても，各部材の耐力が結集できずに崩壊する恐れがある．したがって，このような2次部材の影響は，面倒でもあらかじめ考慮に入れ，骨組をなるべく実際に近い形でとらえて計画を立てる必要がある．

　元来建物の骨組は鉛直荷重を支えるために発達したものである．その形をもとにし，水平耐力とじん性を与えて耐震性を高めようというのが，耐震骨組の考え方の大筋といえる．振動をもっと機械的に処理しようという考え方は昔からあり，いろいろな免震構造の提案がなされたが，一般に普及するにはいたらなかった．

　有害な振動を処理する卑近な例として自動車をあげてみよう．道路の凹凸から車体の安全と乗り心地を確保するために，軽いタイヤがばねと減衰器を介して車体を支持している．鋼板製の車体は軽く堅牢にはできているが，もしばねや減衰器を取り外したら，連日の激しい振動でたちまちこわれるに違いない．建物はこれにくらべると，振動に対する機構といえるようなものを，ほとんど何も備えていない．

　元来，大きく，重く，大地に根をはやした建物に，明快な機構を要求することは無理であり，また数10年に1度あるかないかの天災に対し，保守を必要とする機械的な部品を組み込むことにも問題がある．このようなことから，建物の場合には，材料・部材・骨組が本来もつ力学的な性質をうまく生かすことが，耐震設計の基本とならざるをえないのである．

（3）　柱・はりの配置

柱は適当なはりスパンが得られるように規則正しく配置する．図3・3に簡

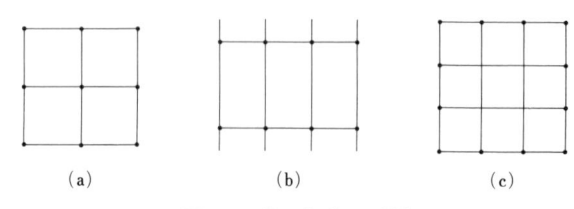

図3・3　柱・大ばりの配置

単な例を示した．(a)の均等スパンは，一般の事務所建築などにみられるが，従来から経済スパンは6m前後といわれている．(b)の片持ばりの利用は，鉛直荷重による曲げ応力をコントロールできる点でよいが，外壁面に耐震的な骨組を配置できない点に問題がある．

一般に鉄筋コンクリート構造は，単位体積重量が大きく，その割に強度の低いコンクリートを主材料とするため，大きなスパンに適するとはいえない．(c)はこれについての対策の一つで，交差ばりを利用し，鉛直荷重を2方向に処理したものである．平面が長方形の場合には，斜めばりを交差させる方法(菱目ばり)がある．

大ばりで囲まれた床スラブの寸法が大きいと(正方形の場合で辺長が6mをこえるとき)，振動障害などを生じる恐れがある．必要に応じ小ばりを設け，床スラブを適当な大きさに分割することが望ましい(スラブの有効せいを増すためにリブをつけることがある．直交リブつきのものをワッフル板とよぶ)．

柱・はりの立面は，規則正しい格子状であることが望ましい．集会室など，下の階または途中階で柱を間引く場合には，上の階を支え，地震力を処理するために，壁・斜材などを効果的に利用した，入念な骨組の計画を必要とする．

(4) 耐震壁の配置

耐震壁は平面的にバランスよく配置されなければならない．図3・4に1方向だけの力のつりあいを考えたモデルを示した．このように，建物は剛体と考え，各ラーメンは剛性に応じたばね定数をもつスプリングに置き換えるとわかりやすい．(a)のように水平力が剛心 G (ばね定数の重心)と一致すると，平行移動して安定するが，(b)のように偏って耐震壁が入ると，その方向に剛心が移動し，偏心モーメントによって，平行移動と共に回転を生じる．剛心か

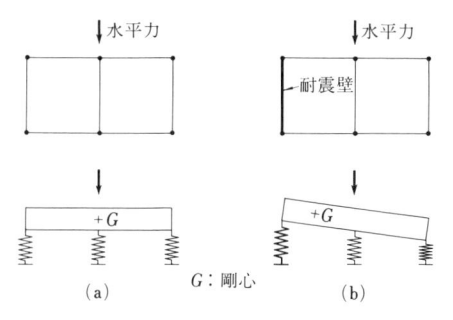

図3・4 水平力による変位

ら遠く外れたラーメンは，耐震壁を入れたために，かえって変位が大きくなることさえある．

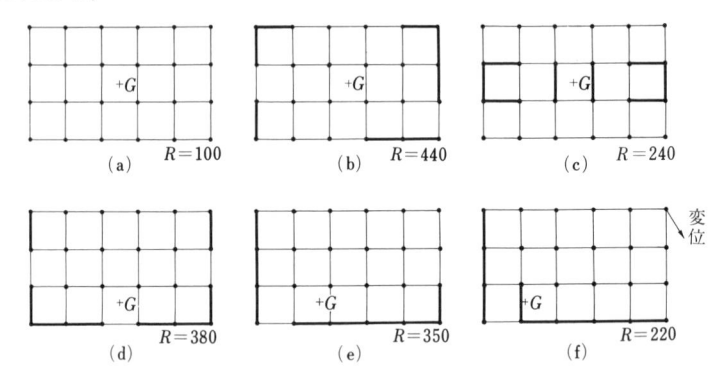

(a) $R=100$
(b) $R=440$
(c) $R=240$
(d) $R=380$
(e) $R=350$
(f) $R=220$

G：剛心，R：純ラーメンを100とした剛心まわりのねじれ強さ
（いずれも壁の剛性を柱の剛性の10倍として計算）

図3・5　耐震壁の配置と剛心・ねじれ強さ

図3・5には3×5スパンの平面について，$x \cdot y$ 方向各4枚の耐震壁を入れた場合の剛心の位置と，そのまわりのねじり剛性 R（単位角度回転させるのに必要なねじりモーメント）を，純ラーメンの場合(a)を100として示した．なお柱1本の剛性を1，耐震壁1枚の剛性はその10倍として計算してある．(b)(c)共に剛心が偏らないように壁を配置してあるが，ねじれ剛性の点で，コアー式の(c)より周辺に壁を配置した(b)が優れている．(d)は1方向，(e)(f)は2方向に偏心を生じた場合であるが，とくに壁の交点が一部分に集中するような(f)の配置は好ましくない．

以上は建物が単純な箱形の場合であるが，上の階が偏在しているときは地震力の作用点も平面の図心から外れることを注意しなければならない．

耐震壁の立面配置は，図3・6(a)のように上下の壁をそろえるのが普通で

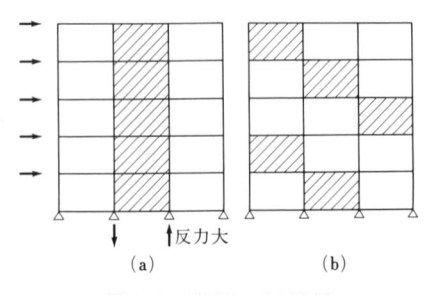

(a)　(b)

図3・6　耐震壁の立面配置

ある．幅が狭く，高い連層耐震壁は，片持ばりのように変形し，上の階で壁の効果が落ち，また基礎反力も大となる．この場合には壁に接するラーメンの効果を考え，また下の層で幅を広げて基礎反力の低減をはかるべきである．上の層の壁はない方が計算上よいこともあるが，そのために生じる剛性の変化が，建物の振動におよぼす影響について，なお検討の余地がある．

曲げ変形を小さくして剛性を高め，基礎反力を小さくするためには(b)のような分散形式が効果的である．ただし，力の流れが複雑になることに欠点があり，平面計画のむずかしさもあって，一般性があるとはいいがたい．

(5) 建物の形その他

建物の全体の形は，耐震の見地からは単純な箱形のものが最もよい．複雑な立体構成のものは，それにふさわしい入念な耐震計画が必要といえる．

力学的に異質な建物が接合する箇所は構造的に縁を切り，解析を容易にすることがしばしば行われる．この場合には地震時に衝突しないだけの十分な間隔をとることが必要である．

上の階が部分的に突き出ている場合，とくに屋上の塔状構造物には非常に大きな地震力が作用する．これに対しては十分な設計震度をとることが望ましい．(新耐震設計法では設計震度 1.0)

基礎は原則として良質な地盤に支持させ，長期応力状態および地震時においても不同沈下を生じないようにしなければならない．特定の砂地盤は，地震により液状化現象を起こし，支持力を全く喪失することがある．

建物全体に地下室を設けることは，建物の有効重量を減らし，沈下量を減少させるうえで有効であるが，最近，入力震度を減らす点でも効果のあることを示す記録も得られている．

3・3 荷　重

(1) 荷重の種類と組合わせ

建物は存在期間中に予想される種々の力の作用状態に対し，安全なように，また変形・振動など，使用上支障を生じないように設計しなければならない．構造計算はそのための手順であり，このとき仮定する力が(設計用)荷重である．荷重のとり方については，構造計算法とも関連し，なお多くの問題が残されているが，ここでは本質的な議論はさけ，建築学会荷重規準案(ただし，地

震荷重は建築基準法施行令）に基づいて，計算上必要な荷重の扱い方を述べる．
主な荷重は次のとおりである．

1) 固定荷重（dead load） G
2) 積載荷重（live load） P
3) 積雪荷重（snow load） S
4) 風圧荷重（wind load） W
5) 地震荷重（earthquake load） K
6) 土圧・水圧　その他

応力計算は表3・1のような荷重の組合わせについて行う．

表3・1　荷重の組合わせ

設計荷重の種類	荷重について想定する状態	荷重の組合わせ
長期の荷重	常時	$G+P+S$
短期の荷重	暴風時	$G+P+S+W$
	地震時	$G+P+S+K$

なお弾性に基づいた計算の場合には，それぞれの荷重による応力を重ね合わせることができるから，G を固定荷重による応力（以下同様）とし，表3・1を「応力の種類と組合わせ」と読み換えることができる．

(2) 用途係数

建物にその用途による重要度に応じた安全性をもたせるため，雪荷重と風荷重を算定する際には，表3・2に示す用途係数 I を用いる．

表3・2　用途係数　　　　　　　　　　　（建築学会荷重指針）

	建築物の用途	I
(一)	きわめて重要な建築物またはその部分	1.25
(二)	(一)および(三)以外の建築物	1.00
(三)	応急仮設建築物・工事現場事務所・仮設興行場・博覧会建築物・仮設店舗などの仮設建築物	0.75

注）ここにいうきわめて重要な建築物とは，次のとおりである．
　　災害時に　1) 多数の人命を損傷する恐れのある建築物
　　　　　　 2) 救援避難の拠点となる病院・学校・公共建築物など
　　　　　　 3) その破壊が周囲に害をおよぼす恐れのある危険物を収蔵する建築物
　　　　　　 4) 高層建築物など
　　　　　　 5) その他，公共の目的のためその機能を保持することが必要な建築物

(3) 固定荷重

固定荷重は建物自身の重量で（設計に先立って，断面を仮定して積算しなけ

ればならない点に問題はあるが），荷重の中では，最も実態がはっきりしている．通常，鉄筋普通コンクリートの重量は，鉄筋を含め $24\ \mathrm{kN/m^3}$ として計算する（表 2・7 参照）．仕上などについては，表 3・3 に示すような，規準値を用いることができる．建物各部の単位長さ，あるいは単位面積当たりの重量の算定例を，図 3・7 に示しておく．

表 3・3　仕上げなどの重量　　　　　　　　　　（建築学会荷重指針）

部　分	種　　類		重量 (N/m²)	備　　考
天井	打上げ板張り・パーティクルボード化粧板張り・せんい板張りまたは金属板張り		150	つり木，つり木受およびその下地を含む
	木毛セメント板張り・せっこうボード張りまたは石綿セメントフレキシブル板張り		200	
	モルタル塗り		600	
コンクリート造の床仕上	板張り		200	根太，大引きおよび大引き下のモルタルを含む
	モルタル塗り・人造石塗り・タイル張り		200	下地を含む仕上厚さ 10 mm につき
	アスファルト防水層		150	厚さ 10 mm につき
コンクリート造などの壁仕上	せっこうプラスター塗り		200	仕上厚さ 10 mm につき
	モルタル塗り・人造石塗り・タイル張り		200	
空洞コンクリートブロック壁	厚さ 10 cm　A種ブロック		1 100	間仕切壁
建具	アルミ製ガラス窓	網入りガラス形	400	枠付き
	木製扉	フラッシュ戸形	200	〃
	鋼製扉	レディメード形	340	〃

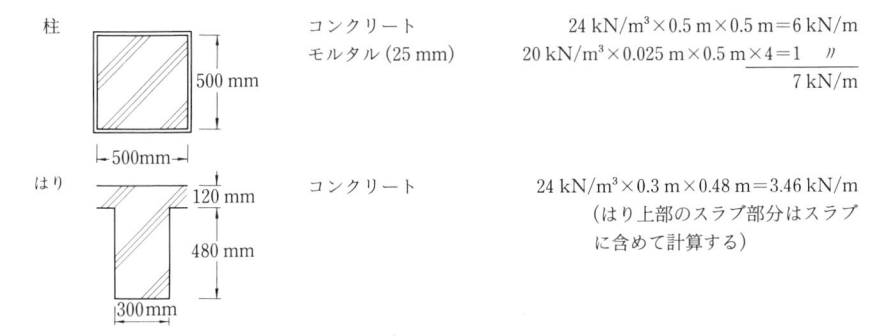

柱　　　　　　　　コンクリート　　　　　　$24\ \mathrm{kN/m^3} \times 0.5\ \mathrm{m} \times 0.5\ \mathrm{m} = 6\ \mathrm{kN/m}$
　　　　　　　　　モルタル (25 mm)　　　　$20\ \mathrm{kN/m^3} \times 0.025\ \mathrm{m} \times 0.5\ \mathrm{m} \times 4 = 1$　〃
　　$7\ \mathrm{kN/m}$

はり　　　　　　　コンクリート　　　　　　$24\ \mathrm{kN/m^3} \times 0.3\ \mathrm{m} \times 0.48\ \mathrm{m} = 3.46\ \mathrm{kN/m}$
　　　　　　　　　　　　　　　　　　　　　（はり上部のスラブ部分はスラブに含めて計算する）

図 3・7・1

床

プラスタイル		70 N/m²
モルタル (25 mm)	200 N/m²・mm×25 mm=	500 〃
コンクリート	240 〃 ×12 〃 =	2 880 〃
天井 (石綿版，下地つり木とも)		200 〃
		3 650 N/m²

屋根

仕上モルタル (25 mm)	200 N/m²・mm×25 mm=	500 N/m²
軽量コンクリート (60 mm)	180 〃 ×60 〃 =	1 080 〃
アスファルト防水層 (9 mm)		140 〃
ならしモルタル (15 mm)	200 N/m²・mm×15 mm=	300 〃
コンクリート	240 〃 ×12 〃 =	2 880 〃
天井 (吸音ボード，下地つり木とも)		150 〃
		5 050 N/m²

階段

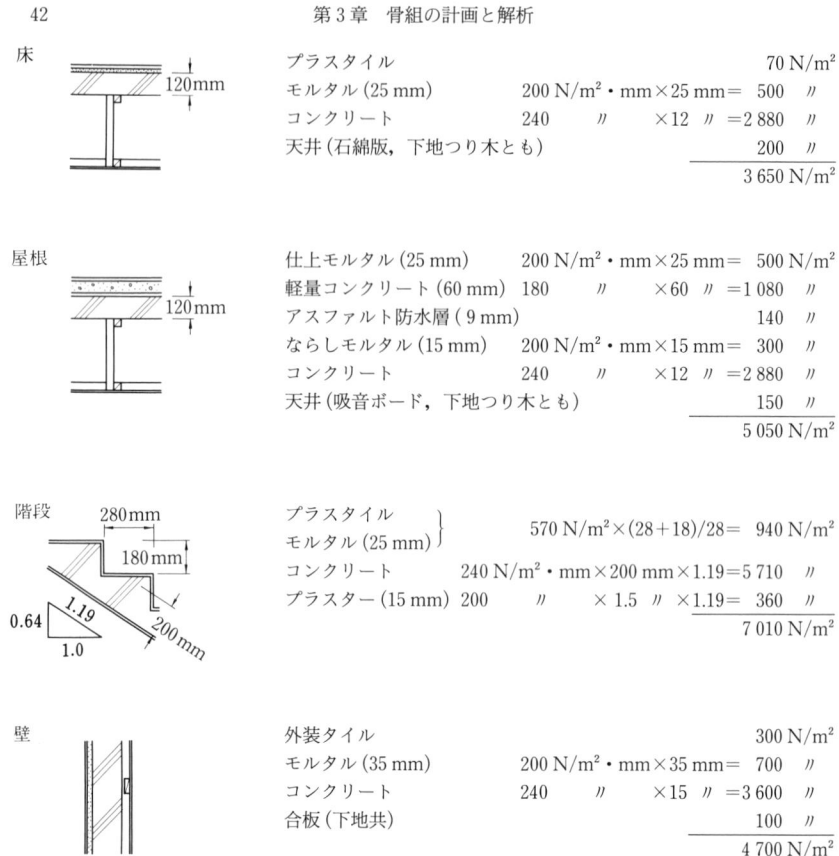

プラスタイル モルタル (25 mm)	570 N/m²×(28+18)/28=	940 N/m²
コンクリート	240 N/m²・mm×200 mm×1.19=	5 710 〃
プラスター (15 mm)	200 〃 ×1.5 〃 ×1.19=	360 〃
		7 010 N/m²

壁

外装タイル		300 N/m²
モルタル (35 mm)	200 N/m²・mm×35 mm=	700 〃
コンクリート	240 〃 ×15 〃 =	3 600 〃
合板 (下地共)		100 〃
		4 700 N/m²

図 3・7・2

（4） 積 載 荷 重

　積載荷重は人間を含む積載物の重量で，部屋の使われ方によって決まる．積載物を想定し，その性質，平均値とばらつきなどを考慮して決めなければならないが，普通の使われ方をする部屋では，表 3・4 に掲げる基準値によることができる．

　柱や基礎の直圧を計算する場合は，支える床の数に応じ，表 3・4（B）の値を，表 3・5 の低減係数を掛けた値まで減らすことができる．

表3・4 積載荷重 (N/m²)　　　(建築基準法施行令 85)

建物の用途・室の種類			(A) 床構造計算用	(B) 大ばり・柱・基礎の計算用	(C) 地震荷重計算用
(1)	住宅の居室，宿舎・旅館・ホテルなどの住宅以外の建物における寝室，病院客用居室		1 800	1 300	600
(2)	一般教室		2 300	2 100	1 100
(3)	事務室・研究室(通常の実験室を含む)		2 900	1 800	800
(4)	百貨店・店舗の売場		2 900	2 400	1 300
(5)	劇場・映画館・ホール・集会場その他これに類する用途に供する建築物の客席	固定席	2 900	2 600	1 600
		その他	3 500	3 200	2 100
(6)	機械室		4 900 以上	2 400 以上	1 300 以上
(7)	書庫	一般	7 800 以上	6 900 以上	4 900 以上
		可動書架	11 800 以上	10 300 以上	7 400 以上
(8)	自動車車庫および自動車通路		5 400	3 900	2 000
(9)	廊下・玄関または階段((1)，(3)に該当するものを除く)		3 500	3 200	2 100
(10)	屋上広場または露台	(1)によるもの	1 800	1 300	600
		(4)によるもの	2 900	2 400	1 300

表3・4の基準値は，次のような形式で算定されている．

$$積載荷重＝物品平均重量 \times 集中係数＋人間平均重量 \times 集中係数 \times (衝撃係数)$$

　物品や人間の重量は，床面に均等に分布するわけではない．大きな面積について平均をとれば，用途別平均値となるが，小さな面積について考えると，そこに物品や人間が集中する場合もあり，逆にほとんど何もないこともある．対象とする面積が小さいほど，積載重量のばらつきは大きく，荷重としては安全側の大きな値をとる必要がある．集中係数はそのためのもので，局部的な載荷の影響を直接受ける床の計算用に最も大きな値がとられている．一方，地震力を算定する場合は少なくとも各階単位に考えればよく，集中係数は1，すなわち平均値そのまま採用できる．衝撃係数は教室の場合などに考慮される．

表3・5 低減係数

支える床の数	2	3	4	5	6	7	8	9以上
係　数	0.95	0.90	0.85	0.80	0.75	0.70	0.65	0.60

注) 表3・4の(5)，(6)，(7)，(8)の場合には適用できない．

(5) 積雪荷重

積雪荷重は建築基準法施行令86告示によれば以下のとおりである.

1) 〔積雪荷重〕＝〔積雪単位荷重〕×〔屋根水平投影面積〕×〔垂直積雪量〕
2) 水平面における積雪荷重（積雪10 mmにつき）は $20\,\mathrm{N/m^2}$ 以上.
3) 多雪区域（図3・8参照）は，垂直積雪量1 m以上または積雪の初終日日数（積雪部分の割合が1/2を超える状態が継続する期間の日数が30日以上の区域）とする.

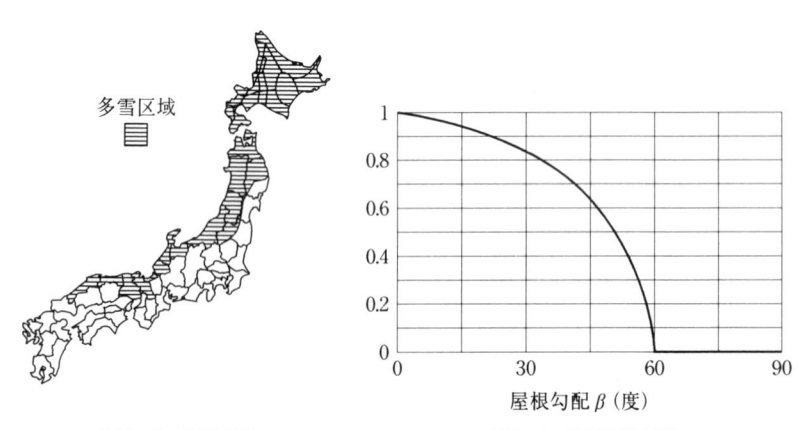

図3・8 多雪区域

図3・9 屋根形状係数

4) 屋根面における積雪荷重は前項の値を次式の屋根形状係数を乗じた値まで低減できる．

$$\mu_b = \sqrt{\cos(1.5\beta)}$$

ここに，μ_b：屋根形状係数（図3・9参照）
　　　　β：屋根勾配（度）

ただし，雪止をもつ屋根または雪の落下しにくい葺材を使った屋根に対しては別途考慮する．

5) 垂直積雪量は次式による（局所的地形要因による影響等を考慮のこと）．ただし，統計処理等により50年再現期待値（年超過確率2%に相当する値）を求めることができる場合はそれによることができる．

$$d = al_s + \beta r_s + \gamma \tag{3・1}$$

ここに　d：垂直積雪量(m)
　　α, β, γ：区域に応じて定める値

l_s：区域の標準的な標高

r_s：区域の標準的な海率

雪おろしを行う場合は多雪区域でも垂直積雪量を1mまで減じた値を採用してよい(ただし，表示義務規定有)．

6) 屋根の両側の積雪量が著しく違う場合は片側荷重による影響を考慮する．

7) 雪の集積する部分に対しては特に荷重を増大する．

(6) 風荷重

風荷重は次の式によって求める．

$$P = C_f \times q \times A \tag{3・2}$$

ここに　P：設計用風力(N)

　　　　C_f：風力係数(建物の形によって決まる)

　　　　q：設計用速度圧(N/m^2，高いほど大きな値をとる．周囲の状況，地域，受圧面の長さおよび建物の用途別重要度を考慮して決める)

　　　　A：建物あるいはその部分を代表する面積(m^2)

風力係数などの詳細については，建築学会荷重指針を参照されたい．

(7) 地震荷重

従来，耐震計算は標準の設計震度 0.2 (正確には 0.2 以上) に基づいて行われた．すなわち，建物の重さに設計震度を掛けたものを水平力として建物に加え，その時の各部の応力が材料の許容応力度以内になるように骨組を設計する．1924 年，市街地建築物法に初めてこの耐震設計法が規定されたとき，設計震度は 0.1 であった．0.1 で設計すれば，関東地震 (1923 年) 程度の地震には耐えうるであろうという技術的判断によったといわれている．その後，設計法の改定に伴い，地震時などに対する材料の許容応力度を高めたのにスライドさせて，0.1 は標準の 0.2 になった．

1980 年に建築基準法施行令が改正されて，耐震設計法は従来の静的な考え方から動的な考え方をとり入れた方法へと移行した．設計用地震力は，比較的頻度の高い中小地震に対する 1 次設計用と，きわめてまれにしか起らない大地震に対する 2 次設計用の 2 種類が設定され，建物の振動特性等を考慮して次式によって算定する．

$$Q_i = C_i \cdot W_i \tag{3・3}$$

ここに　Q_i：設計用地震力（10 N）

　　　　W_i：その層以上の建物の重量

$$W_i = \Sigma w_i = \Sigma (G_i + P_i) \quad (10 \text{ N})$$

　　　　C_i：層せん断力係数（式(3・4)による）

$$C_i = Z \cdot R_t \cdot A_i \cdot C_0 \tag{3・4}$$

ここに　Z：地震の地域係数（図3・10）

　　　　R_t：振動特性係数（図3・11）

　　　　　　建物の1次固有周期と地盤の種別に応じて，式(3・5)による

　　　　A_i：層せん断力分布係数（図3・12）

　　　　　　建物の1次固有周期と建物の重量に応じて，式(3・6)による

　　　　C_0：標準のせん断力係数

　　　　　　通常，1次設計用は0.2とし，2次設計用は1.0とする

R_t は，

$$\left. \begin{array}{ll} T < T_c \text{ のとき} & R_t = 1 \\ T_c \leq T < 2T_c \text{ のとき} & R_t = 1 - 0.2(T/T_c - 1)^2 \\ 2T_c \leq T \text{ のとき} & R_t = 1.6 T_c / T \end{array} \right\} \tag{3・5}$$

ここに　T：建物の設計用1次固有周期

　　　　　　RC・SRC造は，$T = 0.02H$（秒），H：建物の高さ（m）

　　　　T_c：地盤の特性を示す係数　　第1種地盤（硬質）　0.4（秒）

　　　　　　　　　　　　　　　　　　　第2種地盤（普通）　0.6（秒）

　　　　　　　　　　　　　　　　　　　第3種地盤（軟弱）　0.8（秒）

ただし，2次設計を必要としない建物は，$R_t = 1.0$ とする．

A_i は

$$A_i = 1 + \left(\frac{1}{\sqrt{a_i}} - a_i \right) \frac{2T}{1 + 3T} \tag{3・6}$$

ここに　a_i：(最上部から i 階までの重量の和 W_i)÷(地上部全重量 W)

層せん断力分布係数 A_i は，層せん断力の高さ方向の分布を示す係数で，建物の固有周期が長くなると，上層で急に大きな値になる．（図3・12）

3・3 荷　重　　47

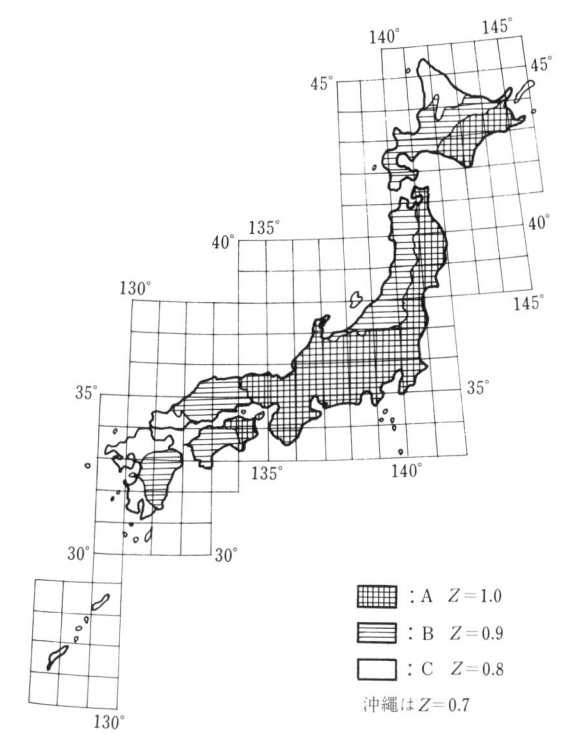

図3・10　地震の地域係数

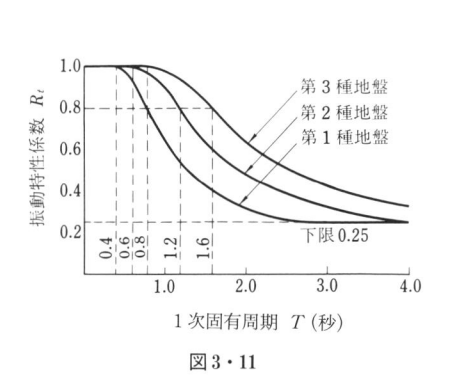

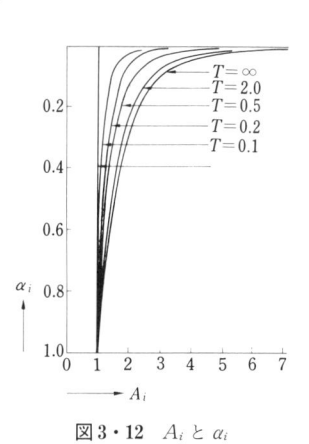

：A　$Z=1.0$
：B　$Z=0.9$
：C　$Z=0.8$
沖縄は$Z=0.7$

図3・11

振動特性係数 R_t
第3種地盤
第2種地盤
第1種地盤
下限 0.25
1次固有周期 T (秒)

図3・12　A_i と α_i

$T=\infty$
$T=2.0$
$T=0.5$
$T=0.2$
$T=0.1$

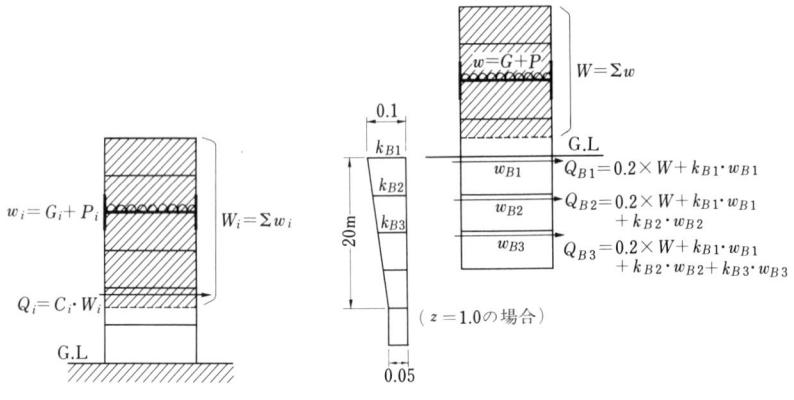

図 3・13　1 次設計用地震力　　図 3・14　地下部分の設計用地震力

地下部分の設計用地震力は，従来の震度法と同じ考え方で，次の水平震度 k を乗じ，$Q_{Bi}=K\times W_i$ を用い，1 次設計のみを対象として算定する．（図 3・14）

$$k=\frac{1}{2}\left(1-\frac{H}{40}\right)Z\cdot C_0 \qquad (3\cdot 7)$$

ここに　H：地下部分の深さ (m)

　　　　$H>20$ m ならば，$H=20$ m の値とする．

なお，屋上から突出する水槽，塔屋，煙突，パラペットその他に作用する局部地震力は，その実状に応じ定めなければならないが，局部震度としては 1.0 以上をとる必要がある．

[例　題]　図 3・15 に示す 3 階建の鉄筋コンクリート造建物について，1 次設計用地震層せん断力を求める．ただし，地震の地域係数 Z は 1.0 とし，地盤は第 2 種地盤とする．

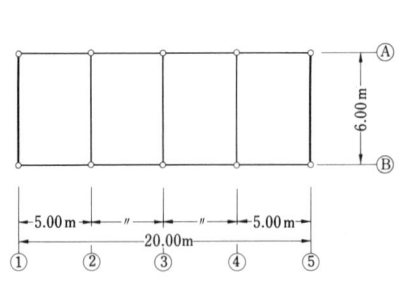

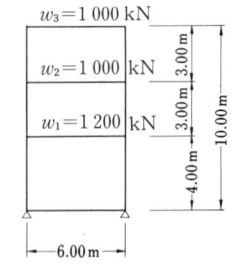

図 3・15

[解]
 i) 地域係数 Z　$Z=1.0$
 ii) 振動特性係数 R_t
　　　$T=0.02h=0.20$(秒)
　　　$T_c=0.6$(秒)
　　　$T<T_c$ であるから　　$R_t=1.0$
 iii) 地震層せん断力 (表 3・6)

表 3・6

階 i	W_i (kN)	$\sum_{i=1}^{3} W_j$ (kN)	α_i	層せん断力分布係数 A_i	層せん断力係数 C_i	地震層せん断力 Q_i (kN)
3	1 000	1 000	0.313	1.369	0.274	274
2	1 000	2 000	0.625	1.160	0.232	464
1	1 200	3 200	1.000	1.000	0.200	640

3・4　応力解析のための準備

(1)　ラーメンに関する仮定

　骨組の基本形は柱・はりが剛接したラーメンであるが，各部材はその断面の重心を通る線で代表させ，線材で構成されたラーメンとして考える．この場合，上下の柱，左右のはりで重心が完全に一致しないことが多く，また正確に重心といえば，床や袖壁の影響を考えなければならないが，実際にはむだな複雑化はさけ，大局的にみて誤りを生じない範囲で，多少のくい違いは無視し，鉛直・水平線を定め，規則的な格子状ラーメンとして骨組を表してよい．実用計算では，この線材で構成されたラーメンは，各節点間で一様な断面2次モーメントをもつと仮定することが多いが，節点付近に断面2次モーメントが無限大になる部分，すなわち剛域 (rigid zone) を仮定し，応力を求めることもある (図 3・16 参照)．

　図 3・17 には，壁式ラーメン，開口のある耐震壁・たれ壁，腰壁のあるラーメンの例をあげたが，このように部材のせい(幅)が大きくなる場合には，剛域をもつラーメンに置換することが必要である．

　剛域の範囲は図 3・18 に示すように，(a) 材せいの 1/4 入った点，(b) 材に対し 25°～60°の勾配のハンチがつくときは材せいの 1.5 倍の点，60°以上

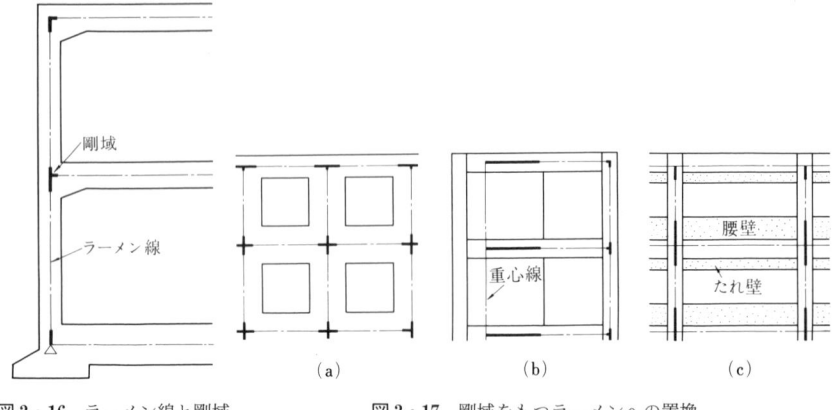

図3・16 ラーメン線と剛域　　図3・17 剛域をもつラーメンへの置換

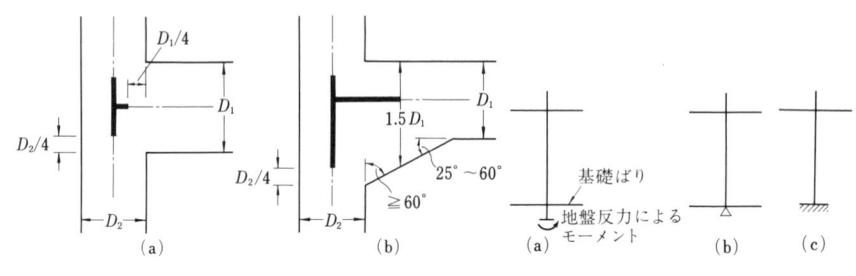

図3・18 剛域の長さ(計算規準解説)　　図3・19 柱脚の固定度

のときは材せいの1/4入った点までとする．なお，左右に寸法の違う部材が取りつくときは，上記より2点を求め，その外側の点までを剛域とする．

　最下層柱脚は，剛な基礎ばりでつなぐのが原則である．柱脚モーメントは正確には基礎ばりと，基礎版下の地盤反力により分担されるが(図3・19(a))，通常は後者を無視し，基礎ばりだけが柱脚を拘束すると仮定することが多い(図3・19(b))．基礎ばりの剛比が十分高ければ，柱脚固定として応力を求めても結果はあまり違わない(図3・19(c))．

（2）部材の剛比

　部材の剛比(stiffness ratio)は，コンクリートに入るひび割れは無視し，全断面有効として求める．応力計算の段階では配筋は未決定であるから，通常は鉄筋の存在は無視し，部材の断面形状だけで剛比を決める．

　ただし，骨組の微小変形を問題とする場合は鉄筋の影響を考慮すべきで，そのときのヤング係数比は式(2・22)による(設計強度20 N/mm² 前後の普通コ

ンクリートでは $n=10$ としてよい).鉄筋断面積を n 倍してコンクリートに置き換え,有効断面 2 次モーメント I_e を求め,コンクリートのヤング係数 $_cE$ を用いるとよい.

図 3・20 の断面の,X 軸についての I_e を求めてみる.ただし,$n=10$ とする.

$$I_e \fallingdotseq \frac{400 \times 600^3}{12} + 2 \times 603 \times 250^2 \times 10 \fallingdotseq 79.5 \times 10^8 \text{ mm}^4$$

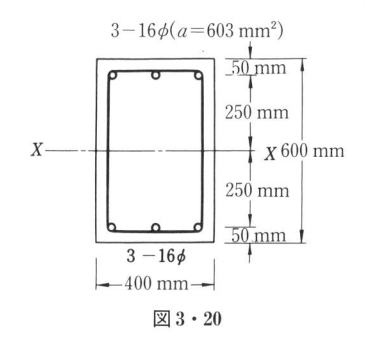

注) 鉄筋部分の面積がダブって計算されている.正確には鉄筋断面積を $(10-1)$ 倍すべきである.

図 3・20

床スラブと一体の長方形ばりは,第 4 章で述べる式 (4・22a) の有効幅 B をもつ T 形ばりとして取り扱う.壁が取りついた柱で,T 形断面のものも同様に考える.

T 形断面の断面 2 次モーメント I は,計算図表を利用し,次の式によると容易に求まる.

$$I = \phi I_0 \tag{3・8}$$

ここに I_0:長方形断面の断面 2 次モーメント (付図 1・1 参照)
         ϕ:倍率 (付図 1・2 参照)

実用計算では普通の床ばりの場合,両側スラブで $\phi=2.0$,片側スラブで $\phi=1.5$ として略算することもある.

材の剛度 (stiffness factor) K は,断面 2 次モーメントを材長 (線で表したラーメンの節点間距離) で割って求め,標準剛度 K_0 を決定した後,これに対する各材の剛度の比,すなわち剛比 k を計算する.

図 3・21,表 3・7,3・8 に,中間ラーメン (並列ラーメンとの間隔は 5.5 m) の部材剛比の算定例を示しておく.

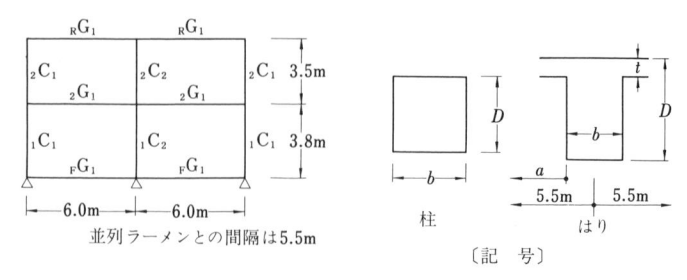

図 3・21

表 3・7 柱の剛比

記号	階	b (mm)	D (mm)	I ($\times 10^9$ mm^4)	h (mm)	K ($\times 10^6$ mm^3)	k
C_1, C_2	2	450	450	3.4	3 500	0.97	1.0
	1	500	500	5.2	3 800	1.37	1.4

$K_0 = 1.0 \times 10^6$ mm^3

表 3・8 はりの剛比

記号	階	b (mm)	D (mm)	l (mm)	a (mm)	b_a (mm)	B (mm)	t (mm)	B/b	t/D	ϕ	I_0 ($\times 10^9$/ mm^4)	I ($\times 10^9$/ mm^4)	K ($\times 10^6$/ mm^3)	k
G_1	R	300	600	6 000	5 200	600	1 500	120	5	0.200	1.88	5.40	10.2	1.70	1.7
	2	300	650	6 000	5 200	600	1 500	120	5	0.185	1.88	6.78	12.9	2.15	2.2
	F	350	1 000	6 000									29.2	4.87	4.9

注) $a > 0.5\,l$ なので $b_a = 0.1\,l$ とする。86 ページ参照 $K_0 = 1.0 \times 10^6$ mm^3

3・5 鉛直荷重による応力

(1) 計 算 法

　ラーメンの解法は「たわみ角法」や「固定法」などによるが，手計算では固定法が便利である．通常の長方形ラーメンでは，鉛直荷重に対しては，節点の水平移動がないものと仮定してよく，また材の曲げモーメントは，その材と，隣接する材に加わる荷重の影響だけを考慮して算定することが許される．なおラーメン各部の応力は，積載荷重が満載のとき最も不利になるとは限らないので，建物によっては，積載荷重が部分的に減少した場合についても，応力を求める必要がある．

　鉛直荷重に対する実用計算法には「二見法」・「2 サイクル法」などがある．

(2) はりの荷重項

(a) はりに加わる鉛直荷重　はりには床スラブから，スラブ周辺の反力に等しい大きさの鉛直荷重が作用するが，等分布荷重を受ける長方形スラブを支えるはりについては，近似的に，図3・22(a)～(d)に示すように，はりの交点を通る2等分線と，その2等分線の交点からはりに平行に引いた線，あるいは自由辺で区切られる，台形・三角形の部分の床荷重が加わるものと考える．図3・22(e)のように，小ばりを支える大ばりには，小ばりが支える荷重が集中荷重として加わる．

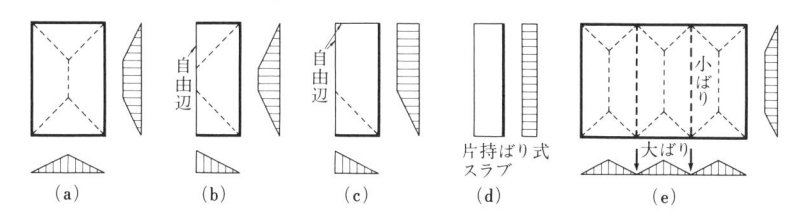

図3・22 はりに加わる荷重

はりの自重は，床からの荷重とは別に，等分布荷重として考えるのが本当であるが，便宜的に負担床面積にならして床荷重に含め，計算を簡単にすることがある．例として，図3・23については，はりの自重をそれぞれの負担床面積にならすと，表3・9のようになった．この場合，y方向中ばりの$1.76\,\mathrm{kN/m^2}$をとり，床荷重に追加し，危険側の誤差のでる側ばりについては，適当な補正をすればよい．

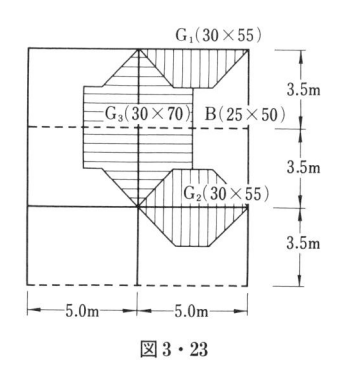

図3・23

ラーメン面内の壁体の重量は，はりに対する荷重とはならず，直接柱に支持されると判断される場合が多い．なお，上下のはりと一体となった壁は，I形のはりのウェブ材と考えるべきである．

表 3・9

はり	記号	はりのスラブ下部分重量 $24 \times b \times (D-0.12) \times l$ (kN)	負担する床の面積 (m²)	単位面積重量 (kN/m²)
x 方向 側ばり	G_1	$24 \times 0.30 \times 0.43 \times 5.0 = 15.48$	$1.75(5-1.75) = 5.69$	2.72
x 方向 中ばり	G_2	上と同じ	$3.5(5-1.75) = 11.38$	1.36
y 方向 中ばり	G_3 B	$\left.\begin{array}{l}24 \times 0.30 \times 0.58 \times 7.0 = 29.23 \\ 24 \times 0.25 \times 0.38 \times 5.0 = 11.40\end{array}\right\} 40.63$	$7 \times 5 - 11.38 = 23.62$	1.76

(b) はりの荷重項 応力計算に先立ち，各はりについて，鉛直荷重による固定端モーメント C，単純ばりとしての中央曲げモーメント M_0 およびせん断力 Q を求める．

表 3・10 に基本的な荷重状態における C, M_0 を示すが，付図 2・1，2・2 を利用すれば，さらに簡単にこれらの荷重項を求めることができる．

表 3・10 はりの荷重項

荷重状態 (スパン=l，全荷重=W)	C	M_0
W at center, $l/2$-$l/2$	$\dfrac{1}{8}Wl$	$\dfrac{1}{4}Wl$
$W/2$, $W/2$ at $l/3$-$l/3$-$l/3$	$\dfrac{1}{9}Wl$	$\dfrac{1}{6}Wl$
W 等分布	$\dfrac{1}{12}Wl$	$\dfrac{1}{8}Wl$
三角形 W, $l/2$-$l/2$	$\dfrac{5}{48}Wl$	$\dfrac{1}{6}Wl$
$W/2$, $W/2$ 三角形 $l/4$	$\dfrac{17}{192}Wl$	$\dfrac{1}{8}Wl$
$W/3$, $W/3$, $W/3$ 三角形 $l/6$	$\dfrac{37}{432}Wl$	$\dfrac{7}{54}Wl$
台形 W, al-al	$\dfrac{(1-2a^2+a^3)}{12(1-a)}Wl$	$\dfrac{(3-4a^2)}{24(1-a)}Wl$

図 3・23 の各はりについて，床荷重 $w = 6.8 \mathrm{\,kN/m^2}$ として荷重項を求めてみると，表 3・11 のようになる．

3・5 鉛直荷重による応力

表 3・11

	l_x (m)	l_y (m)	$\lambda = l_y/l_x$	C/W (m³)	C (kN·m)	M_0/W (m³)	M_0 (kN·m)	Q/W (m²)	Q (kN)	備考
G_1	3.5	5	1.43	3.0	20	4.7	32	2.9	20	付図 2・1 による
B, G_2					40		64		40	G_1 の 2 倍
G_3	3.5	5	1.43	9.0×2	122	15.5×2	210	6.1×2	83	付図 2・2 による

(3) 小ばりの曲げモーメント

小ばりは，大ばりのねじれ抵抗を考え，連続ばりとして解くのが原則である．この場合，大ばりはこれと等価の拘束力をもつ仮想柱，すなわち図 3・24 で，M/θ が M_t/θ_t と等しくなるような剛比 αk_b をもつ柱を考え，小ばりとこの仮想柱とからなるラーメンを解くことによって応力を求めることができる．ただし，以上の操作は実用計算には繁雑であり，スパンがほぼ等しく，また荷重もほぼ均等な連続小ばりおよび単スパンの小ばりについては，図 3・25 の設計用曲げモーメントを採用することが許される．

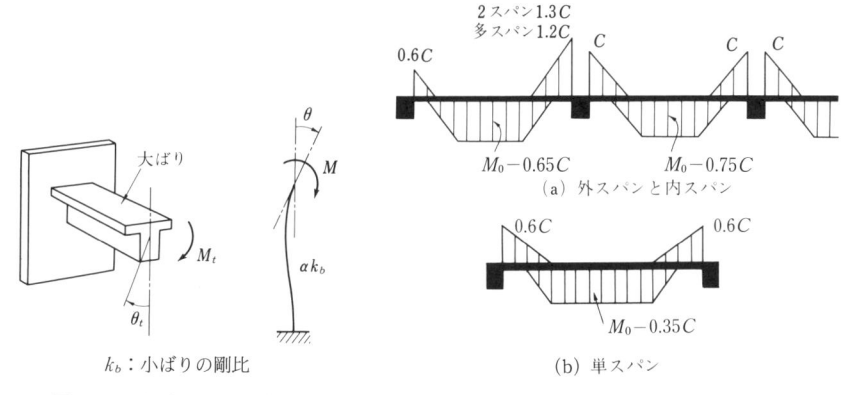

k_b：小ばりの剛比

図 3・24 大ばりのねじれ抵抗

図 3・25 小ばりの設計用曲げモーメント (計算規準解説)

(4) ラーメンの応力算定

(a) 固定法による算定例　　図 3・26 に示すラーメンを，固定法で解くと図 3・27 のようになる．

ここではモーメントの分割を 2 回 (D_2 まで) で打ち切っている．このことはモーメントの到達が 1 回であること，すなわち，ある節点のモーメントを求めるのに，隣接節点のモーメントの解除の影響までを考慮したことを意味する．

第3章 骨組の計画と解析

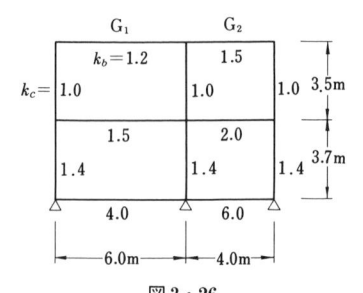

〔荷重項〕

はり	階	C (kN·m)	M_0 (kN·m)	Q_0 (kN)
G_1	R	62	98	52
	2	67	105	56
G_2	R	21	34	26
	2	23	36	28

図 3·26

固定法による算定

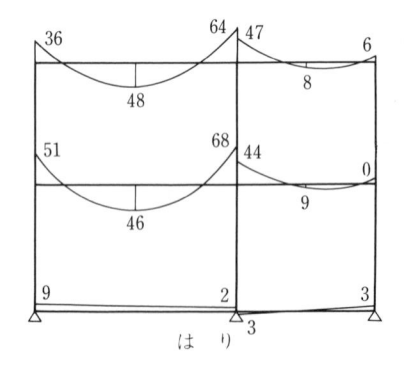

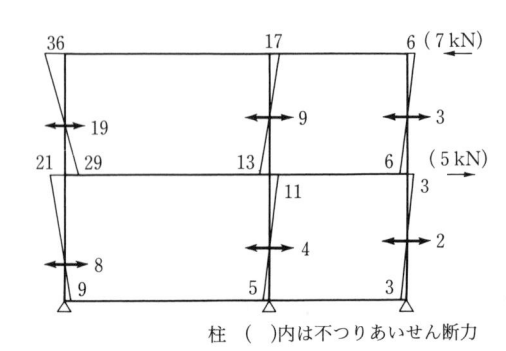

		1.2				1.5		
DF	0.45		0.55	0.32	0.27	0.41	0.60	0.40
FEM	0		−62	62	0	−21	21	0
D_1	28		34	−13	−11	−17	−13	−8
C_1	9		−7	17	−4	−7	−9	−3
D_2	−1		−1	−2	−2	−2	7	5
Σ	36		−36	64	−17	−47	6	−6

1.0 / 1.0 / 1.0

			1.5				2.0			
DF	0.36	0.26	0.38	0.25	0.24	0.17	0.34	0.45	0.32	0.23
FEM	0	0	−67	67	0	0	−23	23	0	0
D_1	24	17	25	−11	−11	−7	−15	−10	−7	−5
C_1	0	14	−6	13	0	−6	−5	−8	0	−4
D_2	−3	−2	−3	−1	0	0	−1	5	4	3
Σ	21	29	−51	68	−11	−13	−44	10	−3	−6

1.4 / 1.4 / 1.4

			4.0				6.0			
DF		0.26	0.74	0.35		0.12	0.53	0.81		0.19
FEM		0	0	0		0	0	0		0
D_1		0	0	0		0	0	0		0
C_1		12	0	0		−6	0	0		−4
D_2		−3	−9	2		1	3	3		1
Σ		9	−9	2		−5	3	3		−3

図 3·27 算定応力(単位 kN, kN·m)

はり: 36, 64, 47, 6 / 48, 8 / 51, 68, 44, 0 / 46, 9 / 9, 2, 3, 3

柱( )内は不つりあいせん断力: 36, 17, 6 (7 kN) / 19, 9, 3 / 21, 29, 13, 6 (5 kN) / 11, 3 / 8, 4, 2 / 9, 5, 3

実用計算では，この程度の近似値を用いても差し支えないことが多い．ただし，特定のスパンが大きく，あるいは荷重が大きく，不つりあいモーメントの絶対値が大きいときは，その影響範囲を広げるべきで，分割を何回で打ち切るかは，必要な精度を定め，計算の途中で判断する．

　鉛直荷重の場合には，あるスパンの荷重の影響はあまり遠くにおよばない．例として図 3・28 に，無限均等ラーメンの 1 スパンに，固定端モーメント 100 の荷重を加えたときの応力状態を示した．節点を通過するたびに，曲げモーメントの絶対値は著しく減少することがわかる．

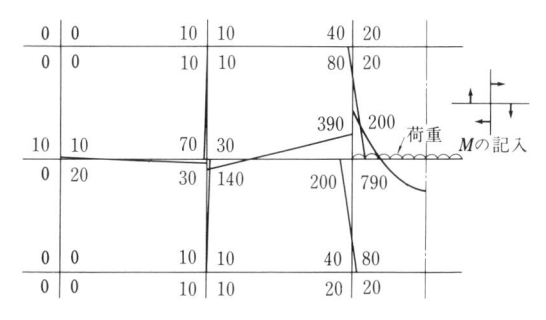

図 3・28 （$k_C=1$, $k_B=2.0$ のとき）

　節点の水平移動がないものとして計算した場合には，各層の柱のせん断力の合計は一般に 0 にならない．図 3・27 の場合，水平移動をさせないための拘束力は，層せん断力とのつりあい条件から，7 kN および 5 kN と算定される．建物全体について，拘束力があまり大きければ，これを解除しなければならないが，通常の骨組の場合には，その必要はほとんどない．

　(b) 積載荷重の偏在に対する考慮　応力は荷重の満載時に最大となるとは限らない．鉛直荷重のうち，積載荷重の占める割合が大きく，また荷重の偏在する可能性の高い建物（たとえば倉庫）では，必ず積載荷重の部分的減少の影響について考慮する．一般の建物でも，鉛直荷重による応力が支配的となる上の階では考慮することが望ましい．

　無限均等ラーメンの各部曲げモーメントについて，不利な積載荷重の減少状態を示すと図 3・29 のようになる．ただし，実用計算では，隣接スパンまでの影響を取り入れれば十分である．

(a) はり中央　　(b) はり端　　(c) 柱端

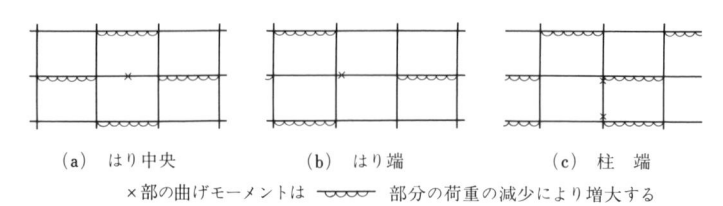

×部の曲げモーメントは〰〰部分の荷重の減少により増大する

図3・29　不利な載荷の状態

(5) 略算法

(a) 二見法　昭和8年に二見博士によって提案された．柱脚が固定でほぼ均等な長方形ラーメンに適用できる．不利な載荷状態におけるラーメン各部の曲げモーメントを，計算図表から簡単に求められる点に特徴がある．

計算図表は全荷重が加わる場合と，積載荷重が部分的に全荷重の 1/4, 1/2, 3/4 減少する場合について作られている．建物の用途により，いずれかを選んで使用する．たとえば，固定荷重が $7\,\mathrm{kN/m^2}$，積載荷重が $3\,\mathrm{kN/m^2}$ で，そのうち $2\,\mathrm{kN/m^2}$ の部分的減少を考えるときは，$2/(7+3)=1/5$ となるが，この場合は減少量が 1/4 の図表を用いれば安全側の結果がでる．

今はほとんど使用されなくなったので，詳細は省略する．

(b) 2サイクル法　アメリカで採用された固定法による実用計算方式で，ある層のはりと，これに接する柱端の曲げモーメントを，柱の他端を固定として求める．

詳細は武藤　清「構造設計法」（建築学大系14）を参照されたい．

(6) はりのせん断力と柱の軸方向力

不規則なラーメンを除き，はりのせん断力と柱の軸方向力は，はりを単純ばりとして算定した値を用いてよい．不規則なラーメン，外端などで左右の曲げモーメントの差が大きいときは，せん断力を図3・30のように修正する．

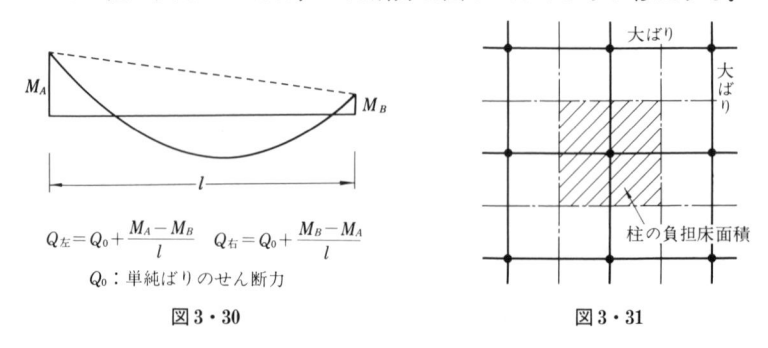

$$Q_\text{左}=Q_0+\frac{M_A-M_B}{l} \qquad Q_\text{右}=Q_0+\frac{M_B-M_A}{l}$$

Q_0：単純ばりのせん断力

図3・30　　　　　図3・31

はりを単純ばりと仮定し，対称荷重は中央から左右に等しく別れて柱に伝わるとすれば，柱が軸方向力として負担する床荷重は，図3・31のように，各スパンを直角に2等分する直線で区切られる面積について算定すればよいことになる．柱の軸方向力は，この床からの荷重のほかに，はり・柱・壁・パラペット・サッシなどの重量を加算して求める．

（7）剛域のあるラーメン

剛域のある部材を含むラーメンも，基本的には一般のラーメンと同様，たわみ角法や固定法で解くことができる．ただし，各部材ごとに，解法に必要な係数，有効剛比などを求めなければならないため，計算は繁雑になる．はり端に剛域のある場合には，荷重項もかなり影響を受ける．

壁式ラーメンなど，部材のせいが大きい場合には，曲げ変形だけでなく，材のせん断変形も考慮しなければならない．

以上に関する詳細は，武藤博士の「曲げ・せん断・剛域を考慮したラーメンの解法」を参照されたい．

3・6　水平荷重による応力

（1）計算法

（a）水平荷重に関する仮定　地震力は考えている層以上の建物の重量に層せん断力係数を掛けて求め，静的な水平力として扱うが，その作用のしかたについては次のような仮定を設ける．

1）縦横2方向に別々に作用する．
2）床位置に集中して作用する．

$x \cdot y$方向に直交するラーメンからなる通常の建物では，地震力は$x \cdot y$方向に別々に作用するものとしてラーメンを解き，それぞれの場合の応力について独立に断面計算を行う．すなわち，1）の仮定により，2方向に対して安全を検討するわけである．しかし，これは同時にその他の方向に対して，同じ程度の安全を保証することにはならない．斜めから地震力が作用した場合には，ラーメン方向に力は分けられるが，柱ではその結果が重なり合い，2方向の曲げ，せん断が生じ，すみ柱では，はりのせん断力による軸方向力が加わる．1）の仮定は計算の繁雑さをさけるために許されているが，以上の点に問題があり，すみ柱などには，別に配慮が必要であるといわれている．

2）の仮定についてはとくに階高が大きい場合などを除き，これによる誤差は問題とならない．

（b） 応力計算 応力計算は，通常，床は剛であるという仮定のもとに行う．

水平力を受ける多層ラーメンを解くことは，1個のラーメンをとってみても，節点移動を考えない鉛直荷重に対する場合より面倒であるが，多数の並列ラーメンが剛な床を介して連なっている建物では，問題ははるかに複雑で，これを正確に解くことは，小規模なものを除き，手計算では不可能に近い．そのため，水平力に対しては，従来略算法が主要な役割を果たしてきた．

わが国では，内藤博士が次のような仮定に基づく略算法（修正ポータル法）を大正13年（1924年）に提案した．

1） 柱の反曲点は中央，ただし，最下層は $0.6h$ とする．
2） 柱のせん断力は内柱1，外柱0.5（ただし，最下層外柱は0.8）の割合とする．
3） 柱の直圧力は外柱だけに生じる．

この略算法は簡単明快であるが，応力の配分に大きく関係する柱・はりの剛比が考慮されていないことなどに問題があり，その後，武藤博士のせん断力分布係数 D 値による略算法が，これに代わって多く用いられるようになった．また，耐震壁を含むラーメン，壁式ラーメンなどの解法についても研究が進み，これらに対しても剛性に基づく計算法が実用の域に達した．以上を総括したものに，武藤博士の「耐震計算規準」がある．

最近では，電子計算機の利用により，手計算で無理であった多くの未知数の処理が，容易に行われるようになった．実用上許される誤差の範囲内で，いかに計算を簡略化するかという考え方に立った従来の計算法とは別に，電子計算機の機能に適合した計算法が，重要視されるようになったといえる．

（2） せん断力分布係数 D 値

実用計算で重要な意味をもつせん断力分布係数 D 値は，建物各層の柱や壁の剛性を表す係数で，その常用値は次の式で求められる（武藤　清：耐震設計シリーズ1「耐震計算法」，丸善1963年版，281ページ）．

$$D = \frac{Q}{\delta} \div \left[\frac{12EK_0}{h_n^2}\right] \tag{3・9}$$

ここに　Q：各要素のせん断力
　　　　δ：その層の相対変位
　　　　K_0：標準剛度
　　　　h_n：その層の柱高

床を剛と仮定すれば，各層の全せん断力を D 値を用いて各構造要素に配分し，これから骨組の応力を求めることができる．

（a）柱の D 値　通常のラーメンでは，柱の D 値は柱・はりの剛比から，武藤博士の公式 $D=ak_c$（k_c は柱の剛比）（付表1・1参照）を用いて略算できる（壁式ラーメンについても，同様な略算公式が与えられている）．

ただし，多層ラーメンでは，D 値は剛比だけでなく，正確には外力の加わり方や上下の階高にも関係する．そのため，はりの剛比がとくに小さい場合などは略算によらず，せん断力分布を仮定してラーメンを解き，式（3・9）から D 値を求めるのが妥当である．

（b）耐震壁の D 値　かつての計算規準では，耐震壁の D 値は中柱の15倍（無開口）あるいは10倍（有開口）以下とされ，あとは設計者の判断に任されていた．現在は剛性に基づいて算定するのが原則であるが，D 値を大きく左右する地盤の性状が正確にとらえにくいことなどに問題があり，最終的には，なお技術者の判断を必要とする．また負担せん断力は，基礎に引抜きが生じない範囲にとどめなければならないので，これに対する検討も必要である．

武藤博士の方法に基づき，図3・30の独立耐震壁の D 値を求めると表3・12のようになる．これから，基礎の回転の影響が大きいこと，上の階では曲

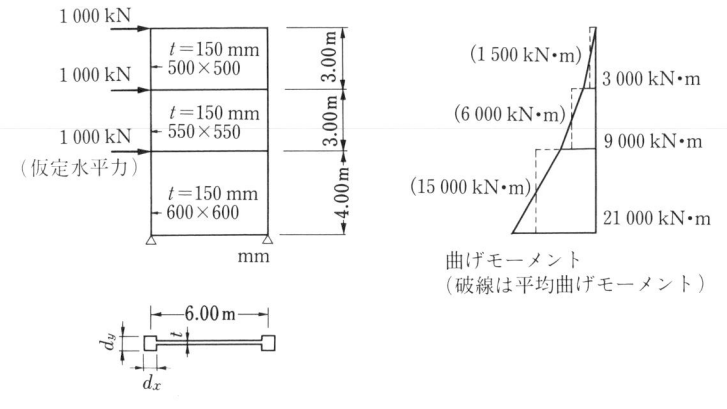

図 3・32

表 3・12

階級 n	1	2	3	4	5	6	7	8	9	10	11	12	13	14
	h (mm)	t (mm)	A_w ($\times 10^6$ mm²)	$d_x \times d_y$ (mm)	I (mm⁴)	Q (kN)	M (kN·m)	$\dfrac{Mh}{EI}$	θ_R	δ_S (mm)	δ_B (mm)	δ_R (mm)	δ (mm)	D
3	3 000	150	0.9	500×500	6.58×10¹²	1 000	15×10²	3.25×10⁻⁵	2.1×10⁻³	43.8×10⁻²	140.7×10⁻²	630.0×10⁻²	8.15	43.8
2	3 000	150	0.9	550×550	7.47×10¹²	2 000	60×10²	11.47×10⁻⁵	〃	87.6×10⁻²	118.6×10⁻²	630.0×10⁻²	8.36	85.4
1	4 000	150	0.9	600×600	8.45×10¹²	3 000	150×10²	33.81×10⁻⁵	〃	175.2×10⁻²	67.6×10⁻²	840.0×10⁻²	10.83	175.9

注）　1：層高　2：壁厚　3：壁断面積 $A_w = tl$　4：柱寸法

　　5：断面2次モーメント，$I \fallingdotseq \dfrac{t(l-d_x)^3}{12} + \dfrac{d_x d_y l^2}{2}$

　　6：仮定せん断力　D 値算定後，全層せん断力を配分して Q を求めた結果が，仮定せん断力分布と著しく異なったときは，仮定を改めて計算をやりなおす

　　7：各階の平均曲げモーメント

　　8：モールの定理により，M/EI を荷重とした片持ばりのせん断力の変化，$E = 21 \times 10^2$ kN/cm² として計算

　　9：基礎回転による回転角．ここでは簡単に，回転モーメントに対し 10^{-7} rad/kN·m として計算した（回転モーメント＝21 000 kN·m）

　　10：せん断力による変位量，$\delta_S = 2.76 \dfrac{Qh}{EA_w}$

　　11：曲げによる変位量，$\delta_{Bn} = \left(\sum_{i=1}^{n-1} \dfrac{M_i h_i}{EI_i} + \dfrac{1}{2} \dfrac{M_n h_n}{EI_n}\right) \cdot h_n$

　　　　たとえば $\delta_{B3} = \left(33.81 + 11.47 + \dfrac{3.25}{2}\right) \times 10^{-5} \times 3\,000 = 1.40$ mm

　　12：基礎回転による変位量，$\delta_R = \theta_R h$

　　13：合計変位量，$\delta = \delta_S + \delta_B + \delta_R$

　　14：D 値，$D = \dfrac{Q}{\delta} \div \left(\dfrac{12EK_0}{h^2}\right)$，$K_0 = 10^6$ mm² として計算

げによる変形が大きいこと，そのため D 値は上の階でかなり小さくなること，などがわかる．

　実際の建物では，独立耐震壁とみなせるものはほとんどなく，耐震壁はラーメンに組み込まれ，一体となって水平力に抵抗する．このとき，壁は周囲のラーメンに，壁独特の（片持ばり形の）変形を強制し，逆に周囲のラーメンは，この強制を押しもどすような力を壁に与える．この周囲のラーメンの効果を境界効果という．細長い耐震壁の場合，境界効果を考えることは重要で，上の層の D 値は，はりの曲げもどしによりかなり増大する．

（3）　D 値による応力算定

（a）　純ラーメン骨組の計算例

図 3・33 に示す無壁ラーメンだけからな

3・6 水平荷重による応力　63

る骨組の応力（はり間方向だけ）を，武藤博士の略算法によって求めてみる．

まず，図3・34のように，Aラーメンについて柱のD値を剛比関係から求め（付表1・1による），または反曲点高比yを，標準反曲点高比y_0に修正値$y_1,\ y_2,\ y_3$を加えて求める（付表1・2〜1・4による）．Bラーメンについても全く同様に計算を行う．

次に，全層せん断力Q_Tを，表3・13のようにD値に比例して配分し，各柱のせん断力とする．

以上の結果から，柱脚固定度を考慮したうえでラーメンの応力を求める．すなわち，Aラーメンについて，図3・34のyを用いて柱の曲げモーメントを求めると，図3・35(a)のようになる．最下層のyは柱脚固定とした場合の値であるため，この問題のように，基礎ばりの剛度を考慮し，柱脚半固定とした場合には，(b)のように柱脚の固定モーメントを解除し（付表1・5による），(a)と(b)を重ね合わせ，(c)の柱の曲げモーメントとする．はりの曲げモーメントは，各節点について，上下の柱端から加わるモーメントを左右のはりの剛比に比例して分割して求め，またこれからはりのせん断力を計算する．結果は(d)のようになる．Bラーメンについても同様に応力を算定する．

(b) 耐震壁を含むラーメン　柱・壁のD値が求まれば，全層せん断力

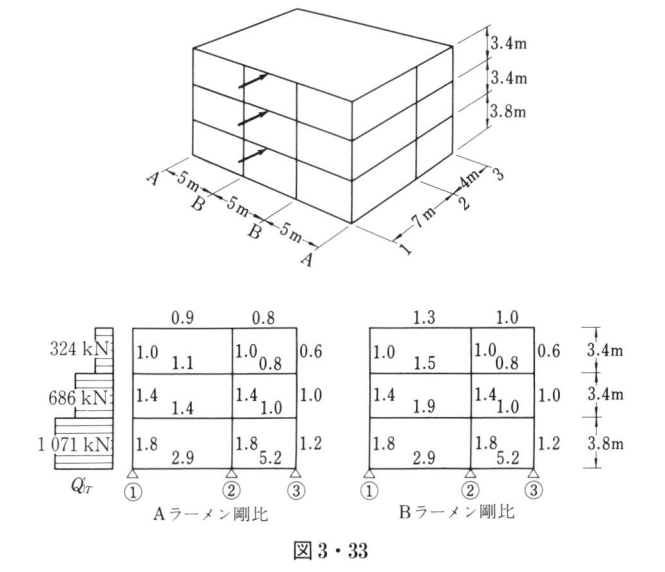

図3・33

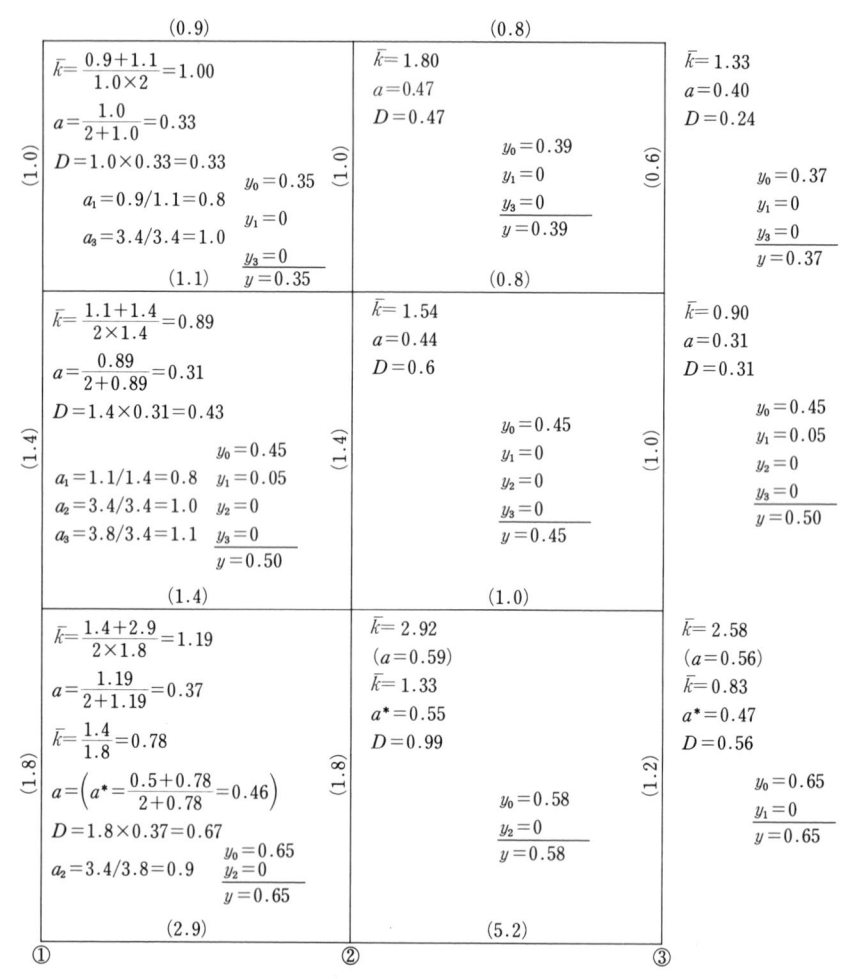

図3・34 Aラーメン（a^*：柱脚固定とした場合，aとくらべ小さい方をとる）

Column 1 (1.0) / left column:

(0.9)
$\bar{k} = \dfrac{0.9+1.1}{1.0 \times 2} = 1.00$
$a = \dfrac{1.0}{2+1.0} = 0.33$
$D = 1.0 \times 0.33 = 0.33$
$a_1 = 0.9/1.1 = 0.8 \quad y_0 = 0.35$
$a_3 = 3.4/3.4 = 1.0 \quad y_1 = 0$
$\underline{y_3 = 0}$
$y = 0.35$

(1.1)
$\bar{k} = \dfrac{1.1+1.4}{2 \times 1.4} = 0.89$
$a = \dfrac{0.89}{2+0.89} = 0.31$
$D = 1.4 \times 0.31 = 0.43$
$\quad\quad\quad y_0 = 0.45$
$a_1 = 1.1/1.4 = 0.8 \quad y_1 = 0.05$
$a_2 = 3.4/3.4 = 1.0 \quad y_2 = 0$
$a_3 = 3.8/3.4 = 1.1 \quad \underline{y_3 = 0}$
$\quad\quad\quad y = 0.50$

(1.4)
$\bar{k} = \dfrac{1.4+2.9}{2 \times 1.8} = 1.19$
$a = \dfrac{1.19}{2+1.19} = 0.37$
$\bar{k} = \dfrac{1.4}{1.8} = 0.78$
$a = \left(a^* = \dfrac{0.5+0.78}{2+0.78} = 0.46\right)$
$D = 1.8 \times 0.37 = 0.67$
$a_2 = 3.4/3.8 = 0.9 \quad y_0 = 0.65$
$\quad\quad\quad\quad y_2 = 0$
$\quad\quad\quad\quad \underline{}$
$\quad\quad\quad\quad y = 0.65$
(2.9)
①

Column 2 (middle):

(0.8)
$\bar{k} = 1.80$
$a = 0.47$
$D = 0.47$
$\quad\quad y_0 = 0.39$
$\quad\quad y_1 = 0$
$\quad\quad \underline{y_3 = 0}$
$\quad\quad y = 0.39$

(0.8)
$\bar{k} = 1.54$
$a = 0.44$
$D = 0.6$
$\quad\quad y_0 = 0.45$
$\quad\quad y_1 = 0$
$\quad\quad y_2 = 0$
$\quad\quad \underline{y_3 = 0}$
$\quad\quad y = 0.45$

(1.0)
$\bar{k} = 2.92$
$(a = 0.59)$
$\bar{k} = 1.33$
$a^* = 0.55$
$D = 0.99$
$\quad\quad y_0 = 0.58$
$\quad\quad y_2 = 0$
$\quad\quad \underline{}$
$\quad\quad y = 0.58$
(5.2)
②

Column 3 (right, (0.6)/(1.0)/(1.2)):

$\bar{k} = 1.33$
$a = 0.40$
$D = 0.24$
$\quad\quad y_0 = 0.37$
$\quad\quad y_1 = 0$
$\quad\quad \underline{y_3 = 0}$
$\quad\quad y = 0.37$

$\bar{k} = 0.90$
$a = 0.31$
$D = 0.31$
$\quad\quad y_0 = 0.45$
$\quad\quad y_1 = 0.05$
$\quad\quad y_2 = 0$
$\quad\quad \underline{y_3 = 0}$
$\quad\quad y = 0.50$

$\bar{k} = 2.58$
$(a = 0.56)$
$\bar{k} = 0.83$
$a^* = 0.47$
$D = 0.56$
$\quad\quad y_0 = 0.65$
$\quad\quad \underline{y_1 = 0}$
$\quad\quad y = 0.65$
③

表3・13 柱せん断力（単位 kN）

階	Q_T (kN)	ΣD	$\dfrac{Q}{\Sigma D}$	Aラーメン ①		②		③		Bラーメン ①		②		③	
				D	Q	D	Q	D	Q	D	Q	D	Q	D	Q
3	324	4.48	72.3	0.33	24	0.47	34	0.24	17	0.41	30	0.53	38	0.26	19
2	686	5.74	119.5	0.43	51	0.62	74	0.31	37	0.53	63	0.67	80	0.31	37
1	1 071	9.08	118.0	0.67	79	0.99	117	0.56	66	0.72	85	1.04	123	0.56	66

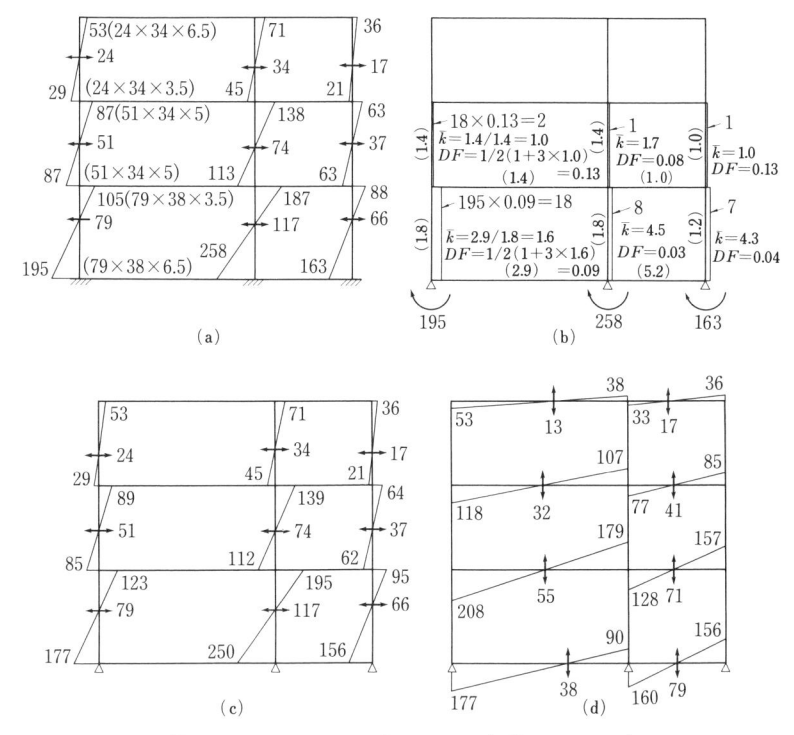

図 3・35 せん断力, 曲げモーメント (単位 kN, kN・m)

を D 値に比例して配分し，各要素のせん断力とする．この場合，壁の偏在などでねじりが無視できない場合には，せん断力の補正を必要とする．

　計算の結果，耐震壁が地震力の大部分を負担することになった場合にも，無壁ラーメン部分に，ある程度の剛性や耐力を保持させるべきであり，そのため，無壁ラーメン部分は，少なくとも，その負担面積分の地震力の 1/3 内外は負担できるように設計するのが望ましい．

3・7 断面設計用応力

　断面の検討は，鉛直荷重による長期応力と，これに地震荷重による応力が組み合わさった短期応力に対して行う．

　断面の検討を要する箇所は，柱・はりについては図 3・36 に示すとおりで，これらの箇所について，応力計算の結果から設計用応力を決定する（ハンチ部分については，地震時の正曲げモーメントについても検討の必要がある）．

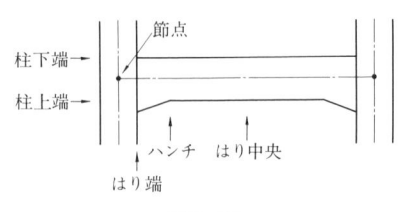

図 3・36

通常のラーメンで，剛域を無視して実用計算を行った場合，鉛直荷重による材端曲げモーメントに危険側の誤差が生じるため，節点曲げモーメントの値を接合端の曲げモーメントとして採用する．

図3・37(a)は鉛直荷重によるはりの曲げモーメント図で，A—A′，B—B′，C—C′は，それぞれ左端・右端および中央の曲げモーメントの絶対値が最大となる載荷状態の曲げモーメント曲線である．剛域を無視したときはA—A′，B—B′を内側に平行移動し，M_1，M_2，M_3を端部および中央の長期設計用曲げモーメントとする．

図3・37(b)は地震荷重による曲げモーメント図で，(a)と組み合わせ，短期設計用曲げモーメントはそれぞれ次のようになる．

左端　　M_1+M_4
　　　　（負曲げモーメント）（正の曲げモーメントになることもある）

右端　　M_2+M_5
　　　　（負曲げモーメント）（正の曲げモーメントになることもある）

中央　　$M_3+\dfrac{|M_5-M_4|}{2}$　（一般に正曲げモーメント）

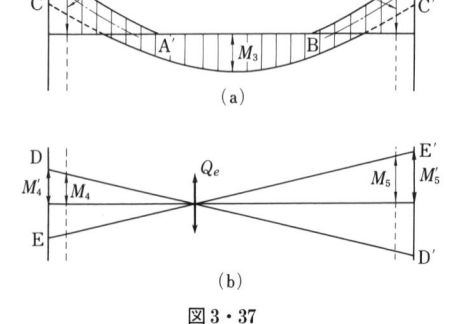

図 3・37

なお，実用計算では M_4，M_5 を M_4'，M_5' に置き換え，すべて節点曲げモーメントで端部を計算することがある (安全側の誤差).

剛域を無視したときの柱端の曲げモーメントの取扱いは，はり端の場合に準ずる．

3・8 耐震設計法

(1) 概　説

1980 年に建築基準法施行令が改正され，耐震設計の考え方が抜本的に変った．いわゆる新耐震設計法である．新耐震設計法は，従来の静的な考え方から一歩動的な考え方に近づいたもので，その主旨は，次のとおりである．

1) 比較的頻度の高い中小地震 (80 ～ 100 gal・震度 5・強震程度) に対しては，建築物にほとんど被害を生じない．(1 次設計)
2) きわめてまれにしか起らない関東震災級の大地震 (300 gal・震度 6・烈震程度) に対しても，建築物に重大な損傷がなく，崩壊しない．(2 次設計)

その構造計算のフローチャートを示すと，次のようになる．なお，図中の木造建築物等とは，木造以外に組積造・補強コンクリートブロック造・鉄骨造・鉄筋コンクリート造・鉄骨鉄筋コンクリート造の建物で一定規模以下のものを含んでいる．鉄筋コンクリート造関係の建物については次の 1 次設計の項で述べる．

(2) 1 次設計

1 次設計は，従来と同じ手順により，許容応力度法による設計を行う．この際，構造種別ごとの耐震性に関する構造制限を満足しているものは，過去の経

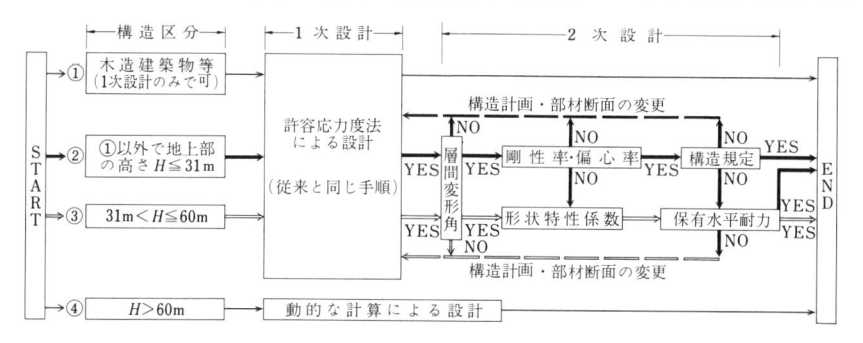

図 3・38　構造計算のフローチャート

験・調査研究等から，十分な耐震性が期待できると考えられている．そこで，鉄筋コンクリート造（以下 RC 造），鉄骨鉄筋コンクリート造（以下 SRC 造）では，次のイ，ロを満足するものは 2 次設計を必要としないとしている．

イ　高さ 20 m 以下

ロ　RC 造　　$\sum 2.5A_w + \sum 0.7A_c + \sum 0.7A_w' \geq Z \cdot W \cdot A_i \cdot \beta$
　　SRC 造　$\sum 2.5A_w + \sum 1.0A_c + \sum 0.7A_w' \geq Z \cdot W \cdot A_i \cdot \beta$ 　　(3・10)

ここに　A_w：その層の耐力壁のうち，$X(Y)$ 方向の水平断面積（mm²）
　　　　A_c：その層の柱，RC の非耐力壁（主要骨組に緊結）の $X(Y)$ 方向の水平断面積（mm²）
　　　　A_w'：耐震壁以外の壁の水平断面積（mm²）
　　　　Z：地震の地域係数（図 3・10）
　　　　W：その層より上の部分の建物の重量（N）
　　　　A_i：層せん断力分布係数，式(3・6)による
　　　　β：コンクリートの設計基準強度による低減係数

（3）　2 次 設 計

（a）　層間変形角　　前項の 2 次設計を必要としない建物以外の建物については，1 次設計用地震力 Q_i に対して，層間変形角 γ_i は，次式を満足しなければならない．

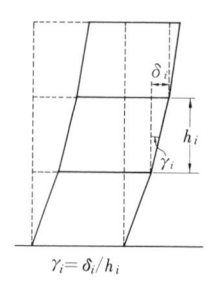

図 3・39　層間変形角

$$\gamma_i = \delta_i / h_i \leq 1/200 \qquad (3・11)$$

ここに　δ_i：その層の層間変位（相対ずれ）（mm）
　　　　h_i：その層の階高（m）

その層の層間変位 δ_i は，次式で算定される．

$$\delta_i = Q_i \bigg/ \left(\sum D_i \cdot \frac{12EK_0}{h_i{}^2} \right) \qquad (3・12)$$

ここに　Q_i：その層の1次設計用せん断力 (kg)，式 (3・3) 参照
　　　　D_i：その層のせん断力分布係数 (D 値)，式 (3・9) 参照

非構造部材に著しい損傷を生じる恐れのない場合は，式 (3・11) は次式でよい．

$$\gamma_i \leq 1/120 \tag{3・13}$$

層間変形角の検討は，骨組の剛性を確保するための規定である．

（b） 剛性率・偏心率　　高さ 31 m 以下の建物について，高さ方向の剛性の変化の程度を検討するのが剛性率である．剛性や質量の平面的な分布の偏りを検討するのが偏心率で，建物のねじれ振動に対するチェックである．

ⅰ） 剛性率　　各層の剛性率 R_s は次式で検討する．

$$R_s = r_s/\bar{r}_s \geq 0.6 \tag{3・14}$$

ここに　r_s：各層の層間変形角 γ_i の逆数
　　　　　　$r_s = 1/\gamma_i = h_i/\delta_i$　式 (3・11) 参照
　　　　$\bar{r}_s$：各層の r_s の相加平均　$\bar{r}_s = \sum r_s/n$　n は階数

各層の剛性率が 1.0 に近いほど剛性の均一な建物といえる．

ⅱ） 偏心率　　建物の剛性の重心位置(剛心)と，建物の質量の重心位置（通常は平面の図心の位置）とのずれを偏心距離という．

各層の偏心距離を，その層の弾力半径で除したものが偏心率 R_e で，X 方向 Y 方向について，それぞれ次式を満足しなければならない．

$$R_e = e/r_e \leq 0.15 \tag{3・15}$$

ここに　e：$X(Y)$ 方向の偏心距離 (mm)
　　　　r_e：$X(Y)$ 方向の弾力半径 (mm)

弾力半径は，ねじりに対する抵抗力を示すもので，次式で算定される．

$$r_e = \sqrt{K_r/\sum D} \tag{3・16}$$

ここに　K_r：ねじり剛性 (cm²)
　　　　　　$K_r = \sum D_{x_i} \cdot {y_i'}^2 + \sum D_{y_i} \cdot {x_i'}^2$　図 3・40 参照
　　　　$\sum D$：$X(Y)$ 方向の剛性（せん断力分布係数 D 値）の総和

以上の層間変形角・剛性率・偏心率の形状特性は，すべて建築物の剛性を数値としてどう評価するかということである．ラーメンや耐力壁，間仕切壁などの剛性が妥当に評価されなければ，単なる数値計算にすぎないことになる恐れがある．

（c） 構造規定　　高さ 31 m 以下の建物については，剛性率・偏心率のほ

重心 G の位置
$$x_G = \frac{\Sigma x_i \cdot N_i}{\Sigma N_i}$$
$$y_G = \frac{\Sigma y_i \cdot N_i}{\Sigma N_i}$$

剛心 K の位置
$$x_K = \frac{\Sigma D_{yi} \cdot x_i}{\Sigma D_{yi}}$$
$$y_K = \frac{\Sigma D_{xi} \cdot y_i}{\Sigma D_{xi}}$$

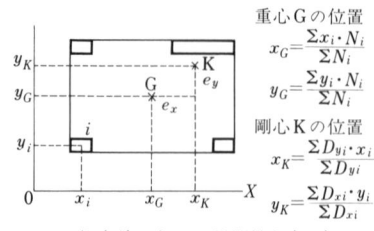

N_i：i 柱（壁）に加わる長期軸力（kN）

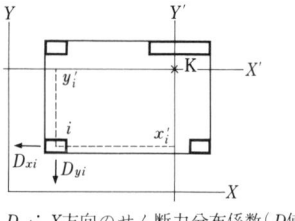

D_{xi}：X 方向のせん断力分布係数（D 値）
$K_r = \Sigma D_{xi} \cdot y_i'^2 + \Sigma D_{yi} \cdot x_i'^2$

図 3・40　剛心とねじり剛性

か，定められた構造規定を満足しなければならない．

RC・SRC 造では，その耐力壁，柱および非耐力壁の水平断面積が，

ⅰ）　RC の場合　　$\Sigma 2.5 A_w + \Sigma 0.7 A_c + \Sigma 0.7 A_w' \geqq 0.75 \cdot Z \cdot W \cdot A_i \cdot \beta$
　　　SRC の場合　$\Sigma 2.5 A_w + \Sigma 1.0 A_c + \Sigma 0.7 A_w' \geqq 0.75 \cdot Z \cdot W \cdot A_i \cdot \beta$

(3・17a)

ⅱ）　RC の場合　　$\Sigma 1.8 A_w + \Sigma 1.8 A_c \geqq Z \cdot W \cdot A_i \cdot \beta$
　　　SRC の場合　$\Sigma 2.0 A_w + \Sigma 2.0 A_c \geqq Z \cdot W \cdot A_i \cdot \beta$

(3・17b)

のいずれかを満足するか，

ⅲ）　RC または SRC 造の柱・はりの材端に，計算上の最大の曲げモーメントが作用した場合，その柱・はりにせん断破壊が生じない

ことを確かめなければならない．

なお，次の保有水平耐力による検討を行うときは，前項の剛性率・偏心率およびこの構造規定によるチェックを必要としない．

（d）保有水平耐力　高さが 31 m を超え 60 m 以下の建築物については，いわゆる塑性設計法の考え方に基づいて，保有水平耐力が検討される．

骨組の終局強度解析に基づいて推算された保有せん断力 Q_u と，大地震時を対象とした必要保有せん断力 Q_{un} とを，各層について比較して，その安全性を検討する．

そのときに使用される材料強度は，原則として，鋼材では降伏点強度，その他の材料では長期の許容応力度の 3 倍程度の値が定められている．

$$Q_u \geqq Q_{un} = D_s \cdot F_{es} \cdot Q_{ud} \tag{3・18}$$

ここに　　Q_{un}：必要な保有水平力
　　　　　D_s：構造特性係数　　式（3・19）
　　　　　F_{es}：形状特性係数　　式（3・20）

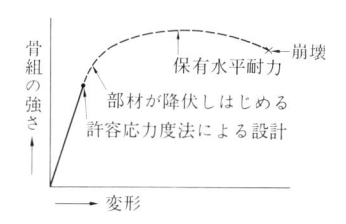

図3・41 骨組の強さと変形

Q_{ud}：大地震による層せん断力　式(3・21)

構造特性係数は，骨組の塑性応答の効果と減衰効果を取り入れたもので，次式による．

$$D_s = \frac{\beta}{\sqrt{2\mu-1}} = \frac{1.5}{1+10h} \Big/ \sqrt{2\mu-1} \qquad (3 \cdot 19)$$

ここに　h：減衰定数

　　　　μ：骨組の各層の許容塑性率

許容塑性率 μ は，現状ではまだ資料が十分でない点があり，国土交通省告示では，構造特性係数を表3・14のように定めている．

表3・14　RC・SRC造の D_s

架構の形式	架構の性状	(い) 剛節架構またはこれに類する形式の架構	(ろ) (い)欄および(は)欄に掲げる以外のもの	(は) 各階に生ずる水平力のうち当該階の耐力壁または筋かいによって大部分を負担する形式の架構
(1)	架構を構成する部材に生ずる応力に対してせん断破壊その他の耐力が急激に低下する破壊が著しく生じ難いこと等のため，塑性変形の度がとくに高いもの	0.3	0.35	0.4
(2)	(1)に掲げる以外のもので架構を構成する部材に生ずる応力に対してせん断破壊その他の耐力が急激に低下する破壊が生じ難いこと等のため，塑性変形の度が高いもの	0.35	0.4	0.45
(3)	(1)および(2)に掲げるもの以外のもので架構を構成する部材に塑性変形を生じさせる応力に対して当該部材にせん断破壊が生じないこと等のため，耐力が急激に低下しないもの	0.4	0.45	0.5
(4)	(1)から(3)までに掲げるもの以外のもの	0.45	0.5	0.55

柱およびはりの大部分が鉄骨鉄筋コンクリート造である階にあっては，この表の各欄に掲げる数値から0.05以内の数値を減じた数値とすることができる．

表 3・15 剛性率・偏心率による補正係数 $F_s \cdot F_e$

剛性率 R_s		F_s
(1)	0.6 以上の場合	1.0
(2)	0.6 未満の場合	$2.0 - \dfrac{R_s}{0.6}$

偏心率 R_e		F_e
(1)	0.15 以下の場合	1.0
(2)	0.15 をこえ 0.3 未満の場合	(1)と(3)の値を直線的に補間した値
(3)	0.3 以上の場合	1.5

形状特性係数 F_{es} は，剛性率・偏心率に応じて，次式による．

$$F_{es} = F_s \cdot F_e \tag{3・20}$$

ここに F_s, F_e：剛性率 R_s，偏心率 R_e に応じた補正係数 表 3・18 による．

大地震による層せん断力 Q_{ud} は，式 (3・3)，(3・4) を用い，C_0 を 1.0 とする．

$$Q_{ud} = C_i \cdot W_i = Z \cdot R_t \cdot A_i \cdot C_0 \cdot W_i \tag{3・21}$$

[例 題 1] 次の建物について，2次設計の必要性の有無を検討する．ただし，層せん断力分布係数等は図 3・15 に示す例題に基づくものとし，壁厚は 150 mm とする．

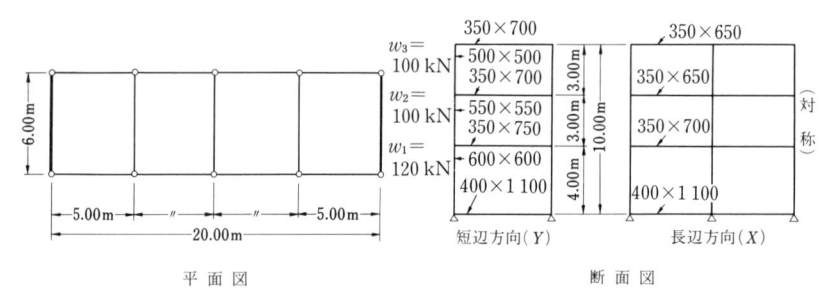

図 3・42

[解] 柱と壁の水平断面積に対する検討
　短辺方向
　　3 階　$2.5 \times 150(6\,000 - 500) \times 2 + 0.7 \times 500 \times 500 \times 10 = 5.87 \times 10^6$
　　　　　$> 1.0 \times 1\,000 \times 10^3 \times 1.369 = 1.37 \times 10^6$ (N) O.K.
　　2 階　$2.5 \times 150(6\,000 - 550) \times 2 + 0.7 \times 550 \times 550 \times 10 = 6.20 \times 10^6$
　　　　　$> 1.0 \times 2\,000 \times 10^3 \times 1.160 = 2.32 \times 10^6$ (N) O.K.

1階　$2.5 \times 150(6\,000 - 600) \times 2 + 0.7 \times 600 \times 600 \times 10 = 6.57 \times 10^6$
$> 1.0 \times 3\,200 \times 10^3 \times 1.00 = 3.20 \times 10^6$　(N)　O.K.

長辺方向
3階　$0.7 \times 500 \times 500 \times 10 = 1.75 \times 10^6 > 1.37 \times 10^6$　(N)　O.K.
2階　$0.7 \times 550 \times 550 \times 10 = 2.12 \times 10^6 < 2.32 \times 10^6$　(N)　不可
1階　$0.7 \times 600 \times 600 \times 10 = 2.52 \times 10^6 < 3.20 \times 10^6$　(N)　不可

短辺方向は1次設計のみでよいが，長辺方向は条件式を満足していないため，柱または壁によって水平断面積を増すか，あるいは2次設計を行う必要がある．

[**例　題 2**]　例題1の建物の層間変形角と剛性率を求める．短辺(Y)方向については2次設計の必要はないが，参考として偏心率も検討する．ただし，耐震壁はY方向の片側のみとし，柱及び耐震壁のD値は，図3・43に示すとおりとする．

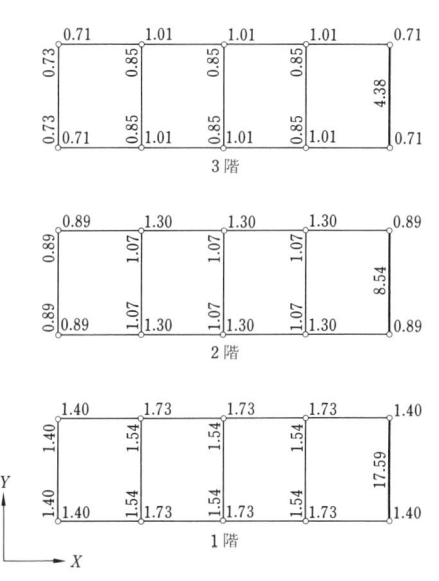

図3・43　D値一覧

[**解**]
 i)　層間変形角γと剛性率R_sの検討
 ii)　偏心率R_eの検討(Y方向)
最も偏心の大きい1階について検討する．
偏心距離

表 3・16 層間変形角 γ と剛性率 R_s

方向	階数	ΣD_n	h_n (m)	$12EK_0/h_n^2$ (kN/mm)	$\Sigma D \cdot 12EK_0/h_n^2$ (kN/mm)	Q_n (kN)	δ_n (mm)	γ_n ($\times 10^{-4}$)	r_s ($\times 10^3$)	$\bar{r}_s$ ($\times 10^3$)	R_s
X	3	8.90	3.00	28.0	249.2	274	1.10	3.67	2.72	2.12	1.28
	2	11.36	3.00	28.0	318.1	464	1.46	4.87	2.05	〃	0.97
	1	15.98	4.00	15.8	252.5	640	2.53	6.33	1.58	〃	0.75
Y	3	10.94	3.00	28.0	306.3	274	0.89	2.97	3.37	3.11	1.08
	2	16.74	3.00	28.0	468.7	464	0.99	3.30	3.03	〃	0.97
	1	29.63	4.00	15.8	468.2	640	1.37	3.43	2.92	〃	0.94

層間変形角 γ は各層とも $1/200 (=5\times 10^{-3})$ より十分に小さく，剛性率 R_s はすべて 0.6 以上で，規定を満足している．

$$\bar{x}_1 = \frac{\Sigma D_y \cdot x_i}{\Sigma D_y}$$

$$= \frac{2\times 1.54\times 5 + 2\times 1.54\times 10 + 2\times 1.54\times 15 + 17.59\times 20}{29.63}$$

$$= \frac{444.2}{29.63} = 14.99 \quad (\text{m})$$

重心の位置を平面の中心とみなすと，偏心距離 e_x は 4.99 (m) となる．

ねじり剛性

$$K_r = \Sigma D_{x_i} \cdot y_i'^2 + \Sigma D_{y_i} \cdot x_i'^2$$

$$= 15.98\times 3.00^2 + (2\times 1.54\times 4.99^2 + 2\times 1.54\times 9.99^2 + 2\times 1.40$$

$$\times 14.99^2 + 2\times 1.54\times 0.01^2 + 17.59\times 5.01^2)$$

$$= 143.8 + (76.7 + 307.4 + 629.2 + 441.5) = 1\,598.6 \quad (\text{m}^2)$$

弾力半径

$$r_e = \sqrt{\frac{K_r}{D_y}} = \sqrt{\frac{1\,598.6}{29.63}} = 7.35 \quad (\text{m})$$

偏心率

$$R_e = \frac{e}{r_e} = \frac{4.99}{7.35} = 0.68 > 0.15 \quad \text{不可}$$

壁が偏在しないように，構造計画の段階において十分な配慮が必要であることがわかる．

第4章 曲げを受ける部材（はり）

4・1 断面算定の基本仮定と記号

（1） 断面算定の基本仮定

　鉄筋コンクリート構造の部材には，主として曲げモーメントに抵抗するはり（梁），主として曲げモーメントと軸方向力を受ける柱のほか，主としてせん断力によって外力に抵抗するモーメントで囲まれた壁（耐震壁）などがある．
　弾性設計では，はり・柱の断面は，次の三つの基本的な仮定．
　1） コンクリートの引張り強度は無視する
　2） 鉄筋とコンクリートのヤング係数は，それぞれ一定の値をもつ
　3） 材軸に直角な断面は，材がわん曲しても材軸に直角な平面を保つに基づいて算定する．
　1）の仮定は，コンクリートには引張り応力を生じないとすることで，断面の引張り応力は鉄筋だけで負担することになる．
　2）の仮定は，フックの法則で，たとえば，$_c\sigma = {_cE} \cdot {_c\varepsilon}$，$_r\sigma = {_sE} \cdot {_r\varepsilon}$ が成立する．
　3）の仮定は，いわゆる平面保持の法則で，せん断変形を考慮しない場合は，一般に成立するとしてよい．
　2），3）の仮定から，コンクリートの圧縮応力は直線分布をすることになり，材軸方向のひずみは，断面の中立軸からの距離に比例することになる．また，コンクリートと鉄筋のひずみは $_c\varepsilon = {_r\varepsilon}$ となるから，

$$_r\sigma_c = \frac{_sE}{_cE\sigma_c} = n\sigma_c$$

となり，鉄筋とコンクリートの応力はヤング係数比によって配分されることになる．
　鉄筋コンクリート部材は，一般に曲げモーメントだけでなく，せん断力が作用する．せん断力による破壊は，45°方向の斜張力による引張り破壊となって現れるのであるが，せん断補強については，まだ十分に明らかになっていない点もあり，鉄筋コンクリートの大きな弱点の一つである．

また，3）の平面保持の仮定は，鉄筋がずり抜けないことを前提とすることになり，そのため，せん断応力は，コンクリートと鉄筋との付着力を要求することになる．

設計断面と θ の角度で配筋された，断面積 a，間隔 S の鉄筋は，図 4・1 のように，設計断面について

$$\left.\begin{array}{l}\text{有効断面積}=a\cos\theta\\ \text{有効鉄筋間隔}=S\sec\theta\end{array}\right\} \quad (4・1)$$

で算定する．

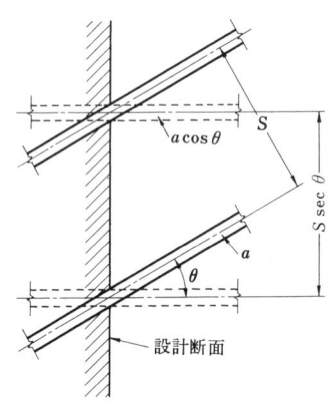

図 4・1 斜鉄筋

（2）記　　号

断面算定については，以下特記のない限り次の記号を用いる．

A：コンクリートの断面積 (mm²)

a_c：圧縮鉄筋の断面積 (mm²)

a_t：引張り鉄筋の断面積 (mm²)

a_w：1 組のあばら筋または帯筋の断面積 (mm²)

B：T 形ばりの有効幅 (mm)

b：曲げ材の幅，または T 形ばりのウエブ幅 (mm)

D：曲げ材のせい (mm)

d：曲げ材の有効せい（圧縮縁から引張り鉄筋の重心までの距離）(mm)

d_c：曲げ材の圧縮縁から圧縮鉄筋の重心までの距離 (mm)

d_t：曲げ材の引張り縁から引張り鉄筋の重心までの距離 (mm)

4・1 断面算定の基本仮定と記号

$_cE$：コンクリートのヤング係数 (N/mm²)
$_sE$：鉄筋のヤング係数 (N/mm²)
e：偏心距離 (mm)
F_c：コンクリートの設計強度 (N/mm²)
f_a：許容付着応力度 (N/mm²)
f_c：コンクリートの許容圧縮応力度 (N/mm²)
$_rf_c$：鉄筋の許容圧縮応力度 (N/mm²)
f_s：コンクリートの許容せん断応力度 (N/mm²)
f_w：せん断補強筋の許容引張り応力度 (N/mm²)
f_t：鉄筋の許容引張り応力度 (N/mm²)
I_g：重心に関する等価断面2次モーメント (mm⁴)
I_n：中立軸に関する有効等価断面2次モーメント (mm⁴)
j：曲げ材の応力中心距離 (mm)
M：曲げモーメント・許容曲げモーメント (N·m)
N：軸方向力・許容圧縮力 (N)
n：ヤング係数比 $_sE/_cE$
p_c：圧縮鉄筋比 a_c/bd
p_g：主筋全断面積のコンクリート断面に対する比 $(a_c+a_t)/bd$
p_t：引張り鉄筋比 a_t/bd
p_{tb}：つりあい鉄筋比
Q：せん断力 (N)
Q_A：はりの許容せん断力，耐震壁の許容水平せん断力 (N)
Q_{AL}：柱の長期許容せん断力 (N)
Q_{AS}：柱の短期許容せん断力 (N)
Q_D：設計用せん断力 (N)
Q_L：長期荷重によるせん断力 (N)
S_n：中立軸に関する有効等価断面1次モーメント (mm³)
t：スラブの厚さ (mm)
x_n：曲げ材の圧縮縁から中立軸までの距離 (mm)
r：複筋比 p_c/p_t
σ_t：曲げ材の引張り鉄筋の引張り応力度 (N/mm²)

τ：コンクリートのせん断応力度 (N/mm²)
τ_a：引張り鉄筋の付着応力度 (N/mm²)
ϕ：鉄筋の周長 (mm)

4・2　左右対称な任意断面のはり

対象軸をもつ断面に，対象軸を含む面内に曲げモーメントが作用すれば，中立軸は対象軸に直角で，その位置は圧縮力の合力 C と引張り力の合力 T が等しい条件から求めることができる．

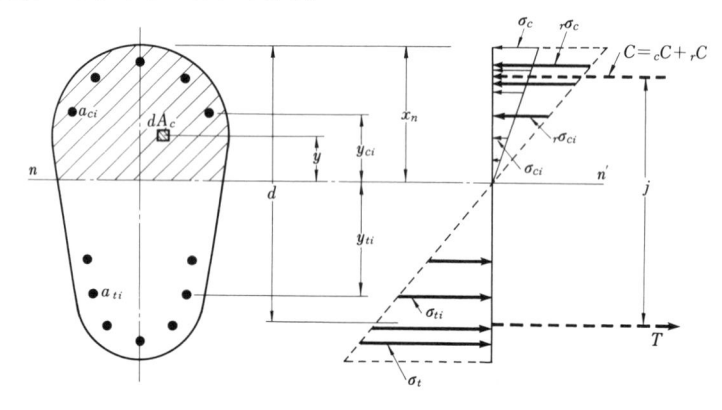

図 4・2　左右対称な断面の応力

図 4・2 において，中立軸 (neutral axis) $n-n'$ からの距離 y のコンクリート断面因子を dA_c，圧縮側・引張り側の任意鉄筋の断面積を a_{ci}, a_{ti}，その中立軸からの距離を y_{ci}, y_{ti}（圧縮側を＋，引張り側を－）とすれば，鉄筋の応力度は，同じ位置にあると仮定されるコンクリートの応力度の n 倍で，次の式となる．

$$\frac{\sigma_c}{x_n}=\frac{\sigma_{ci}}{y}=\frac{r\sigma_{ci}}{ny_{ci}}=\frac{\sigma_{ti}}{ny_{ti}}=\sigma_0 \tag{4・2}$$

コンクリート断面に生じる全圧縮力 $_cC$ は，

$$_cC=\int\sigma_{ci}\cdot dA_c=\frac{\sigma_c}{x_n}\int y\cdot dA_c=\frac{\sigma_c}{x_n}{_cS}$$

鉄筋の全圧縮力 $_rC$ は，

$$_rC=\sum{_r\sigma_{ci}}\cdot a_{ci}=n\frac{\sigma_c}{x_n}\sum a_{ci}\cdot y_{ci}=n\frac{\sigma_c}{x_n}{_rS_c}$$

鉄筋の全引張り力 T は，

$$T = \sum \sigma_{ti} \cdot a_{ti} = n \frac{\sigma_c}{x_n} \sum a_{ti} \cdot y_{ti} = n \frac{\sigma_c}{x_n} {}_r S_t$$

ここに　${}_cS$：コンクリートの圧縮側断面の中立軸に関する1次モーメント (mm³)

　　　　${}_rS_c$：圧縮鉄筋の中立軸に関する1次モーメント (mm³)

　　　　${}_rS_t$：引張り鉄筋の中立軸に関する1次モーメント (mm³)

となる．

断面の力のつりあい条件 $C + T = {}_cC + {}_rC + T = 0$ から

$${}_cS + n_r S_c + n_r S_t = S_n = 0 \tag{4・3}$$

となり，等価断面の1次モーメントの和，すなわち，有効等価断面1次モーメント S_n が0となり，式 (4・3) が中立軸を決定する基本式で，中立軸の位置 x_n が求められる．

モーメントのつりあい条件から次の式が得られる．

$$M = \int \sigma_{ci} \cdot y \cdot dA_c + \sum {}_r\sigma_{ci} \cdot y_{ci} \cdot a_{ci} + \sum \sigma_{ti} \cdot y_{ti} \cdot a_{ti}$$

$$= \frac{\sigma_c}{x_n} \int y^2 \cdot dA_c + n \frac{\sigma_c}{x_n} \sum y_{ci}{}^2 a_{ci} + n \frac{\sigma_c}{x_n} \sum y_{ti}{}^2 a_{ti}$$

$$= \frac{\sigma_c}{x_n}({}_cI + n_r I_c + n_r I_t) = \frac{\sigma_c}{x_n} I_n \tag{4・4}$$

ここに　${}_cI$：圧縮側コンクリートの中立軸に関する断面2次モーメント (mm⁴)

　　　　${}_rI_c$：圧縮鉄筋の中立軸に関する断面2次モーメント (mm⁴)

　　　　${}_rI_t$：引張り鉄筋の中立軸に関する断面2次モーメント (mm⁴)

したがって，均質部材の曲げ応力度を求める，$\sigma = M/z$ と同じ形の，

$$\sigma_c = M \cdot \frac{x_n}{I_n} = M \cdot \frac{x_n}{{}_cI + n_r I_c + n_r I_t} \tag{4・5}$$

から σ_c が求められる．σ_c が求まれば，式 (4・2)，すなわち，

$$\left. \begin{array}{l} {}_r\sigma_{ci} = \dfrac{n \cdot y_{ci} \cdot \sigma_c}{x_n} \\[2mm] \sigma_{ti} = \dfrac{n \cdot y_{ti} \cdot \sigma_c}{x_n} \end{array} \right\} \tag{4・6}$$

から圧縮鉄筋・引張り鉄筋の応力が求められる．

全圧縮力 C の全引張り力 T との距離，すなわち，応力中心距離は，$M =$

$Cj=Tj$ から次の式となる.

$$j=\frac{I_n}{_cS+n_rS_c}=\frac{I_n}{n_rS_t} \tag{4・7}$$

断面の抵抗モーメントは,$\sigma_c=f_c$,$(_r\sigma_{c\max}=_rf_c)$,$\sigma_{t\max}=f_t$ とした場合の

$\left.\begin{array}{l}M_1=Cj\\M_2=Tj\end{array}\right\}$ のうち,小さい方の値を採ることになる.

4・3　長方形断面のはり

はりの引張り側だけに鉄筋を用い,圧縮側には鉄筋を使用しないものを単筋 (single reinforcement) ばりといい,圧縮側にも鉄筋を用いたものを複筋 (double reinforcement) ばりという.

（1）単筋長方形ばり

図4・3のような,はり幅 b,はりせい D,有効せい (effective depth) d,鉄筋の断面積 a_t の長方形ばりについて考える.

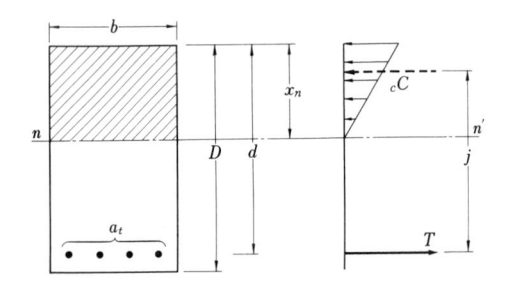

図4・3　単筋長方形ばりの応力

圧縮側コンクリートの中立軸に関する断面1次モーメント,および断面2次モーメントは,

$$_cS=\frac{bx_n^2}{2}$$

$$_cI=\frac{bx_n^3}{3}$$

鉄筋の中立軸に関する断面1次モーメント,2次モーメントは

$$_rS_t=a_t(d-x_n)$$

$$_rI_t=a_t(d-x_n)^2$$

となり,式(4・3)から,

$$\frac{bx_n^2}{2} - na_t(d - x_n) = 0$$

これを解いて，中立軸の位置は次の式となる．

$$x_n = \frac{na_t}{b}\left(\sqrt{1 + \frac{2bd}{na_t}} - 1\right) \tag{4・8}$$

中立軸比 (neutral axis ratio)

$$x_{n_1} = \frac{x_n}{d}$$

鉄筋比 (steel ratio)

$$p_t = \frac{a_t}{bd}$$

とすれば，中立軸比は次の式となり，p_t と n だけの関係となる．

$$x_{ni} = np_t\left(\sqrt{1 + \frac{2}{np_t}} - 1\right) = \sqrt{(np_t)^2 + 2np_t} - np_t \tag{4・9}$$

圧縮応力の重心と引張り応力の重心，すなわち，応力中心距離は，

$$j = d - \frac{x_n}{3} = \left(1 - \frac{x_{n_1}}{3}\right)d$$

となり，$j_1 = j/d$ とすれば，

$$j_1 = 1 - \frac{x_{n_1}}{3}$$

となる．j_1 は一般に略算値として 7/8 がよく用いられる．

$n=15$ とすれば，x_{n_1}, j_1 ともに曲げモーメントには関係なく，p_t だけの関数となる．図 4・4 に p_t による x_{n_1}, j_1 の変化を示しておく．

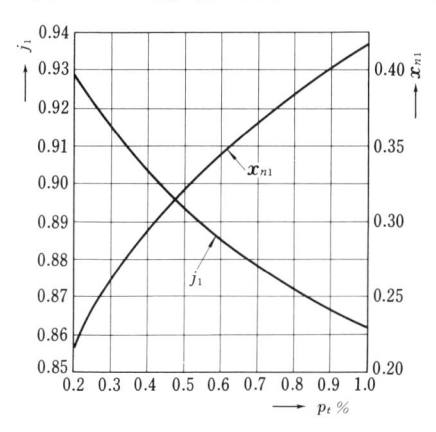

図 4・4　p_t と x_{n_1}, j_1

断面の抵抗モーメントは，コンクリートの圧縮による抵抗モーメント M_1，鉄筋の引張りによる抵抗モーメント M_2 の，小さい方の値となる．

コンクリートの圧縮応力度 σ_c を許容圧縮応力度 f_c とし，鉄筋の引張り応力度 σ_t を許容引張り応力度 f_t とすれば，

$$M_1 = {}_cCj = \frac{\sigma_c b x_{n_1}}{2} j = \frac{1}{2} f_c b x_{n_1} d \left(1 - \frac{1}{3} x_{n_1}\right) d$$

$$= \frac{1}{6} x_{n_1}(3 - x_{n_1}) f_c b d^2 = C_1 b d^2 \tag{4・10}$$

$$M_2 = Tj = a_t \sigma_t j = p_t b d f_t \left(1 - \frac{1}{3} x_{n_1}\right) d = \frac{1}{3}(3 - x_{n_1}) p_t f_t b d^2$$

$$= C_2 b d^2 \tag{4・11}$$

となる．したがって，断面の許容曲げモーメントは，式 (4・10)，(4・11) を一括して次の式で示される．

$$M = C b d^2 \tag{4・12}$$

ここに $C：C_1, C_2$ の小さい方の値

$$C_1 = \frac{1}{6} x_{n_1}(3 - x_{n_1}) f_c$$

$$C_2 = \frac{1}{3}(3 - x_{n_1}) p_t f_t$$

コンクリートの圧縮応力度と鉄筋の引張り応力度が，同時に許容応力度に達するような断面をつりあい断面 (balanced section) といい，式 (4・10)，(4・11) の M_1 と M_2 が等しくなる．つりあい断面の鉄筋比を，つりあい鉄筋比 (balanced steel ratio) という．

つりあい鉄筋比を p_{tb} とすれば，$C_1 = C_2$ とおいて，

$$\frac{1}{6} x_{n_1}(3 - x_{n_1}) f_c = \frac{1}{3}(3 - x_{n_1}) p_{tb} f_t$$

から，$x_{n_1} = 2 p_{tb} f_t / f_c$ となり，式 (4・9) から p_{tb} は次の式となる．

$$p_{tb} = \frac{1}{2} \frac{f_c}{f_t} \frac{f_c}{f_c + \frac{f_t}{n}} = \frac{1}{2} \frac{1}{\left(1 + \frac{f_t}{nf_c}\right) \frac{f_t}{f_c}} \tag{4・13}$$

なお，式 (4・10)，(4・11) は，次のようにして求めることもできる．

式 (4・3) から，$bx_n^2/2 = na_t(d - x_n)$ である．したがって，

$$na_t(d-x_n)^2 = \frac{1}{2}bx_n^2(d-x_n) \atop bx_n^2 = 2na_t(d-x_n)} \quad \text{(a)}$$

中立軸に関する有効等価断面2次モーメント，$I_n = {}_cI + {}_rI_t$ であるから

$$I_n = \frac{bx_n^3}{3} + na_t(d-x_n)^2 \quad \text{(b)}$$

となる．式(b)に式(a)を代入すれば，次の式が得られる．

$$I_n = \frac{1}{2}bx_n^2\left(d-\frac{x_n}{3}\right) = na_t(d-x_n)\left(d-\frac{x_n}{3}\right) \quad \text{(c)}$$

式(4・4)および(4・6)から，$\sigma_c = f_c$，$\sigma_t = f_t$ とすれば，

$$\left. \begin{array}{l} M_1 = \dfrac{\sigma_c I_n}{x_n} = \dfrac{f_c I_n}{x_n} \\[2mm] M_2 = \dfrac{\sigma_t I_n}{n(d-x_n)} = \dfrac{f_t I_n}{n(d-x_n)} \end{array} \right\} \quad \text{(d)}$$

となり，式(d)に式(c)を代入すれば，式(4・10)，(4・11)が得られる．

(2) 複筋長方形ばり

図4・5において，式(4・3)，すなわち $S_n = {}_cS + n_r S_c + n_r S_t = 0$ から次の式が得られる．

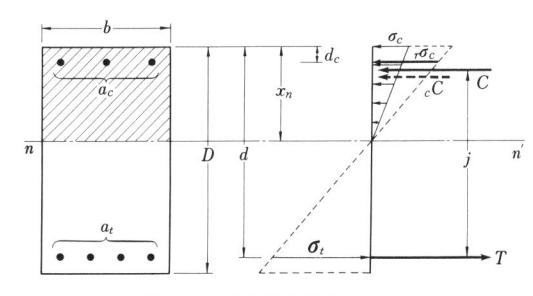

図4・5 複筋長方形ばりの応力

$$\frac{bx_n^2}{2} + na_c(x_n - d_c) - na_t(d-x_n) = 0$$

これを解くと，中立軸の位置 x_n が求められる．いま，
圧縮鉄筋比

$$p_c = \frac{a_c}{bd}$$

複筋比

$$r = \frac{p_c}{p_t} = \frac{a_c}{a_t}$$

とすれば，中立軸の位置 x_n は，

$$x_n = \sqrt{\frac{n^2(a_c+a_t)^2}{b^2} + \frac{2n}{b}(a_c d_c + a_t d)} - \frac{n(a_c+a_t)}{b}$$

$$= \left\{\sqrt{n^2 p_t^2(1+\gamma)^2 + 2np_t\left(1+\gamma\frac{d_c}{d}\right)} - np_t(1+\gamma)\right\}d \quad (4\cdot14)$$

$$x_{n_1} = np_t\left\{\sqrt{(1+\gamma)^2 + 2\left(1+\gamma\frac{d_c}{d}\right)\frac{1}{np_t}} - (1+\gamma)\right\} \quad (4\cdot15)$$

断面の許容曲げモーメントは，$M_1 = Cj$，$M_2 = Tj$ の小さい方の値となる．いま，$\sigma_c = f_c$，$\sigma_t = f_t$ とおけば，

$$M_1 = {}_rC(d - d_c) + {}_cC\left(d - \frac{1}{3}x_n\right)$$

$$= n\frac{f_c}{x_n}(x_n - d_c)p_c bd(d - d_c) + \frac{f_c x_n b}{2}\left(d - \frac{1}{3}x_n\right)$$

となり，式 (4・15) を入れて整理すれば次の式が得られる．

$$M_1 = \frac{np_t f_c}{3x_{n_1}}\Big\{(1-x_{n_1})(3-x_{n_1})$$

$$-\gamma\left(x_{n_1} - \frac{d_c}{d}\right)\left(3\frac{d_c}{d} - x_{n_1}\right)\Big\}bd^2 = C_1 bd^2 \quad (4\cdot16)$$

同様にして，

$$M_2 = \frac{p_t f_t}{3(1-x_{n_1})}\Big\{(1-x_{n_1})(3-x_{n_1})$$

$$-\gamma\left(x_{n_1} - \frac{d_c}{d}\right)\left(3\frac{d_c}{d} - x_{n_1}\right)\Big\}bd^2 = C_2 bd^2 \quad (4\cdot17)$$

式 (4・17) は，$\sigma_c/x_n = \sigma_t/n(d-x_n)$ から得られる $\sigma_c = x_{n_1}\sigma_t/n(1-x_{n_1})$ を $M_1 = Cj$ 式に入れ，$\sigma_t = f_t$ とおいても求められる．

式 (4・16)，(4・17) を一括して，複筋長方形ばりの許容曲げモーメントは

$$M = Cbd^2 \quad (4\cdot18)$$

ここに C：次の式の小さい方の値

$$C_1 = \frac{np_t f_c}{3x_{n_1}}\Big\{(1-x_{n_1})(3-x_{n_1}) - \gamma\left(x_{n_1} - \frac{d_c}{d}\right)\left(3\frac{d_c}{d} - x_{n_1}\right)\Big\}$$

$$C_2 = \frac{p_t f_t}{3(1-x_{n_1})}\Big\{(1-x_{n_1})(3-x_{n_1}) - \gamma\left(x_{n_1} - \frac{d_c}{d}\right)\left(3\frac{d_c}{d} - x_{n_1}\right)\Big\}$$

式 (4・18) は，圧縮鉄筋の断面積が，コンクリートの圧縮応力の合力 ${}_cC$，

および圧縮鉄筋の応力の合力 $_rC$ の計算に，重複して算入してあり，略算式であるが，実用上さしつかえない．

式 (4・18) の C_1 は，コンクリートの圧縮で決まると考えたものであるが，許容応力度の低い鉄筋と強度の高いコンクリートとの組合わせの場合，許容応力度比指数が 1 より小さい ($f_t/nf_c<1$) ようなときは，計算上は，圧縮鉄筋で決まることがありうる．

しかし，実際には，高強度のコンクリート（たとえば $F_c=30\,\text{N/mm}^2$ 以上）と低許容応力度の鉄筋（たとえば SR 235），というような組合わせをするようなことはない．また圧縮鉄筋の応力度が，許容応力度を超過するようなことがあったとしても，その程度は小さく，一般に支障はないものと考えられる．

式 (4・18) で，$C_1=C_2$ とおけば，

$$x_{n_1}=\frac{1}{1+\dfrac{f_t}{nf_c}}$$

となる．これを式 (4・15) に代入して，つりあい鉄筋比，$p_t=p_{tb}$ を求めると

$$p_{tb}=\frac{1}{2}\cdot\frac{1}{\left(1+\dfrac{f_t}{nf_c}\right)\left\{\left(1+\gamma\dfrac{d_c}{d}\right)\dfrac{f_t}{f_c}-n\gamma\left(1-\dfrac{d_c}{d}\right)\right\}} \qquad (4・19)$$

となる．つりあい鉄筋比は，コンクリートと鉄筋の許容応力度の比 (f_c/f_t) が大きく複筋比 γ が大きくなるほど大きくなる．

つりあい鉄筋比以下の場合，すなわち $p_t<p_{tb}$ であれば，引張り鉄筋が許容応力度に達して耐力が決まる．したがって，許容耐力は，次の式で求められる．

$$M=Tj=a_t f_t j \qquad (4・20)$$

j は，$Cj={}_rC(d-d_c)+{}_cC(d-x_n/3)$ から求められ，

$$j=\frac{d}{3(1-x_{n_1})}\left\{(1-x_{n_1})(3-x_{n_1})-\gamma\left(x_{n_1}-\dfrac{d_c}{d}\right)\left(3\dfrac{d_c}{d}-x_{n_1}\right)\right\}$$

となるが，常用の鉄筋比 $p_t=1.0\%$ 位までは，$j=(0.85\sim0.9)d$ 程度になるので，一般に次の式を使用してよい．

$$j=j_1 d=\frac{7}{8}d \qquad (4・21)$$

4・4 T 形 ば り

長方形ばりが，スラブ (slab) と一体に造られた場合は，スラブの一部をはりの一部と考えることができる．スラブがはりの両側にあるものを T 形ばり，片側にあるものを半 T 形ばりという．

(1) T 形ばりのはり幅

T 形ばり (半 T 形ばり) で，スラブの効果を考えて，はりとみなすことができる範囲を有効幅という．有効幅は，断面算定以外に，剛度算定の場合にも使用されるが，鉛直荷重と水平荷重，分布荷重と集中荷重など，荷重の相違や構造などによっても異なるといわれ，必ずしも単純ではない．したがって，有効幅の決め方はいろいろある．計算規準では次のように定めている．

ラーメン材および連続ばりの場合

$$\left.\begin{array}{l} a < 0.5l \text{ ならば} \quad b_a = (0.5 - 0.6a/l)a \\ a \geq 0.5l \text{ ならば} \quad b_a = 0.1l \end{array}\right\} \quad (4 \cdot 22\text{a})$$

単純ばりの場合

$$\left.\begin{array}{l} a < l_0 \text{ ならば} \quad b_a = (0.5 - 0.3a/l_0)\,a \\ a \geq l_0 \text{ ならば} \quad b_a = 0.2l_0 \end{array}\right\} \quad (4 \cdot 22\text{b})$$

ここに　a：並列 T 形ばりでは，そのはり側面から隣接ばり側面までの距離 (図 4・6)，単独 T 形ばりでは，その両側フランジ幅の和 (mm)

l：ラーメン材または連続ばりのスパンの長さ (mm)

l_0：単純ばりのスパンの長さ (mm)

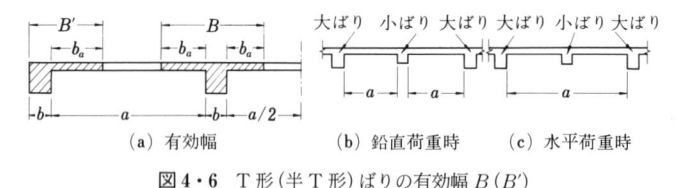

(a) 有効幅　(b) 鉛直荷重時　(c) 水平荷重時

図 4・6　T 形 (半 T 形) ばりの有効幅 $B(B')$

(2) 単筋 T 形ばり

中立軸がスラブの下端にあるとすれば，中立軸の上下の断面の等価 1 次モーメントが等しいので，次の式が得られる (図 4・7 参照)．

$$\frac{Bt^2}{2} = na_t(d-t)$$

いま，$\left.\begin{array}{l}a_t = p_t B d \\ t = t_1 d\end{array}\right\}$ とすれば，鉄筋比 p_t は，次の式となる．

$$p_t = \frac{t_1^2}{2n(1-t_1)} \tag{4・23}$$

p_t が式 (4・23) より小さければ，中立軸はスラブ内にあり，大きければ，中立軸はスラブ外になる．

(**a**) **中立軸がスラブ内にあるとき**　コンクリートの引張り応力を無視する仮定から，中立軸から下のコンクリートは，強さに無関係である．したがって，その応力状態は，はり幅 B，有効のせい d の長方形ばりと同一で，はり幅 b を B とした単筋長方形ばりの式がそのまま適用できる．

T形ばりでは，一般に，$p_t = a_t/Bd = 0.5 \sim 0.02$ (%) 程度で，この程度の範囲では，応力中心距離は，式 (4・21) すなわち，$j = (7/8)d$ を使用してさしつかえない．

(**b**) **中立軸がスラブ外にあるとき**　T形ばりの中立軸は，一般にスラブ外にあるが，その位置はスラブの下面に近く，中立軸からスラブ下端までのコンクリート部分の断面積は小さく，圧縮応力も小さい．したがって，これを無視すると，図 4・7 のように，コンクリートの圧縮応力の分布は台形となる．

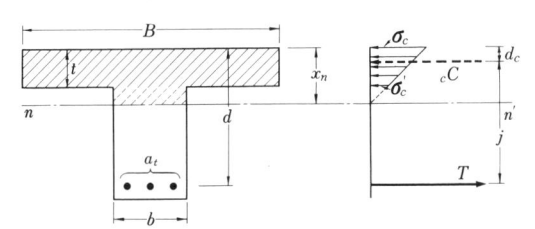

図 4・7　T形ばりの応力

つりあい条件 $_cC + T = 0$ から，

$$\frac{1}{2}(\sigma_c + \sigma_c')Bt - a_t\, \sigma_t = 0$$

となり，これに，

$$\sigma_c' = \frac{\sigma_c(x_n - t)}{x_n}$$

$$\sigma_t = \frac{n\sigma_c(d - x_n)}{x_n}$$

を代入すると，中立軸は次の式となる．

$$x_n = \left\{ \frac{np_t + \frac{1}{2}\left(\frac{t}{d}\right)^2}{np_t + \frac{t}{d}} \right\} d = x_{n_1} d \tag{4・24}$$

圧縮力の合力 $_cC$ は台形の重心に作用するものとすれば，圧縮縁から合力 $_cC$ までの距離 d_c は，$x_n = x_{n_1} d$，$t = t_1 d$ として，

$$d_c = \frac{\sigma_c + \frac{2\sigma_c(x_n - t)}{x_n}}{3\left\{\sigma_c + \frac{\sigma_c(x_n - t)}{x_n}\right\}} t = \frac{(3x_{n_1} - 2t_1)}{3(2x_{n_1} - t_1)} t_1 d$$

となり，応力中心距離は次の式となる．

$$j = d - d_c = d - \frac{(3x_{n_1} - 2t_1)}{3(2x_{n_1} - t_1)} t_1 d$$

これに式 (4・24) の x_{n_1} を入れると，次の式が得られる．

$$j = \left(\frac{12 - 12t_1 + 4t_1^2 + \frac{t_1^3}{np_t}}{12 - 6t_1} \right) d = j_1 d \tag{4・25}$$

断面の許容モーメントは，$\sigma_c = f_c$ とおいたコンクリートの圧縮力，$\sigma_t = f_t$ とおいた鉄筋の引張り力から，次の式が得られる．

$$M_1 = {}_cCj = \left(\frac{12 - 12t_1 + 4t_1^2 + \frac{t_1^3}{np_t}}{12 + \frac{6t_1^2}{np_t}} t_1 \right) f_c B d^2 = C_1 B d^2 \tag{4・26}$$

$$M_2 = a_t f_t j = \left(\frac{12 - 12t_1 + 4t_1^2 + \frac{t_1^3}{np_t}}{12 - 6t_1} p_t \right) f_t B d^2 = C_2 B d^2 \tag{4・27}$$

式 (4・26)，(4・27) を一括して，

$$M = CBd^2 \tag{4・28}$$

ここに　C：次の式の小さい方の値

$$C_1 = \left(\frac{12 - 12t_1 + 4t_1^2 + \frac{t_1^3}{np_t}}{12 + \frac{6t_1^2}{np_t}} \right) t_1 f_c$$

$$C_2 = \left(\frac{12 - 12t_1 + 4t_1^2 + \frac{t_1^3}{np_t}}{12 - 6t_t} \right) p_t f_t$$

つりあい鉄筋比は，$C_1 = C_2$ とおいて次の式となる．

$$p_{tb} = \frac{1}{2n}\left\{t_1(2-t_1)\frac{nf_c}{f_t} - t_1^2\right\} \tag{4・29}$$

式 (4・25) は，t_1^2，t_1^3 を微小として省略すれば，次の略算式

$$j = \frac{2(1-t_1)}{2-t_1}d \tag{4・30}$$

が得られるのであるが，T形ばりの鉄筋比は，通常 0.4% 以下で，つりあい鉄筋比より小さく，T形ばりの許容モーメントは，通常 M_2 で決まる．したがって，式 (4・27) すなわち

$$M = a_t f_t j \qquad j = \frac{7}{8}d \tag{4・31}$$

を用いてさしつかえない．

(3) 複筋 T 形ばり

T形ばりの鉄筋比は，通常つりあい鉄筋比より小さく，断面の強さは引張り鉄筋で決まる．圧縮側の鉄筋があっても，その影響は小さく，はり耐力は圧縮鉄筋を無視して，単筋T形ばりと同様に，式 (4・31) で計算してよい．ただし，はり端部のように負の曲げモーメントを受ける場合は，スラブ側が引張りになるので，スラブを無視して，長方形ばりとして計算することになる．

4・5　はりせいの変化する長方形ばり

はり端部は，通常ハンチ (haunch) があるので，せいの変化する長方形ばりとなる．

図 4・8 において，つりあい条件式，$_cC\cos\alpha + {_rC}\cos\alpha - T\cos\beta = 0$ から，

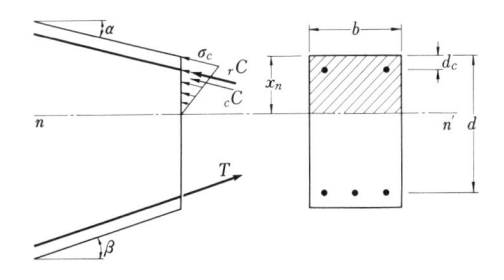

図 4・8　せいの変化する長方形ばり

$$x_{n_1}^2 + 2np_t\left(\frac{1}{\cos\beta} + \frac{\gamma}{\cos\alpha}\right)x_{n_1} - 2np_t\left(\frac{1}{\cos\beta} + \frac{\gamma}{\cos\alpha}\frac{d_c}{d}\right) = 0 \tag{4・32}$$

となり，中立軸比が求められる．

断面の許容モーメントは，
$$M = Cbd^2 \tag{4・33}$$

ここに　C：次の式の小さい方の値

$$C_1 = \frac{np_t\cos\alpha\cdot f_c}{3x_{n_1}}\left\{(1-x_{n_1})(3-x_{n_1})\frac{\cos\alpha}{\cos\beta}\right.$$
$$\left. -\gamma\left(x_{n_1} - \frac{d_c}{d}\right)\left(3\frac{d_c}{d} - x_{n_1}\right)\right\}$$

$$C_2 = \frac{p_t\cos\beta\cdot f_t}{3(1-x_{n_1})}\left\{(1-x_{n_1})(3-x_{n_1})\frac{\cos\alpha}{\cos\beta}\right.$$
$$\left. -\gamma\left(x_{n_1} - \frac{d_c}{d}\right)\left(3\frac{d_c}{d} - x_{n_1}\right)\right\}$$

つりあい鉄筋比は，$C_1 = C_2$ とおいて，次の式が得られる．

$$p_{tb} = \frac{\cos\alpha}{2\left(1 + \frac{f_t\cos^2\beta}{nf_c\cos^2\alpha}\right)\left\{\left(\frac{\cos\alpha}{\cos\beta} + \gamma\frac{d_c}{d}\right)\frac{f_t\cos^2\beta}{f_c\cos^2\alpha} - n\gamma\left(1 - \frac{d_c}{d}\right)\right\}} \tag{4・34}$$

式 (4・32)，(4・33)，(4・34) に次の換算値

$$\left.\begin{array}{l}\dfrac{p_t}{\cos\beta} = p_t' \\[2mm] \dfrac{\gamma\cos\beta}{\cos\alpha} = \gamma'\end{array}\right\} \text{および} \left.\begin{array}{l}f_c\cos^2\alpha = f_c' \\[2mm] f_t\cos^2\beta = f_t'\end{array}\right\} \text{を入れると，}$$

前述の複筋長方形ばりの，式 (4・15)，(4・18)，(4・19) がそのまま使えることになる．

はり端部のように，引張り側が水平で圧縮側が傾斜する場合には，図 4・8 を逆にして，$\beta = 0$ とすればよいが，鉄筋比が小さくて，引張り鉄筋ではり耐力が決まるときは，せいの変化しないはりとほとんど変わらない．したがって，つりあい鉄筋比以下では，せいの変化しないはりと同様に，次の式で算定すればよい．

$$M = a_t f_t j$$

圧縮側が水平で，引張り側だけが傾斜する場合，つりあい鉄筋比以下では，

$$M = Tj = a_t f_t j \cos\beta$$

で許容モーメントが求められ，せいの変化しないはりの結果を $\cos\beta$ 倍すればよいことになる．いずれも，近似的に，$j = (7/8)d$ としてさしつかえない．

4・6 長方形ばり（T 形ばり）の構造制限および断面決定

（1） 構造制限

はりには，次のような計算外の構造制限がある（せん断補強は第 6 章参照）．
1) 主要なはりはすべて複筋ばりとする．
2) 長期荷重時に，正または負の最大曲げモーメントを受ける断面の引張り鉄筋は，コンクリートの有効断面積 bd の 0.4％，または，存在応力によって必要とする鉄筋量の 4/3 倍のうち，小さい方の値以上とする．
3) 軽量コンクリートの場合は，圧縮鉄筋を所要引張り鉄筋の 0.4 倍以上，すなわち，複筋比 $\gamma \geqq 0.4$ とする．
4) 主要は 13ϕ，または D13 以上とする．
5) 主筋のあきは 25 mm 以上，かつその直径の 1.5 倍以上とする．
6) 主筋の配置は，特別の場合を除き 2 段以下とする．

このような構造制限は，主として次のような理由によるものである．

1) はクリープたわみの防止と地震時のじん性の確保，2) はひび割れの発生による剛性低下を防ぐための鉄筋量の確保，基礎ばりやウォールガーダー（wall girder）などのように，断面が大きい場合，0.4％ の鉄筋が現実には必要ないようなことを考えての緩和処置，3) はヤング係数の小さい軽量コンクリートばりの曲げ剛性の確保と，クリープたわみを防ぐため，5) は付着力・防錆力・耐火性の確保，6) は有効せい d を確保し，鉄筋の配置の上下による応力の差を少なくするためである．

（2） 計算図表

はりの許容曲げモーメントの C_1，C_2 を求めるのは簡単ではないので，通常 $C = M/bd^2$ と p_t について，C_1，C_2 をあらかじめ計算した図表が用いられている．この図表は，図 4・9 のような曲線になる．

図の C_1 曲線がコンクリートの圧縮，C_2 が鉄筋の引張りで決まる線で，C_1 と C_2 との交点がつりあい鉄筋比 p_{tb} である．C は，p_{tb} 以下では p_t にほぼ比例して増すが，それ以上では比例して増加することはない．したがって，p_{tb}

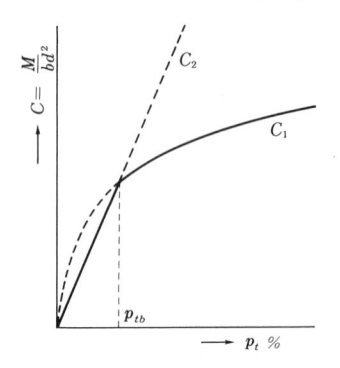

図4・9 C と p_t の関係

以下の場合が鉄筋は有効に働いていることになる．

$F_c=21\,\mathrm{N/mm^2}$, $n=15$, SD 295 の場合の長方形 (T 形ばり) の計算図表を, 図 4・10 に示しておく．

（3） 断 面 決 定

鉄筋コンクリート構造は，断面寸法を仮定しなければ部材応力は求められない．したがって，断面算定は仮定した部材寸法で，設計応力に応じた鉄筋量を算定することになる．そのため，断面寸法の仮定が適切でなければ，合理的な部材設計はできないことになる．

はりの断面決定で注意すべて点は，大略次のようなことである．

1) 大きなひび割れの発生を防ぎ，建物の安全性を確保するために，はりの重要支点間の距離 l とはりの全せい D の比は，次の式によるのが望ましいとされている．

$$\frac{l}{D} < \sqrt{\frac{C_c}{\alpha} \cdot \frac{b}{w_0}} \tag{4・35}$$

ここに　C_c：$1.0\,\mathrm{N/mm^2}$ (T 形ばり)，$0.6\,\mathrm{N/mm^2}$ (長方形ばり)

α：1/16 (両端固定)，1/8 (単純支持)，1/2 (片持ばり)

b：はりの最小幅 (mm)

w_0：はりの平均荷重 (N/mm)

一般に，$D \geqq l/(10 \sim 13)$ 程度が目安となろう．

2) D を大きくする．したがって，有効せい d を大きくするのはよいが，d が大きすぎるのは安定上好ましくないので，$d<4b$ が望ましい．

4・6 長方形ばり（T形ばり）の構造制限および断面決定

$F_c=21$ 　　　長　期
$f_c=7$ 　　$f_t=195$　SD 295　$n=15$

$M = Cbd^2$ または CBd^2
$\gamma = \dfrac{a_c}{a_t},\ x_{n1} = \dfrac{x_n}{d},\ p_t = \dfrac{a_t}{bd}$ または $\dfrac{a_t}{Bd}$

長方形ばりおよびT形ばり（中立軸スラブ内）

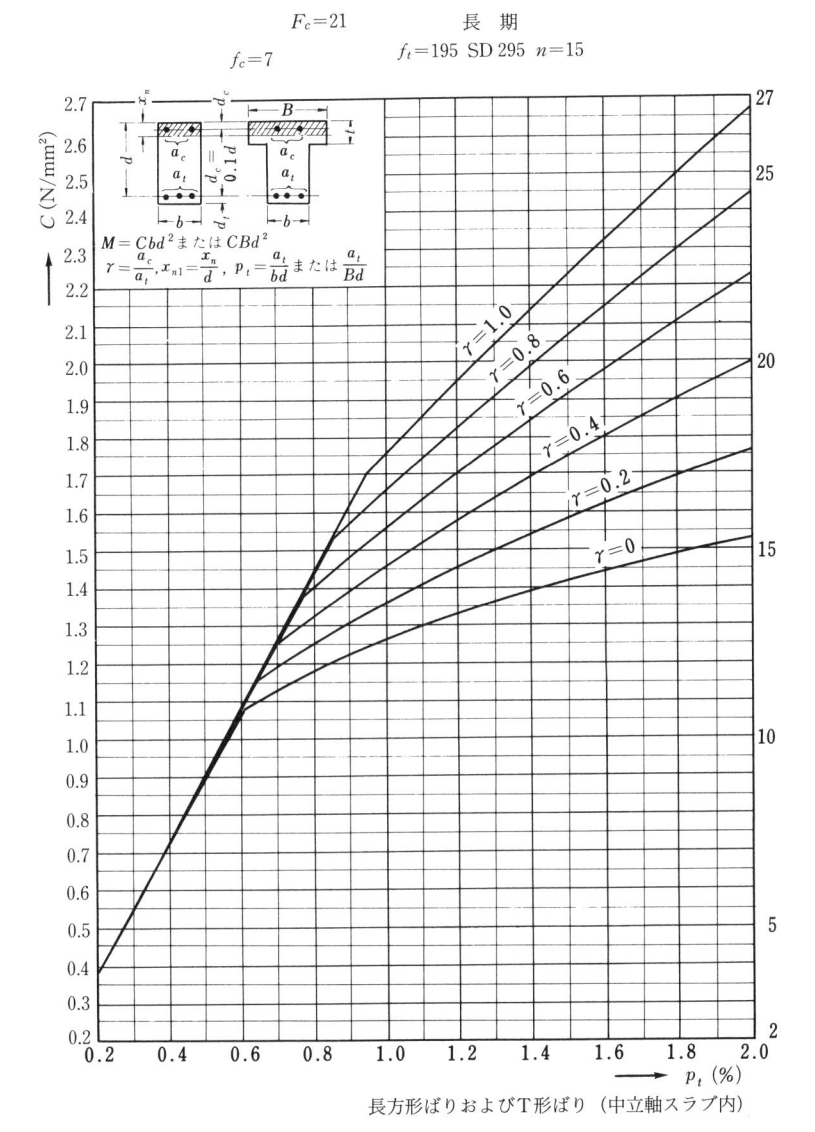

図4・10・1　はりの設計図表（長期）

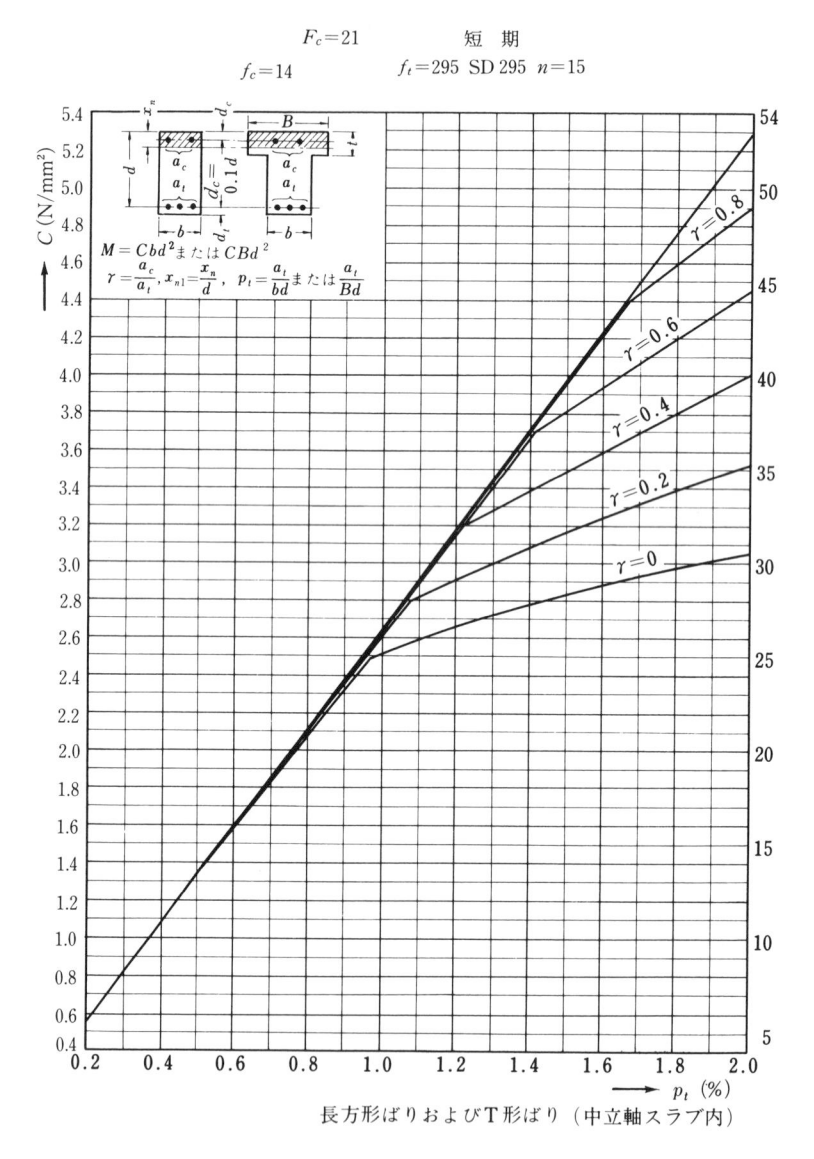

$F_c = 21$　　短　期
$f_c = 14$　　$f_t = 295$　SD 295　$n = 15$

図4・10・2　はりの設計図表(短期)

3) b が小さすぎるのも,安定性および耐火性の点で好ましくないので,b は 250 mm 以上とする.
4) 断面が小さいと,後述するせん断補強にさしつかえ,鉄筋量が多いと施工が困難になる.鉄筋量は 1% 以内となるような断面が望ましい.
5) つりあい鉄筋比いっぱいになるような断面が最も経済的である.
6) つりあい鉄筋比以下のはりでは,高強度のコンクリートを用いたり,圧縮鉄筋を用いる(複筋ばりの構造制限があるが)のは合理的ではないことを念頭において,コンクリートの強度や圧縮鉄筋を選択するのが望ましい.

部材の算定は次のような順で行われる.
1) 鉄筋およびコンクリートの許容応力度を決定する.
2) はりの有効のせい d を決定する.かぶり・あばら筋・鉄筋径を考慮しながら決めるのであるが,一般にはりせい D から 60〜70 mm 引けばよい.2 段配筋の可能性のある場合は,d はさらに小さくなる.
3) 長期・短期の設計用曲げモーメントから,$C=M/bd^2$ を算定する.
4) 複筋比 γ を仮定する.地震力のように正負の曲げモーメントを生じる場合は注意する必要がある.
5) 計算図表によって,C および γ に対応する p_t を求める.
6) 鉄筋の所要断面積,$a_t = p_t bd$,$a_c = \gamma a_t$ を求める.
7) T 形ばりの中央部のような,つりあい鉄筋比以下になるところでは,$a_t = M/f_t j$,$j=(7/8)d$ で略算する.
8) 鉄筋の継手による最小限幅,隣接ばりの鉄筋などを考慮しながら,所要断面積以上の配筋を決める.巻末の付表 2・1,2・2 に鉄筋の断面積と周長,付表 3・1,3・2,3・3 に鉄筋本数とコンクリート断面の最小限幅を示しておく.

4・7 特殊な断面のはり

(1) 台形・三角形断面のはり

図 4・11 のような左右対称の台形断面ばりについて,式 (4・3) から,中立軸に関する等価断面 1 次モーメントを 0 とおくと,中立軸の位置を求める次の式が得られる.

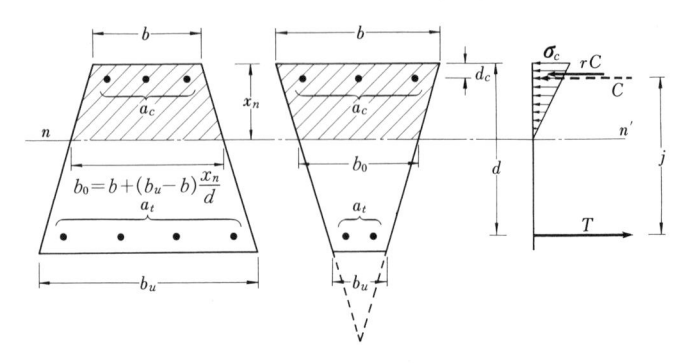

図4・11 台形断面のはりの応力

$$\frac{1}{6}x_n{}^2(2b+b_0)+na_c(x_n-d_c)-na_t(d-x_n)=0$$

$$b_0=b+(b_u-b)\frac{x_n}{d} \text{ であり,} \quad p_c=\frac{2a_c}{(b_u+b)d}$$

$$p_t=\frac{2a_t}{(b_u+b)d}, \quad x_{n1}=\frac{x_n}{d}, \quad d_{c1}=\frac{d_c}{d} \text{ とすれば,}$$

前の式は,

$$\left(\frac{2b_u}{b_u+b}-1\right)x_{n1}{}^3-3\left(\frac{b_u}{b_u+b}-1\right)x_{n1}{}^2+3n(p_c+p_t)x_{n1}$$
$$-3n(p_cd_{c1}+p_t)=0 \tag{4・36}$$

となり,中立軸比 x_{n1} が求められる.

応力中心距離は,

$$j=\left\{\left(1-\frac{2b_u}{b_u+b}\right)x_{n1}{}^4-2\left(2-\frac{3b_u}{b_u+b}\right)x_{n1}{}^3+6\left(1-\frac{b_u}{b_u+b}\right)x_{n1}{}^2\right.$$
$$\left.+6np_c(1-d_{c1})(x_{n1}-d_{c1})\right\}\Big/\left\{2\left(\frac{2b_u}{b_u}+b-1\right)x_{n1}{}^3\right.$$
$$\left.-6\left(\frac{b_u}{b_u+b}-1\right)x_{n1}{}^2+6np_c(x_{n1}-d_{c1})\right\} \tag{4・37}$$

となる.

断面の許容モーメントは,コンクリートの圧縮および鉄筋の引張りから,次の M_1, M_2 のうち小さい方の値となる.

$$M_1=\frac{f_c}{x_{n1}}\left\{\left(\frac{2b_u}{b_u+b}-1\right)\frac{x_{n1}{}^4}{6}-2\left(\frac{b_u}{b_u+b}-1\right)\frac{x_{n1}{}^3}{3}\right.$$
$$\left.+n(p_c+p_t)x_{n1}{}^2-2n(p_cd_{c1}+p_t)x_{n1}\right.$$

$$+ n(p_c d_{c_1}{}^2 + p_t)\Big\} \frac{(b_u+b)}{2} d^2 \tag{4・38}$$

$$M_2 = \frac{f_t}{n(x_{n_1}-1)} \Big\{ \Big(\frac{2b_u}{b_u+b}-1\Big) \frac{x_{n_1}{}^4}{6}$$

$$-2\Big(\frac{b_u}{b_u+b}-1\Big)\frac{x_{n_1}{}^3}{3} + n(p_c+p_t)x_{n_1}{}^2$$

$$-2n(p_c d_{c_1}+p_t)x_{n_1} + n(p_c d_{c_1}{}^2+p_t)\Big\}\frac{(b_u+b)}{2}d^2 \tag{4・39}$$

式 (4・36)〜(4・39) は，逆三角形ばりにもそのまま適用される．また，$b=0$ とすれば，三角形ばりの算式となり，$b_u=b=b_0$ とすれば，長方形断面のはりの算式となる．

（2） 半T形（Γ形）ばり

片側だけのスラブのあるはりで，曲げモーメントの加力面が垂直であっても，中立軸は傾斜する．したがって，横方向の変位が拘束されなければ，はりはねじれることになる．このような場合の算定は必ずしも容易ではない．

ここでは，Hager の略算法を示しておく．

図 4・12 において，引張り鉄筋は1点に集中して作用すると仮定し，コンクリートの圧縮力の合力 C は，はり腹部の対称軸上に作用するものと考える．

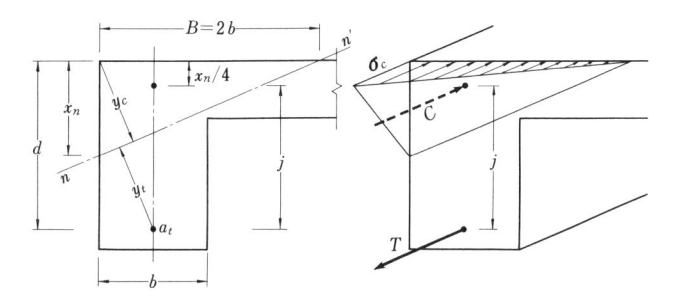

図 4・12　半T形断面のはりの応力

圧縮力の合力 C と引張り力 T は等しいから，$\frac{1}{6}Bx_n\sigma_c = a_t\sigma_t$ となる．この式に，

$$n\frac{\sigma_c}{\sigma_t} = \frac{y_c}{y_t} = \frac{x_n}{\left(d-\frac{3}{4}x_n\right)}$$

の関係を入れると，中立軸の位置は次の式となる．

$$x_n = \frac{9na_t}{4B}\Big(\sqrt{1+\frac{32}{27}\frac{Bd}{na_t}}-1\Big) \tag{4・40}$$

応力中心距離は，$j=d-\dfrac{x_n}{4}$ であり，$\sigma_c=f_c$, $\sigma_t=f_t$ とおくと，許容曲げモーメントは次の式の小さい方の値となる．

$$\left. \begin{array}{l} M_1 = \dfrac{1}{6}Bx_n\left(d-\dfrac{x_n}{4}\right)f_c \\ M_2 = a_t\left(d-\dfrac{x_n}{4}\right)f_t \end{array} \right\} \tag{4・41}$$

半T形ばりが拘束されずにねじれる場合は，コンクリートの応力が大きくなるので，横方向の変位を生じないように，部材を拘束するよう考慮した設計が望ましい．

[例 題] はりの端部において，鉛直荷重時 $M=120$ kN・m，地震時 $M \pm 8$ kN・m の曲げモーメントを受ける場合について，はりを幅 350 mm，せい 650 mm の長方形断面として鉄筋量を求める．ただし，$F_c=21$ N/mm²，SD 295 とする．

図 4・13

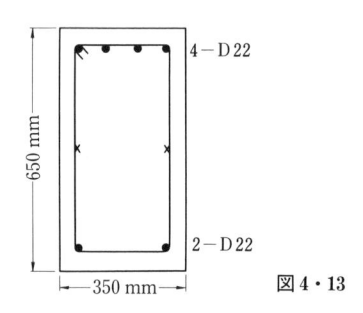

[解] 許容応力度　　長期　$f_c=7$ N/mm², $f_t=195$ N/mm²
　　　　　　　　　　短期　$f_c=14$ N/mm², $f_t=295$ N/mm²
有効せい　　　　　　$d=D-60=650-60=590$ mm
設計用曲げモーメント　長期　$M=120$ kN・m
　　　　　　　　　　　短期　$M=120\pm80=200$ kN・m（大きい方について算定）

長期　$C=\dfrac{M}{bd^2}=\dfrac{120\times10^5}{350\times590^2}=0.99$ N/mm²

　　複筋ばりの制限があるので，今 $\gamma=0.5$ とすれば図 4・10 から
　　　$p_t=0.55\%$

短期　$C=\dfrac{M}{bd^2}=\dfrac{200\times10^6}{350\times590^2}=1.64$ N/mm²

　　　$p_t=0.65\%$

$p_t(長) < p_t(短)$　　$a_t = p_t b d = \dfrac{0.65}{100} \times 350 \times 590 = 1\,342 \text{ mm}^2$

付表2・2より，4-D22 ($a_t = 1\,548 \text{ mm}^2$)

4-D22で最小限幅は付表3・2から350 mmでO.K.

注1）　つりあい鉄筋比以下では，γによってp_tはほとんど変わらない．

注2）　所要鉄筋量は，式（4・31）を使用すれば，ほぼ同様の結果が得られる．

$$a_t = \frac{M}{f_t j} = \frac{M}{f_t \cdot \frac{7}{8} d} = \frac{200 \times 10^6}{295 \times \frac{7}{8} \times 590} = 1\,313 \text{ mm}^2$$

◎ 演 習 問 題 （2）

（1）図4・14のような断面をもつはりの中立軸の位置を求めよ．ただし，$F_c = 21$ N/mm², SD 295で下側が引張り，長期荷重時とする．

（2）上記のはりの長期および短期の許容曲げモーメントを求めよ．

（3）はり幅300 mm，はりせい650 mm，スパン6 m，はり間隔4 m，スラブ厚130 mmのT形ばりの有効幅B，外側ばり（半T形ばり）の有効幅B'を求めよ．ただし，ラーメン材とする．はり間隔が3 mならばどうなるか．

（4）図4・15のような三角形断面のはりの中立軸比x_nを求める式，および許容曲げモーメントを求める式を求めよ．

（5）図4・16において，$a_t = 3$-D22として，長期の場合，ねじれを拘束したときと，ねじれを拘束しないときの許容曲げモーメントを求めて比較せよ．ただし，$F_c = 21$ N/mm²，鉄筋はSD 295とする．

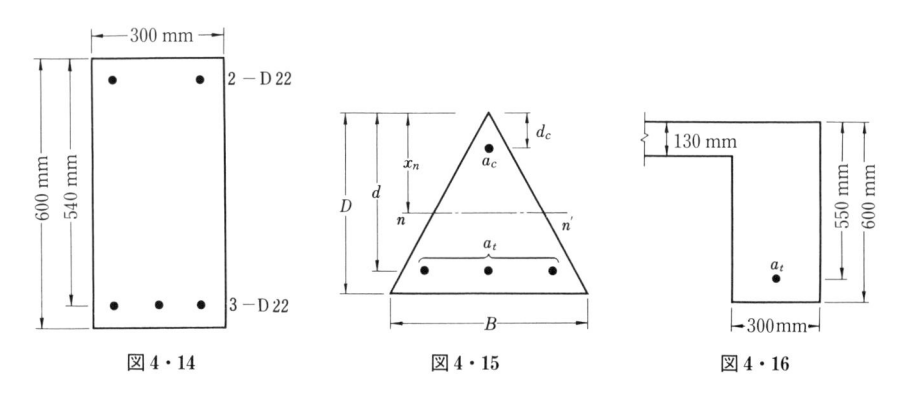

図4・14　　　図4・15　　　図4・16

第5章　圧縮と曲げを受ける部材(柱)

5・1 概　説

　柱 (coulumn) の鉄筋は，図5・1に示すような軸方向の主筋と，主筋を直角方向に結ぶ帯筋 (hoop) とから成り，主筋の配置の乱れを防ぎ，断面形を保持するために，ところどころに D-hoop，または Sub-hoop が用いられる．帯筋は後述するせん断補強の意味と，圧縮を受けたコンクリートのはらみ出しを防ぐ効果をもち，はりのあばら筋に相当する．

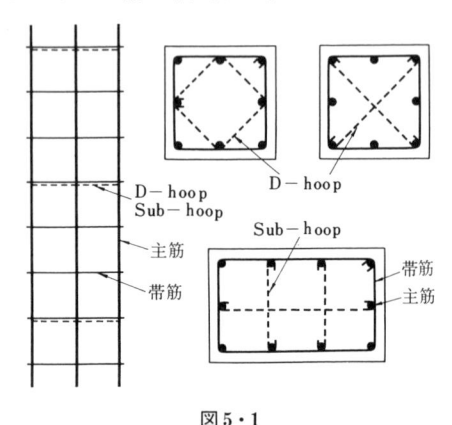

図5・1

　帯筋を使った柱を帯筋柱 (tie column) といい，らせん筋 (spiral hoop) 柱と区別する．

　らせん筋柱は，主筋を，帯筋の代わりの細い鉄筋でらせん状に巻いた柱である．らせん筋柱に圧縮力が作用すると，圧縮力がほぼコンクリートの破壊強度に達したとき，らせん筋より外側のコンクリートは剝離するが，柱は破壊しない．らせん筋の拘束のため，コンクリートの破壊強度よりはるかに高い強度で，らせん筋の内側のコンクリートが破壊するか，らせん筋が引張り破断して柱はこわれる．らせん筋の効果は，まだ十分に明らかにされてはいないが，らせん筋柱は帯筋柱にくらべて，圧縮耐力が著しく大きいことが認められており，旧計算規準では，らせん筋のピッチが 80 mm 以下，かつ，(らせん円径/6) 以下の場合，コンクリートの長期の許容応力度を割増しすることが許されていた．

鉄筋コンクリート柱が軸方向力に抵抗するのは，主としてコンクリートであり，コンクリートの圧縮強度は，鉄骨などにくらべてはるかに小さい．したがって，柱は太くなり，一般に座屈を考慮する必要はないが，吹抜け部の柱や，壁柱的なもので，短柱と見なせないものは，座屈を考慮して，設計用の軸方向力を割増しして断面算定を行う．

　鉄筋コンクリート柱は，一般に軸方向力 N と曲げモーメント M が同時に作用するが，曲げモーメントは，$M=Ne$ となるような偏心距離 (eccentric distance) e をもつ偶力と考えることができる．したがって，力学的には偏心距離 $e=M/N$ の点に軸方向力 N が作用すると考えればよいことになる．中心軸圧の場合は，$e=0$ の特別の場合である．柱の場合でも，第4章の断面算定の基本仮定はそのまま適用する．

5・2　中心軸圧を受ける柱

　図5・2のように，圧縮が材軸に沿って作用すれば，

$$N = \sigma_c A + {}_r\sigma_c \, {}_r a$$

ここに　A：コンクリートの断面積 (mm²)

　　　　${}_r a$：鉄筋の全断面積 (mm²)

となり，$\dfrac{\sigma_c}{{}_cE} = \dfrac{{}_r\sigma_c}{{}_sE}$，$n = \dfrac{{}_sE}{{}_cE}$ であるから次の式となる．

$$N = \sigma_c(A + n \, {}_r a) = \sigma_c A_e \tag{5・1}$$

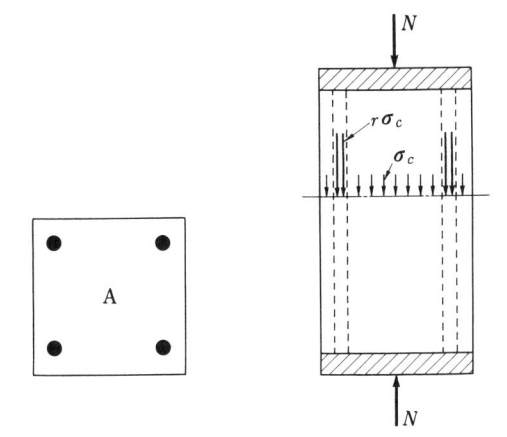

図5・2　中心軸圧の応力

A_e を柱の等価断面積 (equivalent area) という.

鉄筋比 $p = {}_ra/A$ は通常 $0.8 \sim 3\%$ で, ${}_ra$ は A にくらべてきわめて小さいので, 実用的には, 式 (5・1) で $\sigma_c = f_c$ とおいて, 許容耐力は次の式となる.

$$N = \sigma_c(A + n\,{}_ra) = f_c(1 + np)A \tag{5・2}$$

5・3 軸圧と主軸のまわりの曲げを受ける柱

材断面の重心 G に作用する軸圧縮力 N と, 主軸のまわりの曲げモーメント M を受けるとすれば, 偏心距離 $e = M/N$ の位置に, 圧縮力 N が作用すると考えればよい. この場合の断面の応力分布を, 図 5・3 に示す.

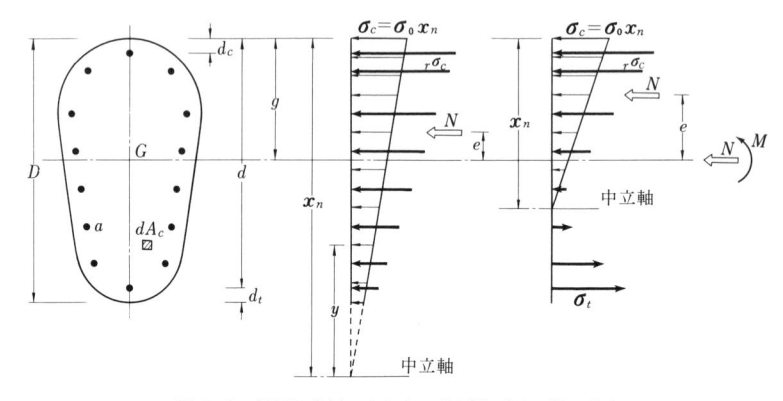

図 5・3 軸圧と主軸のまわりの曲げを受ける材の応力

図 5・3 において, つりあい条件から, 軸方向力 N とコンクリートおよび鉄筋の応力の和が等しくなるので, 中立軸から単位距離にあたるコンクリートの応力を σ_0 とすれば, 次の式がえられる.

$$N = \int (\sigma_0 y) dA_c + \sum (n\sigma_0 y) a = \sigma_0 \left(\int y \cdot dA_c + n\sum ya \right)$$

$\left(\int y \cdot dA_c + n\sum ya \right)$ は中立軸に関する等価断面 1 次モーメント S_n である.

したがって, 前の式は次のようになる.

$$N = \sigma_0 \left(\int y \cdot dA_c + n\sum ya \right) = \sigma_0 S_n \tag{5・3}$$

圧縮縁から等価断面の重心までの距離を g とし, 中立軸に関するモーメントのつりあいから次の式がえられる.

$$N(e+x_n-g)=\int(\sigma_0 y \cdot dA_c)y+\sum(n\sigma_0 ya)y$$
$$=\sigma_0\left(\int y^2 \cdot dA_c+n\sum y^2 a\right)$$

$\left(\int y^2 \cdot dA_c+n\sum y^2 a\right)$ は中立軸に関する等価断面2次モーメント I_n で,上の式は,

$$N(e+x_n-g)=\sigma_0 I_n \qquad (5\cdot4)$$

となる.式 (5・3),(5・4) から次の式が求められる.

$$x_n-g+e=\frac{I_n}{S_n} \qquad (5\cdot5)$$

式 (5・5) は x_n に関する高次式であるが,偏心距離 e が定まれば,中立軸の位置 x_n が求められる.

式 (5・3) から,$\sigma_0=N/S_n$ で,断面の最大応力度は次の式となる.

$$\sigma_c=\sigma_0 x_n=\frac{Nx_n}{S_n}$$

$$_r\sigma_c=\sigma_0 n(x_n-d_c)=\frac{Nn(x_n-d_c)}{S_n}$$

$$\sigma_t=\sigma_0 n(D-d_t-x_n)=\frac{Nn(D-d_t-x_n)}{S_n}$$

$\sigma_c=f_c$,$_r\sigma_c$,$\sigma_t=f_t$ とおけば,許容軸方向力 N は,

$$\left.\begin{array}{l}N_1=\dfrac{f_c S_n}{x_n}\\[2mm] N_2=\dfrac{_rf_c S_n}{n(x_n-d_c)}\\[2mm] N_3=\dfrac{f_t S_n}{n(D-d_t-x_n)}=\dfrac{f_t S_n}{n(d-x_n)}\end{array}\right\} \qquad (5\cdot6)$$

通常の場合,$nf_c<{_rf_c}$ であるので,一般に圧縮側鉄筋の N_2 による検討の必要はないが,高強度のコンクリートと低強度の鉄筋の組合わせで,偏心の小さい場合に,圧縮鉄筋が許容応力度に達することがある.

圧縮側コンクリートと引張り側鉄筋が同時に許容応力度になる中立軸比 x_{n_1b} は,式 (5・6) で,$N_1=N_3$ とおいて次の式が得られる.

$$x_{n_1b}=\frac{d_1}{1+\dfrac{f_t}{nf_c}} \qquad \text{ただし,}\ x_{n_1}=\frac{x_n}{D},\ d_1=\frac{d}{D} \qquad (5\cdot7)$$

中立軸比 x_{n_1} が式(5・7)より大きければ，コンクリートが先に許容応力度に達し，小さければ鉄筋が先に許容応力度をこえることになる．

5・4 長方形断面柱

図5・4に示すような長方形断面柱について，$p_t=a_t/bD$, $p_c=a_c/bD$, $g_1=g/D$, $d_{c_1}=d_c/D$, $d_{i_1}=d_t/D$, $d_1=d/D$, $x_{n_1}=x_n/D$ とおいて，等価断面積 A_c，等価断面の重心と圧縮縁との距離 g，等価断面の重心に関する2次モーメント I_g を求めると次のようになる．

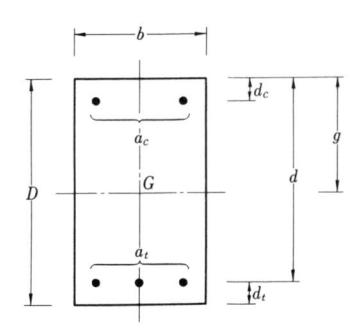

図5・4 長方形断面柱

$$A_c = bD + n(a_c + a_t) = \{1 + n(p_c + p_t)\}bD$$

$$g = \frac{\frac{1}{2}bD^2 + n(a_c d_c + a_t d)}{bD + n(a_c + a_t)} = \frac{\frac{1}{2} + np_c d_{c_1} + np_t d_1}{1 + n(p_c + p_t)}D$$

$$I_g = \frac{1}{12}bD^3 + bD\left(g - \frac{D}{2}\right)^2 + n\{a_c(g-d_c)^2 + a_t(g-d)^2\}$$

$$= \left\{\left(\frac{1}{3} - g_1 + g_1^2\right) + np_c(g_1 - d_{c_1})^2 + np_t(g_1 - d_1)^2\right\}bD^3$$

(1) 中立軸が断面内にある場合

$x_n \leqq D$ つまり $x_{n_1} \leqq 1$ のとき，中立軸は断面内になり，断面には引張り応力を生じる．

コンクリートについては，圧縮部分の全断面積を採り，中立軸に関する等価断面1次モーメント S_n，等価断面2次モーメント I_n を求めると，次の式のようになる．

$$S_n = \frac{1}{2}bx_n^2 + na_c(x_n - d_c) + na_t(x_n - d)$$

$$= \left\{\frac{1}{2}x_{n_1}^2 + np_c(x_{n_1} - d_{c_1}) + np_t(x_{n_1} - d_1)\right\}bD^2$$

$$I_n = \frac{1}{3}bx_n^3 + na_c(x_n - d_c)^2 + na_t(x_n - d)^2$$

$$= \left\{\frac{1}{3}x_{n_1}^3 + np_c(x_{n_1} - d_{c_1})^2 + np_t(x_{n_1} - d_1)^2\right\}bD^3$$

式 (5・5) から次の式がえられ,中立軸比 x_{n_1} が求められる.

$$\frac{1}{6}x_{n_1}^3 + \frac{1}{2}(e_1 - g_1)x_{n_1}^2 + \{np_c(e_1 - g_1 + d_{c_1}) + np_t(e_1 - g_1 + d_1)\}x_{n_1}$$
$$- np_c(e_1 - g_1 + d_{c_1})d_{c_1} - np_t(e_1 - g_1 + d_1)d_1 = 0 \qquad (5 \cdot 8)$$

式 (5・7) の $x_{n_1b} < x_{n_1}$ の場合,許容耐力はコンクリートで決まり,許容耐力は式 (5・6) の N_1 から,

$$N = \frac{f_c}{x_{n_1}}\left\{\frac{1}{2}x_{n_1}^2 + np_c(x_{n_1} - d_{c_1}) + np_t(x_{n_1} - d_1)\right\}bD$$

したがって,$M = Ne$ から,

$$\left.\begin{aligned}M &= \frac{f_c}{x_{n_1}}\left\{\frac{1}{12}x_{n_1}^2(3 - 2x_{n_1}) + np_c(x_{n_1} - d_{c_1})\left(\frac{1}{2} - d_{c_1}\right)\right. \\ &\quad \left. + np_t(x_{n_1} - d_1)\left(\frac{1}{2} - d_1\right)\right\}bD^2\end{aligned}\right\} \qquad (5 \cdot 9)$$

$x_{n_1} \leq x_{n_1b}$ のときは鉄筋で決まり,式 (5・6) の N_3 から,

$$\left.\begin{aligned}N &= \frac{f_t}{n(d_1 - x_{n_1})}\left\{\frac{1}{2}x_{n_1}^2 + np_c(x_{n_1} - d_{c_1}) + np_t(x_{n_1} - d_1)\right\}bD \\ M &= \frac{f_t}{n(d_1 - x_{n_1})}\left\{\frac{1}{12}x_{n_1}^2(3 - 2x_n) + np_c(x_{n_1} - d_{c_1})\left(\frac{1}{2} - d_{c_1}\right)\right. \\ &\quad \left. + np_t(x_{n_1} - d_1)\left(\frac{1}{2} - d_1\right)\right\}bD^2\end{aligned}\right\}$$
$$(5 \cdot 10)$$

(2) 中立軸が断面外にある場合

コンクリートの全断面が有効で,$S_n = A_e(x_n - g)$, $I_n = I_g + A_e(x_n - g)^2$ となり,式 (5・5) は次の式となる.

$$x_n = \frac{I_g}{A_e\left(g + e - \dfrac{D}{2}\right)} + g \qquad (5 \cdot 11)$$

中立軸は断面外であるから，$x_n \geq D$ で，上の式から

$$e \leq \frac{I_g}{A_e(D-g)} + \frac{D}{2} - g \tag{5・12}$$

のとき中立軸は断面外にあることになる．

式 (5・6) の N_1，および $M = Ne$ から次の式が得られる．

$$\left.\begin{aligned}
N &= \frac{f_c}{x_{n_1}}\left\{x_{n_1} - \frac{1}{2} + np_c(x_{n_1} - d_{c_1}) + np_t(x_{n_1} - d_1)\right\}bD \\
M &= \frac{f_c}{x_{n_1}}\left\{\frac{1}{12} + np_c(x_{n_1} - d_{c_1})\left(\frac{1}{2} - d_{c_1}\right)\right. \\
&\quad \left. + np_t(x_{n_1} - d_1)\left(\frac{1}{2} - d_1\right)\right\}bD^2
\end{aligned}\right\} \tag{5・13}$$

（3） 計 算 図 表

長方形断面柱は，式 (5・9)，(5・10)，(5・13) によって，許容軸方向力 N，許容曲げモーメント M を求めることになるが，それはきわめて繁雑である．したがって，一般に計算図表が用いられる．

計算図表は，一般に，N/bD，M/bD^2 と p_t との関係で示され，図 5・5 のようになる．

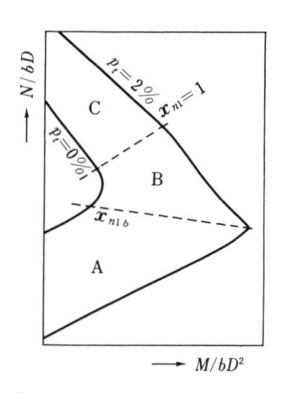

図 5・5　N/bD，M/bD^2 と p_t

図の p_t 曲線は，x_{n_1b} のところで折れている．x_{n_1b} より下の A の部分は，引張り鉄筋が先に許容応力度に達する式 (5・10) の範囲で，圧縮力が増加すれば鉄筋が減少することになる．x_{n_1b} より上の B，C 部分は，コンクリートが先に許容応力に達する範囲で，B 部分は式 (5・9) であり，C 部分は，$x_{n_1} > 1$ で，中立軸は断面外で，全断面圧縮の式 (5・13) の範囲である．

5・4 長方形断面柱

$F_c = 21$　　長　期
$f_c = 7$　$f_t = 195$　SD 295　$n = 15$

$p_c = p_t$
$d_c = d_t = 0.1D$
$x_{n1} = \dfrac{x_n}{D}, \ p_t = \dfrac{a_t}{bD}$

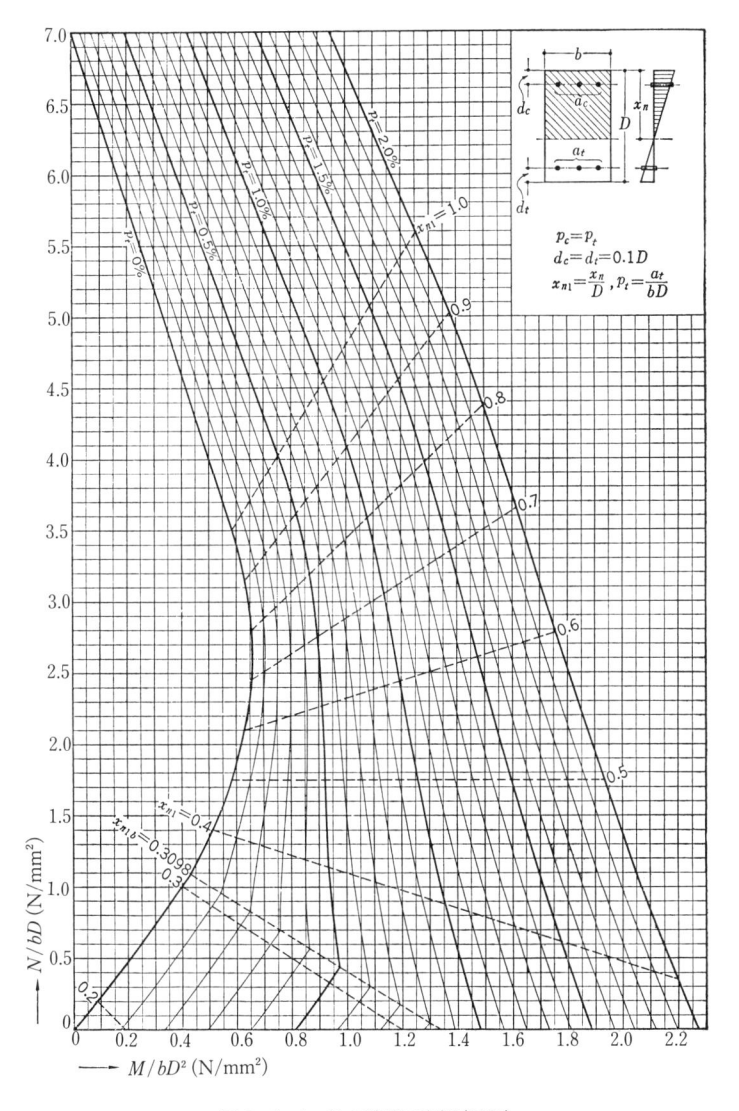

図 5・6・1　柱の計算図表例（長期）

$F_c = 21$ 短　期
$f_c = 14$ $f_t = 295$ SD 295 $n = 15$

$p_c = p_t$
$d_c = d_t = 0.1D$
$x_{n1} = \dfrac{x_n}{D}$, $p_t = \dfrac{a_t}{bD}$

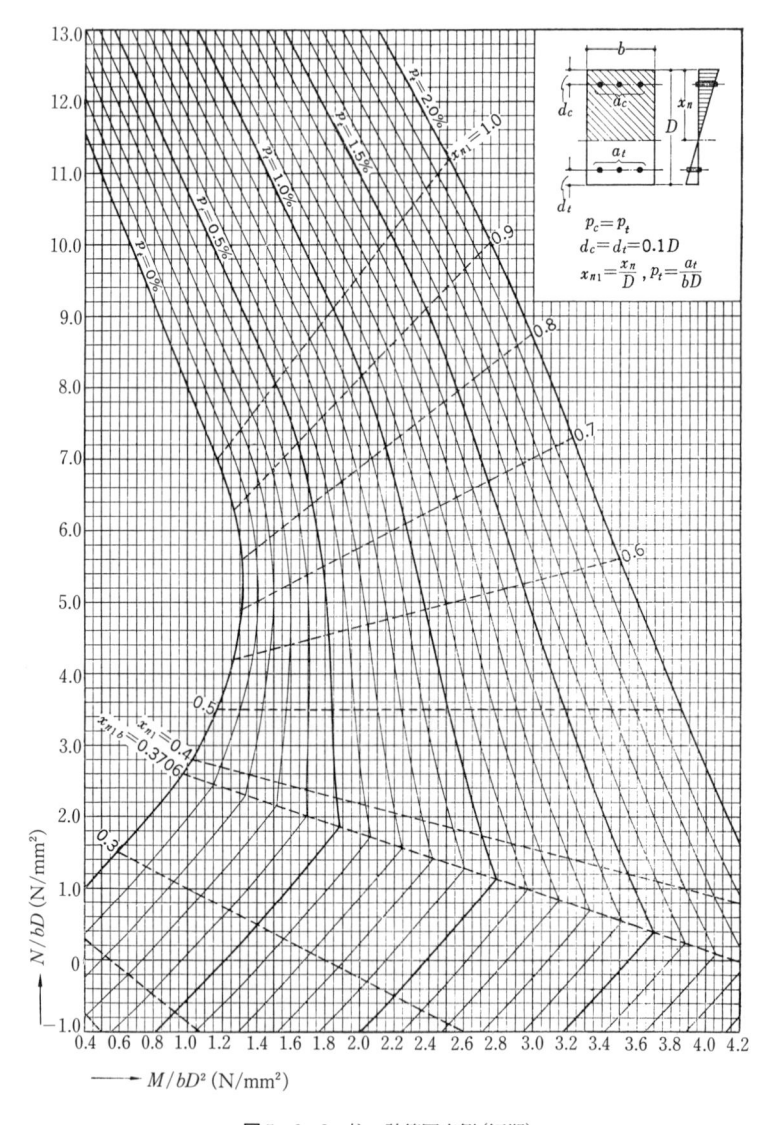

図 5・6・2　柱の計算図表例（短期）

A部分では，軸方向力が同じならば，曲げモーメントにほぼ比例して鉄筋比は増加するが，B部分では，曲げモーメントが小さい場合，軸方向力が増加しても鉄筋比が減少する部分がある．したがって，荷重を大きく見ることが，必ずしも安全側になるとは限らないので，注意する必要がある．

　長方形断面柱は，一般に $a_t=a_c$ つまり $p_t=p_c$ とし，$d_{c_1}=d_{t_1}\fallingdotseq 0.1$，すなわち，$d_c=d_t=0.1D$ 程度で，$g=D/2$ となる．

　このように仮定した，$F_c=21\,\text{N/mm}^2$，SD 295，$n=15$ の場合の計算図表を，図 5・6 に示しておく．

5・5　円形断面柱

　多数の鉄筋（計算規準では 8 本以上）が等間隔に配筋されていると，鉄筋の断面は環状断面とみなしてよい．

　図 5・7 のように，コンクリート断面の半径を r，主筋列の半径を r'，鉄筋の断面積を a とし，

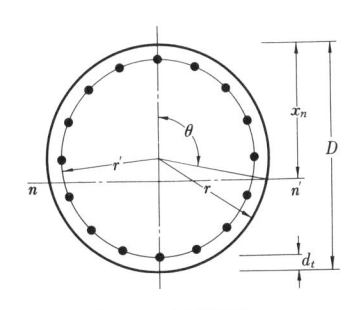

図 5・7　円形断面柱

$$p_g=\frac{a}{A}=\frac{a}{\pi r^2}$$

とすれば，

$$A_e=\pi r^2+na=(1+np_g)\pi r^2$$

$$g=r=\frac{D}{2}$$

$$I_g=\frac{1}{4}\left\{1+2np_g\left(\frac{r'}{r}\right)^2\right\}\pi r^4$$

となる．

　中立軸が断面外にある場合，中立軸比は次の式となる．

$$x_{n_1} = \frac{1}{2} + \frac{1 + 2np_g\left(\frac{r'}{r}\right)^2}{16e_1(1+np_g)}$$

$x_{n_1}=1$ とおけば, $\quad e_1 = \frac{1}{8} \frac{1+2np_g\left(\frac{r'}{r}\right)^2}{(1+np_g)}$

となる. $e_1 > M/ND$ ならば中立軸は断面外となる.

そのときの許容軸方向力は,

$$N = \frac{\pi(1+np_g)\left\{1+2np_g\left(\frac{r'}{r}\right)^2\right\}f_c}{4\left\{8e_1(1+np_g)+1+2np_g\left(\frac{r'}{r}\right)^2\right\}}D^2 \tag{5・14}$$

中立軸が断面内にある場合

$$e_1 > \frac{1}{8}\frac{1+2np_g\left(\frac{r'}{r}\right)^2}{(1+np_g)}$$

で, $x_n = r(1-\cos\theta)$

$$S_n = \left\{\frac{1}{3}\sin\theta(2+\cos^2\theta) - \theta\cos\theta - np_g\pi\cos\theta\right\}r^3$$

$$I_n = \left[\theta\left(\frac{1}{4}+\cos^2\theta\right) - \sin\theta\cos\theta\left(\frac{13}{12}+\frac{1}{6}\cos^2\theta\right)\right.$$
$$\left. + np_g\pi\left\{\frac{1}{2}\left(\frac{r'}{r}\right)^2+\cos^2\theta\right\}\right]r^4$$

となり, 長方形断面柱の場合と同様にして, 許容耐力は次のようになる.

$$\left.\begin{aligned}N &= \frac{f_c}{4(1-\cos\theta)}\left\{\frac{1}{3}\sin\theta(2+\cos^2\theta)-\theta\cos\theta\right.\\&\quad\left. - np_g\pi\cos\theta\right\}D^2 \\ M &= \frac{f_c}{8(1-\cos\theta)}\left\{\frac{1}{4}\theta+\sin\theta\cos\theta\left(\frac{1}{6}\cos^2\theta-\frac{5}{12}\right)\right.\\&\quad\left.+\frac{1}{2}np_g\pi\left(\frac{r'}{r}\right)^2\right\}D^3\end{aligned}\right\} \tag{5・15}$$

式 (5・15) はコンクリートで決まる場合で, 鉄筋で決まる場合は,

$$N = \frac{f_t}{4n(d_1+\cos\theta-d_{t_1})}\left\{\frac{1}{3}\sin\theta(2+\cos^2\theta)\right.$$
$$\left. -\theta\cos\theta-np_g\pi\cos\theta\right\}D^2$$
$$M = \frac{f_t}{8n(d_1+\cos\theta-d_{t_1})}\left\{\frac{1}{4}\theta+\sin\theta\cos\theta\right.$$
$$\left.\left(\frac{1}{6}\cos\theta-\frac{5}{12}\right)+\frac{1}{2}np_g\pi\left(\frac{r'}{r}\right)^2\right\}D^3 \quad (5\cdot16)$$

となる．ただし，式 (5・15)，(5・16) の θ は次の式から求められる．

$$e_1 = \frac{\frac{1}{4}\theta+\sin\theta\cos\theta\left(\frac{1}{6}\cos\theta-\frac{5}{12}\right)+\frac{1}{2}np_g\pi\left(\frac{r'}{r}\right)^2}{2\left\{\frac{1}{3}\sin\theta(2+\cos^2\theta)-\theta\cos\theta-np_g\pi\cos\theta\right\}} \quad (5\cdot17)$$

計算は繁雑であるので，計算図表を用意しておくとよい(計算規準解説を参照されたい)．

5・6 環状断面柱

図5・8のように，肉厚 t の中央に，鉄筋が多数(計算規準では12本以上)等間隔に配筋されているものとする．円形断面柱の場合と同様に，鉄筋は環状断面とみなし，その半径を r'，断面積を a とすれば，

$$D = {}_rD+t, \quad {}_rD = 2r', \quad p_g = \frac{a}{\pi\,{}_rDt}, \quad g = \frac{D}{2}, \quad e_1 = \frac{e}{{}_rD}$$

で，等価断面積と等価断面の2次モーメントは次の式となる．

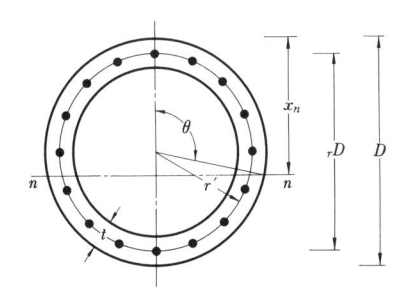

図5・8 環状断面柱

$$A_e = 2\pi r't + na = 2\pi(1+np_g)r't$$
$$I_g = \frac{A_e r'^2}{2} = \pi(1+np_g)r'^3 t$$

中立軸が断面外にある場合，$x_n=(D/2+r'^2)/2e$ で，$x_n=D$ とおけば，$e_1={}_rD^2/4D$ となる．

$e_1>M/ND$ ならば中立軸は断面外となり，許容軸方向力は，$t_1=t/{}_rD$ とすれば，

$$N=\frac{\pi(1+np_g)f_c}{4e_1(1+t_1)+1}{}_rDt \qquad (5\cdot18)$$

中立軸が断面内にある場合，$e_1>{}_rD^2/4D$ ならば中立軸は断面内で，

$$x_n=r'(1-\cos\theta)+\frac{1}{2}t$$

$$S_n=2(\sin\theta-\theta\cos\theta-np_g\pi\cos\theta)tr'^2$$

$$I_n=2\left\{\frac{1}{2}\theta+\theta\cos^2\theta-\frac{3}{4}\sin2\theta+np_g\pi\left(\frac{1}{2}+\cos^2\theta\right)\right\}tr'^3$$

となり，コンクリートで決まる場合の許容耐力は，

$$\left.\begin{array}{l}N=\dfrac{f_c}{(1-\cos\theta+t_1)}(\sin\theta-\theta\cos\theta-np_g\pi\cos\theta)t_rD \\[2mm] M=\dfrac{f_c}{4(1-\cos\theta+t_1)}\left(\theta-\dfrac{1}{2}\sin2\theta+np_g\pi\right)t_rD^2\end{array}\right\} \qquad (5\cdot19)$$

鉄筋で決まる場合

$$\left.\begin{array}{l}N=\dfrac{f_t}{n(1+\cos\theta)}(\sin\theta-\theta\cos\theta-np_g\pi\cos\theta)t_rD \\[2mm] M=\dfrac{f_t}{4n(1+\cos\theta)}\left(\theta-\dfrac{1}{2}\sin2\theta+np_g\pi\right)t_rD^2\end{array}\right\} \qquad (5\cdot20)$$

ただし，θ は次の式から求められる値である．

$$e_1=\frac{\theta-\dfrac{1}{2}\sin2\theta+np_g\pi}{4(\sin\theta-\theta\cos\theta-np_g\pi\cos\theta)} \qquad (5\cdot21)$$

この場合も，計算は繁雑であるので，計算図表を用意しておくとよい（計算規準解説を参照されたい）．

5・7 長　柱

柱の最小径を D，柱の高さ（主要支点間の距離）を h とすれば，坂博士は角柱で $h/D>15$，円柱で $h/D>13$ のときは，長柱として許容応力度を減らすか，設計応力を割り増す必要があるとしている．

計算規準では，柱の最小径 D が，普通コンクリートの場合 $D/h=1/15$
軽量コンクリートの場合 $D/h=1/10$
の構造制限より小さい場合は，式 (5・2) を変形し，

$$N=\frac{1}{\omega}f_c(1+np)A \qquad (5・22)$$

を用いて，許容耐力を減らすことにしている．

曲げモーメントおよび軸方向力の割増係数，すなわち，許容耐力を減らす係数 ω は表 5・1 を用いる．

表 5・1 長柱の D/h による設計応力の割増係数 ω

D/h	1/10	1/15	1/20	1/25
普通コンクリート	—	1	1.25	1.75
軽量コンクリート	1	1.2	1.5	—

5・8　柱の構造制限および断面決定

(1) 構造制限

帯筋柱の断面算定式を適用するには，次のような構造制限がある．

1) 柱の最小径は，主要支点間距離の 1/15 以上（軽量コンクリートでは，1/10 以上）とする．
2) 地震時に曲げモーメントがとくに増大するような柱は，短期の軸方向力を柱の断面積で割った値が，$F_c/3$ 以下となるようにするのが望ましい．軸方向力が小さいときは，比較的大きな変形能力をもつが，軸方向力が大きいと変形能力が小さくなり，ぜい性破壊の危険があるからである．とくに純ラーメンに近い構造では，この制限の適用が必要であろう．
3) 主筋の全断面積はコンクリート全断面積の 0.8% 以上（軽量コンクリートでは 1% 以上が望ましい）とする．なお，必要以上に断面を大きくした柱では，この値を適当に減少させることができる．
4) 主筋は 13ϕ または D13 以上，かつ 4 本以上とする．円形柱・環状柱では，それぞれ 8 本または 12 本以上とする．なお，複雑な断面の場合には，出すみ，入すみに配筋する．
5) 主筋のあきは，25 mm 以上，かつその直径の 1.5 倍以上とする．

6) 主筋は帯筋で囲むようにして相互に連絡する．帯筋は 9ϕ または D10 以上とする（せん断補強は第6章参照）．

（2）断面決定

断面の算定は，通常次のような順で行われる．

1) 部材の設計応力を算定する．軸方向力を大きく仮定すれば，必ずしも安全側になるとは限らないので注意を要する．
2) N/bD，M/bD^2 を算定する．
3) 計算図表から p_t を求め，$a_t = p_t bD$ から主筋本数を決める．主筋は付着の許す限り太いものがよいといえよう．
4) 主筋の配筋を決める．主筋は一般に断面に対称に配置し，構造制限による鉄筋量をチェックする．
5) 柱のせん断補強の算定および構造制限に従って帯筋の配筋を決める．通常 9ϕ または D10 が用いられるが，大きい柱の場合は，13ϕ または D13 を用いる（せん断補強は第6章を参照）．

その他，次のような点を注意する．

1) 柱の最小断面積は 80 000 mm² 以上とし，主筋の継手は床上 $h/3$ ぐらいのところに設け，しかも，同一箇所に集中しないようにする．主筋の継手は $40d$ 以上とする．

　ちなみに，柱の径 D はスパンの 1/10 程度が目安となろう．

2) 短期荷重で鉄筋が決まる場合は，すみの主筋は x 方向 y 方向に兼ねて算定してよいが，長期荷重によって鉄筋が決まる場合は，すみの主筋は2方向に兼ねて算定してはならない．
3) 上階の柱を細くして主筋を曲げるときは，はりとの接合部の間で曲げ，そのこう配は柱の材軸に対して 1/6 以下となるようにする（図6・10参照）．
4) らせん筋柱の断面算定の場合，長期荷重で断面が決まり，しかも鉄筋の許容応力で耐力が決まらないときは，設計応力を $1/1.2 \fallingdotseq 0.83$ 倍して，帯筋柱と同じように算定してよい．短期で断面が決まる場合または鉄筋の許容応力で耐力が決まる場合，設計応力の割引，つまり柱の耐力増しはできない．

　地震荷重に対しても，らせん筋の効果は期待できるのであるが，ま

だ研究が十分ではないからである．

5) らせん筋の継手は，1周半以上重ねなければ，その効果は期待できないとされている．

［例 題］ 軸方向力が長期荷重時 1 400 kN，地震時 ±250 kN，曲げモーメントが長期荷重時 100 kN·m，地震時 ±200 kN·m を受ける柱の主筋を算定する．ただし，断面は $b=500$ mm，$D=550$ mm とし，$F_c=21$ N/mm²，SD 295 を用いる．

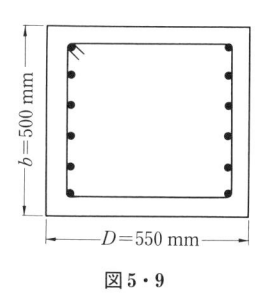

図 5・9

［解］ 許容応力度　　長期　$f_c=7$ N/mm²
　　　　　　　　　　　　　$f_t=200$ N/mm²
　　　　　　　　　短期　$f_c=14$ N/mm²
　　　　　　　　　　　　　$f_t=295$ N/mm²

長期応力　　$N=1\,400$ kN　　$M=100$ kN·m

短期応力　　$N=1\,400\pm250=1\,650$ kN，$1\,150$ kN，
　　　　　　$M=100\pm200=300$ kN·m，-100 kN·m

長期　　$\dfrac{N}{bD}=\dfrac{1\,400\times10^3}{500\times550}=5.09$ N/mm² ｝図 5・6 より　　$p_t=0.72\%$
　　　　$\dfrac{M}{bD^2}=\dfrac{100\times10^6}{500\times550^2}=0.66$ N/mm²

短期　　$\dfrac{N}{bD}=\dfrac{1\,650\times10^3}{500\times550}=6.0$ N/mm² ｝　　$p_t=0.74\%$
　　　　$\dfrac{M}{bD^2}=\dfrac{300\times10^6}{500\times550^2}=1.98$ N/mm²

　　　　$\dfrac{N}{bD}=\dfrac{1\,150\times10^3}{500\times550}=4.18$ N/mm² ｝　　$p_t=0.64\%$

必要鉄筋量　　$a_t=p_t bD=\dfrac{0.74}{100}\times500\times550=2\,035$ mm²，6-D22 (2 322 mm²)

（注）屋内の柱として，かぶり 40 mm，帯筋 D10，主筋 D22 とすれば，$d_t=d_c=40+10+11=61$ mm $>0.1D$ となる．図 5・6・1，5・6・2 は $d_t=d_c=0.1D$ を仮定

しているので補正する必要がある．曲げモーメント M を次のように補正すればよい．

$$\left[\frac{0.8D}{D-2d_t}\right]M = \frac{0.8 \times 550}{550-2 \times 61}M = \frac{440}{428}M = 1.03M \qquad (5 \cdot 23)$$

◎ 演 習 問 題 （3）

(1) 軸方向力長期荷重時 1 400 kN, 地震時 ±100 kN, 曲げモーメント長期荷重時 50 kN・m, 地震時 ±250 kN・m を受ける柱の主筋を算定せよ．ただし, $b=$ 650 mm, $D=550$ mm, $F_c=21$ N/mm², SD 295 とする．

(2) 500×500 mm² の柱が, x, y 方向とも, 長期荷重時 1 200 kN, 地震時 ±300 kN の軸方向力で, 曲げモーメントは長期荷重時 75 kN・m, 地震時 ±75 kN・m を受けるときの主筋を算定せよ．ただし, $F_c=21$ N/mm², SD 295 とする．

(3) 400×500 mm² の短柱で SD 295, 10‐D19 の配筋で, $F_c=21$ N/mm² の場合, 長期の許容軸圧縮力を求めよ．

(4) 上記, 問題（3）の場合, 柱長（主要支点間の距離）を 8 m とすればどうなるか．軽量コンクリートの場合についても求めてみよ．

第6章　曲げとせん断を受ける部材（せん断補強）

6・1　概　　説

　鉄筋コンクリート部材は，曲げモーメントだけでなく，せん断力によっても破壊する．そのため，せん断応力に対する考慮が必要になる．

　曲げとせん断が同時に作用する部分では，曲げ応力とせん断応力との組合わせによる主応力のうち，斜め引張り力によってひび割れを生じる．この引張り力をとくに斜張力という．その斜張力による斜めひび割れは，部材のぜい性破壊を引き起こし，構造物の崩壊をもたらすこともあり，とくに注意を要する．

　十勝沖地震における鉄筋コンクリート造の被害も，すべてせん断破壊によるものといってよい．とくにせん断スパンの短い柱，すなわち水平方向の変形能力の小さい柱のせん断破壊が顕著であった．

　鉄筋コンクリート造のせん断に対する設計はきわめて重要であるが，そのせん断破壊の機構は複雑で，明確にされたとはいえない．とくに地震力に対するせん断ひび割れの発生以後破壊までのじん性とか，正負の繰返し荷重の影響などについては，まだまだ不明な点が少なくない．

　以下に述べるせん断補強の考え方は，通常の設計の長方形断面やT形断面のはり・柱のせん断補強を検討するのに適用される方法であるが，今後さらに研究を要するものと思われる．

　はりの場合，図6・1のように，主筋を縦に巻いたせん断補強筋をあばら筋といい，一般に材軸に直角に用いるが，まれに斜めに用いることもある．

　主筋の一部を，はり端近くで曲げ上げて，これを斜めの補強筋として利用することもある．これを折曲げ筋という．

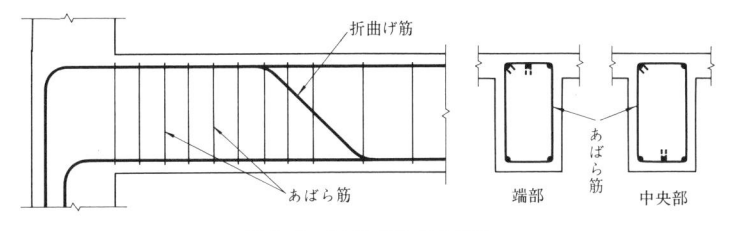

図6・1　あばら筋と折曲げ筋

柱の場合，はりのあばら筋に相当するものが帯筋である（図5・1参照）．

6・2 曲げとせん断を受ける部材のせん断応力

（1） せん断応力

（a） 任意断面のせん断応力　　曲げモーメントとせん断を受ける部材の微小長さ dx の二つの断面の応力状態は，図6・2のようになる．

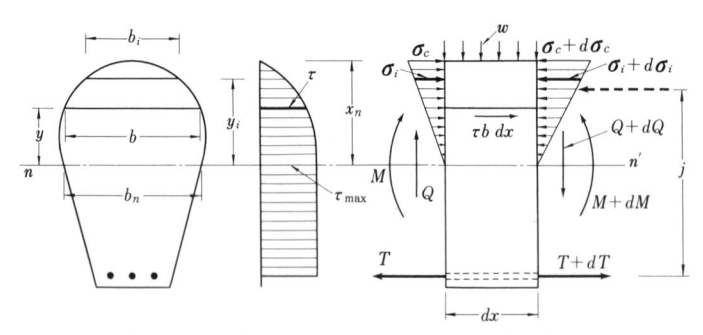

図6・2　曲げモーメントとせん断力を受ける材の応力

$\dfrac{dM}{dx}=Q$，$\sigma_i=\dfrac{M}{I_n}y_i$ であるから，$\dfrac{d\sigma_i}{dx}=\dfrac{y_i}{I_n}\dfrac{dM}{dx}=\dfrac{y_i}{I_n}Q$ となり，$\tau b dx = \int_y^{x_n} b_i \cdot d\sigma_i \cdot dy_i$ から y 面のせん断応力度 τ_y を求めると，

$$\tau_y = \dfrac{Q}{I_n b}\int_y^{x_n} b_i \cdot y_i \cdot dy_i = \dfrac{S_y}{I_n b}Q \tag{6・1}$$

ここに　S_y：y 面から上の部分の中立軸に関する断面1次モーメント
　　　　I_n：中立軸に関する全断面2次モーメント

となる．

　S_y は，$y=0$ すなわち中立軸のところで最大の S_n となるから，最大のせん断応力度 $\tau_{\max}$ は中立軸のところに生じ，次の式となる．

$$\tau_{\max}=\dfrac{S_n}{I_n b_n}Q \tag{6・2}$$

　圧縮力の合力 C は，$C=\displaystyle\int_0^{x_n}\dfrac{M}{I_n}y_i \cdot b_i \cdot dy_i = \dfrac{M}{I_n}S_n$ であり，$M=Cj$ であるから，$j=\dfrac{I_n}{S_n}$ で，したがって，式(6・2)から $\tau_{\max}$ は次の式となる．

$$\tau_{\max} = \frac{Q}{b_n j} \tag{6・3}$$

コンクリートには引張り応力を生じないと仮定しているので，中立軸以下の部分では，S_y は S_n と同じであり，せん断応力度の大きさは，中立軸におけるせん断応力度 $\tau_{\max}$ と同じ大きさとなり，引張り鉄筋のところで，せん断応力度は消滅する（鉄筋の付着力に吸収される）．

したがって，せん断応力度 τ の分布は，図6・2のようになる．

(b) 長方形断面，T方断面のせん断応力 長方形断面のはりでは，式(6・3) は $b_n = b$ で，

$$\tau_{\max} = \frac{Q}{bj} \tag{6・4}$$

となる．

T形ばりの場合には，中立軸がスラブ内にあれば，中立軸の位置では，長方形ばりの $b = B$ で，$\tau = \dfrac{Q}{Bj}$ となり，スラブ部分以外では，長方形ばりの式(6・4) がそのまま適用される．

中立軸がスラブ部分から下にある場合も，図6・3に示すように，長方形ばりの式(6・4) がそのまま適用される．

式(6・4) の j は，はりの曲げ算定の場合と同様に，次の式を用いる．

$$j = \frac{7}{8} d$$

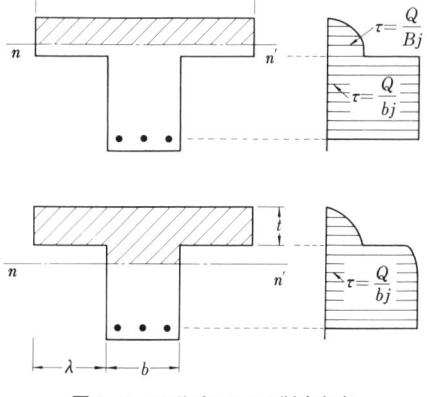

図6・3 T形ばりのせん断応力度

（2） はりせいの変化する長方形ばりのせん断応力

図6・4において、圧縮力・引張り力の合力の水平方向の分力を、それぞれ C', T' とし、はり幅を b とする。

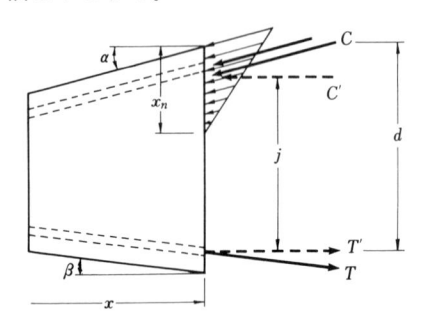

図6・4 はりせいの変化するはり

j は x によって変化するので、$j=j_1 d$ とすれば、dj_1＝const. となる。

$$C'=T'=\frac{M}{j}=\frac{M}{j_1 d}$$

$$dT'=\frac{j_1 d \cdot dM \mp M j_1 \cdot dd}{j_1{}^2 d^2}$$

はりの微小長さを dx とすれば、

$$\frac{dT'}{dx}=\frac{1}{j_1 d}\frac{dM}{dx} \mp \frac{M}{j_1 d^2}\frac{dd}{dx}$$

となり、

$$\frac{dT'}{dx}=\tau b, \quad \frac{dM}{dx}=Q,$$

$$\frac{dd}{dx}=\tan\alpha+\tan\beta$$

であるから、

$$\tau=\frac{Q}{bj_1 d} \mp \frac{M}{bj_1 d^2}(\tan\alpha+\tan\beta)=\frac{Q}{bj} \mp \frac{M}{bjd}(\tan\alpha+\tan\beta) \quad (6\cdot5)$$

となる。

　式 (6・5) の第2項は、M の絶対値が増すに従って d が増す場合には (−)、その逆の場合には (＋) となる。したがって、せん断力算定用の Q の値は、$M(\tan\alpha+\tan\beta)/d$ を引き、あるいは加えればよいことになる。

　実際の場合、材端にハンチがあれば M が増すに従って d が増すことになり、$\tau_{\max}=Q/bj$ で計算して安全側である。したがって、せいが一定の場合の式を

そのまま使用するのが通常である．

6・3　斜張力とせん断補強

（1）斜　張　力

曲げモーメントとせん断力が同時に作用する部材では，曲げ応力とせん断応力によって，主応力度を生じる．

この主応力度を σ_d，曲げ応力度を σ，せん断応力度を τ とすれば，主応力度は次の式で示される．

$$\sigma_d = \frac{\sigma}{2} \pm \frac{1}{2}\sqrt{\sigma^2 + 4\tau^2}, \quad \tan 2\theta = -\frac{2\tau}{\sigma}$$

ここに　θ：主応力度の中立軸方向との角度

中立軸の位置では，$\sigma = 0$ であるので，主応力度は次の式となる．

$$\sigma_d = \tau_{max}, \quad \theta = 45°, \ 135°$$

45°方向が引張りの主応力度ならば，135°方向は圧縮の主応力度になる．

鉄筋コンクリートでは，中立軸から引張り側のコンクリート部分では，引張り応力を生じないと仮定するので，中立軸の位置と同じように $\sigma = 0$ で，

$$\sigma_d = \tau_{max}, \quad \theta = 45° \tag{6・6}$$

の引張り主応力度が作用することになる．

この引張り主応力度を斜張力という．斜張力はせん断応力度と同じ大きさであるが，コンクリートの直接せん断強度は $F_c/5$ 内外であり，引張り強度は $F_c/12$ 内外であるので，斜張力が先に引張り強度に達し，45°方向のひび割れを生じることになる．

したがって，この斜張力によるひび割れに対する補強が，せん断補強ということになる．

（2）せん断補強筋

（a）あばら筋　　あばら筋の間隔を x，1組のあばら筋の断面積を a_w，あばら筋の中立軸となす角度を θ とする．

あばら筋の許容引張り力 T_w の斜張力 S 方向の分力は次の式となる．

$$T_w \cos(\theta - 45°) = \frac{a_w(\sin\theta + \cos\theta)f_w}{\sqrt{2}}$$

x の間に存在している斜張力の合力は，はり幅を b とすれば，

$$S = \sigma_d \cdot b \frac{x}{\sqrt{2}}$$

となる.

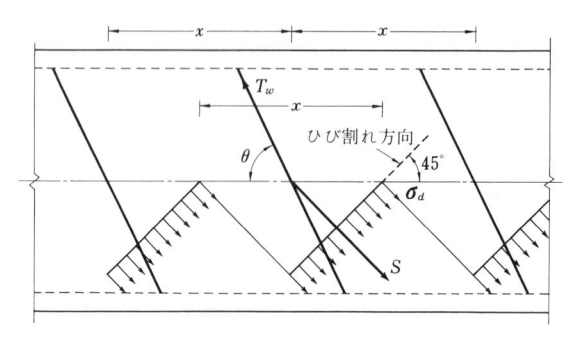

図6・5 あばら筋と斜張力

この斜張力によってひび割れが発生すれば，その斜張力を補強筋が負担しなければならない．

したがって，$S = T_w \cos(\theta - 45°)$ とすれば次の式が得られる．

$$\sigma_d = \frac{a_w}{bx}(\sin\theta + \cos\theta)f_w \tag{6・7}$$

通常のあばら筋は，$\theta = 90°$ であるから，あばら筋比を

$$p_w = \frac{a_w}{bx} \tag{6・8}$$

とすれば，式 (6・7) は次の式となる．

$$\sigma_d = \frac{a_w}{bx}(\sin\theta + \cos\theta)f_w = \frac{a_w}{bx} \cdot f_w = p_w \cdot f_w \tag{6・9}$$

（b）折曲げ筋　　はりの主筋が，その断面で必要でないとき，これを折り曲げてせん断補強筋として使用することがある．

折曲げ筋は，その位置が限定されるし，せん断力が逆に作用する場合には全く無効となる．したがって，交番せん断力が作用する場合には，折曲げ筋の効果は無視する．また，折曲げ筋は必ずあばら筋と併用しなければならない．

あばら筋と併用した折曲げ筋の有効範囲は，両端から $j/2$ ずつ広げた区間内に限る．

あばら筋は材軸に直角とし，折曲げ筋の材軸との角度を θ'，間隔を x'，断面積を a_w'，許容引張り応力度を f_w' とすれば，式 (6・7)，(6・9) から，

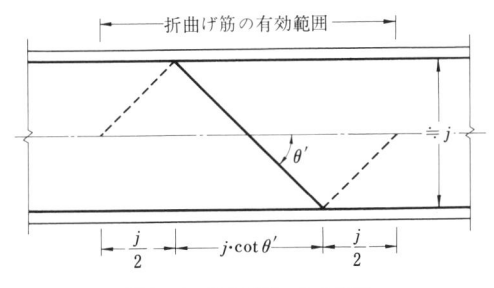

図6・6 折曲げ筋の有効範囲

$$\sigma_d = \frac{a_w'}{bx'}(\sin\theta' + \cos\theta')f_w' + p_w \cdot f_w$$

となる．

いま，折曲げ筋が1組で，その有効範囲は，両端から $j/2$ ずつ広げた範囲とすれば，上の式を f_w で割って，次の式が得られる．

$$\begin{aligned}p_{we} &= \frac{\sigma_d}{f_w} = \frac{a_w'}{bx'}(\sin\theta' + \cos\theta')\frac{f_w'}{f_w} + p_w \\ &= \frac{a_w'(\sin\theta' + \cos\theta')}{bj(1 + \cot\theta')}\frac{f_w'}{f_w} + p_w \\ &= \frac{a_w'(\sin\theta' + \cos\theta')}{bj\left(\frac{\sin\theta' + \cos\theta'}{\sin\theta'}\right)}\frac{f_w'}{f_w} + p_w = \frac{a_w'\sin\theta'}{bj}\frac{f_w'}{f_w} + p_w \quad (6\cdot10)\end{aligned}$$

p_{we} は等価あばら筋比といい，あばら筋だけの場合の p_w と同じように取り扱ってよい．

θ' が小さいと，その効果はあまり期待できないので，θ' は30°以上，通常45°とし，j は $(7/8)d$ を用いてよい．

通常，はり端部の上ば筋と中央部の下ば筋の配筋によって用心筋的な取扱いで配置されることが多い．

6・4 許容せん断力と補強筋の算定

（1） 長方形（T形）断面のはり

（a） 許容せん断力　はりのせん断抵抗については，補強筋の量，コンクリートの強度のほか，断面寸法，曲げモーメントとせん断力の比など，影響する要因は多く，まだ十分に明らかにされていない点も少なくない．

計算規準では，数多くの実験結果を，せん断ひび割れが初めて発生するせん断力，せん断破壊するせん断力を考慮して整理し，はりの許容せん断力 Q_A を次のように定めている．

$$\left.\begin{array}{l} Q_A = \{\alpha f_s + 0.5 f_w (p_w - 0.002)\} bj \quad (\text{a}) \\ \alpha = \dfrac{4}{\dfrac{M}{Qd}+1} \quad \text{かつ} \quad 1 \leq \alpha \leq 2 \quad (\text{b}) \end{array}\right\} \quad (6・11)$$

p_w が 1.2% をこえる場合は，1.2% とする．

ここに　α：はりのせん断スパン比 M/Qd による割増し係数
　　　　M：設計するはりの最大曲げモーメント
　　　　Q：設計するはりの最大せん断力

式 (6・11)(a) の { } 内の第 1 項は，式 (6・3), (6・6) の $\sigma_d = \tau_{max} = Q/bj$ が αf_s より小さければ，すなわち，$Q \leq \alpha f_s bj$ ならば，コンクリートがそのせん断力全部を負担することができ，せん断ひび割れは生じないものとし，{ } 内の第 2 項 $(p_w - 0.002)$ は，最小のあばら筋比を 0.2% として安全を期したものと考えてよい．

それ以上のせん断補強は，コンクリートの負担分を超過したせん断力，すなわち，$\varDelta Q = Q - \alpha f_s bj$ によって算定することになる．

ひび割れの発生するせん断力，せん断破壊するせん断力，ともにせん断スパン比 M/Qd に大きく左右されるが，それによる割増し係数 α の範囲を，$1 \leq \alpha \leq 2$ と定めたのは，コンクリートの許容せん断力 f_s に α を考慮して，

① 　長期の αf_s が，せん断ひび割れを生じるか生じないかの値にほぼ近い値

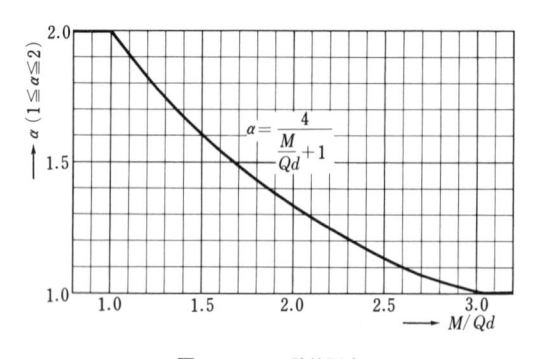

図 6・7　α の計算図表

② 短期の αf_s が，せん断破壊する終局強度にほぼ近い値になるように考え，実用上あまりさしつかえないような範囲として定められた．

割増し係数 a は図 6・7 のようになる．

せん断補強筋は，せん断ひび割れの発生を防ぐのではなく，ひび割れの伸展を防ぎ，部材のせん断耐力やじん性を増すものである．

したがって，p_w を増せば終局せん断強度は大きくなるが，p_w の増加に比例するわけではなく，平方根に近い形で増大し，しかも，実験的には，ある一定の限度をこえて p_w を増しても，必ずしもせん断耐力が増すわけではない．

式(6・11)では，そのある一定の限度を，$p_w=1.2\%$ とし，それまでは，許容せん断力 Q_A は p_w に比例して増加するものとしている．

(b) 短期設計用せん断力　　通常の規模の鉄筋コンクリートの構造物について，実際の地震や地震被害を観測し，解析した結果では，従来の設計震度（$k=0.2$ を基準とする）を用いた設計法による荷重は，実際の地震荷重より小さいことが明らかにされている．

その不足する荷重は，その構造物のもつ，いわゆる余力とか，耐力に達してからの塑性変形能力，すなわち，じん性などによって補われているものと考えられている．

部材の曲げによる破壊はじん性的であるが，せん断破壊はぜい性的で，耐力に達してからの塑性変形能力はあまり認められない．したがって，部材が万一破壊するとしても，曲げ破壊以前にせん断破壊をしないようにしたい．

このような考え方で，地震によるせん断力 Q_E を割増しするが，曲げ降伏モーメントを考慮して，次の式のうち，小さい方の値を短期設計用せん断力 Q_D とする．

$$Q_D = Q_L + Q_s \tag{6・12a}$$

ここに　　Q_L：長期荷重によるせん断力（単純ばりとして算定した値）

Q_s：次の Q_{s_1}，Q_{s_2} のうち小さい方を採る

$$Q_{s_1} = 2.0 Q_E \text{（4 階程度以下）} \sim 1.5 Q_E \text{（7，8 階程度のもの）} \tag{6・12b}$$

$$Q_{s_2} = \frac{\sum M_u}{l'} \tag{6・12c}$$

Q_E：通常の地震時におけるせん断力

ΣM_u：はりの両端の曲げ降伏モーメント（曲げ終局強度）の絶対値の和 $M_u = 0.9 a_t \cdot \sigma_y \cdot d$ で略算してよい（第10章参照）

σ_y：引張り鉄筋の降伏点

l'：はりのうちのりスパン

(c) あばら筋の算定法　以上のような考え方で，せん断補強を検討する方法は種々あろうが，ここでは，最も一般的な算定法を述べる．

1) 設計用せん断力 Q_D と $af_s bj$ とを比較する．

$\alpha = 1$ として，$Q_D \leqq f_s bj$ ならば，あばら筋は構造制限 ($P_w = 0.2\%$ 以上) による．

2) $Q_D = f_s bj$ ならば，式 (6・11) の $\alpha = 4/(M/Qd + 1)$ を求める．

このときの M，Q は，次の値を用いる．

長期の場合には，M：正，負の曲げモーメントのうち，大きい方の値

Q：通常，はり端における値

短期の場合には，Q：式 (6・12) で求められる値

M：この Q に対応する曲げモーメント

d：この採用された M の位置の有効せい

実際には，短期の場合の略算値として，

$$Q = Q_L + Q_E, \qquad M = M_L + M_E$$

ここに　Q_L，M_L：長期荷重時はり端の Q，M

Q_E，M_E：水平荷重時はり端の Q，M

を使用してさしつかえない．

M/Qd を求めると，図 6・7 から α が求められる．

$Q_D \leqq \alpha f_s bj$ ならば，あばら筋は構造制限 ($P_w = 0.2\%$ 以上) による．

3) $Q_D > \alpha f_s bj$ ならば，あばら筋を算定する．

$$\Delta Q = Q_D - \alpha f_s bj$$

$\Delta Q / bj$ を求めると，図 6・8 から P_w が求められる．

あばら筋の間隔は式 (6・8) から

$$x = \frac{a_w}{b p_w} \tag{6・13}$$

で求められる．

なお，長期では，せん断ひび割れを生じないようにしたいので，

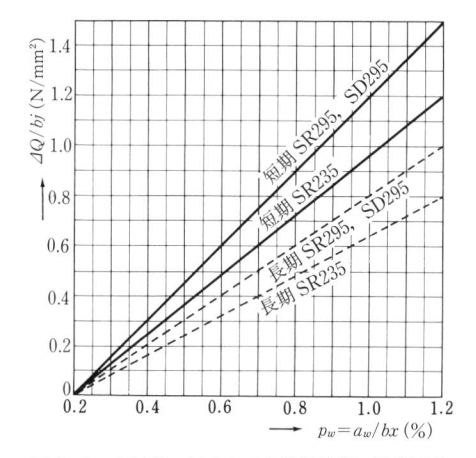

図6・8 $\Delta Q/bj$ に対するせん断補強筋の計算図表

$$Q_{D(\text{長})} \leqq \alpha f_s \cdot bj$$

となるように設計するのが望ましい．

(d) 構造制限 $Q_{D(\text{長})} \leqq \alpha f_s bj$ であれば，せん断ひび割れは生じないことになるが，実際には，乾燥収縮・温度変化・不同沈下など不測の応力を生じ，せん断ひび割れは避けがたい．したがって，ひび割れが発生してから有効に働く補強筋を配置する必要があり，次のような構造制限がある．

1) あばら筋は，9φまたはD10以上の鉄筋を用いる．
2) あばら筋の間隔は，$D/2$ かつ 250 mm 以下とし，$P_w=0.2\%$ 以上とする．ただし，あばら筋が，9φまたはD10より大きい場合は，$D/2$ かつ 450 mm 以下とすることができる．
3) あばら筋は，はりの上下の引張り鉄筋・圧縮鉄筋を連結して，主筋内部のコンクリートを十分に拘束するように配置し，その末端は135°以上に曲げて定着するか，相互に密接する．

(2) 柱

(a) 許容せん断力 柱のせん断力の性状や機構は，必ずしも明らかでない．そのため，柱の許容せん断力は，便宜的にはりの場合を準用することになる．ただし，柱の場合は，長期荷重時にせん断ひび割れを許さず，短期時には α を考慮しない．したがって，柱の許容せん断力は次の式となる．

$$\left.\begin{array}{ll}\text{長期許容せん断力} & Q_{AL}=\alpha f_s\,bj \qquad\qquad\qquad\text{(a)} \\ \text{短期許容せん断力} & Q_{AS}=\{f_s+0.5f_w(p_w-0.002)\}bj \quad\text{(b)}\end{array}\right\} \quad (6\cdot 14)$$

α, p_w は,はりの場合の式(6・11)と全く同じである.

(b) 短期設計用せん断力 柱の短期設計用せん断力も,はりの場合と同様の考え方で,Q_L に割増しした Q_E を加えた値か,その柱を含むラーメンの曲げ降伏荷重に対応する応力のうち,小さい方の値を採ることになる.

ラーメンの曲げ降伏に対応する柱のせん断力を算定することは,実際には困難であるので,柱の短期設計用せん断力 Q_D は,次の式のうち小さい方の値を採ることにすればよい.

$$\left.\begin{array}{ll}Q_{D_1}=Q_L+(2.0-1.5)Q_E & \text{(a)} \\ Q_{D_2}=\dfrac{\sum M_u}{h'} & \text{(b)}\end{array}\right\} \quad (6\cdot 15)$$

ここに $\sum M_u$:柱頭・柱脚の曲げ降伏モーメント(曲げ終局強度)の絶対値の和(柱頭・柱脚はラーメンの節点ではなく,腰壁,たれ壁があれば,その付け根の位置).

h':柱のうちのり高さ(腰壁たれ壁があればその間).

式(6・15)の(b)式は,柱頭・柱脚またはそれに接続するはり端の曲げ降伏を考えて,図6・9の ${}_cQ_{D_2}$,${}_BQ_{D_2}$ のうち小さい方の値としてよい.

${}_BQ_{D_2}$ は,柱脚に接続するはり端が曲げ降伏することも考えられるが,一般

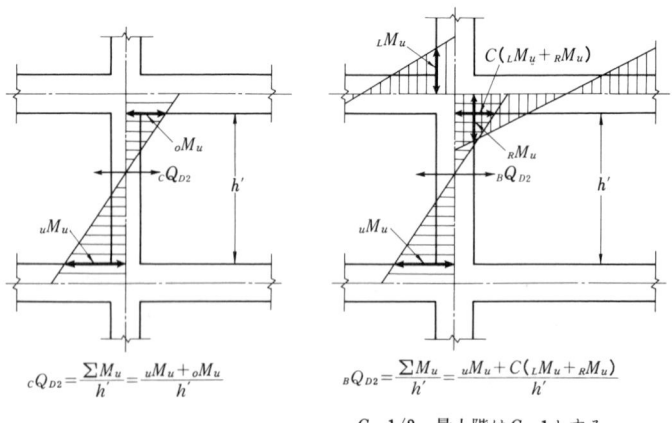

${}_cQ_{D_2}=\dfrac{\sum M_u}{h'}=\dfrac{{}_uM_u+{}_oM_u}{h'} \qquad {}_BQ_{D_2}=\dfrac{\sum M_u}{h'}=\dfrac{{}_uM_u+C({}_LM_u+{}_RM_u)}{h'}$

$C=1/2$,最上階は $C=1$ とする

図6・9 柱の短期設計用せん断力 Q_D

には，下階のはりの降伏モーメントは，上階のはりよりも大きいので，図 6・9 の $_BQ_{D_2}$ について考慮すればよかろう．

はりおよび柱の降伏モーメントの算定には次の式を用いる（第 10 章参照）．

　　はり　　$M_u = 0.9 a_t \sigma_y d$ 　　　　　　　　　　　　　　　　　(6・16)

　　柱　　$N \leqq 0.4 bDF_c$ の場合

$$\left.\begin{array}{l} M_u = 0.8 a_t \sigma_y D + 0.5 ND\left(1 - \dfrac{N}{bDF_c}\right) \\[4pt] N > 0.4 bDF_c \text{ の場合} \\[4pt] M_u = 0.8 a_t \sigma_y D + 0.12 bD^2 F_c \end{array}\right\} \quad (6・17)$$

　ここに　$N = N_L + N_E$

　　　　　N_L：柱の長期荷重のときの軸方向力の絶対値

　　　　　N_E：普通の地震力算定による柱の軸方向力の絶対値

（c）　帯筋の算定および構造制限　　帯筋は次のような順で算定する．

長期応力に対して

1)　$a = 1$ として，$Q_D \leqq f_s bj$ ならば問題なく，構造制限による配筋．
2)　$Q_D > f_s bj$ であれば，柱頭と柱脚について，$a = 4/(M/Qd + 1)$ を計算し（図 6・7），小さい方の値を採り，

　　$Q_D \leqq Q_{AL} = a f_s bj$ であれば問題なく，構造制限によって配筋する．

　　$Q_D > Q_{AL} = a f_s bj$ であれば，断面を変更する．

短期応力に対して

1)　式 (6・15) によって Q_D を求める．
2)　$Q_D \leqq f_s bj$ であれば問題なく，構造制限による．

　　$Q_D > f_s bj$ であれば，p_w を計算する．

　　p_w は，はりの場合と全く同じで，$a = 1$ として，図 6・8 を用いればよい．

　　p_w が求まれば，式 (6・13) によって帯筋間隔 x が求められる．

3)　p_w が 1.2% をこえるようであれば，断面を変更する．

帯筋には上述の計算のほか，次のような構造制限がある．

1)　帯筋 9ϕ または D10 以上とする（らせん筋を除く）．
2)　柱の上下端（腰掛・たれ壁端）から，柱の最大径の 1.5 倍（基準法では最小径の 2 倍）の範囲で，9ϕ，D10 の帯筋は 100 mm 以下の間隔とする．

3） その範囲以外の部分は，9ϕ，D10 の帯筋の間隔は 150 mm 以下とする．
4） 帯筋が 9ϕ，D10 より大きい場合，または，9ϕ，D10 の帯筋を 2 組以上使用する場合は，帯筋の間隔は 200 mm 以下とすることができる．
5） 帯筋比は 0.2% 以上とする．
6） 帯筋の末端は 135° 以上曲げて定着するか，溶接する．

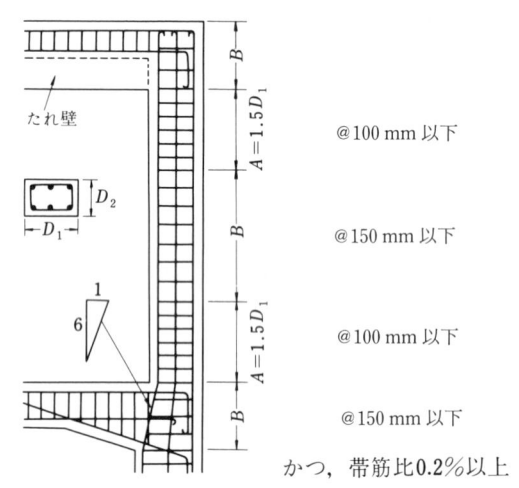

図 6・10 柱のせん断補強の構造制限

そのほか，次のようなことに注意したい．

柱とはりの接続部に帯筋を入れるのを忘れてはならない．また，断面の大きい柱では，帯筋の 2～3 本おきに，D-hoop，Sub-hoop（副帯筋）を用いる．この場合，コンクリートの打込みの障害にならないようにする．

6・5 せん断力による付着力の検討

曲げとせん断力を受ける鉄筋コンクリート部材で，鉄筋とコンクリートの付着応力度を τ_a，鉄筋の周長を ψ とすれば，図 6・2 の鉄筋の引張り力のつりあいから，$T + \tau_a \psi dx = T + dT$ となる．したがって，$\tau_a = \dfrac{1}{\psi}\dfrac{dT}{dx}$，$T = \dfrac{M}{j}$ であるから，$\dfrac{dT}{dx} = \dfrac{1}{j}\dfrac{dM}{dx} = \dfrac{Q}{j}$ がえられる．

上の 2 式から，付着応力度は次の式で検討される．

$$\tau_a = \frac{Q}{\psi j} = \frac{Q_D}{\psi j} \leq f_a \tag{6・18}$$

Q_D は設計用せん断力であるが，はり・柱の短期の Q_D は，式(6・12)および(6・15)によって求められるものである．

　$\tau_a > f_a$ であれば，鉄筋の周長 ψ を増すように配筋の変更を行うか，式(9・5)によって，部材のスパン中央に向かって，主筋が十分に定着されていることを確かめればよい．

　付着力を検討するところは，通常，部材端部，およびスパン内で曲げ応力に応じて鉄筋本数を減らした点である．

　なお，圧縮鉄筋の付着応力は小さく，または付着強度も引張りの場合より大きい．したがって，付着力の検討は引張り鉄筋について行えばよい．

　径の異なる鉄筋を使用するときは，太い鉄筋に大きな付着力が作用するので，太い鉄筋について，次のように検討する必要がある．

$$Q' = \frac{Q_D\, a_{t\,\max}}{\sum a_t}, \quad \tau_a = \frac{Q'}{\psi_{\max} j} \tag{6・19}$$

　ここに　$a_{t\,\max}$, $\psi_{\max}$：太い鉄筋の断面積(mm²)，周長(mm)

6・6　ねじりモーメントを受ける材

　一般に，はり・柱は曲げモーメントのほかに，多少のねじりモーメントを受けているが，ねじりモーメントは曲げモーメントにくらべて，その影響が小さいので，計算上は無視されている．

　しかし，とくに大きなねじりモーメントを受けるような部材では，ねじりによって生じるせん断応力の検討を必要とする場合もありうる．

　部材がねじりを受けると，材軸に直角な面には，図6・11のようなせん断応力が生じる．

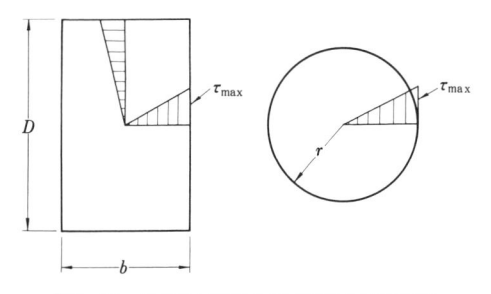

図6・11　ねじれを受ける断面のせん断応力度

Bach の近似式によれば，最大せん断応力度は次のようになる．
長方形断面の場合

$$\tau_{\max} = \left(3 + \frac{2.6}{0.45 + \dfrac{D}{b}}\right)\frac{M_t}{b^2 D}$$

円形断面の場合

$$\tau_{\max} = \frac{2M_t}{\pi r^3}$$

(6・20)

ここに　M_t：ねじりモーメント(N・mm)

いま，材軸方向と 45°および 135°の面を考えると，その面には主応力度が作用し，前述の式(6・6)と同様に，$\sigma_d = \tau_{\max}$ となる．

したがって，ねじりによる破壊は，せん断力の場合と同様に斜張力による破壊である．

Rauch の公式によれば，軸筋の相互間隔 s，あばら筋の間隔 x は，次の式で求められる．

$$s, \ x = \frac{2A_0 a_t f_w}{M_t} \qquad (6・21)$$

ここに　A_0：鉄筋の中心線でかこまれたコンクリートの断面積(mm^2)

　　　　a_t：軸筋またはあばら筋 1 本の断面積(mm^2)

　　　　f_w：せん断補強筋の許容引張り応力度(N/mm^2)

軸方向に対して，角度 θ のらせん筋の場合，その間隔 x は次の式で求められる．

$$x = \frac{2A_0 a_t (\cos\theta + \sin\theta) f_w}{M_t} \qquad (6・22)$$

$\theta = 45°$ ならば，　$x = \dfrac{2\sqrt{2} A_0 a_t f_w}{M_t}$

補強筋は，なるべく表面に近いところに等間隔に配置し，定着を十分にとる必要がある．

［例　題 1］　次のような，$F_c = 21 \ \text{N/mm}^2$ のコンクリートばりを設計する．ただし，スパン $l = 7$ m ($l' = 6.4$ m)，鉄筋は SD 295 とする．

6・6 ねじりモーメントを受ける材

記号		備考		左端	中央	右端
$b \times D$		(mm)		300×700	300×700	300×700
長期	M_L	(kN·m)	上	100	—	150
			下	—	110	—
	Q_L	(kN)		85		120
水平	M_E	(kN·m)		±200	±20	±160
	Q_E	(kN)		51		51

[解]

記号		備考		左端	中央	右端
短期	M	(kN·m) M_L+M_E	上	$100+200=\ 300$	—	$150+160=\ 310$
			下	$100-200=-100$	$110+20=\ 130$	$150-160=-10$
	Q	(kN) Q_L+Q_E		$85+51=\ 136$		$120+51=\ 171$
	Q_{D_1}	(kN) Q_L+2Q_E		$85+20\times51=187$		$120+20\times51=222$
d		(mm) $D-60$		$700-60=\ 640$	640	640
j		(mm) $d\times7/8$		$640\times7/8=\ 560$	560	560
bj		$\times10^5$ (mm²)		$300\times560=\ 1.68$		1.68
bd		$\times10^4$ (mm²)		$300\times640=\ 19.2$		19.2
bd^2		$\times10^8$ (mm³)		$19.2\times640=\ 1.23$		1.23
C		$\dfrac{M}{bd^2}$	長	$1.0/1.23=\ 0.81$		$1.5/1.23=\ 1.22$
			短	$3.0/1.23=\ 2.44$		$3.1/1.23=\ 2.52$
p_t		(%) 図4・10	長	$(\gamma=0.5)\ \ 0.44$		0.66
			短	$(\gamma=0.5)\ \ 0.93$		0.96
a_t[1)]		(mm²) $p_t bd$	上	$0.93\times1\,920=1\,786$	$(a_t=M/f_tj)$	$0.96\times1\,920=1\,843$
			下	$0.5\times1\,786=\ 893$	$110/(195\times560)$ $=1\,007$	$0.5\times1\,843=\ 922$
配筋[2)]		付表2・2	上	5-D22	2-D22	5-D22
			下	3-D22	3-D22	3-D22
ψ		(mm) 付表2・2		350		350
τ_a		(N/mm²) $Q_{D_1}/\psi j$		$187\,000/$ (350×560) $=0.95$		$222\,000/$ (350×560) $=1.13$
判定		$f_a=2.1$ N/mm²		<2.1 O.K		<2.1 O.K
$f_s bj$		$\alpha=1$ $f_s=0.7$ N/mm² $f_s=1.05$ N/mm²	長 短	\multicolumn{3}{c}{O.K $85<0.7\times10^{-3}\times300\times560=118<120$ 不可}
				\multicolumn{3}{c}{不可 $187>1.05\times10^{-3}\times300\times560=176<222$ 不可}
$\dfrac{M}{Qd}$			長			$150/(120\times0.64)$ $=1.95$
			短	$300/(136\times0.64)$ $=3.45$		$310/(171\times0.64)$ $=2.83$

α	図6・7	長			1.37
		短	1.00		1.05
$af_s bj$		長			$1.37 \times 118 = 162$ >12.0 O.K.
		短	$187 > 176$ 不可		$1.05 \times 176 = 185$ <22.2 不可
a_t	(mm²)	上			1 935
		下	1 161		
M_u $\sum M_u$	(kN·m) $0.9 a_t \sigma_y d$	上			$0.9 \times 1\,935 \times 295$ $\times 10^{-3} \times 0.64$ $= 329$
		下	$0.9 \times 1\,161 \times 295$ $\times 10^{-3} \times 0.64 = 197$		
	(kN·m)		$197 + 329 = \quad 526$		$197 + 329 = 526$
$\sum M_u / l'$			$526/6.4 = \quad 82$		$526/6.4 = \quad 82$
Q_{D_2}	$Q_L + \sum M_u / l'$		$85 + 82 = \quad 167$ <187		$120 + 82 = \quad 202$ <222
ΔQ	$Q_D - af_s bj$		$167 - 176 < 0$ O.K.		$202 - 185 = \quad 17$
$\Delta Q / bj$					$17/168 = \quad 0.1$
p_w	(%) 図6・8		0.2		0.27
x	(mm) a_w / bp_w		$143/(300 \times 0.002)$ $= 238$		$143/(300 \times 0.0027)$ $= 177$
配筋	(mm)		2-D10@200	2-D10@200	2-D10@150

1) 構造制限，0.004 bd または存在応力の 4/3 以上のどちらか小さい値以上のチェックを忘れないように，また M_L に較べて M_E が極度に大きい場合は，端部下ば鉄筋を存在応力に対して算定する必要がある．
2) 2段配筋の場合，配筋に余裕をもたす必要がある．
3) M_u 算出にあたり，σ_y を1.1倍する考えがある．

[例 題 2] 図6・12のような 550 mm 角，$F_c = 21$ N/mm² の普通コンクリート柱のせん断補強を設計する．ただし，鉄筋は SD 295 とする（y 方向省略）．

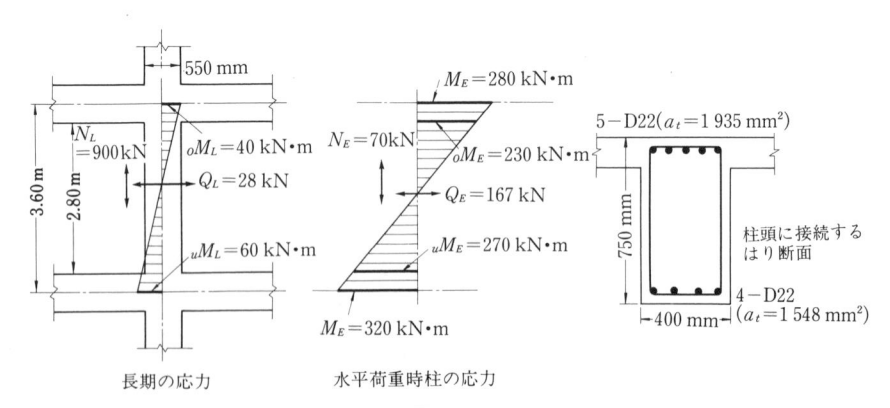

長期の応力　　　　水平荷重時柱の応力

図6・12

ただし屋内柱とする．

[解] 設計用応力

		長期	水　平	短　　期
N (kN)		900	±70	900＋70＝970，900－70＝830
M (kN·m)	柱頭	40	±230	40＋230＝270
	柱脚	60	±270	60＋270＝330
Q (kN)		28	±167	28＋167＝195
Q_{D_1} (kN)		—	2×167＝334	28＋334＝362

(1) 柱断面の算定

断面　$b \times D = 550 \times 550$ (mm²)

$$d = 550 - 60 = 490 \text{ (mm)} \quad j = \frac{7}{8} \times 490 = 429 \text{ (mm)}$$

設計応力の大きい柱脚についてのみ算定する．

長期　$\dfrac{N}{bD} = \dfrac{900 \times 10^3}{550 \times 550} = 2.98$ (N/mm²)

　　　式 (5・23) の補正値を用い

　　　$\dfrac{M}{bD^2} = \dfrac{60 \times 10^6 \times 1.03}{550 \times 550^2} = 0.37$ (N/mm²)

　　　　　　　　　　　　　　　　図 5・6・1 より　$p_t = 0$ (%)

短期　$\dfrac{N}{bD} = \dfrac{970 \times 10^3}{550 \times 550} = 3.2$ (N/mm²)

　　　式 (5・23) の補正値を用い

　　　$\dfrac{M}{bD^2} = \dfrac{330 \times 10^6 \times 1.03}{550 \times 550^2} = 2.0$ (N/mm²)

　　　　　　　　　　　　　　　　図 5・6・2 より　$p_t = 0.63$ (%)

$a_t = p_t bD = 0.0063 \times 550 \times 550 = 1\,906$ (mm²)

∴　5-D22 ($a_t = 1\,935$ mm²) (図 6・13)

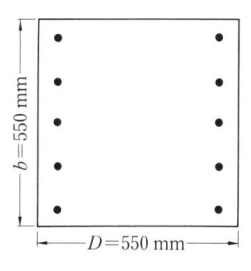

図 6・13

(2) 短期設計用せん断力の算定

柱の曲げ降伏モーメント (式 (6・17))

$0.4 bDF_c = 0.4 \times 550 \times 550 \times 21 \times 10^{-3} = 2\,541 > N = 970$ (kN)

$$M_u = 0.8 a_t \sigma_y D + 0.5ND\left(1 - \frac{N}{bDF_c}\right)$$

$$= 0.8 \times 1\,935 \times 295 \times 0.55 + 0.5 \times 970 \times 10^3 \times 0.55\left(1 - \frac{970 \times 10^3}{550 \times 550 \times 21}\right)$$

$$= 251 \times 10^3 + 226 \times 10^3 = 477 \times 10^3 \text{ (N·m)} = 477 \text{ (kN·m)}$$

$$\therefore \quad {}_uM_u = {}_oM_u = 477 \text{ (kN·m)}$$

はりの曲げ降伏モーメント

$${}_LM_u = 0.9 a_t \sigma_y d = 0.9 \times 1\,935 \times 295 \times (750 - 60) = 354 \times 10^6 \text{ (N·mm)}$$

$$= 354 \text{ (kN·m)}$$

$${}_RM_u = 0.9 \times 1\,548 \times 295 \times (750 - 60) = 284 \times 10^6 \text{ (N·mm)} = 284 \text{ (kN·m)}$$

以上の結果から短期設計用せん断力は

$${}_cQ_{D_2} = \frac{\sum M_u}{h'} = \frac{477 + 477}{2.80} = 341 \text{ (kN)}$$

$${}_BQ_{D_2} = \frac{{}_uM_u + 0.5({}_LM_u + {}_RM_u)}{h'} = \frac{477 + 0.5(354 + 284)}{2.80} = 284 \text{ (kN)}$$

$$Q_{D_1} > {}_cQ_{D_2} > {}_BQ_{D_2} \quad \therefore \quad Q_D = 284 \text{ (kN)} \text{ とする}.$$

(3) せん断補強筋の算定

$a = 1$ として

長期　$f_s bj = 0.7 \times 550 \times 429 = 165 \times 10^3 \text{ (N)} = 165 \text{ (kN)} > Q_D = 280 \text{ (kN)}$

短期　$f_s bj = 1.05 \times 550 \times 429 = 248 \times 10^3 \text{ (N)} = 248 \text{ (kN)} < Q_D = 284 \text{ (kN)}$ O.K.

$\Delta Q = Q_D - f_s bj = 284 - 248 = 36 \text{ (kN)}$

$$\frac{\Delta Q}{bj} = \frac{36 \times 10^3}{550 \times 429} = 0.15$$

図 6·8 から　$p_w = 0.29 \, (\%)$

3-D10 とすれば　$x = \dfrac{a_w}{bp_w} = \dfrac{214}{550 \times 0.0029} = 134 \text{ (mm)}$

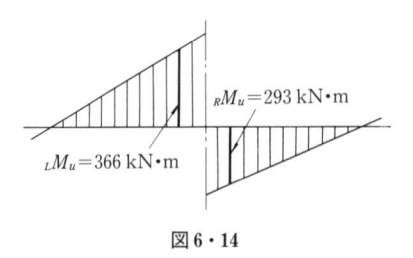

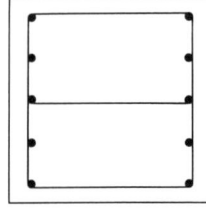

∴　3-D10@100 mm

${}_LM_u = 366$ kN·m　　${}_RM_u = 293$ kN·m

図 6·14　　　　　　　　　　　図 6·15

◎ 演 習 問 題 (4)

(1) 断面 $b \times D = 250 \times 450\,\text{mm}^2$ の小ばり AB が,長期の応力 $Q_A = 45\,\text{kN}$,$M_A = 36\,\text{kN·m}$,$Q_B = 60\,\text{kN}$,$M_B = 71\,\text{kN·m}$ を受けるときのあばら筋を算定せよ。ただし,$F_c = 21\,\text{N/mm}^2$,SD 295 とする。

(2) [例題 1] で,鉄筋に SD 295 を使用し,軽量コンクリート (1 種) の $F_c = 21\,\text{N/mm}^2$ とした場合はどうなるか。また,主筋に大小がある場合,その付着力について検討してみよ。

(3) [例題 2] では,主筋の付着力の検討がしてない。それを検討してみよ。同じ例題で,$F_c = 21\,\text{N/mm}^2$ の軽量コンクリート (1 種),鉄筋に SD 295 を使用した場合はどうなるか。

第7章 基　　礎

7・1 概　　説

　上部構造の応力を，地盤に伝える建物の最下部を基礎(foundation)という．鉄筋コンクリート構造の基礎は，一般に基礎スラブと地業に分けられるが，ここでは基礎スラブだけを取り扱うことにする．

　基礎スラブは，一般に次のように分けられる．

$$\begin{cases} \text{フーチング(footing)基礎} \begin{cases} \text{独立基礎(single footing)} \\ \text{複合基礎(combined footing)} \\ \text{連続基礎(strip footing)(布基礎)} \end{cases} \\ \text{べた基礎(mat foundation)} \end{cases}$$

　独立基礎は単一の柱，複合基礎は2本の柱，連続基礎は一連の柱からの荷重を，フーチングによって支持する基礎であり，べた基礎は，2方向の広がりをもつスラブによって，一群の柱の荷重を地盤または地業に伝える基礎である．これらの基礎は，地盤に直接荷重を伝える直接基礎と，くい(pile)またはピヤ(pier)(井筒)によって荷重を伝えるくい基礎(pile foundation)に分けられる．

　基礎は上部構造を安全に支持し，有害な沈下を防ぐことが目的である．とくに，鉄筋コンクリート造のように，重くかつ剛接合のものは，基礎の不同沈下によって，予期しない影響を上部構造におよぼし，思わない結果を招くことがある．不同沈下を防ぐには次のような諸点を考慮しなければならない．

1) 地盤に生じる圧縮力をできるだけ均等にする．
2) 建物の部分によって異なる基礎の混用をさけ，基礎は同じ工法にする．
3) 耐震壁の基礎は，耐震壁に回転を生じないように基礎ばりを剛にし，基礎底面を大きくするか，くいの本数を増す．
4) 地盤には圧密作用(consolidation)があり，それが構造物の沈下の主因である．

　直接基礎の支持力は，基礎底面に分布荷重として作用し，くい支持力は集中荷重として作用する．

　基礎底面に分布荷重として作用する地盤反力(接地圧)の分布は，土質，基

礎の剛性，根入れ深さなどの影響を受け，その分布を正確に知ることは困難であるが，実際には，接地圧の詳細な分布よりも，安全側の限界が必要である．したがって，便宜上，接地圧は直線分布をするものと仮定する．すなわち，圧縮力だけであれば，接地圧は一様な分布をし，偏心があれば，台形または三角形分布をするものとする．

鉄筋コンクリート造は，一般に各柱の下部を基礎ばりでつなぎ，基礎ばりを剛にして，曲げモーメントは基礎ばりに負担させ，基礎には，鉛直荷重だけを支持させる設計が行われている．したがって，このような場合には，接地圧は一様な分布となる．

基礎スラブの算定は，独立基礎では柱からの片持ばり，複合基礎・連続基礎では，支持または固定の1スパンまたは多スパンのはり，べた基礎では等分布荷重を受けるスラブとして算定される．

7・2　基礎底面の算定

（1）　独 立 基 礎

（a）　任意形底面の独立基礎　　図7・1のような底面形について，鉛直荷

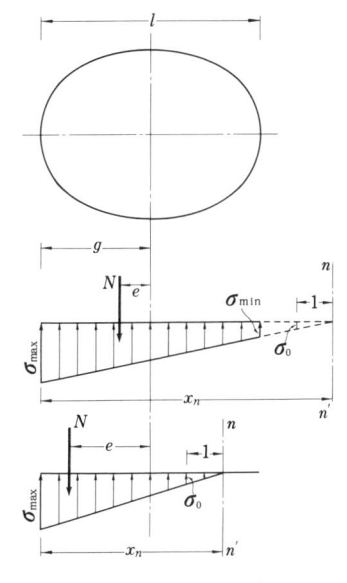

図7・1　接地圧の分布

重 N と曲げモーメント M が作用しているものとすれば，偏心 $e=M/N$ の位置に N が作用していると考えてよい．

基礎スラブと地盤との間に引張り力が作用せず，接地圧の分布は直線分布とすれば，柱の鉄筋のない場合の断面応力に類似した接地圧の分布となる．

基礎底面の中立軸に関する圧縮面の1次モーメントを S_n，2次モーメントを I_n とすれば，中立軸からの単位距離の応力度は式 (5・3) と同じく，$\sigma_0=N/S_n$ となり，

$$\sigma_{\max}=x_n\frac{N}{S_n}, \quad \sigma_{\min}=(x_n-l)\frac{N}{S_n} \tag{7・1}$$

となる．式 (7・1) に偏心のない場合の圧縮応力度 N/A を入れると，

$$\left.\begin{aligned}\sigma_{\max}&=\alpha\frac{N}{A}, \quad \alpha=A\frac{x_n}{S_n}\\ \sigma_{\min}&=\alpha'\frac{N}{A}, \quad \alpha'=A\frac{x_n-l}{S_n}\end{aligned}\right\} \tag{7・2}$$

となる．また，前述の式 (5・5) と同じく，

$$x_n-g+e=\frac{I_n}{S_n} \tag{7・3}$$

であるから，式 (7・3) から中立軸の位置 x_n が求められ，式 (7・2) から $\sigma_{\max}$，$\sigma_{\min}$ が求められる．したがって，許容地耐力度を f_e とすれば，基礎底面積は次の式で算定される．

$$\sigma_{\max}=\alpha\frac{N}{A}\leq f_e \quad (\text{kN/m}^2) \tag{7・4}$$

N は柱からの鉛直荷重，基礎自重および基礎スラブ上の土の重量である．

(b) 長方形底面の独立基礎　図 7・2 のような長方形底面の場合の式 (7・2) の α，α' を求める．

中立軸が底面外にある場合 ($x_n\geq l$)

$$\left.\begin{aligned}S_n&=\left(x_n-\frac{l}{2}\right)ll'\\ I_n&=\left\{\frac{l^2}{12}+\left(x_n-\frac{l}{2}\right)^2\right\}ll'\\ g&=\frac{l}{2}\end{aligned}\right\} \tag{7・5}$$

を式 (7・3) に代入して x_n を求めると

7・2 基礎底面の算定

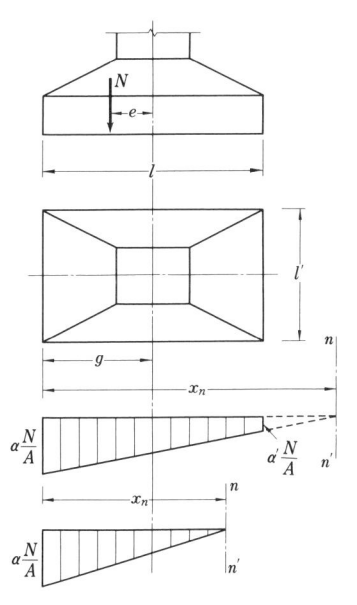

図7・2 長方形底面の接地圧の分布

$$x_n = \frac{l}{2}\left(1+\frac{l}{6e}\right) \tag{7・6}$$

となり，$e \leq l/6$ で，偏心距離 e が底面の核 (core) 内にあれば，中立軸は底面外となる．

式 (7・5), (7・6) から式 (7・2) の a, a' を求めると次の式となる．

$$a = 1+6\frac{e}{l}, \quad a' = 1-6\frac{e}{l} \tag{7・7}$$

中立軸が底面内にある場合 $(x_n < l)$, $(e > l/6)$

$$S_n = x_n^2 \frac{l'}{2}, \quad I_n = x_n^3 \frac{l'}{3}, \quad g = \frac{l}{2} \tag{7・8}$$

であり，式 (7・3) から，

$$x_n = 3l\left(\frac{1}{2}-\frac{e}{l}\right) \tag{7・9}$$

となり，式 (7・8), (7・9) を式 (7・2) に代入して次の式がえられる．

$$a = \frac{2}{3\left(\frac{1}{2}-\frac{e}{l}\right)} \tag{7・10}$$

図 7・3 は，長方形および円形の底面について a, a' を示したものである．

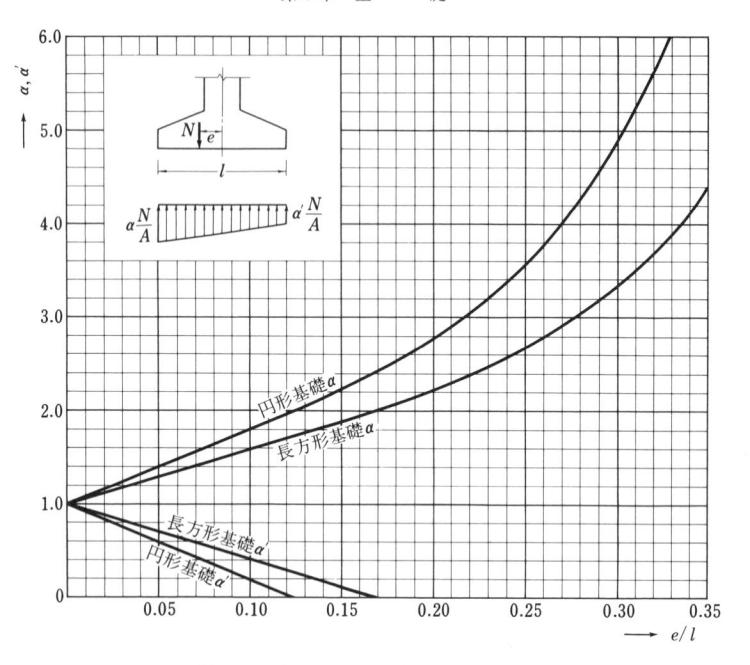

図7・3 底面縁端部接地圧の係数 a, a'

$e/l = M/Nl$ が与えられれば,図7・3から a を求め,式 (7・4) によって底面が決定できる.

独立基礎では,偏心が大きいのは好ましくないので,$e/l = 1/3$ 程度以下が望ましい.一般には,前述したように,剛な基礎ばりを設けて,曲げモーメントは基礎ばりに負担させ,偏心はないものとして算定する.

図7・4のように,柱中心と基礎底面中心とが,偏心方向に ε' だけずれている場合は,前述の偏心距離 e を

$$e = \frac{M}{N} + \varepsilon' \tag{7・11}$$

として使用すればよい.

(c) 円形底面の独立基礎　　図7・5の円形基礎底面について,中立軸が底面外にある場合 ($x_n \geq l$)

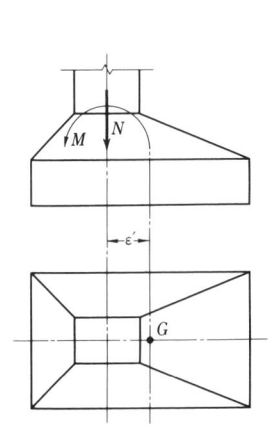

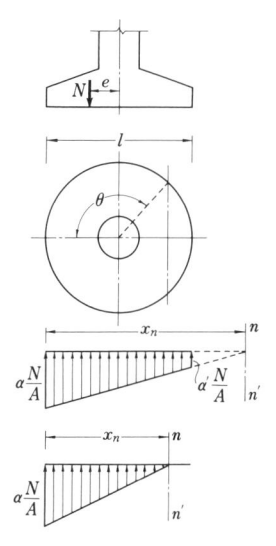

図7・4 柱中心と底面中心　　**図7・5** 円形基礎の接地圧の分布

$$\left.\begin{aligned}S_n &= \frac{\pi l^2}{4}\left(x_n - \frac{l}{2}\right)\\ I_n &= \frac{\pi l^2}{4}\left\{\frac{l^2}{16} + \left(x_n - \frac{l}{2}\right)^2\right\}\\ x_n &= \frac{l}{2}\left(1 + \frac{l}{8e}\right)\end{aligned}\right\} \tag{7・12}$$

で，$x_n \geqq l$ であるためには，$e/l \leqq 1/8$ となり

$$\alpha = 1 + 8\frac{e}{l}, \quad \alpha' = 1 - 8\frac{e}{l} \tag{7・13}$$

となる．

中立軸が底面内にある場合 $(e/l > 1/8)$

$$\left.\begin{aligned}S_n &= \frac{l^3}{4}\left\{\frac{\sin^3\theta}{3} - \frac{\cos\theta}{2}(\theta - \sin\theta\cos\theta)\right\}\\ I_n &= \frac{l^4}{8}\Bigg[-\cos\theta\left\{\frac{\sin^3\theta}{3} - \frac{\cos\theta}{2}(\theta - \sin\theta\cos\theta)\right\}\\ &\quad + \frac{1}{4}\left\{\frac{1}{2}(\theta - \sin\theta\cos\theta) - \frac{1}{3}\sin^3\theta\cos\theta\right\}\Bigg]\\ x_n &= \frac{l}{2}(1 - \cos\theta)\end{aligned}\right\} \tag{7・14}$$

ただし，式(7・14) の θ は，次の式から求められる．

$$\frac{e}{l} = \frac{1}{8} \frac{\dfrac{\sin^3\theta \cos\theta}{3} - \dfrac{\theta - \sin\theta \cos\theta}{2}}{\dfrac{\cos\theta(\theta - \sin\theta \cos\theta)}{2} - \dfrac{\sin^3\theta}{3}}$$

上の式から,式(7・2)の係数 α を求めると次の式となる.

$$\alpha = \frac{\pi(1-\cos\theta)}{2\left\{\dfrac{\sin^3\theta}{3} - \dfrac{\cos\theta(\theta - \sin\theta\cos\theta)}{2}\right\}} \tag{7・15}$$

図7・3には,この円形基礎の場合の α, α' も示してある.

(**d**) **台形底面の独立基礎**　　図7・6のような台形基礎の場合,台形底面の重心と,柱中心との距離を ε' とすれば,式(7・11)と同じく,偏心を,$e = M/N + \varepsilon'$ として計算すればよいことになる.

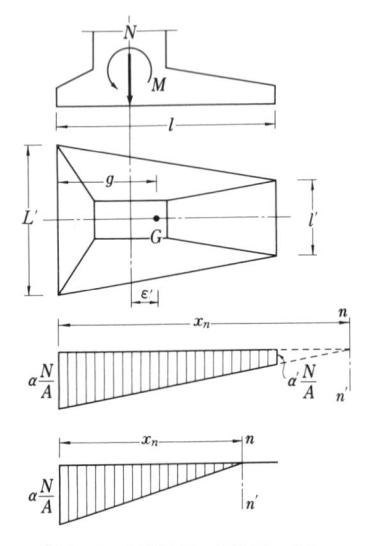

図7・6 台形基礎の接地圧の分布

台形底面の重心位置は,

$$g = \frac{(L'+2l')l}{3(L'+l')}$$

で,中立軸が底面外の場合 $(x_n \geq l)$

$$S_n = \frac{L'+l'}{2}(x_n - g)l$$

$$I_n = \left\{\frac{l^2(L'^2 + 4L'l' + l'^2)}{36(L'+l')} + \frac{L'+l'}{2}(x_n - g)^2\right\}l$$

であるから，式 (7・3) から，

$$\frac{e}{l} \leqq \frac{L'^2+4L'l'+l'^2}{6(2L'+l')(L'+l')}$$

$$x_n = \frac{l(L'^2+4L'l'+l'^2)}{18(L'+l')^2 e} + g$$

となり，底面縁端部接地圧の係数，a, a' は次の式となる．

$$a, \ a' = 1 \pm \frac{6(L'+2l')(L'+l')}{L'^2+4L'l'+l'^2} \frac{e}{l} \tag{7・16}$$

中立軸が底面内のとき ($x_n < 1$)

$$S_n = \frac{\{3L'l'-(L'-l'x_n)\}x_n^2}{6l}$$

$$I_n = \frac{\{4L'l'-(L'-l')x_n\}x_n^3}{12l}$$

であるから，式 (7・3) から，

$$\frac{e}{l} > \frac{L'^2+4L'l'+l'^2}{6(2L'+l')(L'+l')}$$

$$x_n = g - e + \frac{L'l - \sqrt{(L'-l')^2(g-e)^2 - 4L'l(L'-l')(g-e) + L'^2 l^2}}{L'-l'}$$

となり，式 (7・2) の底面縁端部の接地圧の係数 a は次の式となる．

$$a = \frac{3(L'+l')l^2}{x_n\{3L'l-(L'-l)x_n\}} \tag{7・17}$$

（2）複合基礎

2本の柱からの応力を，一つの基礎スラブで支持するのであるから，各柱からの鉛直荷重と曲げモーメントが作用する．

基礎底面の最大接地圧が次の式となるように，基礎底面積および形状を定めればよいことになる．

$$\sigma_{\max} = \frac{\Sigma N}{A} + \frac{M}{Z} \leqq f_e \tag{7・18}$$

ここに　ΣN：荷重の合力(基礎自重，基礎スラブ上の土の重量を含む)(kN)
　　　　A：基礎スラブの有効面積 (mm²)
　　　　M：偏心モーメント (kN・m)
　　　　Z：基礎底面の断面係数 (mm³)

しかし，複合基礎の場合，荷重が底面に均等にかかるように，底面の重心と

荷重合力の中心を一致させるのがよい．

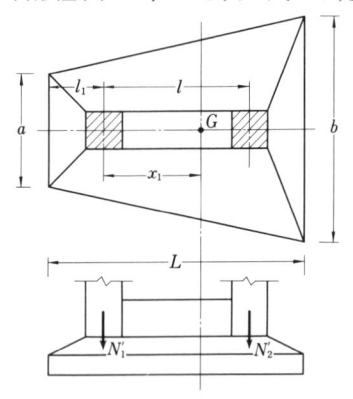

そのためには，剛な基礎ばりを設けて，柱からの曲げモーメントを負担させ，図7・7に示すように，台形底面の a, b を次の式から定めるとよい．

図7・7 複合基礎底面の重心

$$\left.\begin{array}{l} x_1 = \dfrac{N_2' l}{N_1' + N_2'} = \dfrac{L}{3} \cdot \dfrac{a+2b}{a+b} - l_1 \\[2mm] A = \dfrac{a+b}{2} L = \dfrac{N_1' + N_2' + 基礎自重}{f_e} \end{array}\right\} \qquad (7・19)$$

ここに N_1', N_2'：柱からの鉛直荷重 (kN)

基礎自重は，基礎スラブ上の土の重量を含むが，通常の場合，柱からの鉛直荷重の 0.2 倍程度としてよかろう（[例題1] 参照）．

(3) 連続基礎

連続基礎の場合，通常，基礎スラブの上部に，基礎ばりまたは壁がある．したがって，柱からの曲げモーメントは基礎ばりまたは壁に負担させるものとし

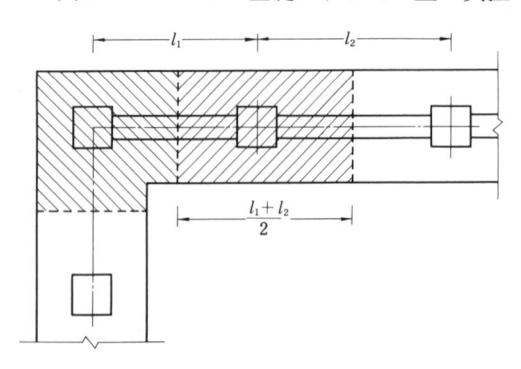

図7・8 基礎スラブの負担面積

て，柱からの鉛直荷重は，図7・8のような負担面積に一様に分布するものと仮定して算定する．

したがって，基礎底面積は，

$$\sigma = \frac{N_n}{A_n} \leqq f_e \qquad (7 \cdot 20)$$

ここに　A_n：基礎スラブの負担面積 (m^2)
　　　　N_n：柱からの鉛直荷重と基礎自重（基礎スラブ上の土の重量を含む）(kN)

を満足すればよい．

しかし，各柱ごとの負担面積内の接地圧に，著しい差があると，不同沈下の原因となるおそれがあるので，各負担面積内の接地圧が，ほぼ同一の値になるように，基礎スラブの幅を決めるのが望ましい．

基礎の総面積が，建物の底面積の1/2をこえるようであれば，べた基礎とするのがよかろう．

(4) べた基礎

負担面積当たりの各柱の荷重がほぼ一様であり，各柱の鉛直荷重の合力の作用点が，基礎スラブ底面の重心とほぼ一致し，格子状に配置された基礎ばりが，十分に剛であるとすれば，接地圧は均等に分布するものと仮定され，底面積は次の式によって算定される．

$$\sigma = \frac{N}{A} \leqq f_e \qquad (7 \cdot 21)$$

ここに　N：各柱の鉛直荷重の合計（基礎自重を含む）(kN)
　　　　A：べた基礎の底面積 (m^2)

荷重が均等でない場合や偏心が大きい場合，あるいは，基礎ばりを剛にし得ない場合は，不同沈下のおそれがあり，あまり好ましくない．このような場合には，連続基礎か，くい基礎によるのが妥当であろう．

(5) くい基礎

くい基礎は，荷重を直接地盤に伝えるのではなく，くいに伝えるのであるから，接地圧の分布荷重が，くい反力の集中荷重になるだけである．

くい本数が多く，その間隔が均等で，鉛直荷重だけが作用すると仮定できる場合は，くい1本当たりの支配する基礎底面積の全接地圧が，くいの許容支持

力をこえなければよいことになる．すなわち，次の式によってくいの本数が求められ，

$$\sigma \frac{A}{n} = \frac{N}{A} \cdot \frac{A}{n} = \frac{N}{n} \leqq R_a \tag{7・22}$$

ここに　A：基礎底面積 (m^2)
　　　　n：くい本数（本）
　　　　N：柱からのり鉛直荷重（基礎自重，基礎スラブ上の土の重量を含む）(kN)
　　　　R_a：くい1本の許容支持力 (kN)

n 本のくい配置のできる基礎底面積であればよいことになる．

くいの配置があまり密になると群ぐいとなり，くいの耐力を減ずることになるので，適当なくい間隔が必要である．

くい間隔の最小規定を表7・1に示しておく．

くい間隔が不均等で，鉛直荷重 N と曲げモーメント M が作用する場合は，たとえば図7・9において，

$$A_P = n$$
$$I_P = 2(n_1 y_1^2 + n_2 y_2^2)$$
$$Z_P = \frac{2(n_1 y_1^2 + n_2 y_2^2)}{y_1}$$

ここに　A_P：くい1本を単位とした断面積に相当する値
　　　　n：くい本数
　　　　I_P：断面2次モーメントに相当する値
　　　　Z_P：断面係数に相当する値

表7・1　杭間隔とへりあき　　　　（建築基礎構造設計指針）

	打込み杭		埋込み杭	場所打ちコンクリート杭
	既製コンクリート杭	鋼杭		
杭の中心間隔	杭頭部の2.5倍以上，かつ750 mm 以上	杭頭部の径または幅の2.0倍以上（閉端杭にあっては2.5倍以上）かつ750 mm 以上	最大径の2.0倍以上	杭径の2.0倍以上，かつ杭径に1 m を加えた値以上
へりあき	杭頭径の0.75倍以上		杭頭径の0.5倍以上	200～300 mm 以上

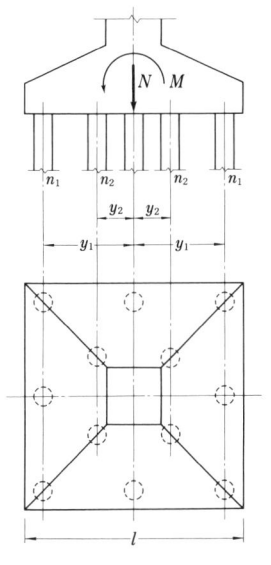

図7・9 くい基礎

とすれば，くいの核半径に相当する値 e_p は次の式で示される．

$$e_p = \frac{Z_P}{A_P} = \frac{2(n_1 y_1{}^2 + n_2 y_2{}^2)}{n y_1} \tag{7・23}$$

中立軸がくい面外にある場合 ($e_p \geqq e = M/N$)

式 (7・1), (7・2), (7・7) から，最大のくい応力は次の式となる．

$$R_{\max} = \frac{N}{A}\left(1 + \frac{6e}{l}\right) = \frac{H}{A_P}\left(1 + \frac{6e}{2y_1}\right) = \frac{N}{n}\left(1 + \frac{3e}{y_1}\right) \tag{7・24}$$

中立軸がくい面内にある場合 ($e_p \leqq e = M/N$)

式 (7・1), (7・2), (7・10) から，最大のくい応力は次の式となる．

$$R_{\max} = \frac{N}{A} \cdot \frac{2}{3\left(\frac{1}{2} - \frac{e}{l}\right)} = \frac{N}{n} \cdot \frac{2}{3\left(\frac{1}{2} - \frac{e}{2y_1}\right)} \tag{7・25}$$

式 (7・24), (7・25) が，$R_{\max} \leqq R_a$ となればよい ([例題 2] 参照)．

くい基礎では，くいの引張り抵抗は無視するのが通常であるが，その場合でも，鉄筋コンクリートぐいの鉄筋は，基礎スラブ中に定着する．

また，支持ぐいと摩擦ぐいとの混用，材種の異なったくいの混用，くいの支持力に地盤の支持力を加算することなどは避けなければならない．

7・3 基礎スラブの算定

基礎スラブには，基礎の底面形状と接地圧の分布に応じたせん断力，および曲げモーメントを生じる．基礎スラブは，これらの応力に対して安全なように設計されなければならない．

（1） 独　立　基　礎

独立基礎スラブのせん断力および曲げモーメントは，柱断面の中心部が最大となるが，柱の中心部で破壊することはない．Richart によれば，曲げおよび付着による基礎スラブの破壊は柱の表面部で起り，せん断力による破壊は，スラブの有効せいだけ外側で起るとされているが，せん断力および曲げモーメントは，通常，柱の表面部で支持された幅の広い片持ばりとして算定される．

図 7・10 の AB 面におけるせん断力および曲げモーメントは，次式となる（ただし，$\sigma_1 > 0$ とする）．

$$Q_F = \int_{x=0}^{x=h} \sigma \cdot l' dx = \frac{\sigma_{\max} + \sigma_1}{2} \cdot \frac{l-a}{2} \cdot l'$$

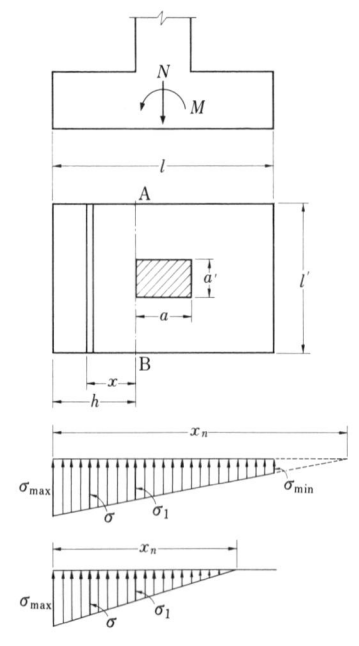

図 7・10 長方形基礎の接地圧の分布

$$= \frac{1}{2}\left\{\sigma_{\max} + \sigma_{\max} \cdot \frac{x_n - \frac{1}{2}(l-a)}{x_n}\right\} \frac{l-a}{2} \cdot l'$$

$$= \sigma_{\max}\left(1 - \frac{1}{4} \cdot \frac{l-a}{x_n}\right)\frac{l-a}{2} \cdot l' \tag{7・26}$$

$$M_F = \int_{x=0}^{x=h} \sigma \cdot l' \cdot x \, dx$$

$$= \sigma_{\max}\left\{\frac{1}{2}(l-a)\right\}^2 \frac{l'}{2} - (\sigma_{\max} - \sigma_1) \cdot \frac{1}{2}\left(\frac{l-a}{2}\right)^2 \cdot \frac{l'}{3}$$

$$= \sigma_{\max} \cdot \frac{(l-a)^2}{8} l' \cdot \left(1 - \frac{1}{6} \cdot \frac{l-a}{x_n}\right) \tag{7・27}$$

さらに，$\sigma_{\max} = a \cdot N/A = a \cdot N/l \cdot l'$ とおけば，次式が得られる．

$$\frac{Q_F}{N} = \frac{a}{2}\left(1 - \frac{1}{4}\frac{l-a}{x_n}\right)\frac{l-a}{l} \tag{7・28}$$

$$\frac{M_F}{N \cdot a} = \frac{a}{8} \cdot \frac{(l-a)^2}{l \cdot a}\left(1 - \frac{1}{6} \cdot \frac{l-a}{x_n}\right) \tag{7・29}$$

通常，柱からの曲げモーメントは基礎ばりに負担させるので，偏心 $e=0$．したがって，$a=1$, $x_n=\infty$ とおくと，前2式は次のようになる．

$$\frac{Q_F}{N} = \frac{1}{2} \cdot \frac{l-a}{l} \tag{7・30}$$

$$\frac{M_F}{N \cdot a} = \frac{1}{8} \cdot \frac{(l-a)^2}{l \cdot a} \tag{7・31}$$

基礎底面に作用する外力は，鉛直方向下向きに作用する柱からの N' と，基礎自重およびその上の埋めもどし土の重量の和，すなわち全荷重 N および N に応じて鉛直方向上向きに作用する接地圧とである．したがって，$e=0$ の場合，基礎スラブの応力は，全荷重 N と基礎自重およびその上の土の重量との差，すなわち，柱からの荷重 N' に対する応力を求めればよいことになる．

式 (7・30), (7・31) の N を N' として示したものが図 7・11 である．

なお，図 7・12 (b) のように偏心が小さい場合は，全荷重 N ではなく，柱荷重 N' に対する Q_F, M_F を求めればよい．ただし，x_n の代りに，偏心 e を $e' = M/N'$, $(|e'| \leq l/6)$ として求めた x_n' を用いることに注意する必要がある．

図 7・12 (c) のように，偏心が大きい場合は，全荷重 N，偏心 e から得られる接地圧による応力 Q_{F_1}, M_{F_1} を求め，これから，基礎自重およびその上の土の重量，すなわち $(N-N')/A$ による応力 Q_{F_2}, M_{F_2} を差し引いて，設計用

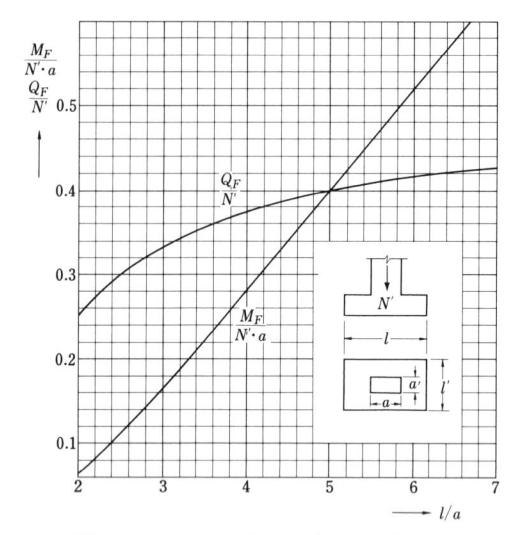

図7・11 $e=0$ の場合の Q_F/N', $M_F/N'\cdot a$

図7・12 偏心のある基礎スラブの応力算定用接地圧

応力は次のように求められる.

$$Q_F = Q_{F_1} - Q_{F_2} \quad M_F = M_{F_1} - M_{F_2} \tag{7・32}$$

基礎スラブのせん断力については，前述した片持ばりとしての他に，柱直下のパンチングシヤー(punching shear)を検討する必要がある.

基礎スラブは，柱荷重 N' によって，柱下部で角錐台形に押し抜かれる可能性が考えられる．このせん断力は，図7・13に示すように，柱の表面から基礎スラブの有効のせいの1/2の点を連ねた曲線を通る鉛直面を算定断面とし，そ

7・3 基礎スラブの算定

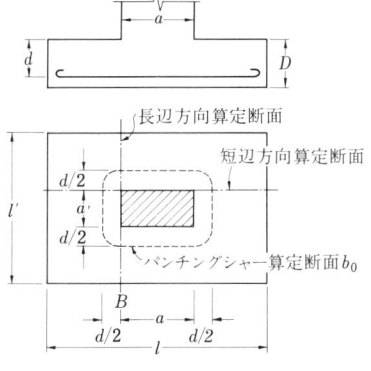

図7・13 基礎スラブ応力算定断面

の外側に作用する全外力について算定する．

したがって，パンチングに対するせん断力 Q_{PD} は，次式で示される．

$$Q_{PD} = N' \cdot \frac{l \cdot l' - A_0}{l \cdot l'} \tag{7・33}$$

$$A_0 = (a+d)(a'+d) - d^2\left(1 - \frac{\pi}{4}\right)$$

基礎スラブの断面は，以上のせん断力および曲げモーメントに対して，次のように算定する．

（1） 基礎スラブのせん断応力度は，短辺・長辺とも次式による．

$$\tau = Q_F / l \cdot j \leqq f_s \qquad \tau = Q_F / l' \cdot j \leqq f_s \tag{7・34}$$

（2） 曲げモーメントに対する鉄筋の所要断面積は，短辺・長辺とも次式による．

$$a_t = M_F / f_t \cdot j \tag{7・35}$$

（3） 付着に対する検定は，算定断面での鉄筋の周長によるか，鉄筋がずり抜けることのないように，十分な定着があるかどうかを確かめればよい．

$$\tau_a = Q_F / \psi \cdot j \leqq f_a \tag{7・36}$$

$$l_d = \sigma_t \cdot a_t / 0.8 f_a \cdot \psi \tag{7・37}$$

ここに σ_t：算定断面の引張鉄筋の応力度（通常，f_t を用いる）

鉄筋端にフックのある場合は，l_d を2/3倍とすることができる．

（4） パンチングに対する許容せん断力 Q_{PA} は次式による．

$$Q_{PA} = a \cdot b_0 \cdot j \cdot f_s \geq Q_{PD} \tag{7・38}$$

ここに　$a=1.5$,　$b_0=2(a+a')+\pi d$

式 (7・34, 35, 36, 37) の応力中心距離は, $j=(7/8)d$ を使用してよい.

算定された鉄筋は, 図7・14のように配筋する. すなわち, 長辺方向の鉄筋は, 基礎スラブの短辺幅に等間隔に配置し, 短辺方向の鉄筋は, 長辺中央部の短辺長さに相当する幅の中に, 次式(7・39)で求められる鉄筋量を等間隔に, 残りをその両側に配置する.

$$\frac{短辺長さ相当幅に入れる鉄筋量}{短辺方向の所要鉄筋量} = \frac{2}{\lambda+1} \tag{7・39}$$

ここに　λ：長辺の長さ l/短辺の長さ l'

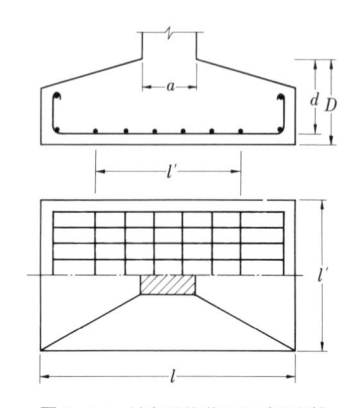

図7・14　長方形基礎スラブの配筋

曲げモーメントが大きく, 偏心の大きい場合は, 図7・12で明らかなように, 基礎スラブ上端に引張りを生じることがあるので, 上ば筋の検討を要する.

また, 基礎スラブの最小厚（スラブ縁の厚さ）は 250 mm 以上と規定され, 円形断面柱, 円形基礎スラブの場合は, 等断面積・等底面積の正方形柱・正方形基礎スラブと仮定して, 鉄筋量を概算することが許されている.

（2）複合基礎

複合基礎スラブのせん断力および曲げモーメントは, 長辺方向では, スラブが柱脚で支持（または固定）されているはりとして算定し, 断面および長辺方向の配筋を決定する.

短辺方向は前述の独立基礎に準じて算定し, 柱脚外側から 45° の範囲内に配筋し, その外側には, 適当な間隔で用心筋をおく. その配筋例を図7・15に示

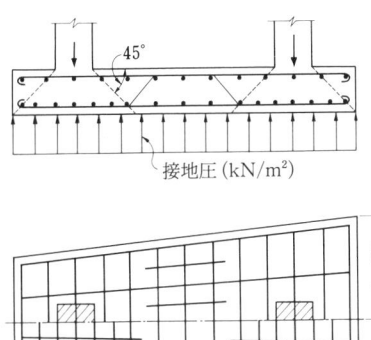

図7・15 複合基礎の配筋

す.
　柱脚をつなぐ基礎ばりがある場合は，次の連続基礎に準ずる．

（3） 連続基礎

　柱からの設計用の荷重 N' が，負担面積に一様に分布するとして地盤反力を求め，連続基礎のスラブ部分を，基礎ばりの表面で固定された片持ばりとして，基礎ばりに直角方向の鉄筋量を算定する．算定は長方形独立基礎に準じ，式 (7・35)，(7・36) または式 (7・37) を用いる．

　基礎ばりは，スパン方向に柱で支持された連続ばりとし，その曲げモーメントとせん断力を算定し，上部構造からの曲げモーメントとせん断力を加算して，長方形ばりの算定に従って配筋を決める．

　スラブ部分にも，図7・16 のように，基礎ばり方向に適当に用心筋を配置するのが望ましい．

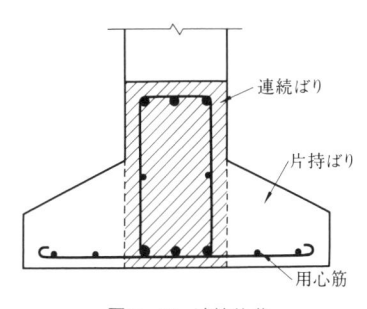

図7・16 連続基礎

(4) べた基礎

べた基礎のスラブは，一般に接地圧が大きいので，スラブハンチを設ける．

基礎スラブは，図7・17のように有効スパンで，一様な接地圧を受ける周辺固定の長方形スラブとして算定する．スラブ配筋は，当然，逆スラブ配筋となる．

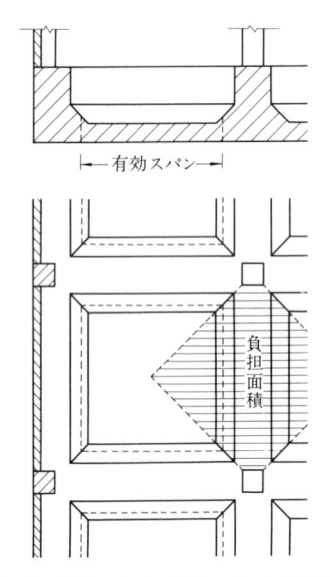

図7・17 基礎スラブの有効スパンと負担面積

基礎ばりは，図7・17のように，通常の床ばりと同じような負担区域の接地圧を受け，床ばりと同じように取り扱う．設計応力は，接地圧による曲げモーメントおよびせん断力に，上部構造からの応力を加算したものを用いる．

(5) くい基礎

くい基礎の曲げモーメントおよびせん断力の算定は，くい反力を集中荷重として算定する．くいの数の多い場合は，くい反力を基礎底面に等分布するものとした換算接地圧を用いて，くいの無い場合と同じように取り扱ってよい．

くい基礎スラブの最小厚は，350 mm 以上とするように規定されている．べた基礎のくいは，なるべく柱下，基礎の下に配置し，スラブ下には配置しないのが原則である．

［例題1］ $N'=600$ kN，$M=100$ kN・m の長期荷重を受ける独立基礎を設計する．ただし，短辺方向の $M=0$，基礎の深さ1.5 m，柱 600×750 mm²，

7・3 基礎スラブの算定

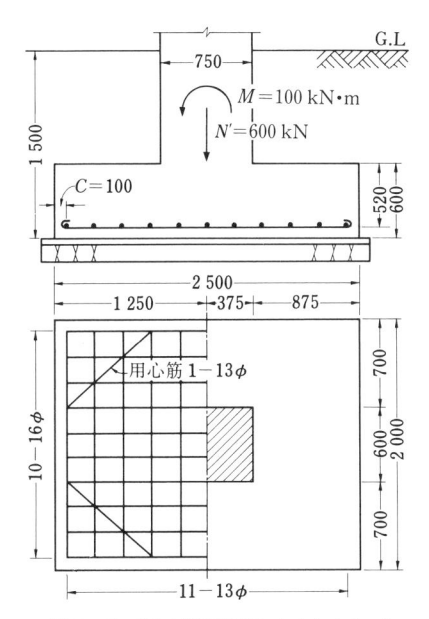

図7・18 (用心筋は使用しなくともよい)

コンクリート強度 $F_c = 18 \text{ N/mm}^2$，長期許容地耐力度 $f_e = 200 \text{ kN/m}^2$ とし，SR 235 を使用する．

[**解**] 基礎底面を，図7・18のように $2.0 \times 2.5 \text{ m}^2$ とする．

（1） 基礎底面の算定

基礎自重（スラブ上の土の重量を含む）の比重を 18 kN/m^3 とすれば，

 基礎自重 $N_F = 2.0 \times 2.5 \times 1.5 \times 18 = 135 \text{ kN}$

 全荷重 $N = N' + N_F = 600 + 135 = 735 \text{ kN}$

 偏心距離 $e = \dfrac{M}{N} = \dfrac{100}{735} = 0.136 < l/6 = 2.50/6 = 0.42 \text{ m}$

したがって，中立軸は底面外となる．中立軸は式 (7・6) から

$$x_n = \frac{l}{2}\left(1 + \frac{l}{6e}\right) = \frac{2.50}{2}\left(1 + \frac{2.50}{6 \times 0.136}\right) = 5.08 \text{ m}$$

最大圧縮応力度は，式 (7・2)，(7・7) から

$$\sigma_{\max} = \alpha\frac{N}{A} = \left(1 + 6\frac{e}{l}\right)\frac{N}{A} = \left(1 + 6\frac{0.136}{2.50}\right)\frac{73.5}{2.0 \times 2.5}$$

   $= 195 \text{ kN/m}^2 < 200 \text{ kN/m}^2$ O.K.

（2） 基礎スラブの応力算定

長辺方向：中立軸は断面外で，偏心はきわめて小さいので，柱荷重 N' で求めれば

よい.

$$e' = \frac{M}{N'} = \frac{100}{600} = 0.167 \text{ m}, \quad \alpha = \left(1 + 6\frac{e'}{l}\right) = \left(1 + 6\frac{0.167}{2.50}\right) = 1.40$$

$$x_n' = \frac{l}{2}\left(1 + \frac{l}{6e'}\right) = \frac{2.50}{2}\left(1 + \frac{2.50}{6 \times 0.167}\right) = 4.37 \text{ m}$$

式 (7・28), (7・29) から

$$\frac{Q_F}{N'} = \frac{1.40}{2}\left(1 - \frac{1}{4} \cdot \frac{2.50 - 0.75}{4.37}\right)\frac{2.50 - 0.75}{2.50} = 0.441$$

$$\frac{M_F}{N' \cdot a} = \frac{1.40}{8} \cdot \frac{(2.50 - 0.75)^2}{2.50 \times 0.75}\left(1 - \frac{1}{6} \cdot \frac{2.50 - 0.75}{4.37}\right) = 0.267$$

$$\therefore \quad Q_F = 0.441 \times N' = 0.441 \times 600 = 265 \text{ kN}$$

$$M_F = 0.267 \times N' \cdot a = 0.267 \times 600 \times 0.75 = 120 \text{ kN·m}$$

短辺方向：$M = 0$　したがって偏心 $e = 0$　　$l'/a' = 2.0/0.6 = 3.33$
図 7・11 より　$Q_F/N' = 0.35$　　$\therefore$　$Q_F = 0.35 \times 600 = 210 \text{ kN}$

$$M_F/N' \cdot a' = 0.205 \quad \therefore \quad M_F = 0.205 \times 600 \times 0.60 = 73.8 \text{ kN·m}$$

パンチングシヤー：式 (7・33) より

$$A_0 = (a + d)(a' + d) - d^2(1 - \pi/4)$$

$$= (0.75 + 0.52)(0.60 + 0.52) - 0.52^2(1 - \pi/4) = 1.364 \text{ m}^2$$

$$Q_{PD} = N' \cdot \frac{l \cdot l' - A_0}{l \cdot l'} = 600 \cdot \frac{2.5 \times 2.0 - 1.364}{2.5 \times 2.0} = 436 \text{ kN}$$

(3) 断面算定

長辺方向：式 (7・34) より

$$\tau = \frac{Q_F}{l' \cdot j} = \frac{265 \times 10^3}{2\,000 \times (7/8) \times 520} = 0.29 \text{ N/mm}^2 < 0.6 \text{ N/mm}^2 \quad \text{O.K.}$$

式 (7・35) より

$$a_t = \frac{M_F}{f_t \cdot j} = \frac{120 \times 10^6}{155 \times (7/8) \times 520} = 1\,702 \text{ mm}^2 \quad \therefore \quad 9\text{-}16\phi\,(a_t = 1\,809 \text{ mm}^2)$$

式 (7・36) より

$$\psi = \frac{Q_F}{f_a \cdot j} = \frac{265 \times 10^3}{1.08 \times (7/8) \times 520} = 539 \text{ mm} \quad \therefore \quad 11\text{-}16\phi\,(\psi = 553 \text{ mm})$$

式 (7・37) より, フック付きとして　(注) $1\text{-}16\phi(a_t = 201 \text{ mm}^2, \psi = 50.3 \text{ mm})$ で算定

$$l_d = \frac{2}{3} \cdot \frac{\sigma_t \cdot a_t}{0.8 f_a \cdot \psi} = \frac{2}{3} \cdot \frac{155 \times 201}{0.8 \times 1.08 \times 50.3} = 478 \text{ mm} < \frac{l - a}{2} - C = 775 \text{ mm}$$

したがって, 鉄筋量は曲げモーメントによる配筋できまる.

短辺方向：(注) 短辺の d は長辺より小さいが, 大差ないので, 長辺の d で算定する.

$$\tau = 210 \times 10^3 / 2\,500 \times (7/8) \times 520 = 0.18 \text{ N/mm}^2 < 0.6 \text{ N/mm}^2 \quad \text{O.K.}$$

$a_t = 73.8 \times 10^5 / 155 \times (7/8) \times 520 = 105 \text{ mm}^2$ ∴ $8\text{-}13\phi\,(a_t = 1\,062 \text{ mm}^2)$

$\psi = 210 \times 10^3 / 1.08 \times (7/8) \times 520 = 427 \text{ mm}$ ∴ $11\text{-}13\phi\,(\psi = 449 \text{ mm})$

$l_d = \dfrac{2}{3} \cdot \dfrac{155 \times 133}{0.8 \times 1.08 \times 40.8} = 390 \text{ mm} < \dfrac{l'-a'}{2} - C = \dfrac{2\,000 - 600}{2} - 100 = 600 \text{ mm}$

$(1\text{-}13\phi\,$で算定$)$

したがって，鉄筋量は曲げモーメントによる配筋できまる．

パンチング：式 (7・38) より，$b_0 = 2(a+a') + \pi d = 2(750+600) + 520\pi = 4\,330$ mm

$Q_{PA} = \alpha \cdot b_0 \cdot j \cdot f_s = 1.5 \times 4\,330 \times (7/8) \times 520 \times 0.6 = 1\,773 \times 10^3 \text{ N} > Q_{PD}$
$= 436 \text{ kN}$ O.K.

（4） 配　　筋

式 (7・39) より，$\lambda = l/l' = 2.50/2.0 = 1.25$，短辺長さ相当幅に入れる鉄筋量は

$a_t = ($短辺方向の所要鉄筋量$)\dfrac{2}{\lambda + 1} = 105 \times \dfrac{2}{1.25 + 1} = 9\,333 \text{ mm}^2$

∴ $8\text{-}13\phi\,(a_t = 1\,062 \text{ mm}^2)$

設計　図 7・18 のように，長辺方向 10-16ϕ，短辺方向 11-13ϕ とする．

［**例　題 2**］ 例題 1 と同じ応力に対し，くい基礎を設計する．ただし，鉄筋コンクリートぐい径 300 mm，許容支持力（長期）250 kN/本，$F_c = 21\,N/$

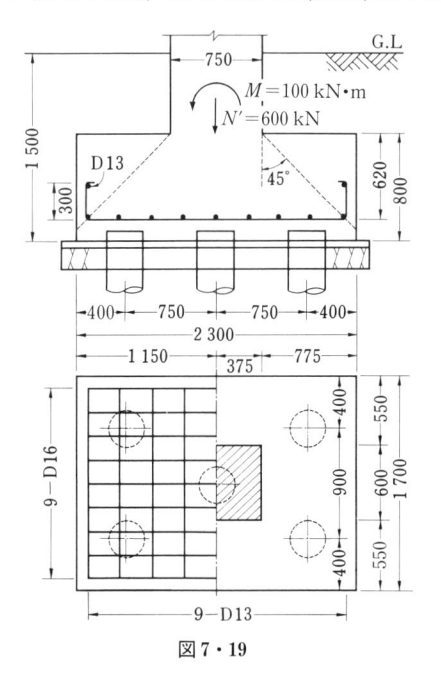

図 7・19

mm², SD 295 を使用する.

[解] 図7・19のように基礎およびくい配置とする.

(1) くい反力の算定

モーメントの作用している長辺方向で検討する．式(7・23)から，くい配置の核半径は，

$$e_p = \frac{2(n_1 y_1^2 + n_2 y_2^2)}{n y_1} = \frac{2(2 \times 0.75^2)}{5 \times 0.75} = 0.60 \text{ m}$$

基礎自重

$$N_F' = 1.70 \times 2.30 \times 1.5 \times 18 = 106 \text{ kN}$$
$$e = M/N = 100/(600+106) = 0.14 \text{ m}$$

$e < e_p$ で，中立軸はくい配置外となり，くいに引張りは生じない.
式(7・24)から，最大くい反力は

$$R_{\max} = \frac{N}{n}\left(1 + \frac{3e}{y_1}\right) = \frac{600+106}{5}\left(1 + \frac{3 \times 0.14}{0.75}\right) = 224 \text{ kN} < 250 \text{ kN/本} \quad \text{O.K.}$$

(2) 基礎スラブの応力算定

長辺方向： $Q_P = 2 \times 224 = 448$ kN

$$M_P = Q_P \times \left(0.75 - \frac{0.75}{2}\right) = 448 \times 0.375 = 168 \text{ kN·m}$$

短辺方向：くい反力が最大の側で，有効幅は $l/2$ として設計，残り半分も同一配筋.

$Q_P = 224$ kN　　$M_P = 224 \times (0.55 - 0.40) = 33.6$ kN·m

(3) 断面算定

長辺方向：基礎スラブの有効せい　$d = 800 - 180 = 620$ mm, $j = 7d/8 = 542$ mm
$\tau = Q_P / l' \cdot j = 442 \times 10^3 / 1\,700 \times 542 = 0.48$ N/mm² < 0.7 N/mm²　O.K.
$a_t = M_P / f_t \cdot j = 168 \times 10^6 / 195 \times 542 = 1\,590$ mm²
　　　　　　　　　　　　　　　　　　∴　8-D 16 ($a_t = 1\,592$ mm²)
$\psi = Q_P / f_a \cdot j = 442 \times 10^3 / 2.1 \times 542 = 388$ mm　　∴　8-D 16 ($\psi = 400$ mm)

(注) a_t, ψ による鉄筋所要量が同じであるので, l_d の検定は省略.

短辺方向：基礎スラブの有効せい　$d = 800 - 200 = 600$ mm, $j = 7d/8 = 525$ mm
$\tau = 224 \times 10^3 / 1\,150 \times 525 = 0.37$ N/mm² < 0.7 N/mm²　O.K.
$a_t = 336 \times 10^6 / 195 \times 525 = 3\,282$ mm²　　∴　3-D 13 ($a_t = 3\,810$ mm²)
$\psi = 224 \times 10^3 / 2.1 \times 525 = 203$ mm　　∴　6-D 13 ($\psi = 240$ mm)
$l_d = \sigma_t \cdot a_t / 0.8 f_a \cdot \psi = 195 \times 127 / 0.8 \times 2.1 \times 40 = 369$ mm
　　　　　$< (l' - a')/2 - C = (1\,700 - 600)/2 - 100 = 450$ mm

したがって鉄筋量は曲げモーメントによる配筋できまる.

パンチング：くい頭は柱表面より45°の範囲内にあるので検討を要しない.

(4) 配　　筋

$\lambda = 2.30/1.70 = 1.35$

短辺長さ相当幅に入れる鉄筋量

$a_t = 3\,282 \times 2 \times 2/(1.35+1) = 5\,586\,\text{mm}^2$ 　　∴　5-D 13 ($a_t = 6\,350\,\text{mm}^2$)

配筋は安全をみて図7・19のようにする．

◎　演　習　問　題　(5)

(1) [例題1] で，$F_c = 21\,\text{N/mm}^2$，SD 295 を使用した場合を設計せよ．

(2) [例題1] で，剛な基礎ばりがあり，$M=0$ となる場合について設計せよ．

(3) 長期荷重で $N' = 1\,000\,\text{kN}$，$M=0$ を受けるくい基礎を設計せよ．ただし，基礎の深さ 2.0 m，柱 $600 \times 600\,\text{mm}^2$ とし，コンクリートの強度 $F_c = 21\,\text{N/mm}^2$，くいの径 300 mm，長期許容耐力 250 kN/本，SD 295 を使用するものとする．

(4) 図7・20のような複合基礎の b_1，b_2 を求めよ．$f_e = 150\,\text{kN/m}^2$ とする．

(5) 図7・21の布基礎が端部 $M = 610\,\text{kN·m}$，中央部 $M = -300\,\text{kN·m}$（長期）を受けるときの基礎ばりの断面を算定せよ．また接地圧が $135\,\text{kN/m}^2$ とすれば基礎スラブ配筋はどうなるか．用心筋を配置せよ．$F_c = 21\,\text{N/mm}^2$，SD 295 とする．

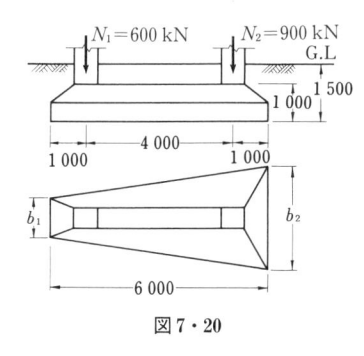

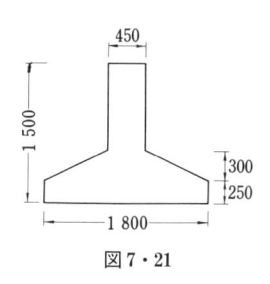

図7・20

図7・21

第8章　床スラブ・階段・耐震壁

8・1　概　　説

　鉛直荷重による床スラブ (floor slab) の応力は，平面版の理論から求められる．長方形板については，多くの研究者により，各種の境界条件・荷重状態の近似解が求められており，設計にあたっては，これらの結果を利用することができる．また最も基本的な，等分布荷重を受ける4辺固定の長方形スラブについては，計算基準に設計用曲げ応力が与えられている．
　スラブの配筋は，通常つりあい鉄筋比以下になる．断面算定は，はりの場合と同様に行われるが，スラブはせん断力に対しては余裕があるのが普通で，これに対する検討は省かれることが多い．
　スパンが大きいスラブは，振動・ひび割れ・たわみなどによる障害を生じることがあり，断面算定とは別に，これらに対する検討が必要とされる．
　階段は支持のしかたにより，種々な構造形式に分けられる．周辺の条件を明らかにしたうえで，床スラブに準じて取り扱う．
　鉄筋コンクリートの壁のうち，構造上，水平力を負担させる壁をとくに耐力壁または耐震壁 (earthquake resisting wall) という．
　耐震壁は，地震力による水平力を壁のせん断抵抗によって負担させようとするもので，耐震壁のせん断補強は，斜張力による斜めひび割れに対する補強である．したがって，せん断補強筋は斜め方向が合理的であるが，施工などの理由から，一般に縦筋と横筋で補強する．ときには，縦筋・横筋のほかに，対角線方向に配筋して用心筋とすることもある．

8・2　床スラブ

（1）　平面版の応力の概要

　（a）　**基本式**　床スラブの応力は平面版の理論に基づいて求められる．ここで平面版とは，版に垂直な荷重を受ける厚さがスパンにくらべて十分小さい弾性平版のことで，「厚さの 1/2 の所に中立面があり，中立面は荷重を受けてわん曲するが，伸び縮みせず，また中立面の法線上にあった点は，変形後もわ

ん曲した中立面の法線上にある」という仮定のもとに基本式が導かれる．

　x, y 面に幌狩りをもつ厚さ一定の平版が，図 8・1 のように w という分布荷重を受け，垂直に ζ という変位をした場合の基本式は次のようになる．

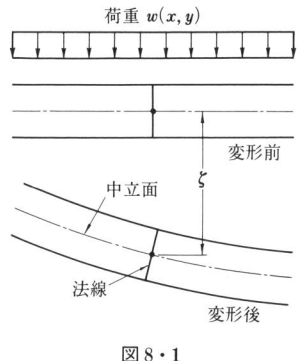

図 8・1

$$\frac{\partial^4 \zeta}{\partial x^4} + 2\frac{\partial^4 \zeta}{\partial x^2 \partial y^2} + \frac{\partial^4 \zeta}{\partial y^4} = \frac{w}{D} \qquad (8・1)$$

ここで，D は版剛度といわれ，曲げ・ねじれに対する版の剛性を表す量である．

　平面版を解くということは，式(8・1)を満足し，かつ与えられた境界条件を満足するような解を求めることにほかならない．

（**b**）**荷重と境界条件**　　建物の床荷重はほとんど等分布荷重として扱われるが，特殊な場合には，集中荷重・線荷重および部分荷重を対象とすることもある．地下室の壁に作用する土圧・水圧などは，等変分布荷重として考えなければならない．これらを図示すると図 8・2 のようになる．

　平面版の境界条件としては，固定・単純支持・点支持および自由が基本とし

等分布荷重　　線荷重　　点荷重　　部分荷重　　等変分布荷重

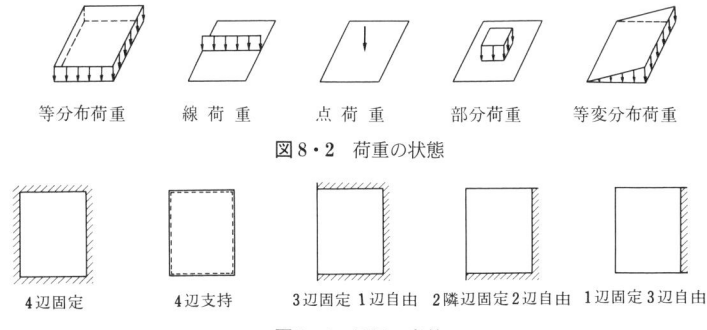

図 8・2　荷重の状態

4辺固定　　4辺支持　　3辺固定 1辺自由　　2隣辺固定 2辺自由　　1辺固定 3辺自由

図 8・3　周辺の条件

てあげられる．これらの組合わせのうち，主要なものを図8・3に示す．

　実際の床スラブは，はり・壁・隣接床と一体に施工される．はりの剛性が十分なら周辺固定としてよいが，そうでない場合には，はりのたわみ，ねじれその他の影響を含めて端部の条件を考慮する必要がある．

（c）　平面版の応力および反力　　平面版の断面には，図8・4に示すように，せん断力 Q，曲げモーメント M，ねじりモーメント M_t が作用する．

　M と M_t の関係は，垂直応力度とせん断応力度の関係に等しい．すなわち，特定の直交2断面で M_t は0となり，M は最大値および最小値をとる．この M を M_1・M_2 とし，主曲げモーメントと呼ぶ．この断面から a だけ傾いた断面の M と M_t は，図8・5に示す円上の $2a$ の位置で表せる．

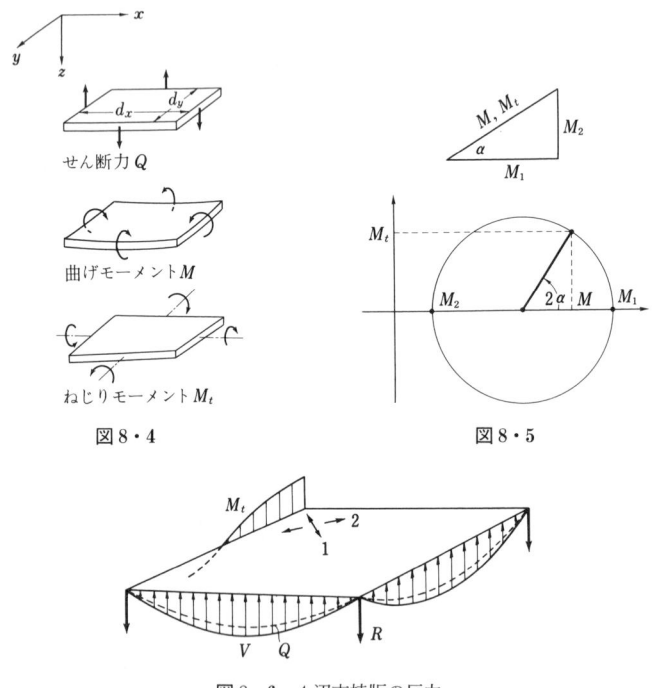

図8・4

図8・5

図8・6　4辺支持版の反力

　平面版周辺の反力 V は，せん断力にねじりモーメントの影響が加わったものとなる．そのため，周辺に沿ってねじりモーメントが生じる4辺支持版では図8・6のように，V は Q より大きくなり，またその分だけ，四すみにはね上りを押さえつけるような集中反力 R が生じる．この場合スラブのぐう角部

には，1の方向に大きな負の，2の方向に正の曲げモーメントを生じる．

(d) 4辺固定版の応力　設計に最も関係の深い等分布荷重を受ける4辺固定版の曲げモーメントと反力は，東博士の計算結果による図8・7のようになる．曲げモーメント・反力とも，短辺の長さ l_x の影響が支配的であり，長辺 l_y が大きくなっても，長辺方向 M_y の最大値・最小値はあまり変わらない（M_y の最大値はぐう角の2等分線の交点付近にでる）．

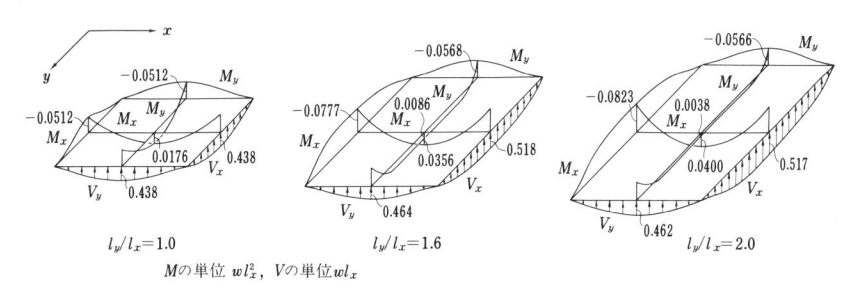

図8・7　4辺固定版の曲げモーメントと反力

(2) 交差ばりの理論

大きさ $l_x \times l_y$ ($l_y \geq l_x$) の，等分布荷重 w を受ける4辺固定版を考える．図8・8のように中心を通る x, y 方向の単位幅のはりを切り出し，w が一定の比率で分かれ，w_x, w_y として二つのはりに別々に作用すると仮定する．それぞれのはりの中央のたわみ δ_x, δ_y は

$$\delta_x = \frac{1}{384} \frac{w_x l_x^4}{EI}$$

$$\delta_y = \frac{1}{384} \frac{w_y l_y^4}{EI}$$

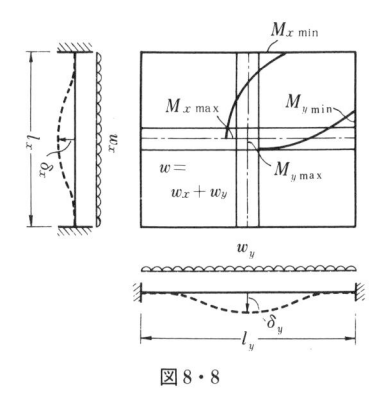

図8・8

ここに　I：単位幅のはり断面2次モーメント

となり，交差点で変形が互いに拘束される場合は

$$\delta_x = \delta_y$$

および

$$w = w_x + w_y$$

から

$$w_x = \frac{l_y^4}{l_x^4 + l_y^4} w, \quad w_y = \frac{l_x^4}{l_x^4 + l_y^4} w \tag{8・2}$$

がえられる．荷重はスパンの4乗に逆に比例して分配され，l_y/l_x が2以上の場合には，荷重はほとんど x 方向のはりで支持される．上の式の分配荷重による曲げモーメントは

$$\left.\begin{array}{l} M_{x\min} = -\dfrac{1}{12} w_x l_x^2, \quad M_{x\max} = \dfrac{1}{24} w_x l_x^2 \\[2mm] M_{y\min} = -\dfrac{1}{12} w_y l_y^2, \quad M_{y\max} = \dfrac{1}{24} w_y l_y^2 \end{array}\right\} \tag{8・3}$$

となる．

　平版の曲げモーメントは，式(8・3)でえられる交差ばりのそれとは別のものであるが，x 方向については両者は比較的近い値をとる．独人 Marcus は交差ばりの式の形を生かし，ねじりモーメントの影響を考慮して修正を加えた各種床スラブの設計用公式を1925年に提出した．略算公式として，現在でも権威のあるものとされている．

　4辺固定版 ($l_y \geq l_x$) についての Marcus の公式は次のとおりである．

$$w_x = \frac{l_y^4}{l_x^4 + l_y^4} w, \quad w_y = \frac{l_x^4}{l_x^4 + l_y^4} w \tag{8・4}$$

$$\left.\begin{array}{l} M_{xr} = -\dfrac{1}{12} w_x l_x^2, \quad M_{x\max} = \dfrac{1}{24} w_x l_x^2 \nu \\[2mm] M_{yr} = -\dfrac{1}{24} w l_x^2, \quad M_{y\max} = \dfrac{1}{24} w_y l_y^2 \nu \end{array}\right\} \tag{8・5}$$

ここに　$\nu = 1 - \dfrac{5}{18} \cdot \dfrac{l_x^2 l_y^2}{l_x^4 + l_y^4}$

M_{xr}, M_{yr}：大きな応力の生じる範囲での固定辺曲げモーメントの平均値で $M_{x\min}, M_{y\min}$ より絶対値はやや小さい．

M_{yr} は上の式でみられるように，l_y に関係なく l_x で決定される．ここで荷

重は w_y でなく w であることに注意されたい.

(3) 設計用応力

(a) 等分布荷重を受ける4辺固定スラブ　剛なはりと一体のスラブは周辺固定とみなし，表8・1の各式から設計用曲げモーメントを求めることができる．なおこの設計用曲げモーメントは，それぞれ四隅を除いた柱間帯に対するもので，周辺より $l_x/4$ の幅の四隅部分については，図8・9に示すように，曲げモーメントの値を1/2としてよい．

表8・1　4辺固定床スラブの単位幅当たり設計用曲げモーメント　(計算規準)

	両端最大負曲げモーメント	中央部最大正曲げモーメント
短辺 x 方向	$Mx_1=-\dfrac{1}{12}w_x l_x^2$ ……(1)	$Mx_2=\dfrac{1}{18}w_x l_x^2$ ……(2)
長辺 y 方向	$My_1=-\dfrac{1}{24}w l_x^2$ ……(3)	$My_2=\dfrac{1}{36}w l_x^2$ ……(4)

注) l_x：短辺有効スパン，l_y：長辺有効スパン，w：荷重(単位面積当たり)，$w_x=\dfrac{l_y^4}{l_x^4+l_y^4}w$

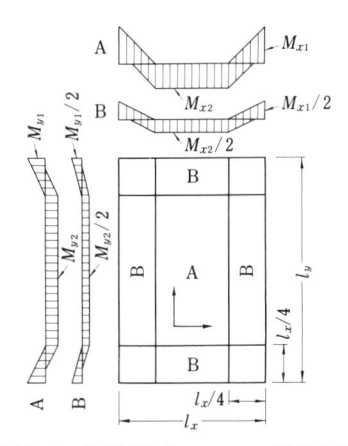

図8・9　設計用曲げモーメント(計算基準)

表8・1の各式は，交差ばり理論式を修正したもので，x 方向では周辺固定度の変化を考え，M_{x_2} がかなり割増しされている．y 方向の曲げモーメントは l_y の影響をあまり受けないことから，$l_y=l_x$ のときの値を，そのまま $l_y>l_x$ の場合に採用している．すなわち

$l_y=l_x$ のとき　$w_x=w/2$

$$M_{y_1}=M_{x_1}=-\dfrac{1}{12}w_x l_x^2=-\dfrac{1}{24}w l_x^2$$

$$M_{y_2}=M_{x_2}=\frac{1}{18}w_x l_x^2=\frac{1}{36}w l_x^2$$

から，表8・1の式（3）および（4）がえられる．

等分布荷重を受ける4辺固定スラブの周辺のせん断力は近似的に $Q_{\max}=0.5wl_x$ としてさしつかえない．

（b）**その他の場合**　平面版の理論に基づく計算結果や，Marcus の公式などを参照して，設計用応力を決定する．等分布荷重を受ける3辺固定1辺自由スラブ，2隣辺固定2辺自由スラブについては，付図3・2，3・3を参照されたい．

なお，応力図を利用するときは，理想化された端部の条件と，実際との間の差について，十分考慮する必要があり，そのうえで，設計用応力の値を決めることが望ましい．

（4）構造制限

計算規準には，過大なたわみや振動障害に対する配慮から，スラブ厚さおよび配筋について，次のような制限が定められている．

1) スラブ厚さは表8・2に示す値以上，かつ80 mm（鉄筋軽量コンクリートでは100 mm）以上とする．この制限に従わないときは，スラブに有害なたわみや振動障害が生じないことを，計算または実験で確かめなければならない．

2) スラブの引張り鉄筋は，9ϕ またはD10以上，あるいは素線の径が6 mm以上の溶接金網を用い，正負最大曲げモーメントを受ける部分では，その間隔を表8・3のようにする．

表8・2　スラブ厚さの制限　　（計算規準）

支持条件	スラブ厚さ t (mm)
周辺固定	$t=0.02\left(\dfrac{\lambda-0.7}{\lambda-0.6}\right)\left(1+\dfrac{w_p}{10}+\dfrac{l_x}{10\,000}\right)l_x$
片持	$t=\dfrac{l_x}{10}$

注）(1) $\lambda=l_y/l_x$，l_x：短辺有効スパン (mm)，l_y：長辺有効スパン (mm)
　　　ただし，有効スパンとは，はりその他支持部材間のうちのり寸法をいう．
　　(2) w_p：積載荷重と仕上荷重との和 (kN/m²)
　　(3) 片持スラブの厚さは支持端について制限する．
　　(4) 鉄筋軽量コンクリートの場合は，表の値を1.1倍する．

表 8・3　鉄筋間隔　　　　　　　　　　　　　　　　　（計算規準）

	鉄筋普通コンクリート	鉄筋軽量コンクリート
短辺方向	200 mm 以下 径 9 mm 未満の溶接金網では 150 mm 以下	200 mm 径 9 mm 未満の溶接金網では 150 mm 以下
長辺方向	300 mm 以下，かつスラブ厚さの 3 倍以下 径 9 mm 未満の溶接金網では 200 mm 以下	250 mm 以下 径 9 mm 未満の溶接金網では 200 mm 以下

3) 温度応力および収縮応力を考慮し，スラブ各方向の全幅について，鉄筋全断面積のコンクリート全断面積に対する割合は 0.2% 以上とする．

以上のほか，スラブの大きさは，周辺固定版の場合 36 m² 以下とすることがのぞましいとされている．

(5) 断面算定

床スラブの断面算定は，つりあい鉄筋比以下のはりの場合と同様で，式 (4・20) から，スラブ幅 1 m 当たりの必要鉄筋断面積は次の式で決められる．

$$a_t = 100 \frac{M}{f_t j} \tag{8・6}$$

ここに　M：単位幅当たりの曲げモーメント (kN・m/m)

　　　　a_t：単位幅当たり引張り鉄筋断面積 (mm²/m)

　　　　f_t：鉄筋の引張り許容応力度 (N/mm²)

　　　　j：応力中心間距離，(7/8d) (d：スラブの有効せい) (mm)

D 10, D 13 を用いたときの単位幅当たり鉄筋断面積は表 8・4 のようになる．

表 8・4　スラブ幅 1 m 当たり鉄筋断面積（単位 mm²）

径(mm) ＼ 間隔(mm)	100	120	150	180	200	220	250	300
D 10 (71)	710	590	470	390	350	320	280	230
D 10，D 13 交互 (99)	990	820	660	550	490	450	390	330
D 13 (127)	1 270	1 050	840	700	630	570	500	420

注）( ) は 1 本当たり，あるいは平均 1 本当たりの断面積 (mm²)

また a_t を鉄筋 1 本当たりの断面積 (mm²) とし，f_t (長期) = 195 N/mm² とすれば必要鉄筋間隔 b (mm) は次の式から求められる．

$$b = \frac{f_t a_t j}{M} = \frac{0.17 a_t d}{M} \tag{8・7}$$

配筋は以上の計算結果に基づき，構造制限をこえないように決定する．4 辺

固定スラブの配筋については，[例題1]を参照されたい．なお周辺支持スラブでは，大きな応力が生じるぐう角部付近（図8・6参照）の補強が重要であり，片持ばり式スラブなど，不静定次数の低いスラブでは，鉄筋断面に余裕をもたせることが望ましい．

通常の床スラブは，せん断力に対しては余裕があり，これに対する検討を省略できるが，とくに大きなせん断力が生じる場合には，せん断応力度と付着応力度が，許容値以下になることを確かめる必要がある．スラブの場合，鉄筋によるせん断補強は困難である．

8・3 階　　段

階段のスラブの取扱い方法は，その支持方式によって異なる．図8・10(a)に示す最も一般的な階段について考えると次のようになる．

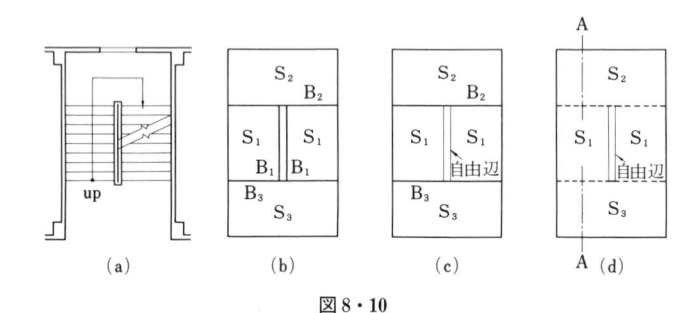

図8・10

1) 踊り場および階段スラブ周辺を，すべてはりまたは十分な厚さの壁で支持したもの，図8・10(b)．
　　各スラブ共，4辺固定として設計する．ただし，階段スラブS_1には段形があり，版剛性が幅方向に大きいから，一般には幅方向のはりの集合として主筋を決めてよい．

2) 踊り場はりB_2, B_3を残し，ささらげたB_1を除いたもの，図8・10(c)．踊り場スラブS_2, S_3は4辺固定，階段スラブS_1は3辺固定1辺自由と考える．S_1の幅が狭い場合は，壁から突き出した片持ばりの集合として設計することもできる．

3) B_2, B_3も除いたもの，図8・10(d)．
　　各スラブが一体となった折版構造と考えるのが正しい．便法として，

片側の断面(図でA—A断面)を考え，屈折スラブとして主筋を決める方法，S_1 は片持ばりとし，S_2, S_3 は3辺固定1辺自由として設計する方法などがある．

8・4 耐 震 壁

(1) 概　　説

耐震壁は，構造物に作用する水平力を負担する重要な構造体であるが，その性質上，不確定の要素も多く，まだ明らかでない点も少なくない．

耐震壁の壁板は，ひび割れができる前は弾性体であるとすると，壁板の中央部に生じる τ_{max} は，I形ばりの曲げ理論から次の式で求められる．

$$\tau_{max} = \chi \frac{Q}{tl} \tag{8・8}$$

ここに　t：壁板の厚さ (mm)

　　　　l：壁両端の柱の中心間の距離 (mm)

　　　　χ：1.1～1.2

壁板にひび割れが発生するのは，鉄筋量の多少にはあまり関係はない．鉄筋量が多ければひび割れは細かく，数が多く，ひび割れの伸展は少なくなり，鉄筋量が少なければひび割れはその逆になる．また，壁板と一体となる柱・はり，すなわちラーメンは，壁板内の鉄筋と同様に，ひび割れの伸展を防ぐとともに，壁板の終局破壊を拘束することになる．

したがって，ラーメンがなければ，耐震壁の耐力は斜張力に対する鉄筋の耐力で決まるが，一体となるラーメンの拘束があれば，壁板は直ちに破壊することはなく，ラーメンの拘束によって，圧縮せん断のずれによる破壊というような状態になると考えてよい．

そこで，壁板にひび割れが発生してからの耐震壁の許容せん断力 Q_A は，壁板の壁筋が負担できる許容せん断力 Q_w と，壁板と一体となっている柱の許容せん弾力 $\sum Q_c$ の和であると考える．

このような考え方は，壁板の配筋と，ラーメンの断面形状とがバランスよく設計されていることが前提となっている．

(2) 無開口壁の許容水平せん断力

無開口壁の許容水平せん断力 Q_A は，次の式のうち大きい方の値を採る．

$$\left.\begin{array}{l}Q_1 = f_{s(短)} tl \\ Q_2 = Q_w + \sum Q_C\end{array}\right\} \qquad (8・9)$$

Q_1 は，式 $(8・8)$ で，$x=1$ すなわち $\tau_{max} \fallingdotseq \bar{\tau} = Q/tl$ とし，$\tau_d = \bar{\tau} = f_s$ として求められる．

設計せん断力 $Q_D \leqq Q_1$ であれば，壁板にはせん断ひび割れを生じないとしてよかろう．したがって，壁板は構造制限によることになる．

壁板に，斜張力によって $45°$ 方向のひび割れが発生したとすると，その斜張力 σ_d を，壁板のせん断補強筋（壁筋）が負担することになる．

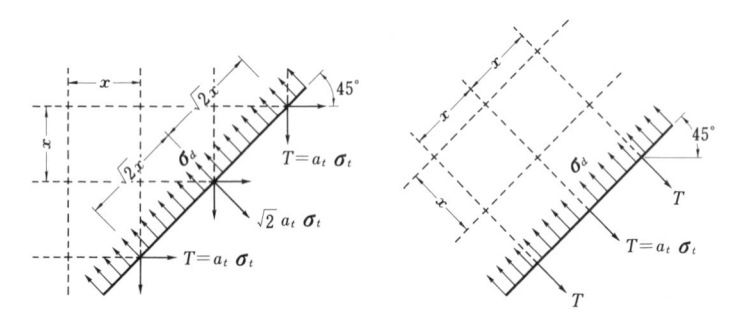

図8・11 壁板の斜張力と，せん断補強筋の負担応力

図8・11のように，せん断補強筋が縦横（斜め）の2方向に，同じように配筋されるものとし，その1方向のせん断補強筋比が，

$$p_s = \frac{a_t}{xt} \qquad (8・10)$$

ここに a_t：壁筋1本の断面積 (mm^2)

x：壁筋の間隔 (mm)

で配筋され，壁筋の引張り強度を，$\sigma_t = f_w$ とすれば，壁板の負担しうる許容水平せん断力 Q_w は次の式となる．

$$Q_w = \bar{\tau} tl' = \sigma_d tl' = \frac{a_t}{xt}\sigma_t tl' = p_s tl' f_w \qquad (8・11)$$

ただし，$p_s > 1.2\%$ ならば，$p_s = 1.2\%$ とする．

壁板のせん断ひび割れが，付帯ラーメンに達しそうになったとき，その伸展を防ぎ，斜張力のすべてを負担することのできる付帯ラーメンは，表8・5のような断面条件が推奨される．

柱・はりの断面積が $st/2$ 以上，最小径が $2t$ 以上，のいずれかの条件を満

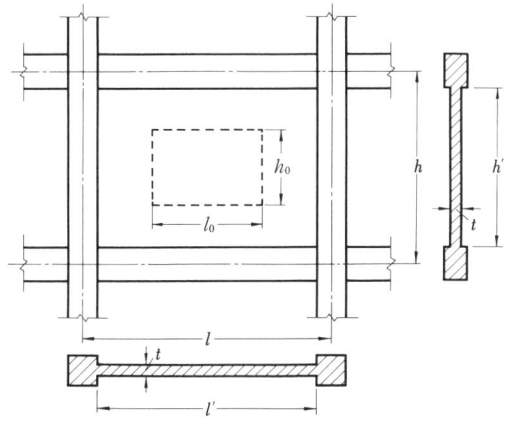

図 8・12 耐震壁の寸法

表 8・5 拘束効果の期待できる付帯ラーメン

柱・はりの断面積	$\dfrac{st}{2}$ 以上
柱・はりの最小径	$\sqrt{\dfrac{st}{3}}$ 以上, かつ $2t$ 以上

(注) s：壁板 l', h' の短い方の長さ (図 8・12)

足していない付帯ラーメンは，その部材端部に，壁板より先にせん断ひび割れを生じることがあるといわれている．

付帯ラーメンの柱 1 本が負担できる許容せん断力 Q_C には，式 (6・11) の Q_A をそのまま適用するが，壁板のせん断補強筋比 $p_s=1.2\%$ の耐震壁の水平せん断耐力の実験値より，式 (8・9) の Q_2 の値が大きくならないように，せん断スパン比 M/Qd に関する増割し係数 $\alpha=1.5$ となり，式 (6・11) から，付帯ラーメンの柱 1 本の負担できる許容せん断力は次の式で示される．

$$Q_C = \{1.5 f_s + 0.5 f_w (p_w - 0.002)\} bj \tag{8・12}$$

ただし，p_w が 1.2% より大きい場合は，$p_w=1.2\%$ として計算する．

なお，式 (8・11) から，壁板の縦および横方向の壁筋の間隔 x を求めると次のようになる (計算図表は計算規準解説を参照されたい)．

$$x = a_t f_w \dfrac{l'}{Q_w} \tag{8・13}$$

(3) 開口をもつ耐震壁の許容水平せん断力

開口部は一般に長方形であるので，そのぐう角部に応力集中が起こり，解析的には無限大の引張り力が作用することになる．その結果，ぐう角部にはひび割れを生じる．したがって，開口をもつ耐震壁では，ひび割れの発生そのものよりも，集中応力の分布と，ひび割れの伸展を防ぐことが問題である．

(a) 許容水平せん断力　　開口をもつ耐震壁の許容水平せん断力は，無開口の場合の式 (8・9) に，開口の影響を入れて，次の式のうち大きい方の値を

採る。すなわち，

$$\left.\begin{array}{l} Q_1 = r f_s t l \\ Q_2 = r(Q_w + \sum Q_c) \end{array}\right\} \quad (8 \cdot 14)$$

ここに　r：開口による低減率

r は次の式の r_1, r_2 のうちの，小さい方の値を採る。r_1 は水平断面に対する開口部の控除であり，r_2 は開口部の高さも考慮したものである。もちろん，$h_0 = l_0 = 0$ とすれば，$r = 1$ となり，式 (8・14) は式 (8・9) に一致する。

$$\left.\begin{array}{l} r_1 = 1 - \dfrac{l_0}{l} \\ r_2 = 1 - \sqrt{\dfrac{h_0 l_0}{h l}} \end{array}\right\} \quad (8 \cdot 15)$$

ただし，式 (8・15) の適用限界として，

$$\sqrt{\dfrac{h_0 l_0}{h l}} \leq 0.4 \quad (8 \cdot 16)$$

を満足する必要がある。

この範囲以上の開口は，壁板としてせん断抵抗を主とする取扱いより，曲げ抵抗を主とする取扱いで，剛域を考慮したラーメンの解法によるのがより妥当である。

図 8・13 は，式 (8・15) の計算図表である。

壁筋の算定は無開口壁の場合と全く同じで，断面の変更なども，無開口壁に準じる。

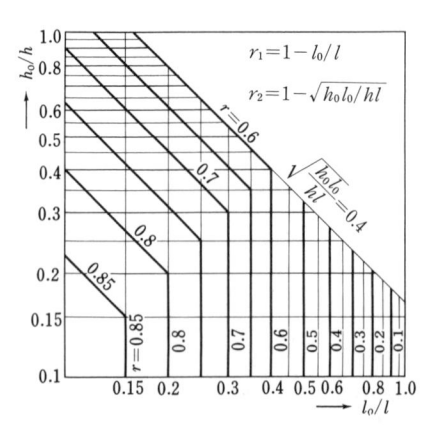

図 8・13　開口による低減率 r の計算図表

（b） 開口周辺の補強　　開口部周辺は壁筋のほか，開口ぐう角部の斜張力および縁張力に対する補強が必要になる．

図 8・14 に示すように，ぐう角部の斜張力 T_d は，無開口壁とみなしたときの開口部位置の斜張力の 1/2 と考える．

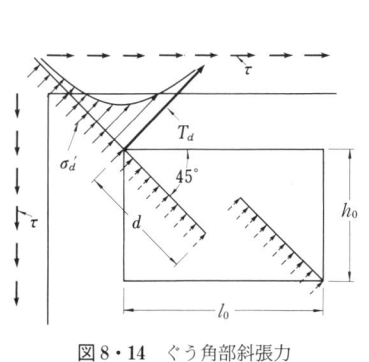

図 8・14　ぐう角部斜張力　　　　図 8・15　垂直縁張力

$$\sigma_d' = \bar{\tau}' = Q/lt$$

であるから，ぐう角部の斜張力は，

$$T_d = \sigma_d' dt = \frac{d}{l}Q = \frac{h_0 + l_0}{2\sqrt{2}\,l}Q \tag{8・17}$$

で算定される．

開口ぐう角部の垂直縁張力 T_v は図 8・15 に示すように，反曲点を開口縁の中央部に仮定して，

ぐう角部の曲げモーメント，$\dfrac{Q}{2} \times \dfrac{h_0}{2}$

に対する力のつりあいから算定される．すなわち，$\dfrac{Q}{2} \cdot \dfrac{h_0}{2} = T_v \dfrac{l - l_0}{2}$ であるから，垂直縁張力は次の式で算定される．

$$T_v = \frac{h_0}{2(l - l_0)}Q \tag{8・18}$$

開口ぐう角部の水平縁張力 T_h も同じようにして次の式で求められる．

$$T_h = \frac{l_0}{2(h - h_0)} \frac{h}{l} Q \tag{8・19}$$

したがって，ぐう角部の各補強筋は次の式でなければならない．

$$T_d,\ T_v,\ T_h \leq a_t f_t \tag{8・20}$$

開口部周辺の補強筋は主筋と同様に，13ϕ または D 13 以上とする．

設計用水平せん断力 $Q_D \leq Q_1 = rf_s tl$ であれば，Q_D の大部分は壁板が負担しているものとしてよいが，

$$Q_D > Q_1 = rf_s tl$$

であれば，$Q_1 = rf_s tl$，$_rQ_w = rp_s f_w tl'$ のうち，大きい方を壁板が負担する Q として，式 (8・17)，(8・18)，(8・19) の T_d，T_v，T_h を算定する．

その場合，$_rQ_w$ が大きくて，$Q = {_rQ_w}$ として算定する場合は，$l = l'$，$h = h'$ として算定する．（l'，h' は図 8・12 による）

(4) 構 造 制 限

耐震壁は，前述の算定のほか，次のような構造制限がある．

1) 壁板の厚さは，$t \geq 120\,\text{mm}$ で，かつ $t \geq h'/30$ とする．
2) 壁板のせん断補強筋比は，直交する各方向について，それぞれ $p_s \geq 0.25\%$ とする．
3) 壁板厚 $t \geq 200\,\text{mm}$ の場合は，壁筋は複配筋とする．
4) 壁筋は 9ϕ，D 10 以上とするか，素線の径が 6 mm 以上の溶接金網を用いる．
5) 壁筋の間隔は，壁の見付け面に関して 300 mm 以下とする．千鳥に複配筋をする場合は，片面の壁筋の間隔は 450 mm 以下とする．
6) 壁板周辺のはり・柱は，それぞれの構造制限に従うのはいうまでもないが，はりの主筋の全断面積は，スラブを除くはりのコンクリート全断面積の 0.8% 以上とする．
7) 壁板周辺のはり，柱のあばら筋・帯筋は，それぞれの構造制限による．

［例 題 1］ はり中心間距離 x 方向 4 m，y 方向 5 m（はり幅 300 mm）とし，床スラブを設計する．なお，積載荷重 $= 3\,\text{kN/m}^2$，仕上荷重 $= 0.8\,\text{kN/m}^2$，$F_c = 21\,\text{N/mm}^2$，SD 295 とする．

［解］　$l_x = 4.0 - 0.3 = 3.7\,\text{m}$，
　　　　$l_y = 5.0 - 0.3 = 4.7\,\text{m}$，
　　　　$\lambda = l_y/l_x = 4.7/3.7 = 1.27$

表 8・2 からスラブ厚 t は，

$$t = 0.02\left(\frac{1.27 - 0.7}{1.27 - 0.6}\right)\left(1 + \frac{3.0 + 0.8}{10} + \frac{3\,700}{10\,000}\right) 3\,700 = 110 \to 120\,\text{mm}$$

とする．

単位面積当たりの荷重 w は,
$$w = 3.0 + 0.8 + 24 \times 10^{-3} \times 120 = 6.68 \text{ kN/m}^2$$
$$w_x = \frac{4.7^4}{4.7^4 + 3.7^4} \times 6.68 = 4.78 \text{ kN/m}^2$$

設計用曲げモーメントは,表8・1から
$$M_{x1} = -\frac{1}{12} \times 4.78 \times 3.7^2 = -5.45 \text{ kN·m/m}$$
$$M_{x2} = \frac{1}{18} \times 4.78 \times 3.7^2 = 3.65 \text{ kN·m/m}$$
$$M_{y1} = -\frac{1}{24} \times 6.68 \times 3.7^2 = -3.81 \text{ kN·m/m}$$
$$M_{y2} = \frac{1}{36} \times 6.68 \times 3.7^2 = 2.54 \text{ kN·m/m}$$

図 8・16

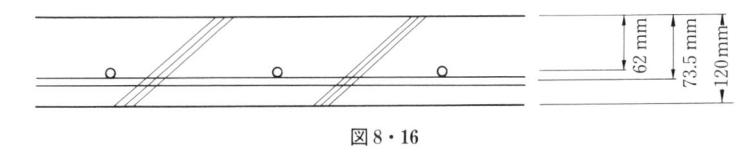

スラブの有効せい d を図 8・16 のように,x 方向 73.5 mm,y 方向 62 mm とし,式 (8・7) から表 8・6 のように配筋を決定する.

表 8・6

		M (kN·m/m)	鉄筋	a_t (mm²/本)	$b = 0.17 a_t d/M$ (mm)	設計鉄筋間隔 (mm)
x 方向	端部	-5.45	D 10,D 13 交互	99	227	200
	中央	3.65	D 10	71	243	200
y 方向	端部	-3.81	D 10,D 13 交互	99	274	250
	中央	2.54	D 10	71	295	250

配筋図は図 8・17 のようになる.

[例 題 2] 図 8・18 の階段スラブを,3 辺固定 1 辺自由スラブとして配筋を決める.なお,積載荷重 = 3 kN/m²,固定荷重 = 7 kN/m²,$F_c = 21$ N/mm²,SD 295 とする.

[解] 水平単位面積当たり荷重 w_1 は
$$w_1 = 3.0 + 7.0 = 10.0 \text{ kN/m}^2$$

図 8・19 (a) のように,曲げモーメントを生じさせるスラブと垂直方向の成分をとり,階段面単位面積当たりの荷重を w_2 とすると
$$w_2 = w_1 \times \cos^2 \theta = 10.0 \times \left(\frac{270}{325}\right)^2 = 6.9 \text{ kN/m}^2$$

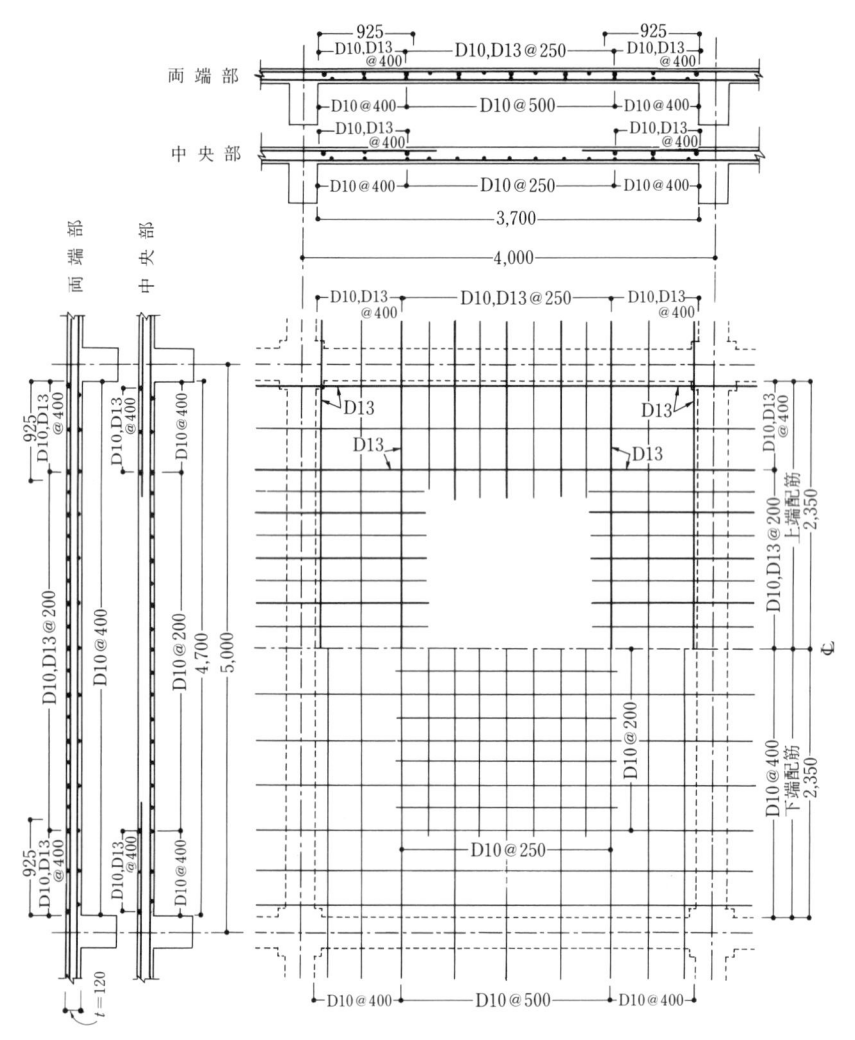

[注意事項]　1. 周辺下ば筋は計算上不要だが、ぐう角部下側には対角線上にひび割れを生じ、鉄筋がないと終局耐力が落ちるので、柱列帯（図8・9のBゾーン）の下ば筋は、必ず端まで通す。

　2. 柱列帯の配筋間隔は応力上では図のように大きくなるが、実際には安全をみて上下千鳥にするなどして、見付け面について300 mm間隔以下になるようにするのがのぞましい。

　3. D10だけでは、配筋が乱れやすいので、D13を適当に混用する。

図8・17　床スラブ配筋図

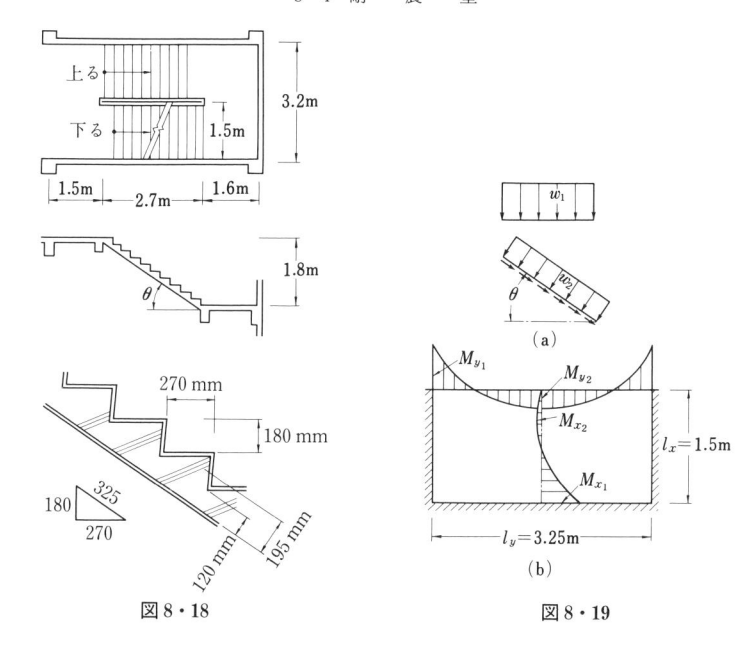

図 8・19 (b) の各部曲げモーメントを付図 3・2 を用い算定する．

$l_x=1.5$ m, $l_y=3.25$ m, $l_y/l_x=2.2$

$M_{x_1}=-0.232\times 6.9\times 1.5^2=-3.6$ kN・m/m

$M_{x_2}=0.025\times 6.9\times 1.5^2=0.4$ kN・m/m

$M_{y_1}=-0.304\times 6.9\times 1.5^2=-4.7$ kN・m/m

$M_{y_2}=0.093\times 6.9\times 1.5^2=1.4$ kN・m/m

x 方向

 端部 $M=3.6$ kN・m/m, $d=70$ mm D 10 使用, $a_t=71$ mm²/本

   $b=\dfrac{0.17 a_t d}{M}=\dfrac{0.17\times 71\times 70}{3.6}=235$ mm → 200 mm

y 方向

 端部 $M=4.7$ kN・m/m, $d=80$ mm

   D 10, D 13 交互に使用, $a_t=99$ mm²/本

   $b=\dfrac{0.17\times 99\times 80}{4.7}=286$ mm → 200 mm

 中央 $M=1.4$ kN・m/m, $d=80$ mm D 10 使用, $a_t=71$ mm²/本

   $b=\dfrac{0.17\times 71\times 80}{1.4}=690$ mm → 200 mm

図 8・20 階段配筋図

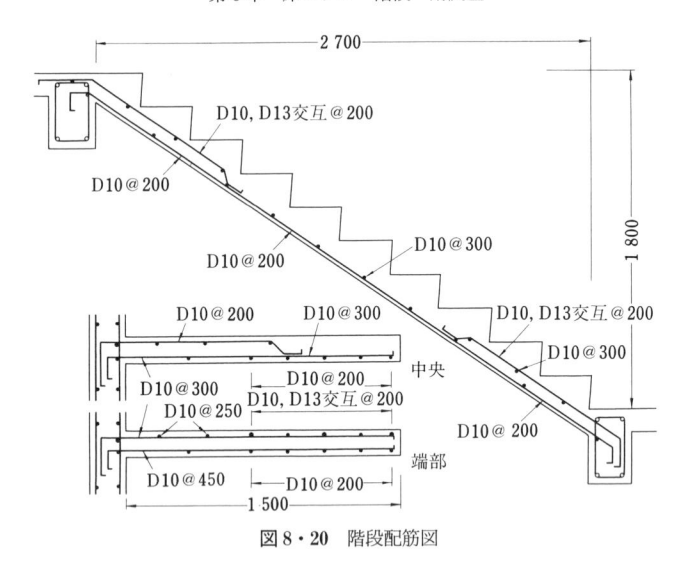

[**例 題 3**] [例題 2]と同じ階段スラブを，図 8・21 のように各段ごとに区分し，それぞれ片持ばりとして設計する．

[**解**]
$$w_1 = 10 \text{ kN/m}^2$$
$$M = 10 \times 0.27 \times \frac{1.6^2}{2} = 3.5 \text{ kN·m}$$

$D = 230$ mm, $d = 180$ mm とすると

$$a_t = \frac{35 \times 10^6}{195 \times 180 \times \frac{7}{8}} = 1\,140 \text{ mm}^2$$

安全をみて各段ごとに 1-D 13, 1-D 10 ($a_t = 19.8$ mm^2) を，図 8・22 (a) のように配筋する．

階段スラブを指示する壁には曲げモーメントが生じる．スラブ端曲げモーメントの 0.65 倍に対して壁筋の補強を行う．

$$0.65M = 0.65 \times 3.5 \times \frac{100}{27} = 8.4 \text{ kN·m/m}$$

$D = 200$ mm, $d = 160$ mm として

$$a_t = \frac{84 \times 10^6}{195 \times 160 \times \frac{7}{8}} = 3\,077 \text{ mm}^2/\text{m}$$

壁配筋：D 10@250（ダブル）$a_t = 2\,850$ mm^2/m ⎫
補強筋：D 10@250（ダブル）$a_t = 2\,850$ mm^2/m ⎭ 計 $5\,700 > 3\,077$ mm^2/m　O.K.

図8・22(b)のように階段スラブに沿って補強筋を入れる．

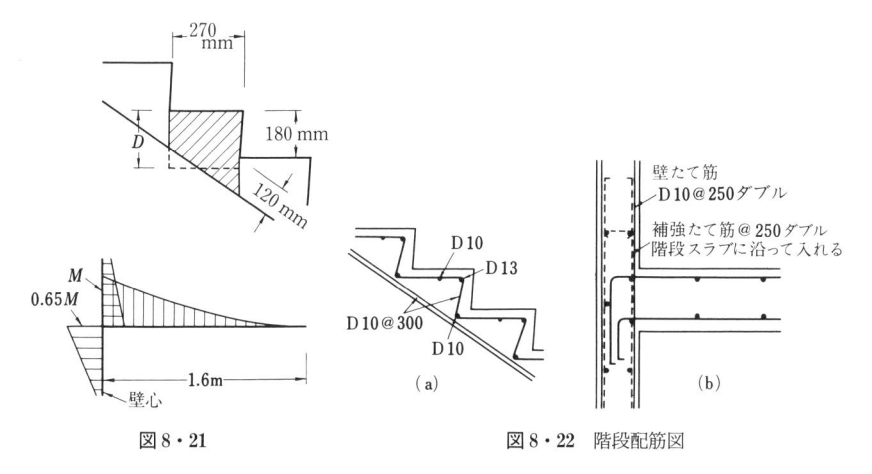

図8・21

図8・22 階段配筋図

[**例 題 4**] 図8・23に示す耐震壁に設計荷重 $Q_D = 1\,550$ kN, $M = 5\,580$ kN·m, 柱1本当たりの軸方向力 $N = 1\,000$ kN が作用する断面を設計する．ただし SD 295, $F_c = 21$ N/mm², 柱の主筋は 8-D 22 とする．

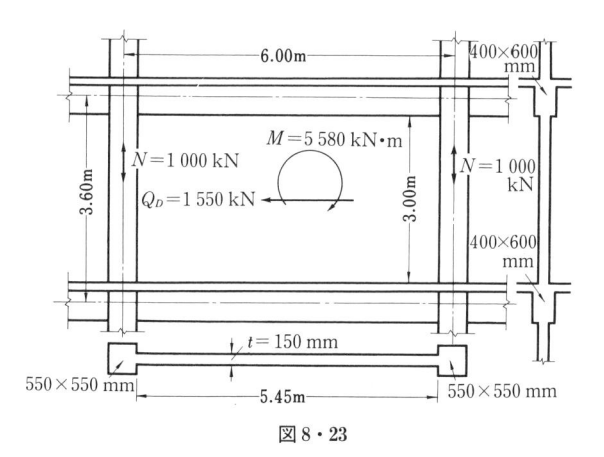

図8・23

[**解**] 柱・はりの断面形状の検討，表8・5より

$$550 \times 550 = 302\,500 > \frac{st}{2} = \frac{3\,000 \times 150}{2} = 225\,000$$

$$400 > \sqrt{\frac{st}{3}} = \sqrt{\frac{300 \times 15}{3}} = 387 \quad \text{O.K.}$$

補強筋算定の検討

　式 (8・9) $Q_1 = f_s t l = 1.05 \times 150 \times 6\,000 = 945$ kN $< Q_D = 1\,550$ kN　算定の要あり

柱のせん断補強

Q_D の 1/2 を柱が負担するものとすると，

$$\frac{\Sigma Q_c{}'}{Q_D}=0.5 \qquad Q_c{}'=\frac{0.5\times Q_D}{2}=\frac{0.5\times 1\,550}{2}=388\text{ kN}$$

式 (8・12) $\alpha=1.5$ とする． $\alpha f_s bj=1.5\times 1.05\times 550\times 429=372\text{ kN}$

$$\Delta Q_c{}'=Q_c{}'-\alpha f_s bj=388-372=16\text{ kN}$$

$$\frac{\Delta Q_c{}'}{bj}=\frac{16\times 10^3}{550\times 429}=0.07 \quad 図 6・8 から \quad p_w=0.25\%$$

2-D10 とすれば $a_w=143\text{ mm}^2 \quad x=\dfrac{143}{550\times 0.0025}=104 \to @100\text{ mm}$ とする．

$$p_w=\frac{143}{550\times 100}=0.0026 \quad 図 6・8 から \quad \frac{\Delta Q_c}{bj}=0.1$$

$$\Delta Q_c=0.1\times 550\times 429=23.6\text{ kN}$$

$$Q_c=\alpha f_s bj+\Delta Q_c=372+23.6=396\text{ kN}$$

壁板のせん断補強

式 (8・9) $Q_w=Q_D-\Sigma Q_c=1\,550-396\times 2=758\text{ kN}$

$$\frac{Q_w}{l'}=\frac{758}{5.45}=139\text{ kN/m}$$

D10 として $a_t=71\text{ mm}^2, \quad x=a_t f_w \dfrac{l'}{Q_w}=\dfrac{71\times 295}{139}=151\text{ mm}$

縦横とも @150 mm

はりのあばら筋 2-D10@100 mm とする．

$$\left(p_w=\frac{a_t}{bx}=\frac{143}{400\times 100}=0.0036 \quad 柱と等量以上ある\right)$$

柱の軸力，曲げモーメントの検討

圧 縮 側 $N+\dfrac{M}{l}=1\,000+\dfrac{5\,580}{6}=1\,930\text{ kN}$

引張り側 $N-\dfrac{M}{l}=1\,000-\dfrac{5\,580}{6}=70\text{ kN}$ 引抜き力を生じない．

柱の許容圧縮力 $N_A=f_c(bD+na)=14(550\times 550+15\times 3\,096)$
$\qquad\qquad\qquad =4\,885\text{ kN}>1\,930\text{ kN}$ O.K.

はりの主筋

$p_g=0.8\%$ とすると，$a=bdp_g=400\times 550\times 0.008=1\,760\text{ mm}^2$

6-D22 $(a=2\,322\text{ mm}^2)$ とする．

◎ 演 習 問 題（6）

（1） 等分布荷重 8.2 kN/m² (固定荷重を含む) を受ける．持出し長さ 1.8 m の片持ばり式スラブの必要主筋断面積を求めよ．ただし，支持端のスラブ厚さ 220

mm，$F_c=21\,\mathrm{N/mm^2}$，SD 295 とする．

（2） $l_x=4.7\,\mathrm{m}$，$l_y=5.7\,\mathrm{m}$ の等分布荷重 $7.5\,\mathrm{kN/m^2}$ を受ける 4 辺固定長方形スラブを設計せよ．

（3） ［例題 4 ］の耐震壁に，$Q_D=350\,\mathrm{kN}$ の水平力がかかり，壁板の中央部に $l_0=2\,\mathrm{m}$，$h_0=1.2\,\mathrm{m}$ の開口がある場合の壁板のせん断補強，開口周辺の補強筋を算定せよ．

第9章 定着と継手

　鉄筋コンクリート構造のコンクリートは，一体となるように打ち込まれる．したがって，他の構造の継手や仕口は，鉄筋コンクリート構造では，鉄筋の継手や定着 (anchorage) ということになり，鉄筋とコンクリートとの付着力が鉄骨構造のリベットやボルトの役をすることになる．

9・1　鉄筋のフックと折曲げ部

　鉄筋がコンクリートからずり抜けないように，また鉄筋の応力を他の鉄筋やコンクリートに伝えるように，十分な長さの定着や継手が必要であり，鉄筋端に引掛りの爪をつけることがある．これをフック (hook) という．
　丸鋼は付着力の信頼性が低いので，必ずフックをつけなければならない．
　異形鉄筋は付着力の信頼性が高いので，十分な定着長さや継手長さがあれば，必ずしもフックをつける必要はない．しかし次のような場合には，異形鉄筋でもフックをつける必要がある．

1) 柱・はり（基礎ばりを除く）の出隅の主筋（ぐう角部が欠けやすい）．
2) 単純ばりの支持端，先端に集中荷重のある片持ちばり・片持スラブの先端，最上階の柱頭，および帯筋・あばら筋（定着長さが十分にとれない）．
3) 煙突（コンクリートが火害を受けて付着力が期待できない）．

　フック端のかぶりが薄ければ，フックの効果は極端に減少するので，フックはコンクリートの内側に向けるようにする．また重ね継手のフックも向き合うように配置しなければ，その効果はない．
　フックや折曲げ部では，鉄筋のわん曲部の内側コンクリートに，局部圧縮応力を生じるが，この局部圧縮応力度の最大値 σ_c を，Saliger は次の式で示した．

$$\sigma_c = \frac{1.15 \sigma_t d}{r} \quad (\text{N/mm}^2) \tag{9・1}$$

　　ここに　σ_t：鉄筋の引張り応力度 (N/mm²)
　　　　　　d, r：鉄筋径 (mm)，わん曲部内の半径 (mm)

したがって，コンクリートの局部圧縮が大きくなる高張力鉄筋や，局部圧縮

9・1 鉄筋のフックと折曲げ部

に弱い軽量コンクリートを使用する場合は，わん曲部の内のり半径を大きくする必要があるが，それらを考慮したフックおよび中間折曲げ部の標準寸法を，表9・1，表9・2に示しておく．

表9・1 鉄筋末端部の折曲げ形状・寸法 (JASS 5)

折曲げ角度	図	種類	折曲げ内のり直径(D)
180° 135° 90°(2)	余長 $4d$以上 余長 $6d$以上(3) 余長 $8d$以上(3)	SR 235	$3d$ 以上(1)
		SD 295A　SD 295B SDR 295 SR 295 SD 345　SDR 345	径 16 mm，D 16 以下 $3d$ 以上 D 19 〜 D 38　　　　$4d$ 以上
		SD 390	$5d$ 以上

注)（1） d は，丸鋼では径，異形鉄筋では呼び名に用いた数値とする．
　（2） 折曲げ角度90°は，スラブ筋・壁筋末端部またはスラブと同時に打ち込むT形およびL形ばりに用いるU字形あばら筋とともに用いるタイのみに用いる．
　（3） 片持ちスラブの上端筋の先端，壁の自由端に用いる先端は，余長は $4d$ 以上でよい．

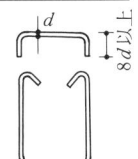

表9・2 鉄筋中間部の折曲げ形状・寸法 (JASS 5)

折曲げ角度	図	鉄筋の使用箇所による呼称	鉄筋の種類	鉄筋の径による区分	鉄筋の折曲げ内のり寸法(D)
90°以下		帯筋 あばら筋 スパイラル筋	SR 235，SD 295A， SD 295B，SDR 295， SR 295，SRR 295， SD 345，SDR 345，	16ϕ 以下 D 16	$3d$ 以上
				19ϕ 以下 D 19	$4d$ 以上
		上記以外の鉄筋	SR 235，SD 295A， SD 295B，SDR 295， SD 345，SDR 345， SD 390	16ϕ 以下 D 16	$4d$ 以上
				$19\phi \sim 25\phi$ D 19 〜 D 25	$6d$ 以上
				$28\phi \sim 32\phi$ D 28 〜 D 38	$8d$ 以上

注)（1） d は，丸鋼では径，異形鉄筋では呼び名に用いた数値とする．

9・2 定着長さ，継手長さ

(1) 定着，継手部の付着応力度

フックのない場合の定着部，継手部の付着応力度は，式(2・24)と同じく，一様に分布するものとして，次の式で求められる．

$$\tau_a' = \frac{T}{\phi l} = \frac{\sigma a}{\phi l} \quad (\mathrm{N/mm^2}) \tag{9・2}$$

ここに　τ_a'：付着応力度 $(\mathrm{N/mm^2})$
　　　　T：定着部，継手部の鉄筋の最大存在応力 (N)
　　　　ϕ：鉄筋の周長 (mm)
　　　　l：定着長さ，継手長さ (mm)
　　　　σ：定着部，継手部の最大存在応力度 $(\mathrm{N/mm^2})$
　　　　a：鉄筋断面積 $(\mathrm{mm^2})$

フックのある場合，フックの負担率は，丸鋼の場合引抜き力の 2/3 以上，異形鉄筋の場合 1/4 以下といわれている．計算基準では，フックは鉄筋応力の 1/3 を伝え，残りの 2/3 が付着力によって伝えられるものとしている．したがって，フックのある場合の定着，継手部の付着応力度は，式(9・2)から，次の式で求められる．

$$\tau_a' = \frac{2}{3}\frac{T}{\phi l} = \frac{2}{3}\frac{\sigma a}{\phi l} \quad (\mathrm{N/mm^2}) \tag{9・3}$$

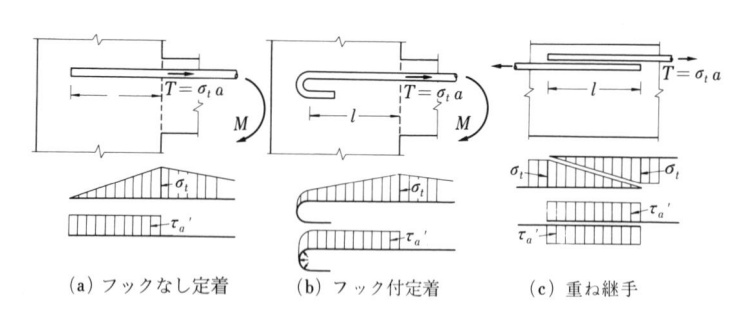

(a) フックなし定着　　(b) フック付定着　　(c) 重ね継手

図9・1　定着・継手部の付着応力度

(2) 定着，および継手の長さ

鉄筋が直径 d の円形断面ならば，$a = \pi d^2/4$
　　　鉄筋の周長は，$\phi = \pi d$

9・2 定着長さ，継手長さ 187

表 9・3 定着・継手の最小限長さ

(計算規準)

鉄筋		コンクリートの設計基準強度	≦25 N/mm²		>25 N/mm²	
		フックの有無	無	有	無	有
丸鋼		SR 235	—	$25d$	—	$20d$
		SR 295	—	$30d$	—	$25d$
異形鉄筋		SDR 235	$20d$	$15d$	$15d$	$10d$
		SD 295 A・SD 295 B SDR 295	$25d$	$20d$	$20d$	$15d$
		SD 345・SDR 345	$30d$	$20d$	$25d$	$15d$
		SD 390	$35d$	$25d$	$30d$	$20d$

注)(1) d は，丸鋼では直径，異形鉄筋では呼び名に用いた数値(mm)で，d の異なる鉄筋の継手においては細い方の値とする．

であり，付着応力度は，$\tau_a' \leq f_a$，(f_a：定着，継手の許容付着応力度)でなければならない．したがって，定着，継手長さを，$l=nd$ とすれば，式(9・2)，(9・3)から次の式がえられる．

$$\left.\begin{array}{l}\text{フックのないとき，}l \geq nd, \ n=\dfrac{\sigma}{4f_a} \\ \text{フックのあるとき，}l \geq nd, \ n=\dfrac{\sigma}{6f_a}\end{array}\right\} \quad (9・4)$$

鉄筋の存在応力度 σ が小さいと，定着，継手長さが短くなる．定着長さ，継手長さがあまりに短いのは好ましくないので，計算規準では，表9・3のように最小限長さを定め，定着長さ，継手長さが短くなるのを防ぐことにしている．

実際には，式(9・4)で n を求めて，定着長さ，継手長さを決めるのは繁雑であるので，通常，定着・継手の常用の長さを使用する．表9・4に，定着・継手の常用の長さを示しておく．

式(9・4)で n が最大となるのは，次の式のうちいずれかの場合である．

$\sigma=\sigma_t=f_t$　　f_t：鉄筋の許容引張り応力度 (N/mm²)

$\sigma=\sigma_c=(_sE/_cE)f_c$　　または $_rf_c$ のうち小さい方の値 (N/mm²)

ここに　f_c：コンクリートの許容圧縮応力度 (N/mm²)

　　　　$_rf_c$：鉄筋の許容圧縮応力度 (N/mm²)

短期の $\sigma_t=f_t$ として，定着・継手長さに十分な安全をもたせるため，表

第9章 定着と継手

表9・4 鉄筋の定着および重ね継手の長さ　　　　　　　　　　　（計算規準・同解説）

種類	コンクリートの設計基準強度 (N/mm^2)	重ね継手の長さ (L_1)	定着の長さ 一般 (L_2)	定着の長さ 下ば筋 (L_3) 小ばり	定着の長さ 下ば筋 (L_3) 床・屋根スラブ
SR 235	15.0 18.0	$45d$ フック付き	$45d$ フック付き	$25d$ フック付き	150 mm フック付き
SR 235	21.0 22.5 24.0	$35d$ フック付き	$35d$ フック付き	$25d$ フック付き	150 mm フック付き
SD 295 A SD 295 B SDR 295 SD 345 SDR 345	15.0 18.0	$45d$ または $35d$ フック付き	$40d$ または $30d$ フック付き	$25d$ または $15d$ フック付き	$10d$ かつ 150 mm 以上
SD 295 A SD 295 B SDR 295 SD 345 SDR 345	21.0 22.5 24.0	$40d$ または $30d$ フック付き	$35d$ または $25d$ フック付き	$25d$ または $15d$ フック付き	$10d$ かつ 150 mm 以上
SD 295 A SD 295 B SDR 295 SD 345 SDR 345	27.0 30.0 36.0	$35d$ または $25d$ フック付き	$30d$ または $20d$ フック付き	$25d$ または $15d$ フック付き	$10d$ かつ 150 mm 以上
SD 390	21.0 22.5 24.0	$45d$ または $35d$ フック付き	$40d$ または $30d$ フック付き	$25d$ または $15d$ フック付き	$10d$ かつ 150 mm 以上
SD 390	27.0 30.0 36.0	$40d$ または $30d$ フック付き	$35d$ または $25d$ フック付き	$25d$ または $15d$ フック付き	$10d$ かつ 150 mm 以上

注）1．末端のフックは，定着長さに含まない．
　　2．d は，丸鋼では径，異形鉄筋では呼び名に用いた数値とする．
　　3．耐圧スラブの下ば筋の定着長さは，一般定着（L_2）とする．（p.304 付図4 参照）

　2・14 の許容付着応力度の弱い方の曲げ材上ば筋の値を用い，はり筋の柱への定着は，その他の鉄筋の値（上ば筋の値の 1.5 倍）を用い，表9・3 を考慮して整理したものが表2・4 である．
　表9・3 の最小限長さの制限にもかかわらず，床スラブ・屋根スラブおよび小ばりの下ば筋の仕口への定着長さは，コンクリートおよび鉄筋の強度や種類を問わず，次のようにしてよい．

床スラブ・屋根スラブの下ば筋 { 丸鋼の場合──フックつき 150 mm 以上
異形鉄筋の場合──$10d$ かつ 150 mm 以上

小ばりの下ば筋 $\begin{cases} 丸鋼の場合——フックつき 25d 以上 \\ 異形鉄筋の場合——25d またはフックつき 15d 以上 \end{cases}$

なお,単筋ばりでよいはりの圧縮鉄筋や,せいの高いはりの中腹筋など,計算上不必要な鉄筋には,最小限長さは適用しなくてもよい.

継手は応力の小さいところに設けるのを原則とし,径の異なる鉄筋を継ぐ場合には,小さい方の径を基準とする.

28ϕ 以上の丸鋼や D 29 以上の異形鉄筋は,重ね継手の効果は期待できないので,通常重ね継手は用いない.

付図 3・4 に定着長さの一般的な取り方を示しておく.

溶接金網の定着長さ,継手長さは,支持部材表面から,溶接金網のいちばん端にある横筋までの距離,最外端の横筋の間の長さとする.

溶接金網の定着長さ,継手長さは,横筋間隔に 50 mm を加えた長さ以上で,かつ,150 mm 以上と定められている.

溶接金網の定着長さ,継手長さのとりかたを,図 9・2 に示す.

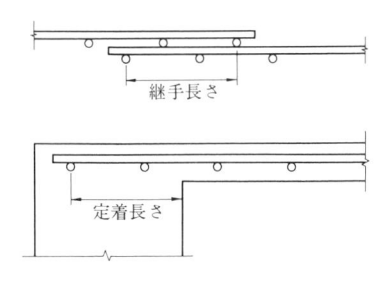

図 9・2 溶接金網の定着・継手長さ

9・3 主筋の延長長さと余長

算定断面から曲げ材のスパン途中までの主筋の長さ(延長長さということにしておく)は,その鉄筋の存在応力を,付着力によってコンクリートに伝えるだけの長さが必要である.この付着力は,一般にせん断力による付着応力(式 (6・18))によって検討されるが,それによらない場合には,算定断面から鉄筋端までの延長長さ l_d は,次の式によることになる.

フックのない場合

$$l_d \geqq \frac{\sigma_t a}{0.8 f_a \psi} + j \text{ (mm)}$$

フックのある場合

$$l_d \geqq \frac{2}{3} \cdot \frac{\sigma_t a}{0.8 f_a \psi} + j \text{ (mm)}$$

(9・5)

ここに　σ_t：曲げ材引張り鉄筋の検定位置における鉄筋の引張り応力度 (N/mm²)

　　　　j：曲げ材の応力中心距離

　　　　$j = 7d/8$ (mm)

式(9・5)は，図9・3に示すように，材端には斜めせん断ひび割れが生じる可能性を考えて，算定断面の鉄筋応力 σ_t が，算定断面から j だけ離れた面まで一様に分布するとみなし，それより鉄筋端までは，許容付着応力（安全をみて $0.8 f_a$ を採る）によって定着されるものとして算定される．

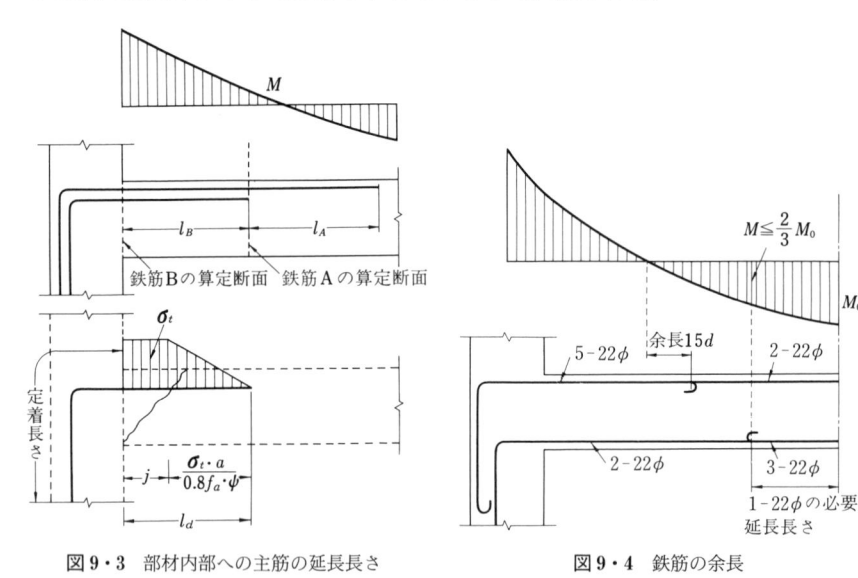

図9・3 部材内部への主筋の延長長さ　　　**図9・4** 鉄筋の余長

図9・3の l_A のように，延長長さの端部が，部材の圧縮側まで延長される場合は図9・4の余長 $15d$ 以上とする．

式(9・5)から，$\sigma_t = f_t$（短期）として，$(l_d - j)$ を前述の定着・継手の常用長さと同様にして求めたものが，表9・5である（短期で算定すれば安全側になる）．

表9・5　異形鉄筋に対する $(l_d - j)$ の値　　（計算規準・同解説）

f_t (N/mm²)	F_c (N/mm²) フック	上 ば 筋				その他の鉄筋			
		18	21	24	27	18	21	24	27
240	フック無	$42d$	$36d$	$33d$	$31d$	$28d$	$24d$	$22d$	$21d$
	フック有	$28d$	$24d$	$22d$	$21d$	$19d$	$16d$	$14d$	$14d$
300	フック無	$52d$	$45d$	$41d$	$39d$	$35d$	$30d$	$27d$	$26d$
	フック有	$35d$	$30d$	$27d$	$26d$	$23d$	$20d$	$18d$	$17d$
350	フック無	$61d$	$52d$	$47d$	$45d$	$41d$	$35d$	$32d$	$30d$
	フック有	$41d$	$35d$	$32d$	$30d$	$27d$	$23d$	$21d$	$20d$
400	フック無	$69d$	$60d$	$54d$	$51d$	$46d$	$40d$	$36d$	$34d$
	フック有	$46d$	$40d$	$36d$	$34d$	$31d$	$27d$	$24d$	$23d$

　はりの端部，上ば引張り鉄筋は，折曲げ筋を除いて，反曲点をこえ，圧縮側に延長して定着することが望ましいが，この場合の反曲点からの余長は，図9・4のように，$15d$ 以上とする．

　はりの正曲げに対する中央下ば引張り鉄筋のうち，少なくとも 1/3 は，はり端まで延長して支持部材に定着することが望ましい．

　また，短期応力が存在する部材では，端部負曲げに対する引張り鉄筋のうち，少なくとも 1/3 は，材の全長にわたって連続させる必要がある．

　部材の中間部で，曲げモーメントに対して，鉄筋の数を減らすときは，鉄筋の算定断面から，式 (9・5) による必要な延長長さを求め，その延長長さ端における曲げモーメントの大きさで，残りの必要鉄筋量を決めることになる（図9・4 参照）．

9・4　継手の工法と位置

　丸鋼の 28ϕ 以下，異形の D 29 以下の棒鋼の継手は，通常，重ね継ぎであるが，溶接を用いると，鉄筋が節約され，コンクリートは打ち込みやすく，応力の伝達は確実になる．したがって，9〜32 mm の細い鉄筋の接合には，「ガス圧接」がよく用いられる．

　ガス圧接の良否は，圧接工の技能に左右される．圧接の作業環境をよくして，十分な圧接強度がえられるよう，事前の施工計画が肝要である．

　コンクリートが高強度になり，異形鉄筋の使用が一般化すれば，太径の異形

鉄筋が使われるようになるのは当然のことである．したがって，重ね継手やガス圧接のほかに，新しい継手の工法が開発されるようになる．

鉄筋の接合の工法は，溶接によるものと，スリーブなどを使用するものとに大別できる．ここでは，その工法の概要を紹介するにとどめる．詳細はそれぞれの専門書によられたい．

溶 接 継 手

　├ガス圧接―鉄筋径 32 mm まで
　├電気圧接―フラッシュバット法，鉄筋径 50 mm 程度まで可能
　└テルミット溶接―テルミット反応で，鉄筋を突合せ溶接する

スリーブ継手

　├カラー接合―鋼管などのカラーを鉄筋に圧着またはしぼり，カラーのせん断と引張り強度によって力を伝達する．
　├ねじ形接合―鉄筋にねじを切り，カップラーでつなぐ，ねじのせん断とカップラーの引張り強度によって力を伝達する．
　└充塡接合―鋼製のスリーブの中に鉄筋をはめ，その中に充塡材を注入し，充塡材のせん断強度とスリーブの引張り強度によって力を伝達する．充塡材には，高強度モルタル・樹脂，テルミット反応による溶融鉄などがある．

継手の位置については，付図5で理解されたい．

なお，柱・はりの主筋として，異形の D 25 以下のものを，2，3本結束して用いることがある．たばね鉄筋という．この場合の鉄筋1本の有効周長は，たばね鉄筋の包絡線を鉄筋数で割った値とする．たばね鉄筋の継手は重ね継手とする．

［**例　題**］　SD 295 の異形鉄筋で，$F_c=21\,\mathrm{N/mm^2}$ の普通コンクリートの場合の引張り鉄筋，圧縮鉄筋の継手長さの所要最大値を求める．比較のため，圧縮の場合も計算してみる．

［**解**］　許容付着応力度は表 2・14 から，曲げ材上ば筋の値を用い，

$$f_a(長)=\frac{1}{15}F_c=\frac{1}{15}\times 21=14.0<\left(9+\frac{2}{75}F_c\right)=1.46$$

$$f_a(短)=1.5f_a=1.5\times 14.0=2.1\,\mathrm{N/mm^2}$$

SD 30 の許容引張応力度は表 2・15 から　$f_t(長)=200 \text{ N/mm}^2$
$$f_t(短)=300 \text{ N/mm}^2$$

圧縮鉄筋では ${}_rf_c$ または $\dfrac{{}_sE}{{}_cE}\times f_c$ のうち小さい方の値をとる．したがって

$$\left.\begin{array}{l}{}_rf_c=200 \\ \dfrac{{}_sE}{{}_cE}\times f_c=15\times\dfrac{1}{3}\times 21=105\end{array}\right\}長期　105 \text{ N/mm}^2$$

$$\left.\begin{array}{l}{}_sf_c=300 \\ \dfrac{{}_sE}{{}_cE}\times f_c=15\times\dfrac{2}{3}\times 21=210\end{array}\right\}短期　210 \text{ N/mm}^2$$

継手の所要長さは，式 (9・4) からフックなしの場合

引張り鉄筋　長期　$n=\dfrac{\sigma}{4f_a}=\dfrac{200}{4\times 14.0}=3.57$

　　　　　　短期　$n=\dfrac{300}{4\times 21.0}=3.57$　　∴　$3.6d$

圧 縮 鉄 筋　長期　$n=\dfrac{\sigma}{4f_a}=\dfrac{105}{4\times 14.0}=1.88$

　　　　　　短期　$n=\dfrac{210}{4\times 21.0}=2.5$　　∴　$2.5d$

(注) このように，継手長さは一般に引張りで決まる．なお，この場合の最小限長さは $2.5d$ である．

◎ 演 習 問 題 (7)

(1) SR 235 で，コンクリート強度 F_c が 15，18，21，24 N/mm² の場合の定着・継手長さの最大値を求め，常用の長さと比較してみよ．

(2) SD 235，295，345，390 で，コンクリート強度 F_c が 15，18，21，24，27 N/mm² の場合の定着・継手長さの最大値を，フックのある場合とフックのない場合について求め，常用の長さと比較してみよ．

(3) SD 295 で，D 22，はりせい $D=600$ mm の場合，算定断面から鉄筋端までの延長長さの最大値を求めよ．ただし，コンクリート強度 $F_c=21$ N/mm² とし，$j=\dfrac{7}{8}d$，$d=D-60$ mm，鉄筋は上ば筋とする．

第10章 終 局 強 さ

10・1 概　説

　通常の弾性設計，すなわち許容応力度法によって設計された鉄筋コンクリート部材は，1) コンクリートの応力ひずみ図が直線でなく，2) コンクリートの最大応力度が圧縮強度に達しても部材は破壊せず，3) コンクリートの強度時のひずみの 1.5〜2 倍以上のひずみになるまで荷重は増すことなどから，材料の安全率が，そのまま鉄筋コンクリート部材の安全率とはならない。そのため，場合によっては過大な安全度をもつ部材となることもありうる。このような矛盾を解決するために，材料の塑性を考慮し，部材の破壊に基づく算定法すなわち塑性設計が考えられてきた．

　許容強度と終局強さに大きな差が生じるのは，主として断面応力の分布状態の考え方の相違によるものである．

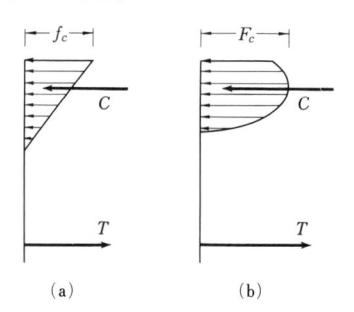

図10・1　曲げによる応力の分布

　常用式では，図 10・1 の (a) のように，曲げを受けたときの圧縮応力は，$\sigma_c = f_c$ を一辺とする三角形分布を考えたが，実際には，σ_c が f_c になっても，部材は破壊せず，コンクリートのひずみも応力も増大し，たとえば，(b) 図のような，パラボラ状の圧縮応力の分布をするものと考えられる。したがって，圧縮応力の合力 C は，常用式の場合のほぼ 2 倍程度まで増大し，曲げモーメントの終局値が大きくなる。このように，はりの終局強さは，圧縮側コンクリートの応力分布をどうとるかによって異なる．

　終局強さによる設計法については，わが国でも，坂博士・梅村博士を始め数

多くの提案があるが，塑性設計の実用化には，まだ多くの問題がある．ここでは，ACI基準に準拠して，主として曲げ破壊モーメントについて，終局強さの考え方の一例を述べることにする．

終局強さ算定のための仮定は，ほぼ次のようなものである．
1) コンクリートの引張り応力を無視する．
2) 軸方向のひずみは図10・2(a)のように，中立軸からの距離に比例するものとする．

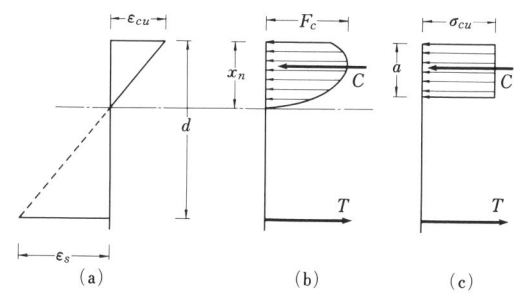

図10・2 はり断面のひずみと応力分布

3) 鉄筋の応力度は，降伏点以上のひずみの部分では，ひずみに関係なく，降伏点応力に等しいものとする．
4) コンクリートの圧縮ひずみの終局値は，$\varepsilon_{cu}=0.003$ とする．
5) コンクリートの圧縮応力は，図10・2(b)のような分布の合力 C の位置が変わらないように，図10・2(c)のような長方形分布(圧縮応力ブロック)に換算する．
6) 換算する圧縮応力ブロックは，次のような値をとる．

$$\left. \begin{array}{l} a = k_1 x_n \\ \sigma_{cu} = k_3 F_c, \quad k_3 = 0.85 \end{array} \right\} \tag{10・1}$$

終局強さ法で設計する場合，弾性設計の場合の安全率の代わりに，荷重係数(load factor)を用いる．

ACI基準では，荷重を次のように定めている．

鉛直荷重の場合， $U = a_D D + a_L L$ (10・2)

　　ここに　D：固定荷重，a_D：荷重係数 1.5
　　　　　　L：積載荷重，a_L：荷重係数 1.8

地震力・風荷重を考慮する場合，次の U_1，U_2 のうち大きい方の値をとる．

$$U_1 = 1.25(D+L)+E \quad \text{または} \quad 1.25(D+L)+W \left.\begin{matrix}\\ \\\end{matrix}\right\} \quad (10 \cdot 3)$$
$$U_2 = 0.9D + 1.1E \quad \text{または} \quad 0.9D + 1.1W$$

ここに　E：地震力，W：風荷重

10・2　曲げ材の終局強さ

(1) 長方形断面のはり

(a) 単筋ばり　図 10・3 において，$C = k_3 F_c ab$，$T = a_t \sigma_t = p_t bd \cdot \sigma_t$ である．

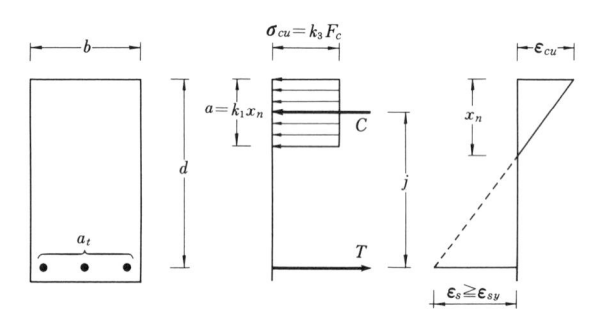

図 10・3　単筋長方形断面のはり

$\sigma_t = \sigma_y$，σ_y：降伏点応力度

$$m = \frac{\sigma_y}{k_3 F_c} = \frac{\sigma_y}{0.85 F_c} \quad (10 \cdot 4)$$

とすれば，つりあい条件から，$C = T$ として，

$$a = \frac{a_t \sigma_y}{k_3 F_c b} = \frac{p_t d \sigma_y}{0.85 F_c} = p_t dm \quad (10 \cdot 5)$$

となり，鉄筋が降伏するときの抵抗モーメントは次の式となる．

$$M_u = a_t \sigma_y \left(d - \frac{a}{2}\right) = p_t \sigma_y \left(1 - \frac{p_t m}{2}\right) bd^2 \quad (10 \cdot 6)$$

必要な引張り鉄筋比は，

$$p_t = \frac{1}{m} - \sqrt{\frac{1}{m^2} - \frac{2M_u}{\sigma_y mbd^2}} \quad (10 \cdot 7)$$

となる．式 (10・6)，(10・7) は，引張り側鉄筋が降伏点応力度 σ_y に達するまでは，コンクリートは圧縮破壊してはならない．

そのために，ひずみの条件は，$\varepsilon_{sy} = \dfrac{\sigma_y}{{}_sE} \leqq \varepsilon_{cu} \dfrac{d - x_n}{x_n}$ すなわち，

$$x_n \leqq \frac{\varepsilon_{cu}}{\varepsilon_{cu}+\varepsilon_{sy}}d \tag{10・8}$$

である．式 (10・1), (10・5) から, $x_n = \dfrac{a}{k_1} = \dfrac{p_t\,nd}{k_1}$ となり，式 (10・8) の等号をとり，上の式の $p_t = p_{tb}$ とおいて，つりあい鉄筋比は，

$$p_{tb} = \frac{k_1}{m}\frac{\varepsilon_{cu}}{\varepsilon_{cu}+\varepsilon_{sy}} \tag{10・9}$$

となる．一般に，圧縮応力ブロックの形状係数 k_1 は，$F_c \leqq 28\,\mathrm{N/mm^2}$ までは $k_1 = 0.85$ がとられている．

式 (10・9) は，多くの実験から，

$$p_{tb} = \frac{0.456 F_c}{\sigma_y} \tag{10・10}$$

が適用されている．p_{tb} は，通常のはりの鉄筋量にくらべてかなり大きく，通常の設計では，ほとんどつりあい鉄筋比以下の鉄筋量となる．

しかし，コンクリートでこわれるようなはりの破壊は，急激に起こるので好ましくない．そのため，ACI 基準では，次のような制限を設けている．

$$\left.\begin{array}{l} p_t \leqq 0.70\,p_{tb} \\ p_t \leqq 0.40 F_c/\sigma_y \quad (F_c \leqq 35\,\mathrm{N/mm^2}\ \text{の場合}) \end{array}\right\} \tag{10・11}$$

（**b**）**複筋ばり**　　図 10・4 において，引張り鉄筋・圧縮鉄筋が，ともに降伏点に達している曲げ破壊時の状態であるとすれば，

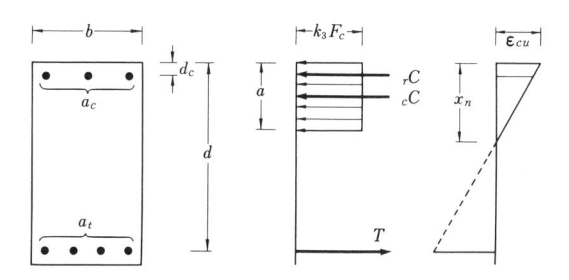

図 10・4　複筋長方形断面のはり

$$T = a_t \sigma_y$$
$$C = {}_cC + {}_rC = k_3 F_c ab + a_c \sigma_y$$

であるから，$T = C$ として，

$$a = \frac{(a_t - a_c)\sigma_y}{k_3 F_c b} = \frac{(a_t - a_c)m}{b}$$

となる．はりの抵抗モーメントは，

$$M_u = {}_cC\left(d - \frac{a}{2}\right) + {}_rC(d - dc) = (a_t - a_c)\sigma_y\left(d - \frac{a}{2}\right) + a_c\sigma_y(d - dc)$$

となり，これに a, m, p_t, p_c を入れると，次の式が得られる．

$$M_u = \left[(p_t - p_c)\left\{1 - (p_t - p_c)\frac{m}{2}\right\} + p_c\left(1 - \frac{dc}{d}\right)\right]\sigma_y bd^2 \qquad (10 \cdot 12)$$

中立軸の位置は，

$$x_n = \frac{a}{k_1} = \frac{(a_t - a_c)m}{k_1 b} = \frac{(p_t - p_c)m}{k_1}d \qquad (10 \cdot 13)$$

であるが，x_n が小さければ，圧縮側コンクリートの上縁ひずみが，終局値 ε_{cu} に達しても，圧縮鉄筋は降伏ひずみに達しないことがありうる．

圧縮鉄筋が降伏するためには，次のような条件が成立する必要がある．

$$\varepsilon_{cu}\frac{x_n - d_c}{x_n} \geqq \varepsilon_{sy}, \quad \text{すなわち}, \quad x_n \geqq \frac{\varepsilon_{cu}}{\varepsilon_{cu} - \varepsilon_{sy}}d_c \qquad (10 \cdot 14)$$

したがって，圧縮鉄筋が降伏するためには，式 $(10 \cdot 13)$, $(10 \cdot 14)$ から，

$$p_t - p_c \geqq \frac{k_1}{m}\frac{\varepsilon_{cu}}{\varepsilon_{cu} - \varepsilon_{sy}}\frac{d_c}{d} \qquad (10 \cdot 15)$$

また，引張り鉄筋が降伏しないうちに，圧縮側コンクリートが圧縮破壊を起こさないための条件は，式 $(10 \cdot 8)$, $(10 \cdot 13)$ から，次の式がえられる．

$$p_t - p_c \leqq \frac{k_1}{m}\frac{\varepsilon_{cu}}{\varepsilon_{cu} + \varepsilon_{sy}} \qquad (10 \cdot 16)$$

したがって，式 $(10 \cdot 12)$ で，抵抗モーメント M_u を求めることができるのは，$(p_t - p_c)$ が，式 $(10 \cdot 15)$, $(10 \cdot 16)$ の範囲内であり，$(p_t - p_c)$ が式 $(10 \cdot 15)$ の値より小さい場合は，曲げ破壊時の圧縮鉄筋の応力度は降伏点以下になり，$(p_t - p_c)$ が式 $(10 \cdot 16)$ の値より大きい場合は，引張り鉄筋が降伏点以下にとどまることになる．

ACI 基準では単筋ばりの場合の式 $(10 \cdot 11)$ と同様に，次のような構造制限が設けられている．

$$P_t - P_c \leqq 0.40 F_c/\sigma_y \qquad (10 \cdot 17)$$

(2) T形ばり

式 $(10 \cdot 5)$ から，スラブ厚 t が，

$$t \geqq \frac{a_t \sigma_y}{k_3 F_c B} = \frac{a_t m}{B} \qquad (10 \cdot 18)$$

ならば，中立軸はスラブ内にあると考えてよいので，有効幅 B の長方形ばりとして取り扱ってよいことになる．

$t < a_t m/B$ の場合は，図 10・5 のように，幅 b をもつ長方形ばりと幅 $(B-b)$，厚さ t のスラブ部分とに分けて考える．スラブ部分に作用する圧縮力につりあう鉄筋の断面積を a_{tf} とすれば，

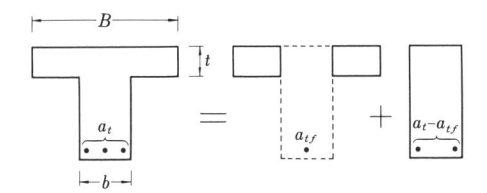

図 10・5　T 形ばり

$$a_{tf} = \frac{k_3 F_c (B-b) t}{\sigma_y} = \frac{(B-b)}{mt} t \tag{10・19}$$

となり，曲げ抵抗モーメントは，

$$M_u = (a_t - a_{tf}) \sigma_y \left(d - \frac{a}{2} \right) + a_{tf} \sigma_y \left(d - \frac{t}{2} \right)$$

となるが，

$$a = \frac{(a_t - a_{tf}) \sigma_y}{k_3 F_c b} = \frac{(a_t - a_{tf}) m}{b}$$

であるから，M_u は次の式で算定される．

$$M_u = (a_t - a_{tf}) \sigma_y \left\{ d - \frac{(a_t - a_{tf}) m}{2b} \right\} + a_{tf} \sigma_y \left(d - \frac{t}{2} \right) \tag{10・20}$$

この場合，引張り鉄筋が降伏する前に，コンクリートが圧縮破壊しないためには，$(a_t - a_{tf})/bd$ が，式 (10・9) または (10・10) のつりあい鉄筋比をこえてはならない．

10・3　曲げと軸方向力を受ける部材の終局強さ

コンクリートが，$\sigma_{cu} = k_3 F_c$ で均等に圧縮され，鉄筋も降伏点応力 σ_y を均等に受けると仮定した場合の，全応力の合力点を塑性中心 (plastic centroid) という．対称断面で対称配筋であれば，図心が塑性中心となる．

曲げモーメント M と軸方向力 N を受ける断面の応力は，塑性中心よりの偏心，$e = M/N$ の位置に，N が作用する場合と同じことになる．

（1） 長方形断面の柱

中立軸が断面内にある場合の終局荷重 N_u は，次の式によって求められる．
図 10・6 から，

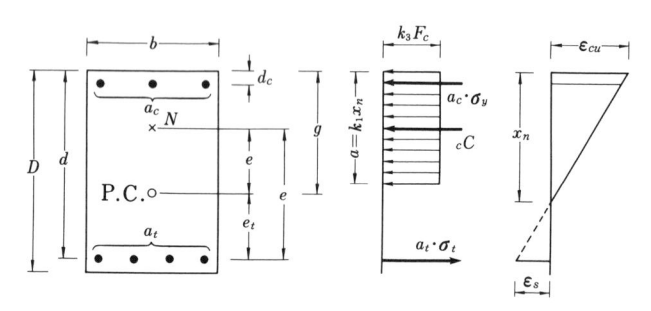

図 10・6 長方形断面柱

$$\left.\begin{array}{l}N_u = k_3 F_c \, ab + a_c \sigma_y - a_t \sigma_t \\ N_u e' = k_3 F_c \, ab\left(d - \dfrac{a}{2}\right) + a_c \sigma_y (d - d_c)\end{array}\right\} \quad (10 \cdot 21)$$

引張り鉄筋が降伏点 σ_y に達すると同時に，コンクリートの圧縮縁が破壊ひずみ ε_{cu} に達するような，つりあい荷重 N_{ub} は，次の式で求められる．

$$N_{ub} = k_3 F_c \, ab + (a_c - a_t) \sigma_y \quad (10 \cdot 22)$$

このときの a は，ひずみの条件式 (10・8) から，

$$a = \dfrac{\varepsilon_{cu}}{\varepsilon_{cu} + \varepsilon_{sy}} k_1 d \quad (10 \cdot 23)$$

となる．このときのつりあいモーメント M_{ub} は，塑性中心のまわりのモーメントから，次の式から得られる．

$$M_{ub} = N_{ub} \cdot e_b = k_3 F_c \, ab\left(d - \dfrac{a}{2} - et\right)$$
$$+ a_c \sigma_y (d - d_c - et) + a_t \sigma_y \, et \quad (10 \cdot 24)$$

（a） $N_u < N_{ub}$ $(e > e_b)$ **の場合**　　引張り鉄筋が先に降伏することになる．
式 (10・21) から，$\sigma_t = \sigma_y$ として，p_t, p_c, m を用いて a を求めると，

$$\dfrac{a}{d} = 1 - \dfrac{e'}{d} + \sqrt{\left(1 - \dfrac{e'}{d}\right)^2 + 2m\left\{(p_t - p_c)\dfrac{e'}{d} + p_c\left(1 - \dfrac{d_c}{d}\right)\right\}}$$

となり，終局荷重 N_u は次の式となる．

$$N_u = k_3 F_c \, bd\left[m(p_c - p_t) + \left(1 - \dfrac{e'}{d}\right)\right.$$

$$+ \sqrt{\left(1-\frac{e'}{d}\right)^2 + 2m\left\{(p_t - p_c)\frac{e'}{d} + p_c\left(1-\frac{d_c}{d}\right)\right\}}\,\Big] \qquad (10\cdot25)$$

鉄筋が対称で，$a_c = a_t$ ならば，$p_t = p_c = p$ で，終局荷重は次の式となる．

$$N_u = k_3 F_c bd\left\{\left(1-\frac{e'}{d}\right) + \sqrt{\left(1-\frac{e'}{d}\right)^2 + 2mp\left(1-\frac{d_c}{d}\right)}\right\} \qquad (10\cdot26)$$

(b) $N_u > N_{ub}$ ($e < e_b$) の場合　コンクリートが先に圧縮破壊することになる．中心軸圧縮のときの終局荷重 N_{u0} は次の式となる．

$$N_{u0} = k_3 F_c bD + (a_t + a_c)\sigma_y \qquad (10\cdot27)$$

中心軸圧縮の曲げモーメント 0 から，曲げモーメントが式 (10・24) の M_{ub} に達するまで，終局荷重は，N_{u0} から直線的に減少して式 (10・22) の N_{ub} になるものとすれば，終局荷重 N_u は次の式となる．

$$N_u = N_{u0} - (N_{u0} - N_{ub})\frac{M_u}{M_{ub}}$$

上の式で，$M_u = N_u e$，$M_{ub} = N_{ub}\cdot e_b$，とおくと，終局荷重 N_u は次の式で表される．

$$N_u = \frac{N_{u0}}{1 + \left(\dfrac{N_{u0}}{N_{ub}} - 1\right)\dfrac{e}{e_b}} \qquad (10\cdot28)$$

この場合，圧縮鉄筋は降伏していなければならないことになるので，終局荷重時に，圧縮鉄筋が降伏しているかどうかを，式 (10・14) で検討する必要があろう．

(2) 円形断面の柱

ACI 基準では，円形断面柱について，次の略算式が示されている．

i) 引張り鉄筋が先に降伏する場合

$$N_u = 0.85 F_c D^2 \left\{\sqrt{\left(0.85\frac{e}{D} - 0.377\right)^2 + pm\frac{d}{2.5D}}\right.$$
$$\left. - \left(0.85\frac{e}{D} - 0.377\right)\right\} \qquad (10\cdot29)$$

ii) コンクリートが先に圧縮破壊する場合

$$N_u = \frac{{}_r a\,\sigma_y}{\dfrac{3e}{d} + 1} + \frac{AF_c}{\dfrac{9.6De}{(0.8D + 0.67d)^2} + 1.18} \qquad (10\cdot30)$$

ここに　${}_r a$：鉄筋断面積，A：柱の断面積

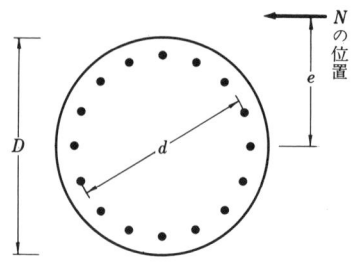

図 10・7　円形断面柱

（3） 長柱の終局荷重の補正

柱の最小径を D，柱長（主要支点間の距離）を h とすれば，$D/h<15$ の場合には，終局荷重を補正する必要があり，その方法の一つとして，終局荷重を次の式によって低減する．

$$N_u' = N_u\left(1.6 - 0.04\frac{h}{D}\right) \qquad (10\cdot31)$$

10・4　せん断補強および付着力

（1） せん断補強

終局強さ法によって曲げ材を設計する場合，曲げ破壊を起こす前にせん断破壊しないようにしなければならないが，せん断破壊の機構は，まだ十分に明らかにされてはいない．常用設計法によるせん断補強も，ある程度のせん断ひび割れを考慮に入れており，終局強さ法によるせん断補強も，その根拠は常用設計法の場合と同じであるといってよい．

はりの中立軸の位置でのせん断応力度は，式(6・3)と同じく，次の式で求める．

$$\tau_u = \frac{Q_u}{b_u j_u} \qquad (10\cdot32)$$

　　ここに　Q_u：終局荷重によるせん断力 (N)
　　　　　　b_u：中立軸位置のはり幅 (mm)
　　　　　　j_u：終局荷重時における応力中心距離 (m)
　　　　　　　　（たとえば，単筋長方形ばりでは，$j_u = d - a/2$）

ACI 基準では，次の式の場合には，補強筋の算定を必要としないことにしている．

$$\tau_u \leq 0.45\sqrt{F_c} \quad (\text{N/mm}^2) \tag{10・33}$$

しかし，補強筋を配置する場合でも，コンクリート断面で最大せん断応力度には上限を設け，次のように制限している．

$$\tau_u \leq 2.25\sqrt{F_c} \quad (\text{N/mm}^2) \tag{10・34}$$

補強筋の算定および配置は，常用設計の場合に準ずるが，補強筋の応力度は，降伏点応力度をとることになる．

（2） 付着応力

曲げ材の引張り鉄筋の終局荷重時の付着応力は，式 (6・18) と同じく，

$$\tau_{au} = \frac{Q_u}{\psi j_u} \tag{10・35}$$

で求められる．

ACI 基準では，異形鉄筋 D10～D35 の許容付着応力度を，次のように定めている．

　　曲げ材の上ば筋　　$f_{au} = 3.8\sqrt{F_c}/D$　　かつ　3.4 N/mm² 以下
　　曲げ材の下ば筋　　$f_{au} = 5.4\sqrt{F_c}/D$　　かつ　4.8 N/mm² 以下
　ここに　D：異形鉄筋の呼び名の値（公称直径）(mm)

曲げ材の圧縮鉄筋については，付着力の検討は必要としない．また，定着部の付着応力度が，許容値の 0.8 倍以下であれば，引張り側鉄筋についても，その付着力の検討を必要としないことにしている．

10・5　はり・柱の曲げ終局強度の略算式

第 6 章のせん断設計用の曲げ終局強度の略算式，式 (6・12) の M_u，式 (6・16)，(6・17) は，次のような仮定のもとに，終局強度式を計算して導かれたものである．

　鉄筋に対して　　　　　　$\sigma_y = 240 \sim 400\,\text{N/mm}^2$
　コンクリートに対して　　$\varepsilon_{cu} = 0.003$
　　　　　　　　　　　　　$k_1 = 0.85,\ k_3 = 0.85$
　はりの断面　　　　　　　$d_{c_1} = d_c/d = 0.1$
　柱の断面　　　　　　　　$d_1 = d/D = 0.9,\ d_{c_1} = d_c/D = 0.1$
　　　　　　　　　　　　　$\gamma = a_c/a_t = p_c/p_t = 1$

（1） はりの曲げ終局強度略算式

式 (10・12), (10・13) から, 次の式が得られる.

$$M_u = p_t\,bd^2\sigma_y\left\{1-\gamma d_{c_1}-(1-\gamma)\frac{k_1}{2}x_{n_1}\right\}$$

$$=\left\{1-\gamma d_{c_1}-(1-\gamma)\frac{k_1}{2}x_{n_1}\right\}a_t\,\sigma_y\,d$$

上の式の｛ ｝内の値は，鉄筋の降伏点 $\sigma_y=240\sim 400\,\mathrm{N/mm^2}$ では，ほとんど同一値を示し，ほぼ，0.9 である．したがって，はりの曲げ終局強度の略算式は，式 (6・12), (6・16) に示すように，実用的には，

$$M_u = 0.9\,a_t\,\sigma_y\,d \qquad (10\cdot 36)$$

を用いてよいということになる．

（2） 柱の曲げ終局強度略算式

式 (10・21) から, $\sigma_t=\sigma_y$ として, 次の式が得られる.

$$N = k_3 F_c\cdot ab + a_c\sigma_y - a_t\sigma_t = k_1 x_n\cdot k_3 F_c\cdot b - (a_t-a_c)\sigma_y$$

$$= k_1 x_{n_1}\cdot k_3 F_c\cdot bD - (1-\gamma)\sigma_y\,p_t\,bD \qquad (\mathrm{a})$$

図 10・6 において，モーメントのつりあいを，コンクリートの圧縮縁にとると，

$$M_u = a_t\,\sigma_y\,d - a_c\,\sigma_y\,d_c - k_1 x_n\cdot k_3 F_c\cdot b\cdot\frac{k_1}{2}x_n + Ng \qquad (\mathrm{b})$$

となる．式 (b) に式 (a) から得られる x_{n_1} を入れて整理すると，

$$M_u = P_t\,bD^2\sigma_y\left\{d_1-\gamma d_{c_1}-(1-\gamma)\frac{k_1}{2}x_{n_1}\right\}+ND\left(g_1-\frac{k_1}{2}x_{n_1}\right)$$

となる．対称断面として，$\gamma=1$, $g_1=g/D\equiv 0.5$ とすれば，

$$M_u = a_t\,\sigma_y\,D(d_1-d_{c_1})+ND\left\{0.5-\frac{\frac{k_1}{2}}{k_1 k_3}\frac{N}{bDF_c}\right\}$$

が得られる．上の式で，$k_1/2k_1k_3$ は 0.59 になるが，これを 0.5 とし，$d_1=0.9$, $d_c=0.1$ とすれば，式 (6・17), すなわち次の式がえられる．

$$M_u = 0.8\,a_t\,\sigma_y\,D + 0.5ND\left(1-\frac{N}{bDF_c}\right) \qquad (10\cdot 37)$$

上の式で，N がつりあい荷重 N_{ub} をこえると誤差が大きくなる．

式 (10・22) のつりあい荷重，$N_{ub}=k_3 F_c ab-(1-\gamma)p_t\,bD\sigma_y$ に，式 (10・23) の a を入れ，$\gamma=1$ とすれば，次の式がえられる．

$$N_{ub} = \frac{\varepsilon_{cu}}{\varepsilon_{cu} + \varepsilon_{sy}} k_1 k_3 d_1 bDF_c \tag{c}$$

鉄筋の降伏点 $\sigma_y = 240 \sim 400\,\text{N/mm}^2$ の範囲では，$\varepsilon_{cu}/\varepsilon_{sy} = 2.625 \sim 1.575$，$d_1 = 0.9$ とすれば，式（c）は，$N_{ub} \fallingdotseq 0.47 \sim 0.40 bDF_c$ となる．したがって，式（10・37）の条件として，その下限をとり，

$$N \leqq 0.4 bDF_c \tag{10・38}$$

が与えられる．

$N > 0.4 bDF_c$ のときは，式（10・37）に，$N = 0.4 bDF_c$ を入れて，式（6・17）の

$$M_u = 0.8 a_t \sigma_y D + 0.12 bD^2 F_c \tag{10・39}$$

が与えられている．

式（10・39）は，終局強度としてはやや過大な値が得られるのであるが，せん断設計に使用するのは安全側になる．

◎ 演 習 問 題 (8)

(1) 幅 $b = 350\,\text{mm}$，せい $D = 650\,\text{mm}$ で，$F_c = 18\,\text{N/mm}^2$，引張り鉄筋 SR 235，4-25ϕ の長方形ばりの曲げ破壊モーメントを求めよ．

(2) 同じはりで，引張り鉄筋が SD 295 の場合どうなるか．$F_c = 21\,\text{N/mm}^2$ の場合どうなるか．

(3) 問題（1），（2）のはりに，圧縮鉄筋 2-25ϕ を入れた場合の曲げ破壊モーメントを求めよ．

付章　鉄筋コンクリート造建物の構造設計例

§1. 建物概要　p. 206	§5. 水平時応力　p. 235
§2. 構造計画　p. 208	§6. 断面設計　p. 243
§3. 仮定荷重　p. 221	§7. 基礎設計　p. 262
§4. 鉛直時応力　p. 224	§8. 保有水平耐力　p. 264

§1. 建物概要

(1.1) 建設場所　———　大阪府大阪市
(1.2) 建物用途　———　事務所
(1.3) 構造種別　———　鉄筋コンクリート造3階建（RC 3）
(1.4) 建物規模　———　床面積　3階　684 m^2
　　　　　　　　　　　　　　　2階　684 m^2
　　　　　　　　　　　　　　　1階　684 m^2
　　　　　　　　　　　　延床面積　　2 052 m^2

(1.5) 仕上概要

屋　根	床スラブ厚 130 mm アスファルト防水層の上，モルタル仕上げ
2, 3階床	床スラブ厚 130 mm アスファルトタイル貼り
1　階　床	土間コンクリート厚 130 mm アスファルトタイル貼り
各階天井	吸音テックス張り
外　　壁	耐震壁：壁厚さ 180 mm，モルタル仕上げ 窓　　：アルミサッシ 腰　壁：鉄骨下地石綿パーライトボード張り
柱・はり	モルタル仕上げ
間仕切り	木造可動式

(1.6) 建物概略図

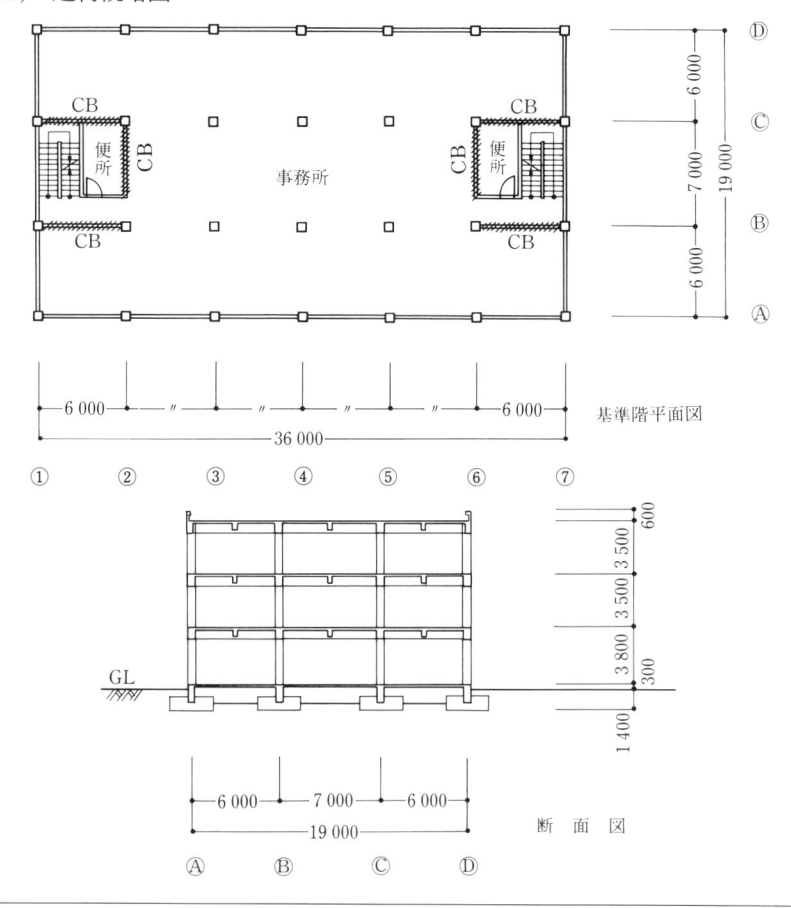

基準階平面図

断　面　図

○建物を建築する位置から敷地の周辺と地盤・自然状況および法規制・人為状況を調べる．
○建築物を何に使用するかによって，条件設定および積載荷重を決める．
○建築用語としての構造種別と略語．

　　　　RC：鉄筋コンクリート造　　　　WRC：壁式鉄筋コンクリート造
　　　　S：鉄骨造　　　　　　　　　　SRC：鉄骨鉄筋コンクリート造
　　　　PC：鉄筋コンクリート部材にストレスを加えた構造(PSのこと)

○建築物の大きさ，形状，仕上等を把握した上で概略図を作成して構造設計の方針を企てる．

§2. 構造計画

(2.1) 設計方針

2001年版・建築物の構造関係技術基準解説書

日本建築学会「鉄筋コンクリート構造計算規準・同解説 1999年版」等を参照する．

(2.2) 荷重種別・方針

（1） 固定荷重：基準値による
（2） 積載荷重：基準値による
（3） 地震荷重：$Z=1.0$，$C_0=0.2$
（4） 風圧荷重：省略
（5） 積雪荷重：省略

(2.3) 材料許容応力度 (N/mm^2)

コンクリート	F値		圧縮 f_c	引張 f_t	せん断 f_s	付着 f_a
$F_c=21$	21	長期	7	—	0.7	—
		短期	14	—	1.05	—

鉄筋	F値		圧縮 $_rf_c$	引張 f_t	せん断 $_wf_s$	曲げ材上端（その他）
SD 295	295	長期	195	195	195	1.4 / 2.1
		短期	295	295	259	2.1 / 3.15

(2.4) 地盤支持力

第2種地盤　$T_c=0.6\,s$

仮定地耐力　長期　$q_{AL}=150\,kN/m^2$
　　　　　　短期　$q_{AS}=300\,kN/m^2$

○固定荷重（本文 p.40〜42 参照）
○積載荷重（ 〃 p.42〜43 〃 ）
○地震荷重（ 〃 p.45〜48 〃 ）
○材料許容応力度（本文 p.30 参照）
○F値は日本建築センター指針による．（F値は材料の基準の強度）
○地盤種別（本文 p.46 参照）
○仮定地耐力は地質調査書等の資料より判断する．
○風圧荷重（本文 p.45 参照）
○積雪荷重（ 〃 p.44 〃 ）

(2.5) A_i 分布と地震力

（1） 建物の1次固有周期

$$建物高さ：h=0.30+3.80+3.50+3.50=11.1 \text{ m}$$
$$T=0.02h=0.222 \text{ s}<T_c=0.6 \text{ s}$$
$$\therefore \quad R_t=1.0$$

（2） 地震層せん断力の分布係数

$$A_i=1+(1/\sqrt{a_i}-a_i)\cdot 2T/(1+3T)$$
$$a_i=W_i/\sum w_i$$
$$C_i=Z\cdot R_t\cdot A_i\cdot C_o$$
$$Q_i=C_i\cdot W_i$$

階 i	w_i (kN)	W_i (kN)	a_i	A_i	C_i	Q_i (kN)	$Z\cdot W_i\cdot A_i$ (kN)	$0.75\,Z\cdot W_i\cdot A_i$ (kN)
3	6 320	6 320	0.298	1.409	0.282	1 781	8 900	6 680
2	7 310	13 630	0.643	1.161	0.232	3 165	15 820	11 870
1	7 570	21 200	1.000	1.000	0.200	4 240	21 200	15 900

＊ w_i：地震荷重算定表より転記

○建物の1次固有周期（本文 p.46 参照）
○A_i 分布（本文 p.46 参照）
○地下部分は水平震度〈k〉によって決まる（本文 p.47〜48 参照）

$$a_3=\frac{6\,320}{21\,200}=0.298$$

$$A_3=1+\left(\frac{1}{\sqrt{0.298}}-0.298\right)\cdot\frac{2\times 0.222}{1+3\times 0.222}=1.409$$

$$C_3=1.0\times 1.0\times 1.409\times 0.2=0.282$$

$$Q_3=0.282\times 6\,320=1\,781 \text{ kN}$$

(2.6) 骨組配置・断面諸係数
（1） 伏図

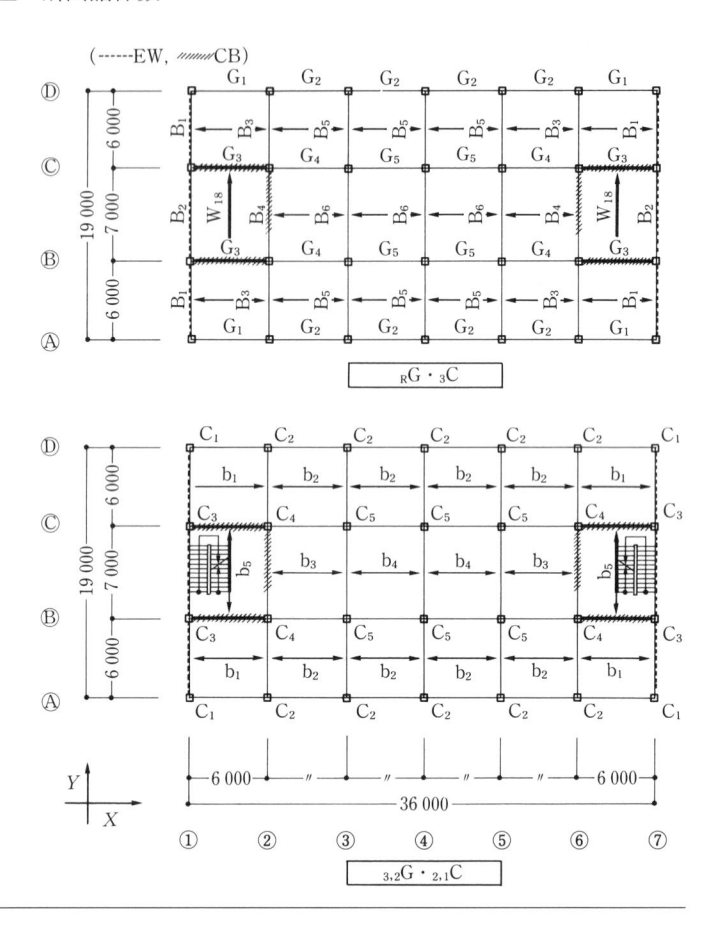

$_RG \cdot {}_3C$

$_{3,2}G \cdot {}_{2,1}C$

○平面配置を伏図で表現し部材を符号化する．

  C：柱
 G，B：大ばりをGのみで表現する方法もあるが，X，Y 方向を明確化することからGをX方向，BをY方向にした．
  b：小ばり
  W：壁（EW：耐震壁を示す）　　CB：ブロック壁
  S：スラブ

○階段の多い場合は，無駄を省いた表現をする．
○伏図表現として"見上げ"と"見下げ"の方法がある．

（2） 軸組図および仮定断面

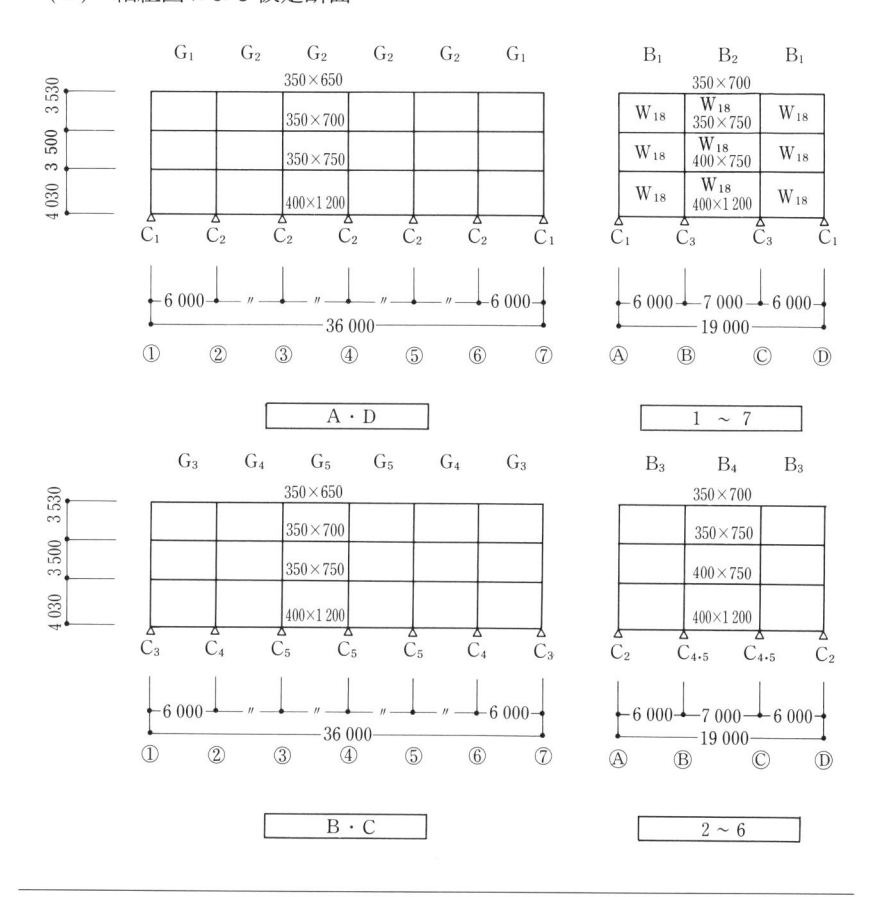

A・D

	G_1	G_2	G_2	G_2	G_2	G_1

3 530 / 3 500 / 4 030

梁断面：350×650、350×700、350×750、400×1 200

柱：C_1 C_2 C_2 C_2 C_2 C_2 C_1

スパン：6 000 — " — " — " — " — 6 000、合計 36 000

① ② ③ ④ ⑤ ⑥ ⑦

1 ～ 7

	B_1	B_2	B_1

梁：350×700
壁：W_{18} | 350×750 W_{18} | W_{18}
W_{18} | W_{18} 400×750 | W_{18}
W_{18} | W_{18} 400×1 200 | W_{18}

柱：C_1 C_3 C_3 C_1

スパン：6 000 — 7 000 — 6 000、合計 19 000

Ⓐ Ⓑ Ⓒ Ⓓ

B・C

	G_3	G_4	G_5	G_5	G_4	G_3

梁断面：350×650、350×700、350×750、400×1 200

柱：C_3 C_4 C_5 C_5 C_5 C_4 C_3

スパン：6 000 — " — " — " — " — 6 000、合計 36 000

① ② ③ ④ ⑤ ⑥ ⑦

2 ～ 6

	B_3	B_4	B_3

梁断面：350×700、350×750、400×750、400×1 200

柱：C_2 $C_{4\cdot5}$ $C_{4\cdot5}$ C_2

スパン：6 000 — 7 000 — 6 000、合計 19 000

Ⓐ Ⓑ Ⓒ Ⓓ

○立面配置を軸組図で表現する．
○部材の上下部材・左右部材形状を記入して空間を把握する．

（3） ラーメン材の剛比

・柱の剛比（$K_0 = 10^6 \text{ mm}^3$）

階	記号	b (mm)	D (mm)	$I_0 \times 10^9$ (mm^4)	ϕ	$I \times 10^9$ (mm^4)	$h \times 10^3$ (mm)	$K \times 10^6$ (mm^3)	k
3							3.53	2.16	2.2
2	$C_1 \sim C_5$	550	550	7.63	1.0	7.63	3.50	2.18	2.2
1							4.03	1.89	1.9

・スラブの有効幅（mm）

l'：はり間隔　　b'：隣接はり幅

							B	
l	b	l'	b'	$0.5\,l$	$a = l' - \dfrac{b+b'}{2}$	b_a	片側	両側
6 000	350	6 000	350	3 000	5 650	600	950	1 550
		7 000	350		6 650			
6 000	400	6 000	400	3 000	5 600	600	1 000	1 600
		7 000	400		6 600			
7 000		6 000	350	3 500	5 650	700	1 050	1 750
			400		5 600		1 100	1 800

○ 部材の剛比（本文 p. 50〜52 参照）

長方形断面の断面二次モーメント　$I_0 = \dfrac{bD^3}{12}$,　$I = \phi \cdot I_0$

T 型，L 型断面の長方形断面に乗ずる倍率を ϕ とする．

部材剛度　$K = \dfrac{I}{l}$　$k = \dfrac{K}{K_0}$

剛度を標準剛度（K_0）で除して剛比を求める．

○ T，L 型スラブ付はりの有効幅

　　ラーメン材の場合　$a < 0.5\,l$　　：$b_a = \left(0.5 - 0.6\dfrac{a}{l}\right)a$

　　　　　　　　　　　$a \geq 0.5\,l$　　：$b_a = 0.1\,l$

（本文 p. 86 および RC 構造計算規準を参照）

§2. 構造計画

・はりの剛比 ($K_0 = 10^6$ mm^3)

記号	層	b (mm)	D (mm)	I_0 ×10^9 (mm^4)	B (mm)	t (mm)	B/b	t/D	ϕ	I ×10^9 (mm^4)	l ×10^3 (mm)	K ×10^6 (mm^3)	k
G_1 $_2$	R	350	650	8.01	950		2.71	0.200	1.51	12.10		2.02	2.0
	3	350	700	10.00	950	130	2.71	0.186	1.48	14.80	6.0	2.47	2.5
	2	350	750	12.31	950		2.71	0.173	1.47	18.10		3.02	3.0
G_3 $_4$ $_5$	R	350	650	8.01	1 550		4.43	0.200	1.83	14.66		2.44	2.4
	3	350	700	10.00	1 550	130	4.43	0.186	1.80	18.00	6.0	3.00	3.0
	2	350	750	12.31	1 550		4.43	0.173	1.78	21.91		3.65	3.7
B_1	R	350	700	10.00	950		2.71	0.186	1.48	14.80		2.47	2.5
	3	350	750	12.31	950	130	2.71	0.173	1.47	18.10	6.0	3.02	3.0
	2	400	750	14.06	1 000		2.50	0.173	1.43	20.11		3.35	3.3
B_2	R	350	700	10.00	1 050		3.00	0.186	1.55	15.50		2.21	2.2
	3	350	750	12.31	1 050	130	3.00	0.173	1.54	18.96	7.0	2.71	2.7
	2	400	750	14.06	1 100		2.75	0.173	1.48	20.81		2.97	3.0
B_3 $_5$	R	350	700	10.00	1 550		4.43	0.186	1.80	18.00		3.00	3.0
	3	350	750	12.31	1 550	130	4.43	0.173	1.78	21.91	6.0	3.65	3.7
	2	400	750	14.06	1 600		4.00	0.173	1.73	24.32		4.05	4.1
B_4 $_6$	R	350	700	10.00	1 750		5.00	0.186	1.88	18.80		2.69	2.7
	3	350	750	12.31	1 750	130	5.00	0.173	1.86	22.90	7.0	3.27	3.3
	2	400	750	14.06	1 800		4.50	0.173	1.79	25.17		3.60	3.6
FG FB	F	400	1 200	57.60	—	—	—	—	—	—	6.0 7.0	9.60 8.23	9.6 8.2

○ $_RG_{1,2}$ $I_0 = \dfrac{350 \times 650^3}{12} = 8.01 \times 10^9$ mm^4

B, t はスラブの有効幅とスラブ厚

B/b, t/D の値より, 付図1・2 (p.296) でプロットして ϕ を求める.

$I = \phi \cdot I_0 = 1.51 \times 8.01 \times 10^9 = 12.10 \times 10^9$ mm^4

$K = \dfrac{I}{l} = \dfrac{12.10 \times 10^9}{6 \times 10^3} = 2.02 \times 10^6$ mm^3

標準剛度 (適当な値を採用) 一般に $K_0 = 10^6$ mm^3 を仮定する.

剛比 $k = \dfrac{K}{K_0} = \dfrac{2.02 \times 10^6}{10^6} = 2.02 \to 2.0$

（4） 剛比一覧

A, D

	2.0	2.0	2.0				
				2.2	2.2	2.2	2.2
	2.5	2.5	2.5				
				2.2	2.2	2.2	2.2
	3.0	3.0	3.0				
				1.9	1.9	1.9	1.9
	9.6	9.6	9.6				

1, 7

W_{18}	W_{18}	W_{18}
W_{18}	W_{18}	W_{18}
W_{18}	W_{18}	W_{18}

B, C

	2.4	2.4	2.4				
				2.2	2.2	2.2	2.2
	3.0	3.0	3.0				
				2.2	2.2	2.2	2.2
	3.7	3.7	3.7				
				1.9	1.9	1.9	1.9
	9.6	9.6	9.6				

2～6

		3.0		2.7		3.0	
	2.2	2.2		2.2		2.2	2.2
		3.7		3.3		3.7	
	2.2	2.2		2.2		2.2	2.2
		4.1		3.6		4.1	
	1.9	1.9		1.9		1.9	1.9
		9.6		8.2		9.6	

○剛比一覧で部材の分布を確かめる．
○全ラーメンを記入する必要はない，最小表現で効果の上がる方法がよい．
○上図 A, D B, C は左側にはり，右側に柱剛比を記入した．

§2. 構造計画

(5) ラーメン材の D 値と反曲点高比

A, D

	2.0	2.0	2.0
2.2	$\bar{k}=1.02$, $y_0=0.35$, $a=0.34$, $y_1=0$, $D=0.74$, $y_3=0$, $y=0.35$	$\bar{k}=2.05$, $y_0=0.40$, $a=0.51$, $y_1=0$, $D=1.12$, $y_3=0$, $y=0.40$	2.2
	2.5	2.5	2.5
2.2	$\bar{k}=1.25$, $y_0=0.45$, $a=0.38$, $y_1=0$, $D=0.85$, $y_2=0$, $y_3=0$, $y=0.45$	$\bar{k}=2.50$, $y_0=0.50$, $a=0.56$, $y_1=0$, $D=1.22$, $y_2=0$, $y_3=0$, $y=0.50$	2.2
	3.0	3.0	3.0
1.9	$\bar{k}=1.58$, $y_0=0.55$, $a=0.58$, $y_1=0$, $D=1.10$, $y_2=0$, $y=0.55$	$\bar{k}=3.16$, $y_0=0.55$, $a=0.71$, $y_1=0$, $D=1.35$, $y_2=0$, $y=0.55$	1.9

2～6

	3.0	2.7
2.2	$\bar{k}=1.53$, $y_0=0.40$, $a=0.44$, $y_1=0$, $D=0.96$, $y_3=0$, $y=0.40$	$\bar{k}=2.89$, $y_0=0.45$, $a=0.59$, $y_1=0$, $D=1.31$, $y_3=0$, $y=0.45$
	3.7	3.3
2.2	$\bar{k}=1.77$, $y_0=0.45$, $a=0.47$, $y_1=0$, $D=1.03$, $y_2=0$, $y_3=0$, $y=0.45$	$\bar{k}=3.34$, $y_0=0.50$, $a=0.63$, $y_1=0$, $D=1.38$, $y_2=0$, $y_3=0$, $y=0.50$
	4.1	3.6
1.9	$\bar{k}=2.16$, $y_0=0.55$, $a=0.64$, $y_1=0$, $D=1.21$, $y_2=0$, $y=0.55$	$\bar{k}=4.05$, $y_0=0.55$, $a=0.75$, $y_1=0$, $D=1.43$, $y_2=0$, $y=0.55$

B, C

	2.4	2.4	2.4
2.2	$\bar{k}=1.23$, $y_0=0.35$, $a=0.38$, $y_1=0$, $D=0.84$, $y_3=0$, $y=0.35$	$\bar{k}=2.45$, $y_0=0.40$, $a=0.55$, $y_1=0$, $D=1.21$, $y_3=0$, $y=0.40$	2.2
	3.0	3.0	3.0
2.2	$\bar{k}=1.52$, $y_0=0.45$, $a=0.43$, $y_1=0$, $D=0.95$, $y_2=0$, $y_3=0$, $y=0.45$	$\bar{k}=3.05$, $y_0=0.50$, $a=0.60$, $y_1=0$, $D=1.33$, $y_2=0$, $y_3=0$, $y=0.50$	2.2
	3.7	3.7	3.7
1.9	$\bar{k}=1.95$, $y_0=0.55$, $a=0.62$, $y_1=0$, $D=1.18$, $y_2=0$, $y=0.55$	$\bar{k}=3.89$, $y_0=0.55$, $a=0.75$, $y_1=0$, $D=1.42$, $y_2=0$, $y=0.55$	1.9

○ D 値, 反曲点高比は付表 1・1～1・5 (p. 287～289) を参考にして求める.
○ 地中ばりの剛比が柱の 4 倍以上のため 1 階柱脚は固定として算出した.

(6) 耐震壁の D 値

耐震壁の水平力分布係数（D_w 値）は，耐震壁周辺の引抜抵抗を考慮した下式の略算式による．

$$\boxed{D_w = D_w' \cdot X}$$

$D_w = (A_w/A_c) D_c \cdot Q_B$

　　A_w/A_c：耐震壁と中柱との断面積比　　D_c：中柱の水平力分布係数

　　　Q_B：水平外力分布係数で層せん断力と1階せん断力との比

　　　　　$Q_{Bi} = Q_i/Q_1$　　Q_i：層せん断力

　　$X = \sum D_c / (\sum D'/N_B - \sum D_w')$　　$X =$ 引抜抵抗係数

　　　$\sum D_c$：層全体の D_c　　$\sum D_w'$：$X=1$ の場合の耐震壁の全 D_w'

　　　$\sum D'$：層全体の D 値（$\sum D' = \sum D_c + \sum D_w'$）

　　　N_B：耐震壁の引抜抵抗率　　$N_B = R \cdot l / M_T'$

　　　　R：耐震壁周辺の引抜耐力　　l：耐震壁のスパン

　　　M_T'：D_w' 時の転倒モーメント　　$M_T' = \sum(Q_i/\sum D_i') D_{wi}' \cdot h_i$

　　　β：耐震壁の負担率（$\beta < 0.75$），$N_B < \dfrac{\sum D'}{\sum D_w'} \cdot \beta$ の条件式となる．

$\boxed{D_w' \text{の計算}}$

階	Q_i	A_c	A_w	D_c	Q_B	D_w'
3	1 780	550^2	$180 \times 19\,000$	1.31	0.42	6.2
2	3 160	550^2	$180 \times 19\,000$	1.38	0.75	11.7
1	4 240	550^2	$180 \times 19\,000$	1.43	1.00	16.2

○耐震壁の D 値は，地震力分配に重要な値であるが，実務レベルで精算値を算出することは不可能である．耐震壁架構に外力が作用すると，曲げ・せん断と基礎回転による水平変位を生じる．曲げ・せん断による解析は可能であるが，基礎回転を起こす地震が弾性範囲外であることと評価方法がないことに起因する．

○ここに提案した耐震壁の略算 D_w 値は基礎の回転がないことを前提とし，耐震壁架構に接続する部材の転倒拘束を配慮した略算式である．中柱の D_c 値と断面積を基準にし，耐震壁断面積との倍率に地震外力分布形を乗じて算出している．

○耐震壁周辺の引抜耐力は境界ばり・直交ばり等の効果も評価できる．

○本文 p.61 の耐震壁 D 値は，曲げ・せん断・基礎回転を考慮して求められるが，回転バネ定数算出のデータ判断が大切である．

(2.7) 計算ルート判別

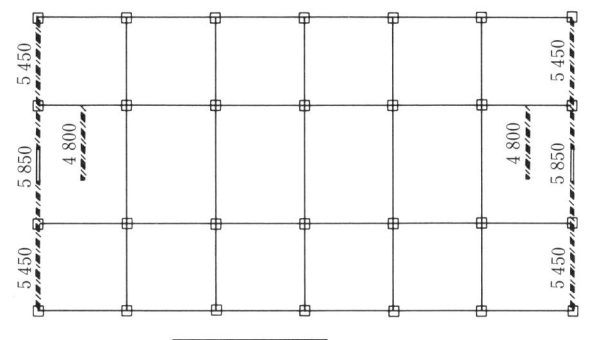

各階 柱・壁　(柱 $D^2=550^2$, 壁 $t=180$)

方向	階	① $\Sigma 0.7A_c + \Sigma 0.7A_w'$	② $\Sigma 2.5 A_w$	①+②	β	$Z \cdot W_i \cdot A_i \cdot \beta$ $(0.75 Z \cdot W_i \cdot A_i \cdot \beta)$	ルート
X	1	$0.7 \times 550 \times 550 \times 28 \times 10^{-3}$ 5 930	0	5 930	1.0	21 200 (15 900)	2-3
Y	3	$0.7 \times 550 \times 550 \times 28 \times 10^{-3}$ $0.7 \times 4\,800 \times 180 \times 2 \times 10^{-3}$ 7 140	$2.5 \times 5\,450 \times 180 \times 4 \times 10^{-3}$ $2.5 \times 5\,850 \times 180 \times 2 \times 10^{-3}$ 15 080	22 220	1.0	8 900	1
	2	7 140	15 080	22 220	1.0	15 820	1
	1	7 140	15 080	22 220	1.0	21 200	1

○ 判別式　（ルート 1）　　　$\Sigma 0.7A_c + \Sigma 0.7A_w' + \Sigma 2.5 A_w \geq Z \cdot W_i \cdot A_i \cdot \beta$

　　　　　（ルート 2-1）　$\Sigma 0.7A_c + \Sigma 0.7A_w' + \Sigma 2.5 A_w \geq 0.75 Z \cdot W_i \cdot A_i \cdot \beta$

　　　　　（ルート 2-2）　　　　　$\Sigma 1.8 A_c + \Sigma 1.8 A_w \geq Z \cdot W_i \cdot A_i \cdot \beta$

(p. 219 構造計算ルート参照)

○ 本文 p. 67 の 1 次設計を参照.

(2.8) 計算方針
(1) X 方向は，純ラーメン架構とする．
(2) Y 方向は，ラーメン架構と耐震壁架構との併用とする．
(3) X, Y 両方向とも，剛性率・偏心率は規定値を確保する．
$$R_s \geqq 0.6, \quad R_e \leqq 0.15$$
(4) RC 構造のため，層間変形角は規定値以内である．
$$\delta \leqq h/200$$
(5) 構造計算ルートは，X 方向をルート 2-3，Y 方向をルート 1 とする．
(6) 階段室のラーメン外の壁は，小ばりで受け，大ばりで支持する．
(7) 鉛直時のラーメン解法は，固定モーメント法で行う．
(8) 水平時のラーメン解法は，略算 D 値法で行ない，ねじれ補正係数倍を採用する．
(9) 断面算定用の曲げモーメントは，両方向とも，節点位置を採用する．
(10) 短期せん断力は，下式を採用して靱性を確保する．
　　　　(Y 方向)　$Q_D = Q_L + 2.0 Q_E$
　　　　(Y 方向)　$Q_D = Q_o + 1.1 \Sigma M_u / l_o$
(11) 柱のせん断補強筋比は，X 方向を $P_w \geqq 0.3\%$ 確保する．
(12) 地業は，独立フーチング基礎とする．

○構造計算の進め方と考え方をまとめる．
- 荷重の設定
- 架構方法
- 計算ルートの決定
- 応力解析の方法
- 荷重(力)の流れの説明
- 断面算定方法
- 耐筋補強方法
- 地業と工法と支持力

構造計画とは修得した知識を応用して創造しようとするものの可能性を表現することである

- 現時点の設計要領のレベルを知ること．
- 建築物に作用する外力(自重を含む)を整理する．
- 使用材料の強度と安全性を考慮して決められた材料ごとの許容応力度の一覧を整理する
- 建築物を支持するためには，直接地盤と杭支持による支持層がある．
- 地盤と建物の振動特性から地震外力の分布形が決められる．

§2. 構造計画

〈構造計算ルートのフロー〉

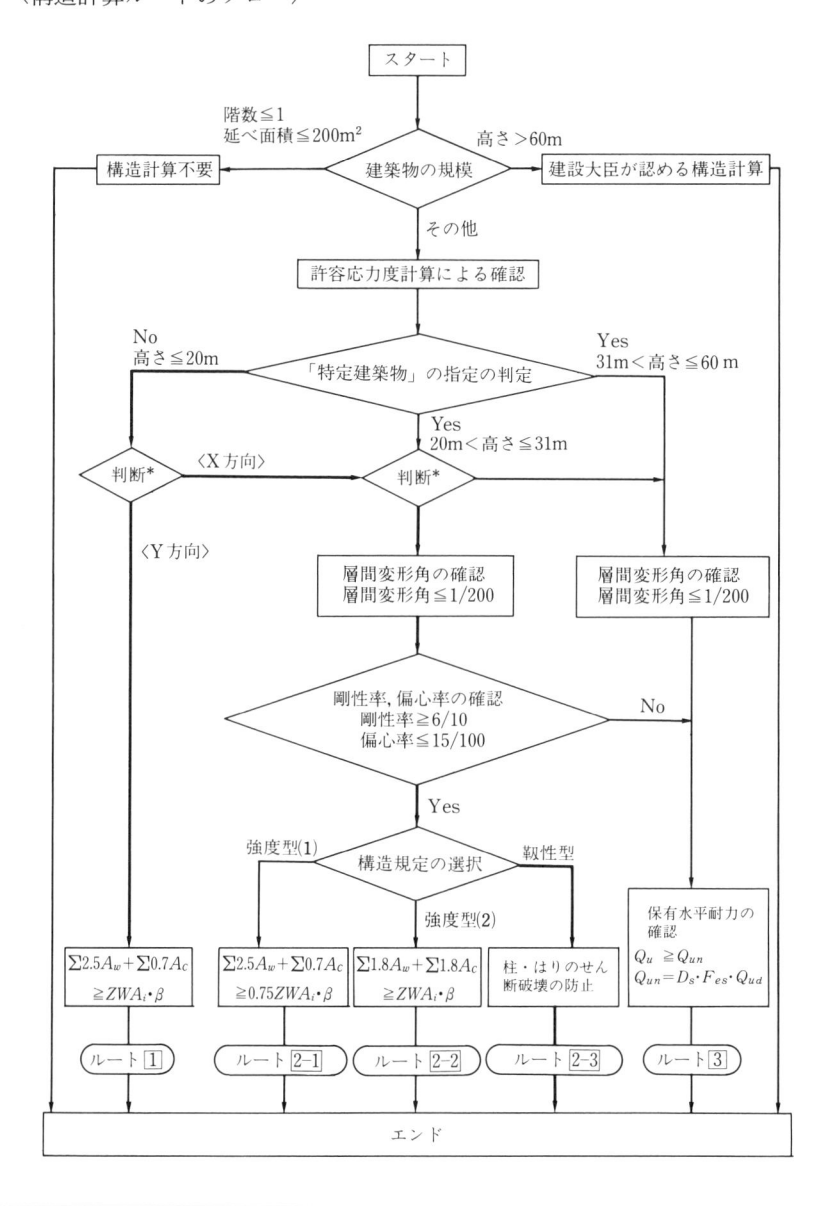

```
                        ┌─────────┐
                        │ スタート │
                        └────┬────┘
      階数≦1                  │           高さ>60m
      延べ面積≦200m²      建築物の規模
 ┌──────────┐◄──────────    │    ──────────►┌──────────────────┐
 │構造計算不要│              │               │建設大臣が認める構造計算│
 └──────────┘           その他              └──────────────────┘
                              │
                   ┌──────────────────────┐
                   │許容応力度計算による確認│
                   └──────────┬───────────┘
        No                    │                   Yes
        高さ≦20m    「特定建築物」の指定の判定     31m<高さ≦60 m
      ┌─────────◄──────────                  ──────────►
      │                       │
      │                    Yes│
      │                   20m<高さ≦31m
      │         〈X方向〉       │
   ┌─判断*◄─────              判断*  ─────►
   │                            │
〈Y方向〉                         │
   │                ┌──────────────────┐    ┌──────────────────┐
   │                │ 層間変形角の確認   │    │ 層間変形角の確認   │
   │                │ 層間変形角≦1/200  │    │ 層間変形角≦1/200  │
   │                └─────────┬────────┘    └─────────┬────────┘
   │                          │                        │
   │              ┌────────────────────────┐           │
   │              │ 剛性率, 偏心率の確認       │    No     │
   │              │ 剛性率≧6/10            │──────────►│
   │              │ 偏心率≦15/100          │           │
   │              └───────────┬────────────┘           │
   │                         Yes                        │
   │           強度型(1)        │      靱性型           │
   │         ┌─────── 構造規定の選択 ────────┐           │
   │         │        強度型(2)│             │         │
   │         │                 │             │         │
   │         │                 │             │   ┌──────────────┐
   │         │                 │             │   │保有水平耐力の│
   │         │                 │             │   │確認          │
   │         │                 │             │   │$Q_u \geq Q_{un}$│
   │         │                 │             │   │$Q_{un}=D_s \cdot F_{es} \cdot Q_{ud}$│
   │         │                 │             │   └──────────────┘
$\sum 2.5A_w+\sum 0.7A_c$  $\sum 2.5A_w+\sum 0.7A_c$  $\sum 1.8A_w+\sum 1.8A_c$  柱・はりのせん
$\geq ZWA_i \cdot \beta$  $\geq 0.75ZWA_i \cdot \beta$  $\geq ZWA_i \cdot \beta$  断破壊の防止
   │              │                │             │         │
 (ルート①)    (ルート2-1)    (ルート2-2)    (ルート2-3)   (ルート③)
   │              │                │             │         │
   └──────────────┴────── エンド ───┴─────────────┴─────────┘
```

○日本建築センター「構造計算指針・同解説」より転載.
○本文 p. 67 参照

ルート別構造計算手順

項目	ルート1	ルート2 (1)	ルート2 (2)	ルート2 (3)	ルート3
高さ制限(H)	20 m 以下	31 m 以下	31 m 以下	31 m 以下	60 m 以下
壁量 $\Sigma 2.5A_w + \Sigma 0.7A_c$	$Z \cdot W \cdot A_t \cdot \beta$ 以上	$0.75 \cdot Z \cdot W \cdot A_t \cdot \beta$ 以上	—	—	—
壁量 $\Sigma 1.8A_w + \Sigma 1.8A_c$	—	—	$Z \cdot W \cdot A_t \cdot \beta$ 以上	—	—
層間変形角(θ)	—	1/200 以下	1/200 以下	1/200 以下	1/200 以下
剛性率(R_s)	—	0.6 以上	0.6 以上	0.6 以上	$F_s = 1.0 \sim 1.5$
偏心率(R_e)	—	0.15 以下	0.15 以下	0.15 以下	$F_e = 1.0 \sim 1.5$
A_w 算入耐力壁	● $t \geq 120$ mm ● 開口耐震壁 $\left(\sqrt{\dfrac{l_0 \cdot h_0}{l \cdot h}} \leq 0.4 \text{ かつ } \dfrac{l_0}{l} \leq 0.4\right)$			—	—
A_w 算入そで壁	—	$t \geq 120$ mm かつ $l \geq 450$ mm 〃 $l \geq 0.3h_0$	$t \geq 150$ mm かつ $l \geq 450$ mm 〃 $l \geq 0.3h_0$	—	—
A_c 項算入雑壁	$t \geq 100$ mm かつ $l \geq 1\,000$ mm			—	—
設計用せん断力	$\left.\begin{array}{l}Q_{D1}=Q_L+nQ_E\\Q_{D2}=Q_L+Q_y\end{array}\right\}$ 小さい方でよい ● 柱の場合，$Q_L=0$ としてよい ● $n=2$（4階建以下） ● $n=1.5$（5階建以上）			$Q_{DC}=Q_L+1.1Q_M$ ● 柱 $Q_L=0$ ● Q_M は部材の両端に曲げ降伏が生じたときのせん断力	● 架構の崩壊メカニズム時応力を考慮
構造計算上無視した腰壁，たれ壁付柱(Q_D)		$\left.\begin{array}{l}\text{上記の } n \geq 2\\n \geq h/h_0\end{array}\right\}$ 大きい方			
地震力	$Q_i = Z \cdot R_t \cdot A_t \cdot W_i \cdot C_0\ (C_0 = 0.2)$				$Q_u d_i = 5Q_i$
せん断耐力式	短期許容耐力式（学会）				左記または強度式
柱のせん断補強筋比	$p_w \geq 0.2\%$	$p_w \geq 0.3\%$（そで壁付柱 $p_w \geq 0.4\%$）			$p_w \geq 0.2\%$
耐力壁のせん断力	$\geq 1.5 Q_E$	$\geq 2.0 Q_E$			$\geq 1.5 Q_E$
耐力壁の補強筋比	$p_w \geq 0.25\%$	$p_w \geq 0.4\%$			$p_w \geq 0.25\%$
その他	許容応力度法（旧規定）		そで壁 ● 複筋配筋 ● $p_w \geq 0.4\%$	曲げ強度算出時 ● $N_L + 2N_E \leq 0.35b \cdot D \cdot F_c$ ● $p_t \leq 0.8\%$ $\sigma_y' = 1.1\sigma_y$ ● $N \geq N_L + 2N_E$ スラブ筋考慮 片側 $b \geq 1.0$ m ● 柱主筋外配慮	保有水平耐力の検討 $F_s = 2 - \dfrac{R_s}{0.6}$ $F_e = 0.5 + \dfrac{R_e}{0.3}$

§3. 仮定荷重

(3.1) 屋根・床荷重 (N/m^2)

場所	固定荷重 内訳		w	Σw	(固定+積載)荷重：w_0		
					床版用	はり・柱 基礎用	地震用
屋根 (非歩行)	仕上モルタル	30 mm	600				
	アスファルト防水層		150				
	均しモルタル(打層)	20 mm	400				
	RC スラブ	130 mm	3 120	4 420			
	天井(吸着テックス)		150	↓		LL	
				4 500	900	600	300
					5 400	5 100	4 800
事務室 (2, 3階)	アスファルトタイル (下地共)	30 mm	600				
	RC スラブ	130 mm	3 120	3 950			
	天井(吸音テックス)		150	↓			
	間仕切壁		80	4 000	3 000	1 800	800
					7 000	5 800	4 800
階段	仕上モルタル	30 mm	960				
	RC スラブ	200 mm	5 620	6 940			
	天井(モルタル)		3 600	↓			
				7 000	3 000	1 800	800
	(踊り場平均として)				1 000	8 800 (7 500)	7 800 (6 500)
便所 (2, 3階)	タイル(下地共)		800				
	軽量コンクリート	60 mm	1 200				
	アスファルト防水層		150	5 470			
	RC スラブ	130 mm	3 120	↓			
	天井		200	5 500	1 800	1 300	600
					7 300	6 800	6 100

○ 本文 p.40〜42 の固定荷重を参考にして求める．

○ 本文 p.42〜43 の用途別の積載荷重を参考にする．

○ トータル荷重 (TL)＝固定荷重 (DL)＋積載荷重 (LL)

○ トータル荷重は床用，はり・柱・基礎用，地震用の3種類がある．

○ 上記の固定荷重には，はり自重を含まない．

○ 単位床面積当たりのはり自重をはり・柱・地震用に加算して床荷重表を作成する場合もある．

(3.2) 柱・はり・壁・荷重

柱自重

RC 部：$w = b \cdot D \cdot \gamma$

仕上部：$w = 2(b+D)t' \cdot \gamma'$

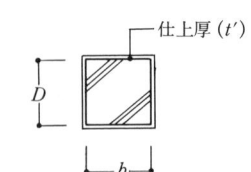

記号	b (mm)	D (mm)	t' (mm)	RC 部重量	仕上部重量	w_0 (kN/m)
$C_1 \sim C_5$	550	550	25	$0.55 \times 0.55 \times 24$ 7.3	$2(0.55+0.55) \times 0.025 \times 20$ 1.1	8.4

はり自重

RC 部：$w = b(D-t)\gamma$

仕上部：$w = \{b + 2(D-t)\}t' \cdot \gamma'$

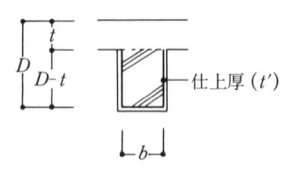

記号	b (mm)	D (mm)	t (mm)	t' (mm)	RC 部重量 仕上部重量	w_0 (kN/m)	
						仕上無	仕上有
$_RG_{1,2}$ $_RG_{3\sim5}$	350	650	130	20	$0.35 \times (0.65-0.13) \times 24$ 4.37 $\{0.35+2(0.65-0.13)\} \times 0.02 \times 20$ 0.56	4.4	4.9
$_3G_{1,2}$ $_3G_{3\sim5}$ $_RB_{1,2}$ $_RB_{3\sim6}$	350	700	130	20	$0.35 \times (0.70-0.13) \times 24$ 4.79 $\{0.35+2(0.70-0.13)\} \times 0.02 \times 20$ 0.60	4.8	5.4
$_2G_{1,2}$ $_2G_{3\sim5}$ $_3B_{1,2}$ $_3B_{3\sim6}$	350	750	130	20	$0.35 \times (0.75-0.13) \times 24$ 5.21 $\{0.35+2(0.75-0.13)\} \times 0.02 \times 20$ 0.64	5.2	5.9
$_2B_{1,2}$ $_2B_{3\sim6}$	400	750	130	20	$0.40 \times (0.75-0.13) \times 24$ 5.95 $\{0.40+2(0.75-0.13)\} \times 0.02 \times 20$ 0.66	6.0	6.6
$FG_{1\sim5}$ $FB_{1\sim6}$	400	1 200	—	—	$0.4 \times 1.20 \times 24$	11.5	—
$b_{1\sim5}$	300	600	130	—	$0.30 \times (0.60-0.13) \times 24$	3.4	—

§3. 仮定荷重

RC壁自重

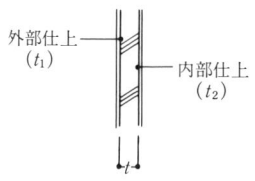

$$w_0 = (t \cdot \gamma) + (t_1 \cdot \gamma_1) + (t_2 \cdot \gamma_2)$$

外部仕上 (t_1)
内部仕上 (t_2)

記号	t (mm)	t_1 (mm)	t_2 (mm)	計算	w_0 (kN/m²)
EW_{18}	180	30	25	$(0.18 \times 2.4) + (0.030 + 0.025) \times 20$	5.4
W_{18}	180	25	25	$(0.18 \times 2.4) + (0.025 + 0.025) \times 20$	5.3
CB	150	25	25	$(0.15 \times 1.5) + (0.025 + 0.025) \times 20$	3.3

カーテンウォール $w_0 = 0.6 \text{ kN/m}^2$

(3.3) その他荷重

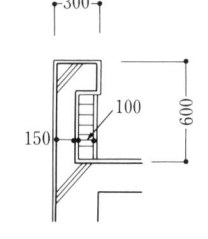

パラペット

$$w_0 = \gamma \cdot t \cdot h$$
$$= 20 \times 0.32 \times 0.6$$
$$= 3.84 \rightarrow 4.0 \text{ kN/m}$$

○柱，はり，壁等は形状と仕上等を明記して簡単に求めることが多い．
　柱：$b \times D = 550 \times 550$　　$w = 7.3 + 1.1 = 8.4 \text{ kN/m}$
　はり：$b \times D = 350 \times (650 - 130)$　　$w = 4.3 \times 0.6 = 4.9 \text{ kN/m}$
　壁：$t = 1\,800$　　$w = 4.3 + 1.1 = 5.4 \text{ kN/m}$

○パラペットは平均厚に高さとを乗じて求めたが，断面各部の重量を算出して求める方が正しい．

§4. 鉛直時応力

(4.1) 柱軸力

(1) 柱軸力

C_1	各部名称	計算 w_0	算 面積または長さ	W (kN)	N (kN)	ΣN (kN)
3階	屋根	5.1	3.0×3.0	45.9		
	大ばり (X)	4.9	3.0	14.7		
	〃 (Y)	5.4	3.0	16.2		
	小ばり	3.4	3.0/2	5.1		
	壁 (EW_{18})	5.4	$(3.5/2-0.70)\times 3.0$	1.70		
	〃 (CW)	0.6	$(3.5/2-0.65)\times 3.0$	2.0		
	柱	8.4	3.5/2	14.7		
	パラペット	4.0	3.0+3.0	24.0	139.6	140
2階	事務室	5.8	3.0×3.0	52.2		
	大ばり (X)	5.4	3.0	16.2		
	〃 (Y)	5.9	3.0	17.7		
	小ばり	3.4	3.0/2	5.1		
	壁 (EW_{18})	5.4	$\{(3.5+3.5)/2-0.75\}\times 3.0$	44.6		
	〃 (CW)	0.6	$\{(3.5+3.5)/2-0.70\}\times 3.0$	5.0		
	柱	8.4	$(3.5+3.5)/2$	29.4	170.2	310
1階	事務室	5.8	3.0×3.0	52.2		
	大ばり (X)	5.9	3.0	17.7		
	〃 (Y)	6.6	3.0	19.8		
	小ばり	3.4	3.0/2	5.1		
	壁 (EW_{18})	5.4	$\{(3.5+3.8)/2-0.75\}\times 3.0$	47.0		
	〃 (CW)	0.6	$\{(3.5+3.8)/2-0.75\}\times 3.0$	5.2		
	柱	8.4	$(3.5+3.8)/2$	30.7	177.7	488
基礎	壁 (EW_{18})	5.4	3.8/2×3.0	30.8		
	〃 (CW)	0.6	3.8/2×3.0	3.4		
	柱	8.4	3.8/2	16.0		
	地中ばり	11.5	3.0+3.0	69.0	119.2	607

＊柱軸力は柱間の 1/2 スパン範囲内の荷重を算出する．

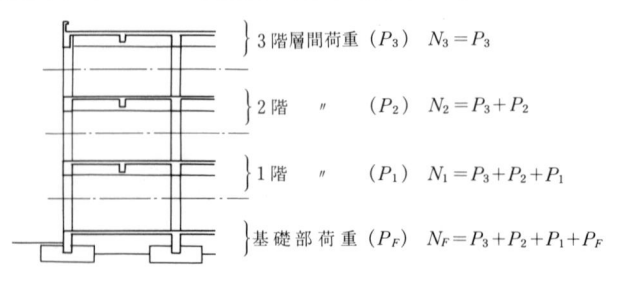

} 3 階層間荷重 (P_3) $N_3 = P_3$

} 2 階   〃   (P_2) $N_2 = P_3 + P_2$

} 1 階   〃   (P_1) $N_1 = P_3 + P_2 + P_1$

} 基礎部荷重 (P_F) $N_F = P_3 + P_2 + P_1 + P_F$

§4. 鉛直時応力

C_2	各部名称	計算 w_0	面積または長さ	W (kN)	N (kN)	ΣN (kN)
3階	屋根	5.1	6.0×3.0	91.8		
	大ばり (X)	4.9	6.0	29.4		
	〃 (Y)	4.8	3.0	14.4		
	小ばり	3.4	6.0/2	10.2		
	壁 (CW)	0.6	(3.5/2−0.65)×6.0	4.0		
	柱	8.4	3.5/2	14.7		
	パラペット	4.0	6.0	24.0	188.5	189
2階	事務室	5.8	6.0×3.0	104.4		
	大ばり (X)	5.4	6.0	32.4		
	〃 (Y)	5.2	3.0	15.6		
	小ばり	3.4	6.0/2	10.2		
	壁 (CW)	0.6	{(3.5+3.5)/2−0.70}×6.0	10.1		
	柱	8.4	(3.5+3.5)/2	29.4	202.1	391
1階	事務室	5.8	6.0×3.0	104.4		
	大ばり (X)	5.9	6.0	35.4		
	〃 (Y)	6.0	3.0	18.0		
	小ばり	3.4	6.0/2	10.2		
	壁 (CW)	0.6	{(3.5+3.8)/2−0.75}×6.0	10.4		
	柱	8.4	(3.5+3.8)/2	30.7	209.1	600
基礎	壁 (CW)	0.6	3.8/2×6.0	6.8		
	柱	8.4	3.8/2	16.0		
	地中ばり	11.5	6.0+3.0	103.5	126.3	726

○ 該当柱の負担面積内に位置する全荷重を計算する．
○ はり重量は柱芯々長を採用している．
○ 壁重量ははりせい部を削除したが，柱せい部は無視している．

C_3	各部名称	計算 w_0	面積または長さ	W (kN)	N (kN)	ΣN (kN)
3階	屋根	5.1	3.0×6.5	99.5		
	大ばり (X)	4.4	3.0	13.2		
	〃 (Y)	5.4	6.5	35.1		
	小ばり	3.4	3.0/2+3.5/2	11.1		
	壁 (EW_{18})	5.4	(3.5/2−0.70)×6.5	36.9		
	〃 (W_{18})	5.3	(3.5/2−0.60)×3.5/2	10.7		
	〃 (CB)	3.3	(3.5/2−0.65)×3.0	10.9		
	柱	8.4	3.5/2	14.7		
	パラペット	4.0	6.5	26.0	258.1	258

	各部名称	w_0	計算 面積または長さ	W (kN)	N (kN)	ΣN (kN)
2階	事務室	5.8	3.0×3.0	52.2		
	階段	7.5	3.0×3.5	78.8		
	大ばり (X)	4.8	3.0	14.4		
	〃 (Y)	5.9	6.5	38.4		
	小ばり	3.4	$3.0/2 + 3.5/2$	11.1		
	壁 (EW_{18})	5.4	$\{(3.5+3.5)/2 - 0.75\} \times 6.5$	96.5		
	〃 (W_{18})	5.3	$(\{(3.5+3.5)/2 - 0.60\} \times 3.5/2$	26.9		
	〃 (CB)	3.3	$\{(3.5+3.5)/2 - 0.70\} \times 3.0$	27.7		
	柱	8.4	$(3.5+3.5)/2$	29.4	375.4	633
1階	事務室	5.8	3.0×3.0	52.2		
	階段	7.5	3.0×3.5	78.8		
	大ばり (X)	5.2	3.0	15.6		
	〃 (Y)	6.6	6.5	42.9		
	小ばり	3.4	$3.0/2 + 3.5/2$	11.1		
	壁 (EW_{18})	5.4	$\{(3.5+3.8)/2 - 0.75\} \times 6.5$	101.8		
	〃 (W_{18})	5.3	$\{(3.5+3.8)/2 - 0.60\} \times 3.5/2$	28.3		
	〃 (CB)	3.3	$\{(3.5+3.8)/2 - 0.75\} \times 3.0$	28.7		
	柱	8.4	$(3.5+3.8)/2$	30.7	390.1	1 023
基礎	壁 (EW_{18})	5.4	$3.8/2 \times 6.5$	66.7		
	〃 (W_{18})	5.3	$3.8/2 \times 3.5/2$	17.6		
	〃 (CB)	3.3	$3.8/2 \times 3.0$	18.8		
	柱	8.4	$3.8/2$	16.0		
	地中ばり	1.5	$3.0 + 6.5$	109.3	228.4	1 251

	各部名称	計算		W (kN)	N (kN)	ΣN (kN)
C_4		w_0	面積または長さ			
3階	屋根	5.1	6.0×6.5	198.9		
	大ばり (X)	4.4	6.0	26.4		
	〃 (Y)	4.8	6.5	31.2		
	小ばり	3.4	$(6.0+3.0)/2 + 3.5/2$	21.3		
	壁 (EW_{18})	5.3	$(3.5/2 - 0.60) \times 3.5/2$	10.7		
	〃 (CB)	3.3	$(3.5/2 - 0.65) \times 3.0$	10.9		
	〃 (CB)	3.3	$(3.5/2 - 0.70) \times 3.5$	12.1		
	柱	8.4	$3.5/2$	14.7	326.2	326
2階	事務室	5.8	$(6.0 \times 3.0) + (3.0 \times 3.5)$	165.3		
	便所	6.8	3.0×3.5	71.4		
	大ばり (X)	4.8	6.0	28.8		
	〃 (Y)	5.2	6.5	33.8		
	小ばり	3.4	$(6.0+3.0)/2 + 3.5/2$	21.3		
	壁 (W_{18})	5.3	$\{(3.5+3.5)/2 - 0.60\} \times 3.5/2$	26.9		
	〃 (CB)	3.3	$\{(3.5+3.5)/2 - 0.70\} \times 3.0$	27.7		
	〃 (CB)	3.3	$\{3.5+3.5)/2 - 0.75\} \times 3.5$	31.8		
	柱	8.4	$(3.5+3.5)/2$	29.4	436.4	762

§4. 鉛直時応力

			計　算		W (kN)	N (kN)	ΣN (kN)
		w_0	面積または長さ				
1階	事務室	5.8	$(6.0\times3.0)+(3.0\times3.5)$		165.3		
	便所	6.8	3.0×3.5		71.4		
	大ばり (X)	5.2	6.0		31.2		
	〃 (Y)	6.0	6.5		39.0		
	小ばり	3.4	$(6.0+3.0)/2+3.5/2$		21.3		
	壁 (W_{18})	5.3	$\{(3.5+3.8)/2-0.60\}\times3.5/2$		28.3		
	〃 (CB)	3.3	$\{(3.5+3.8)/2-0.75\}\times3.0$		28.7		
	〃 (CB)	3.3	$\{(3.5+3.8)/2-0.75\}\times3.5$		33.5		
	柱	8.4	$(3.5+3.8)/2$		30.7	449.4	1 211
基礎	壁 (W_{18})	5.3	$3.8/2\times3.5/2$		17.6		
	〃 (CB)	3.3	$3.8/2\times(3.0+3.5)$		40.8		
	柱	8.4	$3.8/2$		16.0		
	地中ばり	11.5	$6.0+6.5$		143.8	218.2	1 429

C_5	各部名称	計　算		W (kN)	N (kN)	ΣN (kN)
		w_0	面積または長さ			
3階	屋根	5.1	6.0×6.5	198.9		
	大ばり (X)	4.4	6.0	26.4		
	〃 (Y)	4.8	6.5	31.2		
	小ばり	3.4	6.0	20.4		
	柱	8.4	$3.5/2$	14.7	291.6	292
2階	事務室	5.8	6.0×6.5	226.2		
	大ばり (X)	4.8	6.0	28.8		
	〃 (Y)	5.2	6.5	33.8		
	小ばり	3.4	6.0	20.4		
	柱	8.4	$(3.5+3.5)/2$	29.4	338.6	631
1階	事務室	5.8	6.0×6.5	226.2		
	大ばり (X)	5.2	6.0	31.2		
	〃 (Y)	6.0	6.5	39.0		
	小ばり	3.4	6.0	20.4		
	柱	8.4	$(3.5+3.8)/2$	30.7	347.5	979
基礎	柱	8.4	$3.8/2$	16.0		
	地中ばり	11.5	$6.0+6.5$	143.8	159.8	1 139

(2) 柱軸力一覧

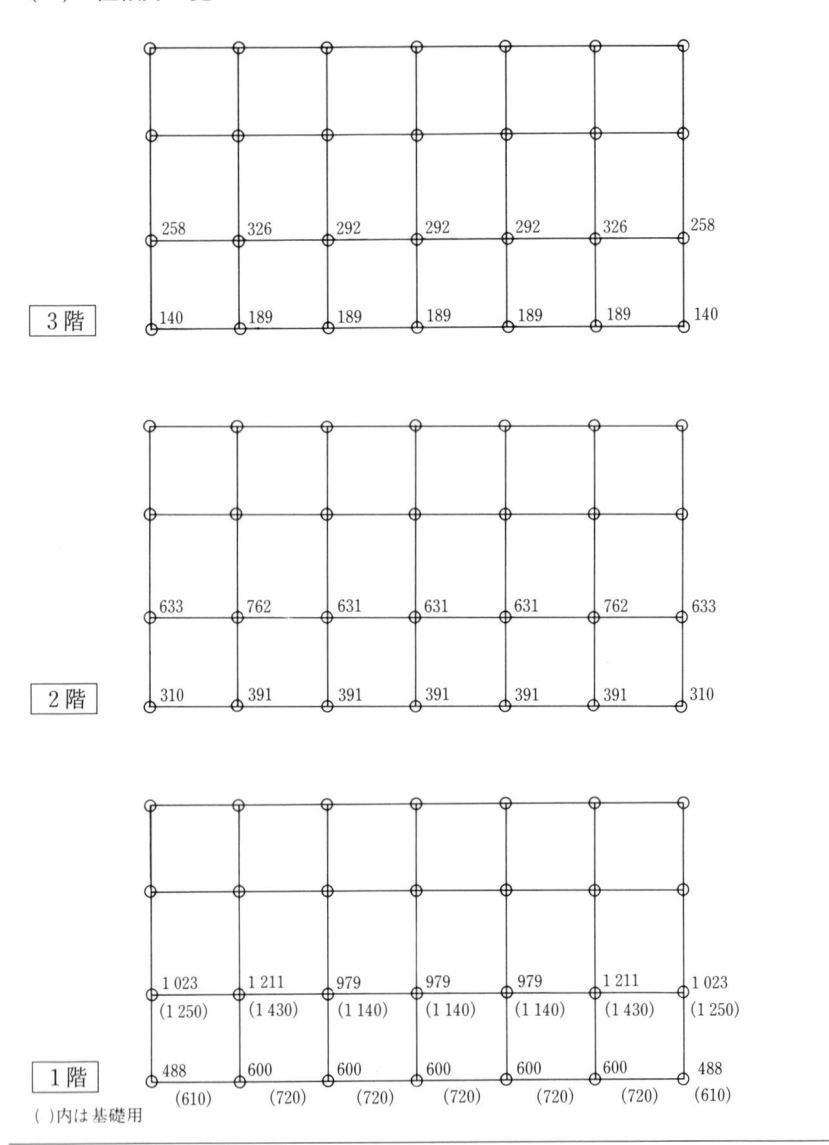

3階

| 258 | 326 | 292 | 292 | 292 | 326 | 258 |
| 140 | 189 | 189 | 189 | 189 | 189 | 140 |

2階

| 633 | 762 | 631 | 631 | 631 | 762 | 633 |
| 310 | 391 | 391 | 391 | 391 | 391 | 310 |

1階

1 023	1 211	979	979	979	1 211	1 023
(1 250)	(1 430)	(1 140)	(1 140)	(1 140)	(1 430)	(1 250)
488	600	600	600	600	600	488
(610)	(720)	(720)	(720)	(720)	(720)	(610)

( )内は基礎用

○基礎用荷重は小数点以下を切上げして表現している．

(4.2) C, M_0, Q_0

記号	荷重状態	階	符号 w_0	支持要素 L_x (m)	L_y (m)	λ	単位荷重 C/w	M_0/w	Q_0/w	応力 C (kN·m)	M_0 (kN·m)	Q_0 (kN)
G_1・G_2	A：床 B：大ばり C：壁(CW) D：パラペット	R	A： 5.1 B： 4.9 D： 4.0	3.0 	6.0 6.0 6.0	2.00	4.0 3.0 3.0	6.3 4.5 4.5	3.4 3.0 3.0	20 15 12 47	32 22 18 72	17 15 12 44
		3・2	A： 5.8 B： 5.9 C： 1.7	}同上			}同上			23 18 5 46	37 27 8 72	20 18 5 43
G_3	A：床 B：大ばり C：壁(CB) D：小ばり＋壁(W_{18})	R	A： 5.1 5.1 B： 4.4 D： 11.9 21.3	3.0 3.0 	6.0 7.0 6.0 6.0	2.00 2.33	4.0 8.5 3.0 0.75	6.3 15.7 4.5 1.5	3.4 6.4 3.0 0.5	20 43 13 25 101	32 80 20 50 182	17 33 13 17 80
		3・2	A： 5.8 7.2 B： 5.2 C： 9.1 D： 11.9 51.9	}同上			}同上			23 61 16 27 48 175	37 113 23 41 96 310	20 46 16 27 32 141
G_4・G_5	A：床 B：大ばり	R	A： 5.1 5.1 B： 4.4	3.5 3.0 	6.0 6.0 6.0	1.71 2.00	4.4 4.0 3.0	7.0 6.3 4.5	3.8 3.4 3.0	22 20 13 55	36 32 20 88	19 17 13 49
		3・2	A： 5.8 5.8 B： 5.2	}同上			}同上			26 23 16 65	41 37 23 101	22 20 16 58
b_1・b_2	A：床 B：小ばり	R	A： 5.4 B： 3.4	3.0	6.0 6.0	2.00	8.0 3.0	12.6 4.5	6.8 3.0	43 10 53	68 15 83	37 10 47
		3・2	A： 7.0 B： 3.4	}同上			}同上			56 10 66	88 15 103	48 10 58

○ 本文 p.53〜55 を参考にしてはりの荷重項を算出する．
○ 床荷重の単位荷重は p.297〜299 の付図 2・1，2・2 より算出する．

記号	荷重状態	階	符号 w_0	支持要素 L_x L_y λ (m) (m)	単位荷重 C/w M_0/w Q_0/w	応力 C M_0 Q_0 (kN·m)(kN·m)(kN)
B_3 ・ B_5	A：床 6.0/2 B：大ばり 6.0/2 C：小ばり 6.0	R	A：5.1 B：4.8 C：20.4	3.0 6.0 2.00 6.0 6.0	14.9 27.0 11.3 3.0 4.5 3.0 0.75 1.5 0.5	76 138 58 14 22 14 15 31 10 105 191 82
		3・2	A：5.8 B：6.0 C：20.4	}同上	}同上	86 157 66 18 27 18 15 31 10 119 215 94
B_4	A：床 3.0/2 6.0/2	R	A：5.1 　 5.1 B：4.8 D：10.2	3.0 7.0 2.33 3.5 6.0 1.71 7.0 7.0	5.6 8.8 4.1 10.2 18.2 6.8 4.1 6.1 3.5 0.88 1.75 0.5	29 45 21 52 93 35 20 29 17 9 18 5 110 185 78
	B：大ばり C：壁(CB) D：小ばり 7.0	3・2	A：6.8 　 5.8 B：6.0 C：9.1 D：10.2	}同上	}同上	38 60 28 59 106 39 25 37 21 37 56 32 9 18 5 168 277 125
B_6	A：床 6.0/2 6.0/2 B：大ばり C：小ばり 7.0	R	A：5.1 B：4.8 C：20.4	3.5 6.0 1.71 7.0 7.0	20.4 36.4 13.5 4.1 6.1 3.5 0.88 1.75 0.5	104 186 69 20 29 17 18 36 10 142 251 96
		3・2	A：5.8 B：6.0 C：20.4	}同上	}同上	118 211 78 25 37 21 18 36 10 161 284 109
b_3 ・ b_4	A：床 3.5/2 3.5/2 B：大ばり 6.0	R	A：5.4 B：3.4	3.5 6.0 1.71 6.0	8.8 14.0 7.9 3.0 4.5 3.0	48 76 43 10 15 10 58 91 53
		3・2	A：7.0 B：3.4	}同上	}同上	62 98 55 10 15 10 72 113 65

○等分布荷重の公式　　$C = \dfrac{wl^2}{12}$, $M_0 = \dfrac{wl^2}{8}$, $Q_0 = \dfrac{wl}{2}$

○集中荷重の公式　　$C = \dfrac{Wl}{m}$, $M_0 = \dfrac{Wl}{4}$, $Q_0 = \dfrac{W}{2}$

(4.3) 応力解析・応力図

（1） 応力解析

		G₁			G₂			G₂	
0.52		0.48	0.32	0.36	0.32	0.32	0.36	0.32	
		−47	47		−47	47		−47	
24		23	0	0	0	0	0	0	
7		0	11	0	0	0	0	0	
−4		−3	−4	−3	−4	0	0	0	
27		−27	54	−3	−51	47	0	−47	
0.32	0.32	0.36	0.27	0.23	0.23	0.27	0.27	0.23	0.23	0.27
		−46	46		−46	46		−46		
15	15	16	0	0	0	0	0	0	0	0
7	12	0	8	0	0	0	0	0	0	0
−6	−6	−7	−2	−2	−2	−2	0	0	0	0
16	21	−37	52	−2	−2	−48	46	0	0	−46
0.27	0.31	0.42	0.30	0.19	0.21	0.30	0.30	0.19	0.21	0.30
		−46	46		−46	46		−46		
12	14	20	0	0	0	0	0	0	0	0
0	7	0	10	0	0	0	0	0	0	0
−2	−2	−3	−3	−2	−2	−3	0	0	0	0
10	19	−29	53	−2	−2	−49	46	0	0	−46

A・D

		G₃			G₄			G₅	
0.48		0.52	0.34	0.32	0.34	0.34	0.32	0.34	
		−101	101		−55	55		−55	
48		53	−16	−14	−16	0	0	0	
26		−8	26	−12	0	−8	0	0	
−9		−9	−5	−4	−5	3	2	3	
65		−65	106	−30	−76	50	2	−52	
0.30	0.30	0.40	0.29	0.21	0.21	0.29	0.29	0.21	0.21	0.29
		−175	175		−65	65		−65		
53	53	69	−32	−23	−23	−32	0	0	0	0
24	24	−16	34	−11	−7	0	−16	0	0	0
−10	−10	−12	−5	−3	−3	−5	5	3	3	5
67	67	−134	172	−37	−33	−102	54	3	3	−60
0.24	0.28	0.48	0.32	0.17	0.19	0.32	0.32	0.17	0.19	0.32
		−175	175		−65	65		−65		
42	49	84	−32	−19	−21	−35	0	0	0	0
0	26	−18	42	0	−11	0	−18	0	0	0
−2	−2	−4	−10	−5	−6	−10	6	3	3	6
40	73	−113	172	−24	−38	−110	53	3	3	−59

B・C

○本文 p.55〜57 の固定法を参考にする．

○モーメントの分割を2回で打ち切っている．

$K_e = K/2$

B_2 — B_4 (2〜6)

0.42		0.58	0.46	0.33		0.21
		−105	105			−110
44		61	2	2		1
16		1	30	6		0
−7		−10	−17	−12		−7
53		−53	120	−4		−116

0.27	0.27	0.46	0.38	0.23	0.23	0.16
		−119	119			−168
32	32	55	19	11	11	8
16	22	10	27	6	1	0
−13	−13	−22	−13	−8	−8	−5
35	41	−76	152	9	4	−165

0.23	0.27	0.50	0.41	0.19	0.22	0.18
		−119	119			−168
27	32	60	20	9	11	9
0	16	10	30	0	6	0
−6	−7	−13	−15	−7	−8	−6
21	41	−62	154	2	9	−165

B_5 — B_6 $K_e = K/2$ (3〜5)

0.42		0.58	0.46	0.33		0.21
		−105	105			−142
44		61	17	12		8
16		8	30	5		0
−10		−14	−16	−12		−7
50		−50	136	5		−141

0.27	0.27	0.46	0.38	0.23	0.23	0.16
		−119	119			−161
32	32	55	16	10	10	6
16	22	8	27	4	6	0
−12	−12	−22	−14	−9	−9	−5
36	42	−78	148	5	7	−160

0.23	0.27	0.50	0.41	0.19	0.22	0.18
		−119	119			−161
27	32	60	17	8	9	8
0	16	8	30	0	5	0
−6	−6	−12	−14	−7	−8	−6
21	42	−63	152	1	6	−159

○ラーメン形状と荷重が対称の場合は該当するはり剛比を 1/2 した有効剛比で算出することができる．

§4. 鉛直時応力

(2) 応力図

( )内ははりのせん断力で，中央( )内は Q_o を示す．

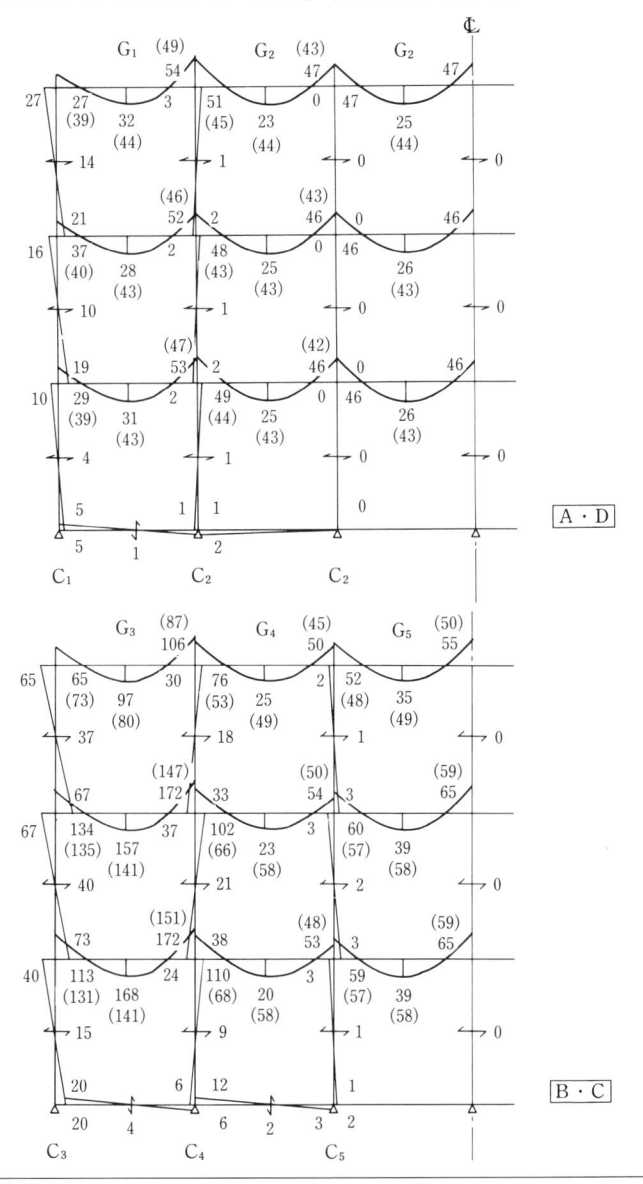

A・D

B・C

○ 本文 p.58 のはりのせん断力算出方法を参照．
○ 柱 ↪ は柱のせん断力を示す（単位：せん断力は kN，曲げモーメントは kN·m）．

付章 鉄筋コンクリート造建物の構造設計例

2〜6

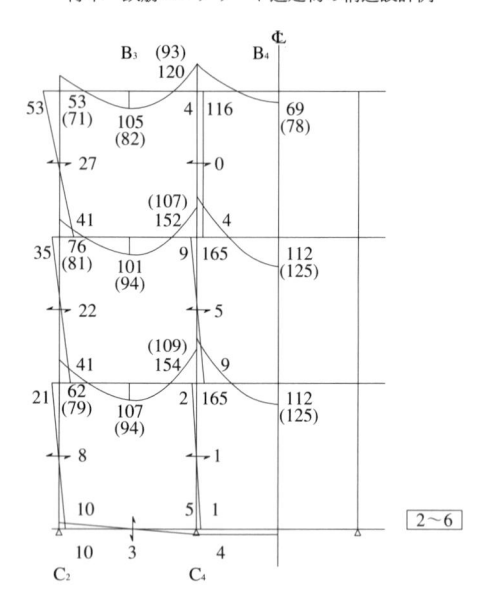

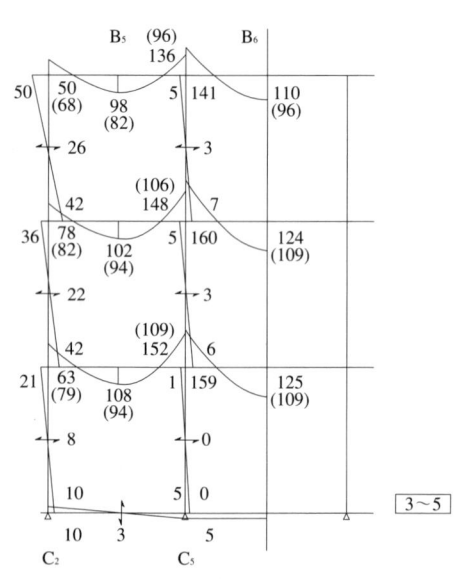

```
         B₃ (93)      B₄  ₵
            120
   53   53    4 | 116      69
       (71) 105              (78)
            (82)
      ← 27         ← 0
                (107)
            41   152   4
   35   76        9 | 165    112
       (81) 101              (125)
            (94)
      ← 22         ← 5
                (109)
            41   154   9
   21   62        2 | 165    112
       (79) 107              (125)
            (94)
      ← 8          ← 1
            10    5  1
            10  3    4
            C₂     C₄
```

3〜5

```
         B₅ (96)      B₆
            136
   50   50    5 | 141      110
       (68) 98               (96)
            (82)
      ← 26         ← 3
                (106)
            42   148   7
   36   78        5 | 160    124
       (82) 102              (109)
            (94)
      ← 22         ← 3
                (109)
            42   152   6
   21   63        1 | 159    125
       (79) 108              (109)
            (94)
      ← 8          ← 0
            10    5  0
            10  3    5
            C₂     C₅
```

○柱 ↩ は柱のせん断力を示す．
○はり♪ ははりのせん断力を示す．

§5. 水平時応力

(5.1) 水平荷重(地震力)

A：床面積(m^2)

階	各部名称	計算 w_0	計算 面積または長さ	w (kN)	(W_i/A) W_i (kN)	$\sum W_i$ (kN)
3	パラペット	4.0	$(36.0+19.0)\times 2$	440		
	屋根	4.8	36.0×19.0	3 283		
	大ばり(X)	4.9	36.0×2	353		
	〃	4.4	36.0×2	317		
	大ばり(Y)	5.4	19.0×2	205		
	〃	4.8	19.0×5	456		
	小ばり	3.4	$(6.0\times 16)+(7.0\times 2)$	374		
	壁(EW_{18})	5.4	$(3.5/2-0.70)\times 19.0\times 2$	215		
	〃(W_{18})	5.3	$(3.5/2-0.60)\times 7.0\times 2$	85		
	〃(CB)	3.3	$(3.5/2-0.65)\times 6.0\times 4$	87		
	〃(CB)	3.3	$(3.5/2-0.70)\times 7.0\times 2$	49	A：684	
	〃(CW)	0.6	$(3.5/2-0.65)\times 6.0\times 12$	48	(9.2)	
	柱	8.4	$3.5/2\times 28$	412		
				6 324	6 320	6 320
2	事務室	4.8	$(6.0\times 6.0\times 12)+(6.0\times 7.0\times 4)$	2 880		
	階段	6.5	$3.0\times 7.0\times 2$	273		
	便所	6.1	$3.0\times 7.0\times 2$	256		
	大ばり(X)	5.4	36.0×2	389		
	〃	4.8	36.0×2	346		
	大ばり(Y)	5.9	19.0×2	224		
	〃	5.2	19.0×5	494		
	小ばり	3.4	$(6.0\times 16)+(7.0\times 2)$	374		
	壁(EW_{18})	5.4	$\{(3.5+3.5)/2-0.75\}\times 19.0\times 2$	564		
	〃(W_{18})	5.3	$\{(3.5+3.5)/2-0.60\}\times 7.0\times 2$	215		
	〃(CB)	3.3	$(\{(3.5+3.5)/2-0.70\}\times 6.0\times 4$	222		
	〃(CB)	3.3	$\{(3.5+3.5)/2-0.75\}\times 7.0\times 2$	127	A：684	
	〃(CW)	0.6	$\{(3.5+3.5)/2-0.70\}\times 6.0\times 12$	121	(10.7)	
	柱	8.4	$(3.5+3.5)/2\times 28$	823		
				7 308	7 310	13 630

○該当する層の層間内に位置する全荷重を計算する．
○はり重量は柱芯々長を採用している．
○はり重量ははりせい部を削除したが，柱せい部は無視している．

A：床面積(m^2)

階	各部名称	計算		w (kN)	(W_i/A) W_i (kN)	ΣW_i (kN)
		w_0	面積または長さ			
1	事務室	4.8	$(6.0 \times 6.0 \times 12)+(6.0 \times 7.0 \times 4)$	2 880		
	階段	6.5	$3.0 \times 7.0 \times 2$	273		
	便所	6.1	$3.0 \times 7.0 \times 2$	256		
	大ばり(X)	5.9	36.0×2	425		
	〃	5.2	36.0×2	374		
	大ばり(Y)	6.6	19.0×2	251		
	〃	6.0	19.0×5	570		
	小ばり	3.4	$(6.0 \times 16)+(7.0 \times 2)$	374		
	壁(EW_{18})	5.4	$\{(3.5+3.8)/2-0.75\} \times 19.0 \times 2$	595		
	〃(W_{18})	5.3	$\{(3.5+3.8)/2-0.60\} \times 7.0 \times 2$	226		
	〃(CB)	3.3	$\{(3.5+3.8)/2-0.75\} \times 6.0 \times 4$	230		
	〃(CB)	3.3	$\{(3.5+3.8)/2-0.75\} \times 7.0 \times 2$	134		
	〃(CW)	0.6	$\{(3.5+3.8)/2-0.75\} \times 6.0 \times 12$	125	A：684	
	柱	8.4	$(3.5+3.8)/2 \times 28$	858	(11.1)	
				7 571	7 570	21 200

地 震 力

建築物は，床面・壁面の面で構成されている．鉄筋コンクリート造の床面に広がる固定荷重の建築物全体に占める割合は，非常に大きくなっている．そこで，層中央部を境界として，上下階の床位置に水平荷重(地震力)が集中して作用するものと考える．

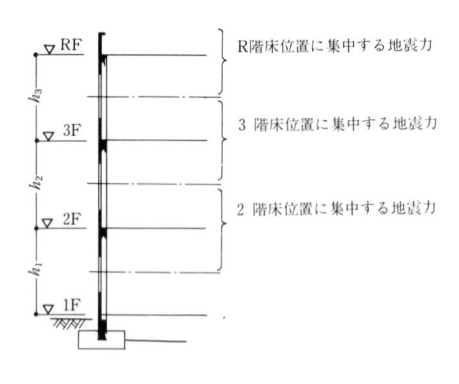

(5.2) 水平力分配

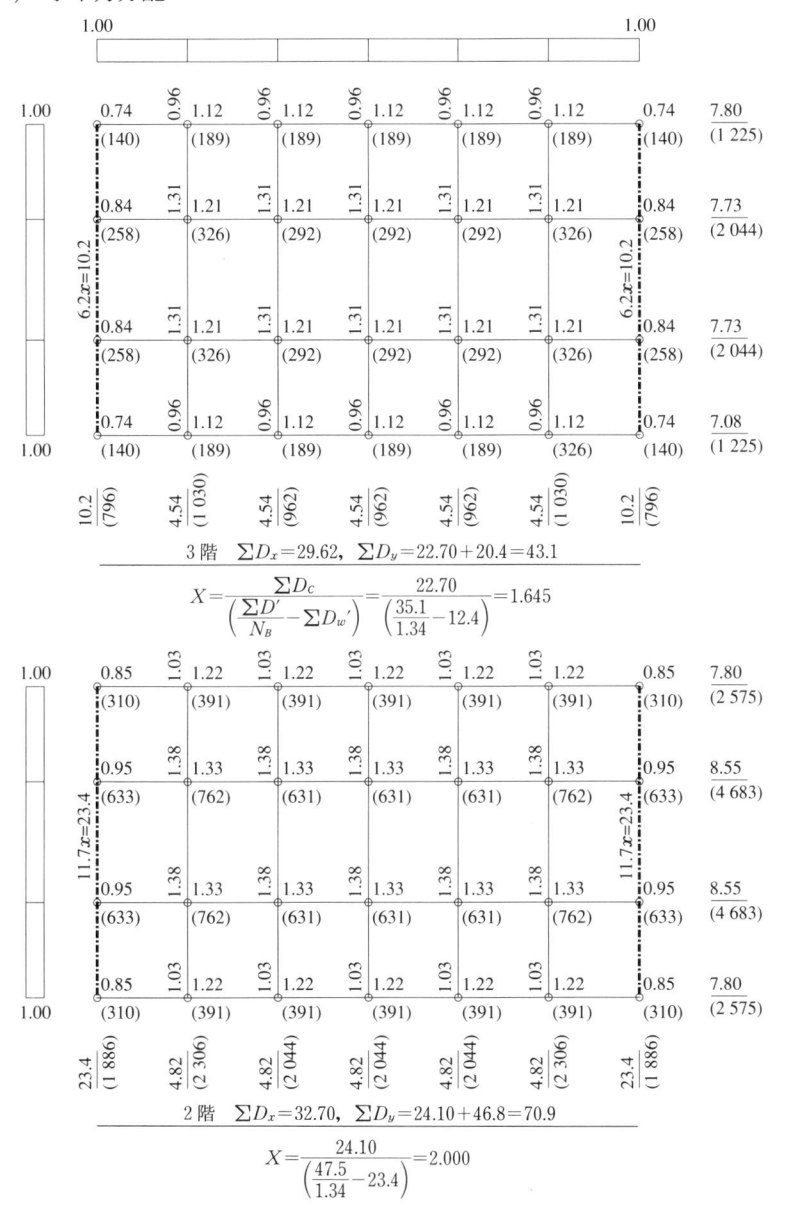

3階 $\Sigma D_x = 29.62$, $\Sigma D_y = 22.70 + 20.4 = 43.1$

$$X = \frac{\Sigma D_c}{\left(\frac{\Sigma D'}{N_B} - \Sigma D_w'\right)} = \frac{22.70}{\left(\frac{35.1}{1.34} - 12.4\right)} = 1.645$$

2階 $\Sigma D_x = 32.70$, $\Sigma D_y = 24.10 + 46.8 = 70.9$

$$X = \frac{24.10}{\left(\frac{47.5}{1.34} - 23.4\right)} = 2.000$$

柱位置の数値，欄外は通の合計値を示している。
左，上には，各通のねじれ補正係数を示している。

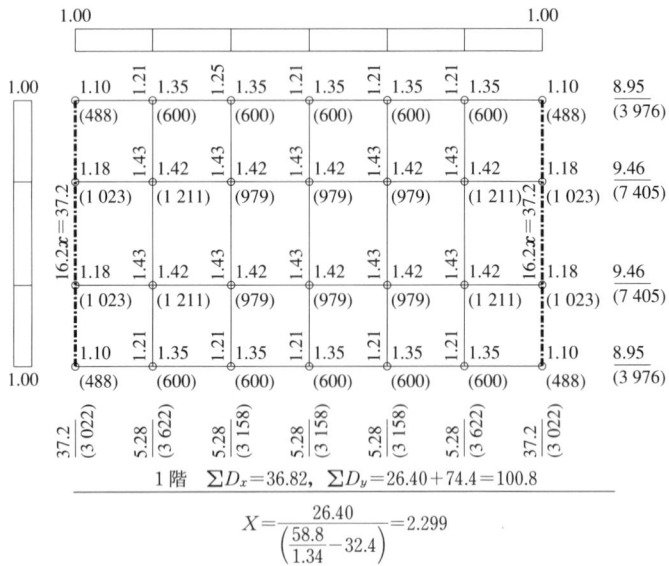

$$X=\cfrac{26.40}{\left(\cfrac{58.8}{1.34}-32.4\right)}=2.299$$

(1) 単位せん断力と層間変形角

方向	階	h (m)	Q (kN)	ΣD_c	$\Sigma D_w{}'$	$\Sigma D'$	q' (kN)	ΣD_w	ΣD	q (kN)	R
X	3	3.53	1 780	29.62	—	—	—	0	29.62	61	1/1 170
	2	3.50	3 160	32.70	—	—	—	0	32.70	97	1/742
	1	4.03	4 240	36.82	—	—	—	0	36.82	115	1/544
Y	3	3.53	1 780	22.70	12.4	35.1	51	20.4	43.1	41	1/1 741
	2	3.50	3 160	24.10	23.4	47.5	67	46.8	70.9	45	1/1 600
	1	4.03	4 240	26.40	32.4	58.8	72	74.4	100.8	42	1/1 489

$M_T{}'=\Sigma(q_i \cdot D_{wi}{}' \cdot h_i)=(51\times6.2\times3.53)+(67\times11.7\times3.50)+(72\times16.2\times4.03)=8\,560$

$N_B=R\cdot l/M_T{}'=(607\times19.0)/8\,560=1.347 \to 1.34<\beta\cfrac{\Sigma D'}{\Sigma D_w{}'}=\cfrac{0.75\times58.8}{32.4}=1.36$

$\Sigma D_w=\Sigma D_c/\{\Sigma D'(\Sigma D_w{}'\cdot N_B)-1\}$

$q'=Q/\Sigma D',\quad q=Q/\Sigma D,\quad R=\delta/h=q\cdot h/12E\cdot K_0$

○ 上記表の q' を算出して, 耐震壁の引抜耐力より X を求め, $D_w=D_w{}'\cdot X$ で耐震壁の分布係数を算出している.

○ 分配された耐震壁のせん断力より応力度を計算し, コンクリートのひび割れ限界のチェック後に最終 D_w を決定する.

$${}_1\tau_w=\cfrac{42\times37.2\times10^3}{180\times(19\,000-1\,000)}=0.48<\cfrac{F_c}{10}=2.1\text{ N/mm}^2$$

(2) 剛性率・偏心率

方向	階	剛 性 率				偏 心 率						
		r_s	R_s	判定	F_s	l (m)	g (m)	e (m)	r_e	R_e	判定	F_e
X	3	1 170	1.42	OK	1.0	9.50	9.50	0	18.1	0	OK	1.0
	2	742	0.90	OK	1.0	9.50	9.50	0	23.8	0	OK	1.0
	1	544	0.67	OK	1.0	9.50	9.50	0	27.5	0	OK	1.0
Y	3	1 741	1.08	OK	1.0	18.0	18.0	0	15.0	0	OK	1.0
	2	1 600	0.99	OK	1.0	18.0	18.0	0	16.2	0	OK	1.0
	1	1 489	0.92	OK	1.0	18.0	18.0	0	16.0	0	OK	1.0

○ 本文 p. 68〜69 参照

○ 剛性率の計算 (X 方向)

$$_3r_s = \frac{1}{R} = 1\,170 \,(層間変形角の逆数)$$

$$\overline{r_s} = \frac{\sum r_s}{n} = \frac{1\,170 + 742 + 544}{3} = 819$$

$$_3R_s = \frac{r_s}{\overline{r_s}} = \frac{1\,170}{819} = 1.42$$

○ 偏心率の計算 (X 方向)

$$K_r = J_x + J_y$$

$$J_x = \sum(D_x \cdot l_y^2) = \sum(D_x \cdot y^2) - \sum D_x \cdot l_y^2$$

$$J_y = \sum(D_y \cdot l_x^2) = \sum(D_y \cdot x^2) - \sum D_y \cdot l_x^2$$

$$_3K_r = (4\,140.6 - 29.62 \times 9.5^2) + (22\,208.4 - 43.1 \times 18.0^2) = 9\,711.4$$

$$_3r_{ex} = \sqrt{_3K_r / \sum D_x} = 9\,711.4 / 29.62 = 18.1$$

$$_3e_x = g - l = 9.50 - 9.50 = 0$$

$$_3R_{ex} = \frac{e_x}{r_{ex}} = \frac{0}{18.1} = 0$$

（3） ねじれの補正係数

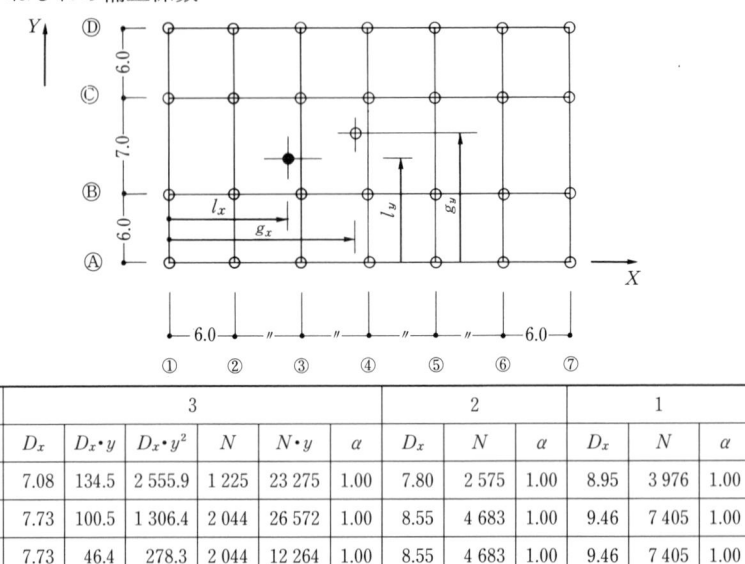

通	階	3						2			1		
	y	D_x	$D_x \cdot y$	$D_x \cdot y^2$	N	$N \cdot y$	α	D_x	N	α	D_x	N	α
Ⓓ	19.0	7.08	134.5	2 555.9	1 225	23 275	1.00	7.80	2 575	1.00	8.95	3 976	1.00
Ⓒ	13.0	7.73	100.5	1 306.4	2 044	26 572	1.00	8.55	4 683	1.00	9.46	7 405	1.00
Ⓑ	6.0	7.73	46.4	278.3	2 044	12 264	1.00	8.55	4 683	1.00	9.46	7 405	1.00
Ⓐ	0	7.08	0	0	1 225	0	1.00	7.80	2 575	1.00	8.95	3 976	1.00
Σ		29.62	281.4	4 140.6	6 538	62 111	1.00	32.70	14 516		36.82	22 762	
l, g		$l_y=\Sigma(D_x\cdot y)/\Sigma D_x=281.4/29.62=9.50$ (m) $g_y=\Sigma(N\cdot y)/\Sigma N=62\,111/6\,538=9.50$ (m)						$l_y=9.50$ (m) $g_y=9.50$ (m)			$l_y=9.50$ (m) $g_y=9.50$ (m)		

通	階	3						2			1		
	x	D_y	$D_y \cdot x$	$D_y \cdot x^2$	N	$N \cdot x$	α	D_y	N	α	D_y	N	α
⑦	36.0	10.2	367.2	13 219.2	796	28 656	1.00	23.4	1 886	1.00	37.2	3 022	1.00
⑥	30.0	4.54	136.2	4 086.0	1 030	30 900	1.00	4.82	2 306	1.00	5.28	3 622	1.00
⑤	24.0	4.54	109.0	2 615.0	962	23 088	1.00	4.82	2 044	1.00	5.28	3 158	1.00
④	18.0	4.54	81.7	1 471.0	962	17 316	1.00	4.82	2 044	1.00	5.28	3 158	1.00
③	12.0	4.54	54.5	653.8	962	11 544	1.00	4.82	2 044	1.00	5.28	3 158	1.00
②	6.0	4.54	27.2	163.4	1 030	6 180	1.00	4.82	2 306	1.00	5.28	3 622	1.00
①		10.2	0	0	796	0	1.00	23.4	1 886	1.00	37.2	3 022	1.00
Σ		43.10	775.8	22 208.4	6 538	117 684		70.90	14 516		100.8	22 762	
l, g		$l_x=\Sigma(D_y\cdot x)/\Sigma D_y=775.8/43.10=18.0$ (m) $g_x=\Sigma(N\cdot x)/\Sigma N=11\,7684/6\,538=18.0$ (m)						$l_x=18.0$ (m) $g_x=18.0$ (m)			$l_x=18.0$ (m) $g_x=18.0$ (m)		

○ねじれ補正係数計算

$$\alpha_x = 1 + \frac{\Sigma D_x \cdot e_y}{K_r}(y - l_y) \qquad \alpha_y = 1 + \frac{\Sigma D_y \cdot e_x}{K_r}(x - l_x)$$

§5. 水平時応力　　　　　　　　　　　241

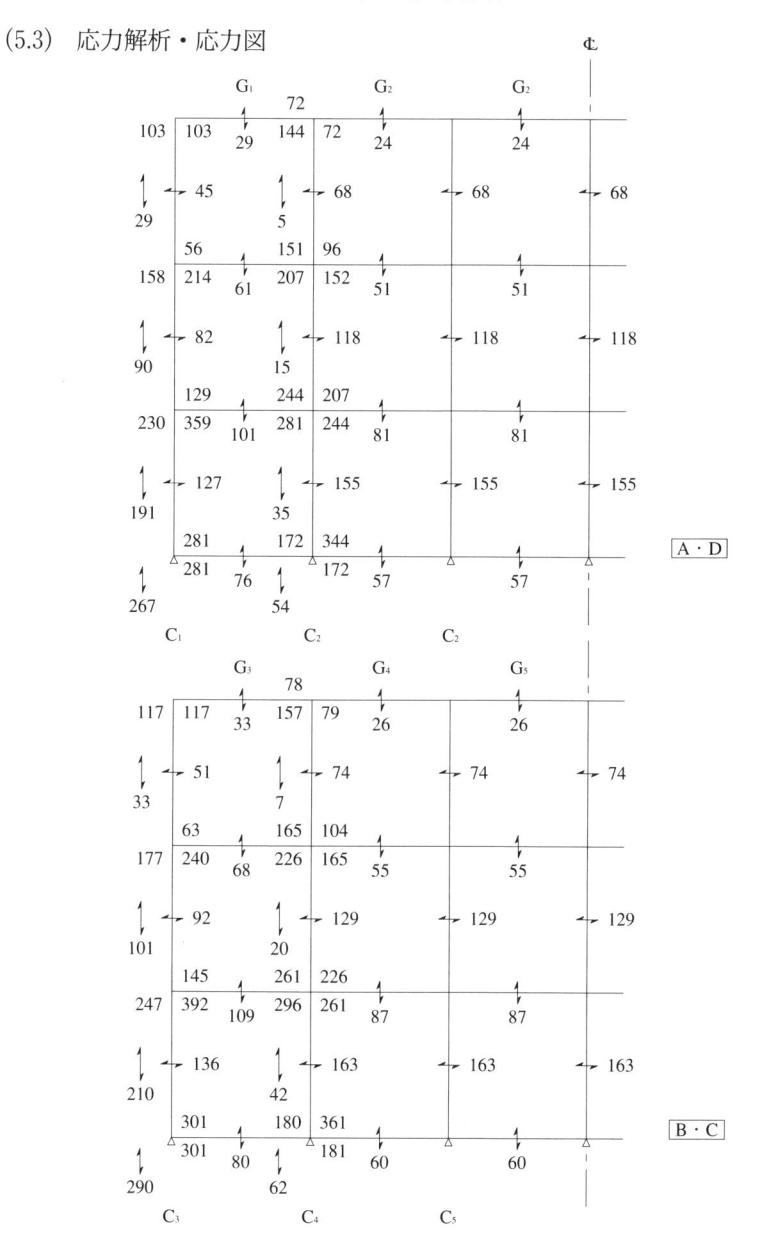

(5.3) 応力解析・応力図

[A・D フレーム 応力図]

[B・C フレーム 応力図]

○ 本文 p.64 の柱せん断力算出方法を参照．

○ $_3C_1$ 柱の $Q_c = \dfrac{Q}{\Sigma D} \cdot D_c = q \cdot D_c = 61 \times 0.74 = 45 \text{ kN}$

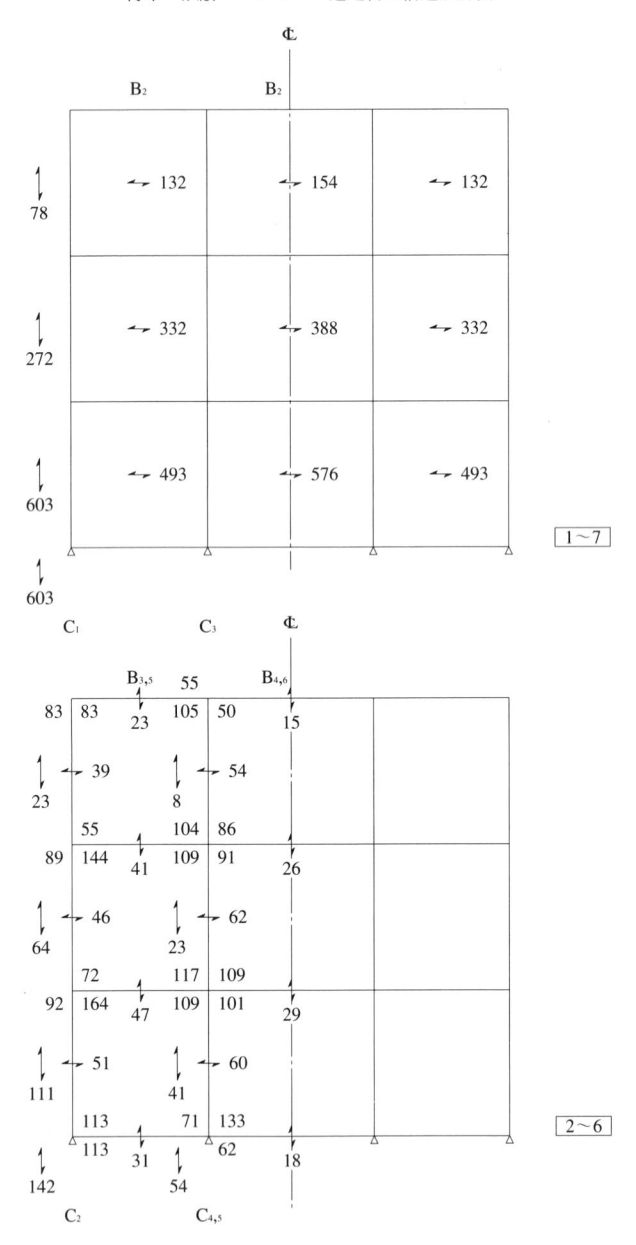

242　付章　鉄筋コンクリート造建物の構造設計例

```
              ₵
        B₂        B₂
     ← 132    ← 154    ← 132
  ↑
  78

     ← 332    ← 388    ← 332
  ↑
 272

     ← 493    ← 576    ← 493
  ↑
 603
                                    ┌─────┐
  ↑                                 │ 1～7 │
 603                                └─────┘
   C₁         C₃        ₵
             B₃,₅  55   B₄,₆
   83│ 83      105│ 50        15
        23              ↑
     ↑ 39       ↑ 54
  23          8
     55      104│ 86
   89│144     109│ 91        26
        41              ↑
     ↑ 46       ↑ 62
  64         23
     72      117│109
   92│164     109│101        29
        47              ↑
     ↑ 51       ↑ 60
 111         41
     113      71│133
                                    ┌─────┐
 ↑ 113    ↑ 62       18             │ 2～6 │
        31                          └─────┘
 142    54
   C₂         C₄,₅    ₵
```

○柱 ← は柱せん断力を示す．　　○はり ↓ ははりせん断力を示す．
○柱 ↓ は柱軸力を示し，はりせん断力を累加して求める．

§6. 断 面 設 計

(6.1) 算定方針

（1） 使用材料

・コンクリート：$F_c = 21 \text{ N/mm}^2$

・鉄筋：SD 295 A

（2） 短期せん断力とせん断補強筋比

Y 方向（ルート 1）

・柱，はり

$Q_{D_1} = Q_L + 2.0 Q_E$

$Q_{D_2} = Q_0 + \sum M_u / l_0$

Q_{D_1} を設計用せん断力とし，$Q_{D_1} > Q_A$ のときは，$\min(Q_{D_1}, Q_{D_2})$ を採用する．

$P_w \geq 0.2\%$

・耐震壁

$Q_D = 2.0 Q_E$，$p_s \geq 0.25\%$

X 方向（ルート 2-3）

・柱，はり

$Q_D = Q_0 + 1.1 \sum M_u / l_0$

ただし，柱の場合には Q_0 を省略する．

柱：$p_w \geq 0.3\%$　　はり：$p_w \geq 0.2\%$

$M_u = 0.9 \sigma_y \cdot a_t d$

$cM_u = 0.8 a_t \sigma_y D + 0.5 ND \left(1 - \dfrac{N}{bDF_c}\right)$，$N = N_L + 2N_E$

（3） 柱・はり断面算定は建築学会算定図表を使用する．

柱算定図表条件外のため，下式を用いて曲げモーメントを修正する．

$d_c = d_t > 0.1 D \quad M' = \dfrac{0.8 D}{(D - 2d_t)} \cdot M$

(6.2) 床

（1） 4 辺固定スラブとする．

（2） 必要スラブ厚

$t_0 (\text{mm}) = \dfrac{l_x}{50} \left(\dfrac{\lambda - 0.7}{\lambda - 0.6}\right)(1 + 0.1 w_p + 0.0001 l_x)$

$\lambda : l_x/l_y$　　l_x：短辺内のり寸法 (mm)，l_y：長辺内のり寸法 (mm)
w_p：積載荷重と仕上荷重との和 (kN/m²)

場所	条件		方向	α	M (kN·m)	d (mm)	鉄筋径 間隔 (mm)	配筋	符号
事務室	w_0 w_p l_x l_y λ t_0 t	7.0 3.9 3 500 6 000 1.71 111 130	短辺	x_1	0.075	6.4	90	D10, D13 244	D10, D13 @200	S_1
				x_2	0.050	4.3		D10 260	D10 @200	
			長辺	y_1	0.042	3.6	77	D10, D13 371	D10, D13 @250	
				y_2	0.028	2.4		D10 400	D10 @250	
便所	w_0 w_p l_x l_y λ t_0 t	7.3 4.2 3 000 7 000 2.33 97.2 130	短辺	x_1	0.081	5.3	90	D10, D13 294	D10, D13 @200	S_2
				x_2	0.054	3.5		D13 572	D13 @200	
			長辺	y_1	0.042	2.8	77	D10, D13 476	D10, D13 @200	
				y_2	0.028	1.8		D13 951	D13 @200	
屋上	w_0 w_p l_x l_y λ t_0 t	54 2.3 3 500 6 000 1.71 101 130	短辺	x_1	0.075	5.0	90	D10, D13 312	D10, D13 @200	S_3
				x_2	0.050	3.3		D10 339	D10 @200	
			長辺	y_1	0.042	2.8	77	D10, D13 476	D10, D13 @200	
				y_2	0.028	1.9		D10 504	D10 @200	

$$M = \alpha \times w_0 \cdot l_x^2$$

○本文 p.167 の表 8・1 あるいは p.301 の付図 3・1 を使用する．
○スラブ内のり寸法をはり芯々間とした．
○必要鉄筋間隔は本文 p.169 式による．
○スラブ構造制限を満足する配筋とした．

(6.3) 大ばり・小ばり

(1) 大ばり

符号			$_RG_1$			$_3G_1$			$_2G_1$		
位置			外端	中央	内端	外端	中央	内端	外端	中央	内端
$b \times D$ (mm) d, j (mm) l_0 (m)			350×650 575, 503 5.45			350×700 625, 547 5.45			350×750 675, 591 5.45		
M (kN·m)	L	上 下	27	32	54	37	28	52	29	31	53
	E		103		72	214		151	359		244
	S	上 下	130 76		126 18	251 177		203 99	388 330		297 191
C (N/mm²)	L		0.23	0.28	0.47	0.27	0.20	0.38	0.18	0.19	0.33
	S	上 下	1.12 0.67		1.09 0.16	1.84 1.29		1.49 0.72	2.43 2.07		1.86 1.20
p_t (%)	L			0.25							
	S	上 下	0.42 0.24		0.41	0.69 0.48		0.55 0.26	0.92 0.78		0.69 0.44
a_t (mm²)		上 下	840 500		820	1 510 1 050		1 200 570	2 170 1 840		1 630 1 040
主筋本数 (D25)		上 下	2 2	2 2	2 2	3 3	2 2	3 2	5 4	2 2	4 3
M_u (kN·m)		上 下	173 173		173 173	282 282		282 188	508 406		406 305
$\sum M_u / l_0$ (kN)	← →			64 64			86 103			149 149	
Q (kN)	(Q_0) L		39	(44)	49	40	(43)	46	39	(43)	47
	E			29			61			101	
	S		68		78	101		107	140		148
M/Qd	L S										
α	L S										
$\alpha \cdot f_s bj$ (kN)	L S		$\alpha=1$ (123) (185)			(134) (201)			(145) (217)		
Q_{D_1} (kN)											
Q_{D_2} (kN)				115			156			207	
判定				OK			OK			OK	
$\Delta Q / bj$ (N/mm²)	L S										
肋筋	p_w (%) 間隔 (mm)		0.2 (D10) 204			0.2			0.2		
	配筋		D10-@200			D10-@200			D10-@200		

○ 本文 p.93～94 の図表より C を算出．

○ L・E・S は長期・地震時・短期を示す．

○ M_u (降伏曲げモーメント)　$M_u = 0.9 \sigma_u \cdot a_t \cdot d = 0.9 (300 \times 1.1) a_t d$

符号 位置			$_RG_2$ 両端 中央 端		$_3G_2$ 両端 中央 端		$_2G_2$ 両端 中央 端	
$b \times D$ (mm) d, j (mm) l_0 (m)			350×650 575, 503 5.45		350×700 625, 547 5.45		350×750 675, 591 5.45	
M (kN·m)	L	上 下	51	23	48	25	49	25
	E		72		152		244	
	S	上 下	123 21		200 104		293 195	
C (N/mm²)	L		0.44	0.20	0.35	0.18	0.31	0.16
	S	上 下	1.06 0.18		1.46 0.76		1.84 1.22	
p_t (%)	L		0.24					
	S	上 下	0.38		0.54 0.27		0.69 0.45	
a_t (mm²)		上 下	810		1 180 590		1 630 1 060	
主筋本数 (D25)		上 下	2 2	2 2	3 2	2 2	4 3	2 2
M_u (kN·m)		上 下	173 173		282 188		406 305	
$\sum M_u/l_0$ (kN)		← →	64 64		86 86		130 130	
Q (kN)	(Q_0) L		45	(44)	43	(43)	44	(43)
	E S		24 69		51 94		81 125	
M/Qd		L S						
α		L S						
$\alpha \cdot f_s bj$ (kN)		L S	(123) (185)		(134) (201)		(145) (217)	
Q_{D_1} (kN)								
Q_{D_2} (kN)			115		138		186	
判定			OK		OK		OK	
$\Delta Q/bj$ (N/mm²)		L S						
肋筋	P_w (%) 間隔 (mm)		0.2 (D10) 204		0.2		0.2	
	配筋		D10-@200		D10-@200		D10-@200	

○ X 方向ばり (G) は計算ルート 2-3 のため，Q_{D_2} で検討する．

$\quad a \cdot f_s bj \geq Q_{D_2} \quad p_w \geq 0.2\%$

$\quad a \cdot f_s bj < Q_D$ のとき $\Delta Q/bj$ より p_w を算出

§6. 断 面 設 計

符号			$_RG_3$			$_3G_3$			$_2G_3$		
位置			外端	中央	内端	外端	中央	内端	外端	中央	内端
$b \times D$ (mm) d, j (mm) l_0 (m)			350×650 575, 503 5.45			350×700 625, 547 5.45			350×750 675, 591 5.45		
M (kN·m)	L	上 下	65	97	106	134	157	172	113	168	172
	E		117		78	240		165	392		261
	S	上 下	182 52		184	374 106		337	505 279		433 89
C (N/mm²)	L		0.56	0.84	0.92	0.98	1.16	1.25	0.71	1.05	1.07
	S	上 下	1.57 0.45		1.59	2.74 0.78		2.46	3.17 1.75		2.71 0.56
p_t (%)	L		0.31	0.47	0.51	0.55	0.64	0.69	0.39	0.59	0.59
	S	上 下	0.58		0.59	1.03		0.93	1.18 0.66		1.02 0.20
a_t (mm²)		上 下	1 170	940	1 190	2 260	1 400	2 040	2 780 1 560	1 390	2 830 470
主筋本数 (D25)		上 下	3 2	2 2	3 2	5 3	3 3	5 3	6 4	3 3	6 3
M_u (kN·m)		上 下	260 173		260 173	471 282		471 282	610 406		610 305
$\sum M_u / l_0$ (kN)		← →	80 80			138 138			168 186		
Q (kN)	(Q_0) L		73	(80)	87	135	(141)	147	131	(141)	151
	E S		106	33	120	203	68	215	240	109	260
M/Qd	L S						1.9 2.5			1.7 2.5	
α	L S						1.38 1.14			1.48 1.14	
$\alpha \cdot f_s bj$ (kN)	L S			(123) (185)			(134) (201)	185 230		(145) (217)	215 248
Q_{D_1} (kN)											
Q_{D_2} (kN)				168			293			346	
判定				OK			NO			NO	
$\Delta Q / bj$ (N/mm²)	L S						0.33			0.48	
肋筋	p_w (%) 間隔 (mm)			0.2 (D10) 204			0.42 97			0.52 79	
	配筋			D10 - @200			D10 - @75			D10 - @75	

符号			$_RG_4$			$_3G_4$			$_2G_4$		
位置			2端	中央	3端	2端	中央	3端	2端	中央	3端
$b \times D$ (mm) d, j (mm) l_0 (m)			350×650 575, 503 5.45			350×700 625, 547 5.45			350×750 675, 591 5.45		
M (kN·m)		L 上 　 下	76 　25		50	102 　23		54	110 　20		53
		E	79		79	165		165	261		261
		S 上 　 下	155 3		129 29	267 63		269 111	371 151		314 208
C (N/mm²)		L	0.65	0.19	0.42	0.73	0.15	0.37	0.68	0.11	0.31
		S 上 　 下	1.33 0.03		1.10 0.29	1.94 0.48		1.58 0.83	2.31 0.96		1.96 1.33
p_t (%)		L	0.36		0.21	0.40			0.38		
		S 上 　 下	0.49		0.40	0.73		0.60 0.30	0.88 0.34		0.74 0.49
a_t (mm²)		上 下	980		840	1 600		1 310 660	2 080 800		1 750 1 160
主筋本数 (D25)		上 下	2 2	2 2	2 2	4 2	2 2	3 3	5 3	3 3	4 3
M_u (kN·m)		上 下	173 173		173 173	376 188		282 282	508 305		406 305
$\sum M_u/l_0$ (kN)		← →		64 64			121 86			149 130	
Q (kN)		(Q_0) L	53	(49)	45	66	(58)	50	68	(58)	48
		E S	79	26	71	121	55	105	155	87	135
M/Qd		L S								3.5	
α		L S								1.0	
$\alpha \cdot f_s bj$ (kN)		L S		(123) (185)			(134) (201)			(145) (217)	
Q_{D_1} (kN)											
Q_{D_2} (kN)				120			191			222	
判定				OK			OK			NO	
$\Delta Q/bj$ (N/mm²)		L S								0.03	
肋筋	p_w (%) 間隔 (mm)			0.2 (D10) 204			0.2			0.22 186	
	配筋			D10-@200			D10-@200			D10-@150	

§6. 断面設計

符号			$_RG_5$			$_3G_5$			$_2G_5$		
位置			両端	中央	端	両端	中央	端	両端	中央	端
$b \times D$ (mm) d, j (mm) l_0 (m)			350×650 575, 503 5.45			350×700 625, 547 5.45			350×750 675, 591 5.45		
M (kN·m)	L	上 下	55	35		65	39		65	39	
	E		79			165			261		
	S	上 下	134 24			230 100			326 196		
C (N/mm²)	L		0.47	0.28		0.45	0.27		0.41	0.23	
	S	上 下	1.15 0.22			1.66 0.75			2.03 1.25		
p_t (%)	L		0.25			0.24					
	S	上 下	0.42			0.62 0.27			0.78 0.46		
a_t (mm²)		上 下	840			1 360 590			1 840 1 090		
主筋本数 (D25)		上 下	2 2	2 2		3 2	2 2		4 3	2 2	
M_u (kN·m)		上 下	173 173			282 188			406 305		
$\sum M_u/l_0$ (kN)		← →	64 64			86 86			130 130		
(Q_0)	L		50	(49)		59	(58)		59	(58)	
Q (kN)	E			26			55			87	
	S		76			114			146		
M/Qd	L S										
α	L S										
$\alpha \cdot f_s bj$ (kN)	L S		(123) (185)			(134) (201)			(145) (217)		
Q_{D_1} (kN)											
Q_{D_2} (kN)			120			153			201		
判定			OK			OK			OK		
$\Delta Q/bj$ (N/mm²)	L S										
肋筋	p_w (%) 間隔 (mm)		0.2 (D10) 204			0.2			0.2		
	配筋		D10 - @200			D10 - @200			D10 - @200		

符号			$_RB_{1,2}$			$_3B_{1,2}$			$_2B_{1,2}$		
位置			端	中央	端	端	中央	端	端	中央	端
$b \times D$ (mm) d, j (mm) l_0 (m)			350×700 625, 547			350×750 675, 591			400×750 675, 591		
M (kN·m)		L 上下									
		E									
		S 上下		EW 付			EW 付			EW 付	
C (N/mm²)		L S 上下									
p_t (%)		L									
		S 上下		$p_g = 0.8\%$			0.8%			0.8%	
a_t (mm²)		上下		$a_g = 1\,960$			2 100			2 400	
主筋本数 (D25)		上 下		2 2			2 3			2 3	
M_u (kN·m)		上下									
$\sum M_u / l_0$ (kN)		← ←									
(Q_0)		L									
Q (kN)		E S									
M/Qd		L S									
α		L S									
$\alpha \cdot f_s bj$ (kN)		L S									
Q_{D_1} (kN)											
Q_{D_2} (kN)											
判定											
$\Delta Q/bj$ (N/mm²)		L S									
肋筋	p_w (%) 間隔 (mm)			0.2 (D10) 204			0.2			0.2 178	
	配筋			D10 - @200			D10 - @200			D10 - @150	

§6. 断面設計

符号			$_RB_{3,5}$			$_3B_{3,5}$			$_2B_{3,5}$		
位置			外端	中央	内端	外端	中央	内端	外端	中央	内端
$b \times D$ (mm) d, j (mm) l_0 (m)			350×700 625, 547 5.45			350×750 675, 591 5.45			400×750 675, 591 5.45		
M (kN·m)	L	上 下	50	98	136	78	102	148	63	108	152
	E		83		55	144		104	164		117
	S	上 下	133 33		191	222 66		252	227 101		269
C (N/mm²)	L		0.37	0.72	0.99	0.49	0.64	0.93	0.35	0.58	0.83
	S	上 下	0.97 0.24		1.4	1.39 0.41		1.58	1.25 0.55		1.48
P_t (%)	L			0.39	0.54	0.28	0.35	0.51		0.31	0.46
	S	上 下	0.34		0.52	0.51		0.59	0.46		0.54
a_t (mm²)		上 下	740	850	1 180	1 200	830	1 390	1 240	840	1 460
主筋本数 (D25)		上 下	2 2	2 3	3 2	3 2	2 3	3 2	3 2	2 3	3 2
M_u (kN·m)		上 下									
$\sum M_u / l_0$ (kN)		← →									
Q (kN)	(Q_0)	L	68	(82)	96	82	(94)	106	79	(94)	109
	E			23			41			47	
	S		91		119	123		147	126		156
M/Qd	L S										
α	L S										
$\alpha \cdot f_s bj$ (kN)	L S			(134) (201)			(145) (217)			(165) (248)	
Q_{D_1} (kN)				142			188			203	
Q_{D_2} (kN)											
判定				OK			OK			OK	
$\Delta Q / bj$ (N/mm²)	L S										
肋筋	p_w (%) 間隔 (mm)			0.2 (D10) 204			0.2			0.2 178	
	配筋			D10-@200			D10-@200			D10-@150	

○ Y 方向ばり (B) は計算ルート 1 のため,Q_{D_1} で検討する.

$\quad a \cdot f_s bj \geqq Q_{D_1} \qquad p_w \geqq 0.2\%$

符号			$_RB_{4,6}$			$_3B_{4,6}$			$_2B_{4,6}$		
位置			両端	中央	端	両端	中央	端	両端	中央	端
$b \times D$ (mm) d, j (mm) l_0 (m)			350×700 625, 547 6.45			350×750 675, 591 6.45			400×750 675, 591 6.45		
M (kN·m)	L	上 下	116		69	165		112	165		112
	E		50			91			101		
	S	上 下	166			256			266		
C (N/mm²)	L		0.85	0.5		1.05	0.74		0.93	0.64	
	S	上 下	1.22			1.62			1.48		
P_t (%)	L		0.48	0.28		0.59	0.40		0.51	0.34	
	S	上 下	0.45			0.61			0.54		
a_t (mm²)		上 下	1 050		610	1 440		940	1 460		920
主筋本数 (D25)		上 下	3 2	2 3		3 2	2 3		3 2	2 3	
M_u (kN·m)		上 下									
$\Sigma M_u/l_0$ (kN)		← →									
(Q_0)	L		78	(78)		125	(125)		125	(125)	
Q (kN)	E S		93	15		151	26		154	29	
M/Qd	L S										
α	L S										
$\alpha \cdot f_s bj$ (kN)	L S		(134) (201)			(145) (217)			(165) (248)		
Q_{D_1} (kN)			108			177			183		
Q_{D_2} (kN)											
判定			OK			OK			OK		
$\Delta Q/bj$ (N/mm²)	L S										
肋筋	p_w (%) 間隔 (mm)		0.2 (D10) 204			0.2			0.2 178		
	配筋		D10-@200			D10-@200			D10-@150		

§6. 断面設計

（2） 小ばり

符号		$_{R}b_{1,3}$			$_{2,3}b_{1,3}$		
位置		外端	中央	内端	外端	中央	内端
$b \times D$ (mm) d, j (mm)		300×600 535, 468			300×600 535, 468		
M (kN·m)	上 下	35 	53	70 	44 	66	88
C (N/mm²)		0.41	0.62	0.81	0.51	0.77	1.02
p_t (%)		0.22	0.33	0.44	0.27	0.43	0.56
a_t (mm²)		350	530	710	430	690	900
主筋本数 (D19)	上 下	2 2	2 2	3 2	2 2	2 3	4 2
Q (kN)　(Q_0)		47	(53)	59	58	(65)	72
$\alpha \cdot f_s bj$ (kN)		$\alpha = 1$ (98)			(98)		
p_w (%) 肋筋		0.2 D10-@200			0.2 D10-@200		
備考		M_0-0.65C（0.6C～1.2C）					

符号		$_{R}b_{2,4}$		$_{2,3}b_{2,4}$		b_5		
位置		両端	中央	両端	中央	B端	中央	C端
$b \times D$ (mm) d, j (mm)		300×600 535, 468		300×600 535, 468		250×800 700, 613		
M (kN·m)	上 下	58 	48	72 	59	196		
C (N/mm²)		0.68	0.56	0.85	0.68	1.60		
p_t (%)		0.38	0.32	0.47	0.38	0.88 ($\gamma = 1.0$)		
a_t (mm²)		610	510	750	610	1 540		
主筋本数 (D19)	上 下	3 2	2 2	3 2	2 3	4 4	2 2	2 2
Q (kN)　(Q_0)		(53)		(65)		98		
$\alpha \cdot f_s bj$ (kN)		(98)		(98)		110		
p_w (%) 肋筋		0.2 D10-@200		0.2 D10-@200		0.2 D10-@200		
備考		M_0-0.75C				4-D25 / 4-D25		

○ 小ばり応力は本文 p.54～55 を参照．

○ b_5 の計算内容は次頁を参考．

・b_5：壁付ばり（階段壁を受けるはり）

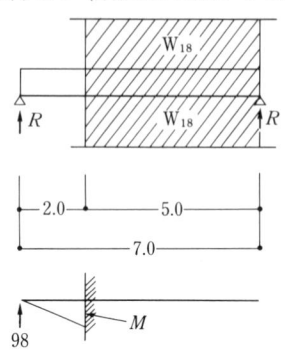

$R = 141 - 16 - 27 = 98$ N

（$_2G_3$ の Q_0 より算出）

$M = 98 \times 2.0 = 196$ kN・m

$Q = 98$ N

$b \times D = 250 \times 800$ mm, $d = 700$ mm, $j = 613$ mm

$C = \dfrac{M}{b \cdot d^2} = \dfrac{196 \times 10^6}{25 \times 700^2} = 1.6$ N/mm²

$\gamma = 1.0$, $p_t = 0.88\%$, $a_t = a_c = 1\,540$ mm²

∴ 主筋 4 - D25 ($a = 2\,028$ mm²)

$\dfrac{M}{Q \cdot d} = \dfrac{196}{98 \times 0.70} = 2.9$

$a = \dfrac{4}{M/Q \cdot d + 1} = \dfrac{4}{3.9} = 1.03$

$Q_{AL} = a \cdot f_s \cdot b \cdot j$

$\quad\quad = 1.03 \times 0.7 \times 10^{-3} \times 250 \times 613 = 110$ kN

$Q = 98$ kN $< Q_{AL}$

$p_w = 0.2\%\,(2 - D10)$

$x = \dfrac{a_w}{b \cdot p_w} = \dfrac{143}{250 \times 0.002} = 286$ mm

∴ あばら筋 D10 - @200

(6・4) 柱

符号			₃C₁			₂C₁			₁C₁	
$b \times D$ (mm) d, j (mm) h_0 (m)			550×550 475, 416 2.86			550×550 475, 416 2.775			550×550 475, 416 3.055	
方向			x	y		x	y		x	y	
位置			T　B	T　B		T　B	T　B		T　B	T　B	
N (kN)		L E S	140 29　78 169　218 111　62			310 90　272 400　582 220　38			488 191　603 679　1 091 297	
M (kN・m)		L E S	27　21 103　56 130　77	EW		16　19 158　129 174　148	EW		10　5 230　281 240　286	EW
N/bD (N/mm²)		L S	0.46 0.56　0.72 0.37　0.2			1.02 1.32　1.92 0.73　0.13			1.61 2.24　3.61 0.98	
M/bD^2 (N/mm²)		L S	0.16　0.13 0.78　0.46			0.1　0.11 1.05　0.89			0.06　0.03 1.44　1.72	
補正値			0.86　0.51			1.16　0.98			1.58　1.89	
p_t (%)		L S	0.26　0.12 0.30　0.14			0.28　0.20 0.37　0.29			0.33　0.52 0.50　0.64	
a_t (mm²)			910　420			1 120　880			1 510 1 940	
主筋本数 (D22) a_j (mm²)			3　3 1 160	3　3		3　3	3　3		4　6 1 540 2 320	
Q (kN)		L E (n・E) D	14 45			10 82			4 127	
Q_A (kN)		L S	240			240			240	
判定			OK			OK			NO	
第 1 項 (kN・m) 第 2 項 (kN・m) $1.1\sum_c M_u$ (kN・m) Q_{D_1} (kN)			168　168 53 486 170			168　168 124 642 231			225　337 206 1 071 351	
$\sum a_t$ (mm²) $_g M_u$ (kN・m) Q_{D_2} (kN)									(5−D25)/2 =2535/2 254 287	
$\Delta Q/bj$ (N/mm²)									0.21	
帯筋	p_w (%) 鉄筋 間隔 (mm)		0.3 3−D10 129	0.2 2−D10 130		0.3	0.2		0.34 3−D10 114	0.2
	配筋		3−D10 @100	2−D10 @100		3−D10 @100	2−D10 @100		3−D10 @100	2−D10 @100

○ $d_c = d_t > 0.1D$ による柱曲げ補正値

$$\left[\frac{0.8D}{(D-2d_t)}\right]M = \left[\frac{0.8 \times 550}{(550-2 \times 75)}\right]M = [1.1]M$$

符号			$_3C_2$				$_2C_2$				$_1C_2$			
$b \times D$ (mm)			550×550				550×550				550×550			
d, j (mm)			475, 416				475, 416				475, 416			
h_0 (m)			2.86				2.775				3.055			
方向			x		y		x		y		x		y	
位置			T	B	T	B	T	B	T	B	T	B	T	B
N (kN)		L	189				391				600			
		E	5		23		15		64		35		111	
		S	194		212		406		455		635		711	
			184		166		376		327		565		489	
M (kN·m)		L	3	2	50	42	2	2	36	42	2	1	21	10
		E	144	96	83	55	207	207	89	72	281	344	92	113
		S	147	98	133	97	209	209	125	114	283	345	113	123
N/bD (N/mm²)		L	0.62				1.29				1.98			
		S	0.64		0.7		1.34		1.5		2.10		2.35	
			0.61		0.55		1.24		1.08		1.87		1.62	
M/bD^2 (N/mm²)		L	0.02	0.01	0.3	0.25	0.01	0.01	0.22	0.25	0.01	0	0.13	0.06
		S	0.88	0.59	0.8	0.58	1.26	1.26	0.75	0.69	1.70	2.07	0.68	0.74
補正値			0.97	0.65	0.88	0.64	1.39	1.39	0.83	0.76	1.87	2.28	0.75	0.81
p_t (%)		L												
		S	0.31	0.15	0.25	0.15	0.36	0.36	0.10	0.07	0.50	0.74		
			0.32	0.16	0.27	0.17	0.38	0.38	0.17	0.12	0.49	0.73	0.04	0.07
a_t (mm²)			970	480	820	520	1 150	1 150	510	360	1 510	2 240	120	210
主筋本数 (D22)			3	3	3	3	3	3	3	3	4	6	3	3
a_t (mm²)			1 160								1 550	2 320		
Q (kN)	L		1		26		1		22		1		8	
	E		68		39		118		46		155		51	
	(n·E)				(78)				(92)				(102)	
	D				104				114				110	
Q_A (kN)		L												
		S	240		240		240		240		240		240	
判定			OK		OK		OK		OK		NO		OK	
第1項 (kN·m)			168	168			168	168			225	337		
第2項 (kN·m)			53				108				165			
$1.1\sum_c M_u$ (kN·m)			486				607				981			
Q_{D_1} (kN)			170				219				321			
$\sum a_t$ (mm²)											(7−D25)/2			
$_gM_u$ (kN·m)											356			
Q_{D_2} (kN)											309			
$\Delta Q/bj$ (N/mm²)											0.3			
帯筋	p_w (%)		0.3		0.2		0.3		0.2		0.40		0.2	
	鉄筋		3−D10		2−D10						3−10			
	間隔 (mm)		129		130						97			
	配筋		3−D10 @100		2−D10 @100		3−D10 @100		2−D10 @100		3−D10 @75		2−D10 @75	

○ 本文 p.107〜108 図表より p_t を算出.

○ $N = 189 + 2 \times 5 = 199$ kN

○ $_cM_u = 0.8 \times 1\,160 \times 330 \times 0.55 + 0.5 \times 199 \times 0.55\left(1 - \dfrac{199 \times 10^3}{550 \times 550 \times 21}\right) = 168 + 53 = 221$ kN·m

　　　　　第1項　　　　　　　　　　　第2項

§6. 断面設計

符号			$_3C_3$			$_2C_3$			$_1C_3$		
$b \times D$ (mm) $d,\ j$ (mm) h_0 (m)			550×550 475, 416 2.86			550×550 475, 416 2.775			550×550 475, 416 3.055		
方向			x		y		x		y		x	y
位置			T	B	T	B	T	B	T	B	T	B
N (kN)		L E S	258 33 291 225			0 258 258	633 101 734 532			0 633 633	1 023 210 1 233 813	0 1 023 1 123
M (kN·m)		L E S	65 117 182	67 63 130	EW		67 177 244	73 145 218	EW		40 247 287	20 301 321	EW
N/bD (N/mm²)		L S	0.85 0.96 0.74		0.85 0.85		2.09 2.43 1.76		2.09 2.09		3.38 4.08 2.69	3.38 3.38
M/bD^2 (N/mm²)		L S	0.39 1.10	0.4 0.78			0.4 1.47	0.44 1.31			0.24 1.72	0.12 1.93	
補正値			1.21	0.86			1.62	1.44			1.89	2.12	
p_t (%)		L S	0.34 0.38	0.20 0.23			0.35 0.42	0.25 0.34			0.55 0.53	0.72 0.65	
a_t (mm²)			1 150	700			1 270	1 030			1 660	2 180	
主筋本数 (D22) a_t (cm²)			3 1 160	3	3	3	4 1 550	3	3	3	5 1 940	6 2 320	3	3
Q (kN)		L E S (n·E) D	37 51				40 92				15 136		
Q_A (kN)		L S	240	240			240	240			240	240	
判定			OK	OK			OK	OK			NO	OK	
第1項 (kN·m) 第2項 (kN·m) $1.1\sum_c M_u$(kN·m) Q_{D_1} (kN)			168 85 557 195	168			225 199 870 314	168			281 307 1 355 444	337	
$\sum a_t$ (mm²) $_gM_u$ (kN·m) Q_{D_2} (kN)							(5-D25)/2 =2 535/2 235 239				(6-D25)/2 305 342		
$\varDelta Q/bj$ (N/mm²)											0.45		
帯筋	p_w (%) 鉄筋 間隔 (mm)		0.3 3-D10 129	0.2 2-D10 130			0.3	0.2			0.50 3-D10 76	0.2	
	配筋		3-D10 @100	2-D10 @100			3-D10 @100	2-D10 @100			3-D10 @75	2-D10 @75	

○ $_2C_3$ の Q_{D_2} の算出

$\sum_g M_u = 0.9 \times 300 \times 1.1 \times 2\ 535/2 \times 0.625 = 235$ kN·m

$_cM_u = 168 + 199 = 367$ kN·m

$Q_{D_2} = 1.1 \times (\sum_g M_u + {_cM_u})/h_0 = 1.1 \times (235 + 367)/2.775 = 239$ kN

符号			$_3C_4$				$_2C_4$				$_1C_4$			
$b \times D$ (mm) d, j (mm) h_0 (m)			550×550 475, 416 2.86				550×550 475, 416 2.775				550×550 475, 416 3.055			
方向			x		y		x		y		x		y	
位置			T	B	T	B	T	B	T	B	T	B	T	B
N (kN)		L E S	326 7 333 319		8 334 318		762 20 782 742		23 785 739		1 211 42 1 253 1 169		41 1 252 1 170	
M (kN·m)		L E S	3 157 187	33 104 137	4 105 109	4 86 90	37 226 263	38 226 264	9 109 118	9 109 118	24 296 320	12 361 373	2 109 111	1 133 134
N/bD (N/mm^2)		L S	1.08 1.10 1.05		1.10 1.05		2.52 2.59 2.45		2.60 2.45		4.00 4.14 3.86		4.14 3.87	
M/bD^2 (N/mm^2)		L S	0.19 1.13	0.20 0.83	0.02 0.66	0.02 0.55	0.22 1.58	0.23 1.59	0.06 0.71	0.06 0.71	0.15 1.93	0.07 2.24	0.02 0.67	0 0.81
補正値			1.24	0.91	0.73	0.61	1.74	1.75	0.78	0.78	2.12	2.46	0.74	0.89
p_t (%)		L S	0.34 0.35	0.20 0.21	0.13 0.14	0.07 0.08	0.42 0.42	0.43 0.43			0.72 0.70	1.00 0.99		
a_t (mm^2)			1 060	640	420	240	1 270	1 300			2 180	3 030		
主筋本数 (D22) a_t (mm^2)			3 1 160	3	3	3	4 1 550	4	3	3	6 2 320	8 3 100	3	3
Q (kN)	L E (n·E) D		18 74		0 54 (108) 108		21 129		5 62 (124) 129		9 163		1 60 (120) 121	
Q_A (kN)		L S	240		240		240		240		240		240	
判定			OK		OK		NO		OK		NO		OK	
第 1 項 (kN·m) 第 2 項 (kN·m) $1.1\Sigma_cM_u$ (kN·m) Q_{D_1} (kN)			168 88 563 197	168			225 193 920 331	225			337 284 1 491 488	450		
Σa_t (mm^2) $_gM_u$ (kN·m) Q_{D_2} (kN)							(7-D25)/2 329 296				(9-D25)/2 457 429			
$\Delta Q/bj$ (N/mm^2)							0.25				0.83			
帯筋	p_w (%) 鉄筋 間隔 (mm)		0.3 3-D10 129		0.2 2-D10 130		0.36 3-D10 108		0.2		0.75 4-D10 69		0.2	
	配筋		3-D10 @100		2-D10 @100		3-D10 @100		2-D10 @100		4-D10 @50		2-D10 @50	

§6. 断面設計

符号			$_3C_5$		$_2C_5$		$_1C_5$	
$b \times D$ (mm) d, j (mm) h_0 (m)			550×550 475, 416 2.86		550×550 475, 416 2.775		550×550 475, 416 3.055	
方向			x	y	x	y	x	y
位置			T B	T B	T B	T B	T B	T B
N (kN)		L E S	292 0 8 292 300 292 280		631 0 23 631 654 631 608		979 0 41 979 1 020 979 938	
M (kN·m)		L E S	2 3 157 104 159 107	5 7 105 86 110 93	3 3 226 226 229 229	5 6 109 109 114 115	3 1 296 361 299 362	1 0 109 133 110 133
N/bD (N/mm²)		L S	0.97 0.97	0.99 0.94	2.09 2.09	2.16 2.01	3.24 3.24	3.37 3.10
M/bD^2 (N/mm²) 補正値		L S	0.01 0.02 0.96 0.64 1.06 0.71	0.03 0.04 0.66 0.56 0.73 0.62	0.02 0.02 1.38 1.38 1.52 1.52	0.03 0.04 0.69 0.69 0.76 0.76	0.02 0 1.80 2.18 1.98 2.40	0 0 0.66 0.80 0.73 0.88
p_t (%)		L S	0.28 0.14 0.28 0.14	0.15 0.09 0.16 0.11	0.30 0.30 0.30 0.30		0.60 0.90 0.60 0.90	
a_t (mm²)			850 420	480 330	910 910		1 820 2 720	
主筋本数 (D22) a_t (mm²)			3 3 11.6	3 3	3 3	3 3	5 8 19.4 31.0	3 3
Q (kN)		L E (n·E) D	1 74	3 54 (108) 111	2 129	3 62 (124) 127	1 163	0 60 (120) 120
Q_A (kN)		L S	240	240	240	240	240	240
判定			OK	OK	OK	OK	NO	OK
第1項 (kN·m) 第2項 (kN·m) $1.1\sum_c M_u$ (kN·m) Q_{D1} (kN)			168 168 77 539 188		168 168 156 713 257		281 450 228 1 306 427	
$\sum a_t$ (cm²) $_g M_u$ (kN·m) Q_{D2} (kN)					(5-D25)/2 235 222		(7-D25)/2 356 372	
$\Delta Q/bj$ (N/mm²)							0.58	
帯筋	p_w (%) 鉄筋 間隔 (mm)		0.3 3-D10 129	0.2 2-D10 130	0.3	0.2	0.59 3-D10 66	0.2
	配筋		3-D10 @100	2-D10 @100	3-D10 @100	2-D10 @100	3-D10 @50	2-D10 @50

(6.5) 壁

・耐震壁

位置 l (m)	階	h (m)	t (mm)	l_0 (m)	h_0 (m)	r	Q_l (kN)	Q_E(kN) (2.0Q_E)	判定	ΣQ_0 (N)	Q'_w (N)	p_s(%) 間隔 (mm)	配筋	開口補強筋 (a_t)		
														T_d(N)	T_v(N)	T_h(N)
1(A−B) 1(C−D) l : 6.0	3	3.53	180			1.0	1134	132 (264)	OK			0.25 318	D10-@200 ダブル			
	2	3.50	180			1.0	1134	332 (664)	OK			0.25	D10-@200 ダブル			
	1	4.03	180			1.0	1134	493 (986)	OK			0.25	D10-@200 ダブル			
1(B−C) 7(B−C) l : 7.0	3	3.53	180	0.6	1.5	0.81	1072	154 (308)	OK			0.25	D10-@200 ダブル	32 (1.1) 1-D13	36 (1.2) 2-D13	22 (0.7) 2-D13
	2	3.50	180	0.6	1.5	0.81	1072	388 (776)	OK			0.25	D10-@200 ダブル	82 (2.7) 2-D16	91 (3.0) 2-D16	58 (1.9) 2-D13
	1	4.03	180	0.6	1.5	0.82	1085	576 (1152)	NO	1152		0.33 241	D10-@200 ダブル	122 (4.1) 2-D19	135 (4.5) 2-D19	79 (2.6) 2-D16

○ 本文 p. 173〜176 参照

○ 開口補強筋の計算（3 階）

$$T_d = \frac{h_0 + l_0}{2\sqrt{2}\,l} Q = \frac{1.5 \times 0.6}{2\sqrt{2} \times 7.0} \times 308 = 32 \text{ kN}$$

$$a_t = 32 \times 10^3 / 295 = 108.5 \text{ mm}^2$$

$$T_v = \frac{h_0}{2(l - l_0)} Q = \frac{1.5}{2(7.0 - 0.6)} \times 308 = 36 \text{ kN}$$

$$a_t = 36 \times 10^3 / 295 = 122 \text{ mm}^2$$

$$T_h = \frac{l_0}{2(h - h_0)} \cdot \frac{h}{l} Q = \frac{0.6}{2(3.53 + 1.5)} \cdot \frac{3.53}{7.0} \times 308 = 22 \text{ kN}$$

$$a_t = 22 \times 10^3 / 292 = 74.6 \text{ mm}^2$$

(6.6) その他

階段

・片持式とし，1段当たり ($B=280$) の計算

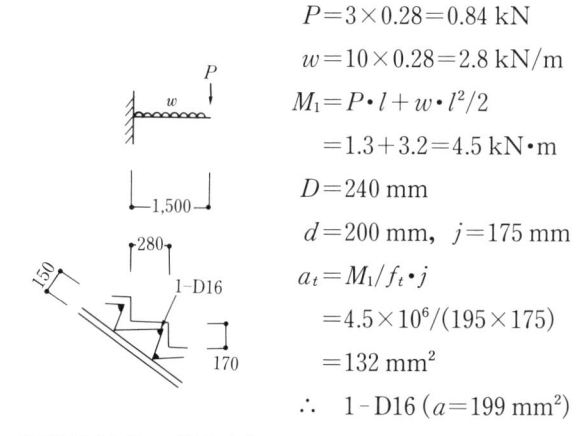

$$P=3\times 0.28=0.84 \text{ kN}$$
$$w=10\times 0.28=2.8 \text{ kN/m}$$
$$M_1=P\cdot l+w\cdot l^2/2$$
$$=1.3+3.2=4.5 \text{ kN}\cdot\text{m}$$
$$D=240 \text{ mm}$$
$$d=200 \text{ mm}, \quad j=175 \text{ mm}$$
$$a_t=M_1/f_t\cdot j$$
$$=4.5\times 10^6/(195\times 175)$$
$$=132 \text{ mm}^2$$
$$\therefore \quad 1\text{-}D16 \; (a=199 \text{ mm}^2)$$

・階段受壁 (1 m 当たり)

$$M=M_1/B=4.5/0.28=16.1 \text{ kN}\cdot\text{m}$$ 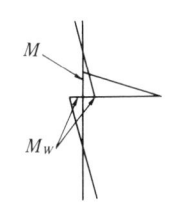
$$M_w=0.65\,M=10.5 \text{ kN}\cdot\text{m}$$
$$t=180 \text{ mm}$$
$$d=130 \text{ mm}$$
$$j=114 \text{ mm}$$
$$a_t=10.5\times 10^6/(195\times 114)=472 \text{ mm}^2$$

D13 使用 ($a_1=127 \text{ mm}^2$)

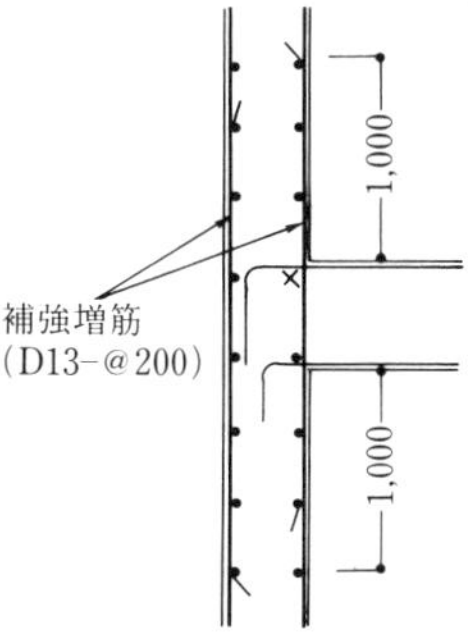

$$x=100a_1/a_t$$
$$=(1\,000\times 127)/472$$
$$=269 \text{ mm}$$
$$\therefore \quad D13\text{-}@200$$

§7. 基礎設計

(7.1) 建物支持方針

第 2 種地盤　仮定地耐力　$q_{AL}=150 \text{ kN/m}^2$

根入れ深さ　$D_f=1.50 \text{ m}$

$q_{aL}=150-(20\times1.5)=120 \text{ kN/m}^2$

$q_{as}=2\times150-(20\times1.5)=270 \text{ kN/m}^2$

(7.2) 基礎

柱符号	N_L (kN)	方向	N_E (kN)	N_S (kN)	A (m²)	形状 (m)			応力		配筋	基礎符号
						l	a	D (d)	Q_F(kN) (ϕ mm)	M_F(kN·m) (a_t mm²)		
C_1	610	x	270	870	5.1	2.3	0.55	0.60 (0.51)	242 (258)	106 (1 190)	9 - D16	F_1
		y	600	1 210		2.3	0.55	0.60			9 - D16	
C_2	720	x	50	77	6.0	2.5	0.55	0.60 (0.51)	293 (313)	143 (1 600)	10 - D16	F_2
		y	140	860		2.5	0.55	0.60			10 - D16	
C_3	1 250	x	290	1 540	10.4	3.3	0.55	0.80 (0.71)	544 (417)	374 (3 010)	14 - D19	F_3
		y	0			3.3	0.55	0.80			14 - D19	
C_4	1 430	x	60	1 490	11.9	3.5	0.55	0.90 (0.81)	620 (417)	467 (3 290)	15 - D19	F_4
		y	50	1 480		3.5	0.55	0.90			15 - D19	
C_5	1 140	x	0		9.5	3.1	0.55	0.70 (0.61)	474 (423)	302 (2 830)	13 - D19	F_5
		y	50	1 190		3.1	0.55	0.70			13 - D19	

○ 本文 p. 151 の式で算定 (柱からの曲げモーメントは基礎ばりで負担)

○ C_1 柱の計算 (許容地耐力を反力として計算)

$$Q_F = q_{aL}\cdot\frac{(l-a)}{2}\cdot l' = \frac{120\times(2.3-0.55)\times2.3}{2} = 242 \text{ kN}$$

$$M_F = Q_F\cdot\frac{(l-a)}{4} = \frac{242\times(2.3-0.55)}{4} = 106 \text{ kN·m}$$

$$\left.\begin{array}{l}\psi = \dfrac{Q}{f_a j} = \dfrac{242\times10^3}{2.1\times510\times7/8} = 258 \text{ mm} \\ a_t = \dfrac{M}{f_t j} = \dfrac{106\times10^6}{195\times510\times7/8} = 1\,190 \text{ mm}^2\end{array}\right\} \begin{array}{l}9\text{-D16} \\ (\phi=450,\ a_t=1\,791)\end{array}$$

(7.3) 地中ばり

符号			FG$_{1,3}$			FG$_{2,4,5}$		FG$_{1\sim6}$	
位置			外端	中央	内端	両端	中央	両端	中央
$b \times D$ (mm)			\multicolumn{3}{c}{400×1 200}				
d, j (mm)			\multicolumn{3}{c}{1 100, 963}				
l_0 (m)									
M (kN·m)	L	上	20			6		10	
		下			6				
	E		301		180	181		113	
	S	上	321			187		123	
		下			186				
C (N/mm²)	L								
	S	上下							
p_t (%)	L								
	S	上下							
a_t (mm²)		上	1 110			650		430	
		下			650				
主筋本数 (D25)		上	4	3	3	3	3	3	3
		下	4	3	3	3	3	3	3
M_u (kN·m)		上下							
$\sum M_u / l_0$ (kN)		← →							
Q (kN)	L E			80			60		31
	S		80			60		31	
M/Qd		L S							
α		L S							
$\alpha \cdot f_s b j$ (kN)		L S	$\alpha=1$ (404)			(404)		(404)	
Q_{D_1} (kN)			160			120		62	
Q_{D_2} (kN)									
判定			OK			OK		OK	
$\Delta Q/bj$ (N/mm²)		L S							
肋筋	p_w (%)		0.2			0.2		0.2	
	間隔 (mm)		(D10) 178						
	配筋		D10-@150			D10-@150		D10-@150	

§8. 保有水平耐力

(8.1) 算定方針

a．使用材料
- コンクリート　$F_c = 21\ \mathrm{kN/mm^2}$
- 鉄筋　SD295（$\sigma_y = 1.1F = 330\ \mathrm{N/mm^2}$）

b．保有水平耐力の算出法
- ラーメン架構は節点振分法を採用し，節点での曲げ終局強度の振り分けを弾性応力比分割とする．
- Y方向の耐震壁架構は仮想仕事法を採用し，基礎底面位置で算出する．

c．曲げ終局耐力式
- はり　$M_u\,(\mathrm{kN\cdot m}) = 0.9\sigma_y \cdot a_t \cdot d$
- 柱　$M_u\,(\mathrm{kN/m}) = 0.8\sigma_y \cdot a_t D + 0.5ND\left(1 - \dfrac{N}{bDF_c}\right)$

  $N\,(\mathrm{kN}) = N_L + \sum Q$
- 壁　$M_u\,(\mathrm{kN\cdot m}) = a_t \cdot \sigma_y \cdot l_w + 0.5 a_w \cdot \sigma_{yu} \cdot l_w + 0.5N \cdot l_w$

○はり M_u　（2-D25, $a_t = 1\,014\ \mathrm{mm^2}$, $d = D - 75$,

$M_u = 0.9 \times 330 \times 1\,014 \times 10^{-3} d = 301d$）

$D = 650\quad d = 575\quad M_u = 301 \times 0.575 = 173\ \mathrm{kN\cdot m}$

$D = 700\quad d = 625\quad M_u = 301 \times 0.625 = 188\ \mathrm{kN\cdot m}$

$D = 750\quad d = 675\quad M_u = 301 \times 0.675 = 203\ \mathrm{kN\cdot m}$

○柱 M_u　（3-D22, $a_t = 1\,161\ \mathrm{mm^2}$, $b \times D = 550 \times 550$）

$M_u = 0.8 \times 330 \times 1\,161 \times 10^{-3} \times 0.55 + 0.5 \times 0.55 N\left(1 - \dfrac{N}{550 \times 550 \times 21}\right)$

$= 168.6 + 0.275 N\left(1 - \dfrac{N}{6\,353}\right)$

(8.2) ラーメン架構の保有水平耐力

a. 架構配筋図

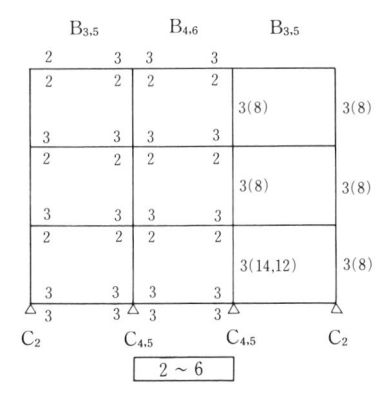

b. はりの M_u 計算表（配筋 D25 使用）

記号	階	位置	$b \times D$	d (m)	l_0 (m)	Δl (m)	配筋	M_{uF} (kN·m)		L→R		L←R	
										L・下	R・上	L・上	R・下
G₁	R	L	350×650	0.58	5.45	0.28	上	2	173	M_{uF}	173	173	173	173
							下	2	173	Q	63		63	
		R				0.28	上	2	173	ΔM	18		18	
							下	2	173	M_u	191	191	191	191
	3	L	350×700	0.63	5.45	0.28	上	3	283	M_{uF}	283	283	283	189
							下	3	283	Q	104		87	
		R				0.28	上	3	283	ΔM	29		24	
							下	2	189	M_u	312	312	307	213
	2	L	350×750	0.68	5.45	0.28	上	5	507	M_{uF}	406	406	507	304
							下	4	406	Q	149		149	
		R				0.28	上	4	406	ΔM	42		42	
							下	3	304	M_u	448	448	549	346
	1	L	400×1200	1.13	5.45	0.28	上	4	677	M_{uF}	677	508	677	508
							下	4	677	Q	217		217	
		R				0.28	上	3	508	ΔM	61		61	
							下	3	508	M_u	738	569	738	569
G₂・G₅	R	L	350×650	0.58	5.45	0.28	上	2	173	M_{uF}	173	173	173	173
							下	2	173	Q	63		63	
		R				0.28	上	2	173	ΔM	18		18	
							下	2	173	M_u	191	191	191	191
	3	L	350×700	0.63	5.45	0.28	上	3	283	M_{uF}	189	283	283	189
							下	2	189	Q	87		87	
		R				0.28	上	3	283	ΔM	24		24	
							下	2	189	M_u	213	307	307	213
	2	L	350×750	0.68	5.45	0.28	上	4	406	M_{uF}	304	406	406	304
							下	3	304	Q	130		130	
		R				0.28	上	4	406	ΔM	36		36	
							下	3	304	M_u	340	442	442	340
	1	L	400×1200	1.13	5.45	0.28	上	3	508	M_{uF}	508	508	508	508
							下	3	508	Q	186		186	
		R				0.28	上	3	508	ΔM	52		52	
							下	3	508	M_u	560	560	560	560

§8. 保有水平耐力   267

記号	階	位置	$b \times D$	d (m)	l_0 (m)	Δl (m)	配筋		M_{uF} (kN·m)	L → R		L ← R	
										L·下	R·上	L·上	R·下
G₃	R	L	350×650	0.58	5.45	0.28	上	3	260	M_{uF}	173	260	260	173
							下	2	173	Q	79		79	
		R				0.28	上	3	260	ΔM	22		22	
							下	2	173	M_u	195	282	282	195
	3	L	350×700	0.63	5.45	0.28	上	5	472	M_{uF}	283	472	472	283
							下	3	283	Q	139		139	
		R				0.28	上	5	472	ΔM	39		39	
							下	3	283	M_u	322	511	511	322
	2	L	350×750	0.68	5.45	0.28	上	6	608	M_{uF}	406	608	608	304
							下	4	406	Q	186		167	
		R				0.28	上	6	608	ΔM	52		47	
							下	3	304	M_u	458	660	655	351
	1	L	400×1 200	1.13	5.45	0.28	上	4	677	M_{uF}	677	508	677	508
							下	4	677	Q	217		217	
		R				0.28	上	3	508	ΔM	61		61	
							下	3	508	M_u	738	569	738	569
G₄	R	L	350×650	0.58	5.45	0.28	上	2	173	M_{uF}	173	173	173	173
							下	2	173	Q	63		63	
		R				0.28	上	2	173	ΔM	18		18	
							下	2	173	M_u	191	191	191	191
	3	L	350×700	0.63	5.45	0.28	上	4	377	M_{uF}	189	283	377	283
							下	2	189	Q	87		121	
		R				0.28	上	3	283	ΔM	24		34	
							下	3	283	M_u	213	307	411	317
	2	L	350×750	0.68	5.45	0.28	上	5	507	M_{uF}	304	406	507	304
							下	3	304	Q	130		149	
		R				0.28	上	4	406	ΔM	36		42	
							下	3	304	M_u	340	442	549	346
	1	L	400×1 200	1.13	5.45	0.28	上	3	508	M_{uF}	508	508	508	508
							下	3	508	Q	186		186	
		R				0.28	上	3	508	ΔM	52		52	
							下	3	508	M_u	560	560	560	560

記号	階	位置		$b \times D$	d (m)	l_0 (m)	Δl (m)	配筋		M_{uF} (kN·m)		L → R		L ← R	
												L·下	R·上	L·上	R·下
B_3 · B_5	R	L		350×700	0.63	5.45	0.28	上	2	189	M_{uF}	189	283	189	189
								下	2	189	Q	87		69	
		R					0.28	上	3	283	ΔM	24		19	
								下	2	189	M_u	213	307	208	208
	3	L		350×750	0.68	5.45	0.28	上	3	304	M_{uF}	203	304	304	203
								下	2	203	Q	93		93	
		R					0.28	上	3	304	ΔM	26		26	
								下	2	203	M_u	229	330	330	229
	2	L		400×750	0.68	5.45	0.28	上	3	304	M_{uF}	203	304	304	203
								下	2	203	Q	93		93	
		R					0.28	上	3	304	ΔM	26		26	
								下	2	203	M_u	229	330	330	229
	1	L		400×1 200	1.13	5.45	0.28	上	3	508	M_{uF}	508	508	508	508
								下	3	508	Q	186		186	
		R					0.28	上	3	508	ΔM	52		52	
								下	3	508	M_u	560	560	560	560
B_4 · B_6	R	L		350×700	0.63	6.45	0.28	上	3	283	M_{uF}	189	283	283	189
								下	2	189	Q	73		73	
		R					0.28	上	3	283	ΔM	20		20	
								下	2	189	M_u	209	303	303	209
	3	L		350×750	0.68	6.45	0.28	上	3	304	M_{uF}	203	304	304	203
								下	2	203	Q	79		79	
		R					0.28	上	3	304	ΔM	22		22	
								下	2	203	M_u	225	326	326	225
	2	L		400×750	0.68	6.45	0.28	上	3	304	M_{uF}	203	304	304	203
								下	2	203	Q	79		79	
		R					0.28	上	3	304	ΔM	22		22	
								下	2	203	M_u	225	326	326	225
	1	L		400×1 200	1.13	6.45	0.28	上	3	508	M_{uF}	508	508	508	508
								下	3	508	Q	158		158	
		R					0.28	上	3	508	ΔM	44		44	
								下	3	508	M_u	552	552	552	552

c. はり崩壊時応力

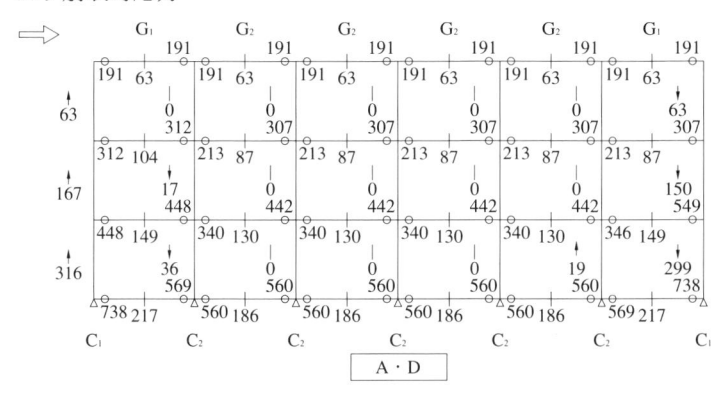

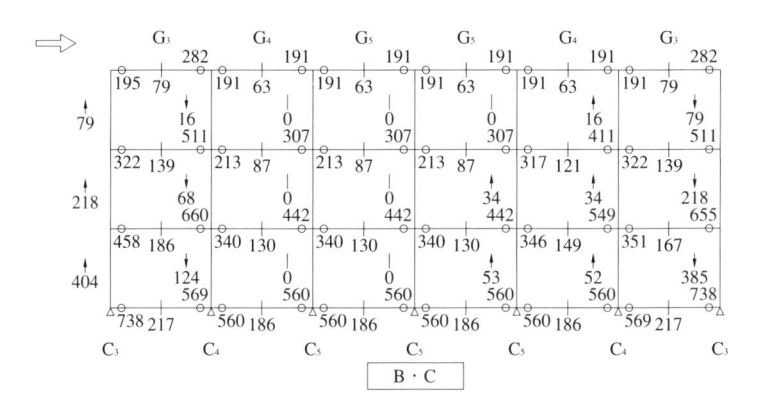

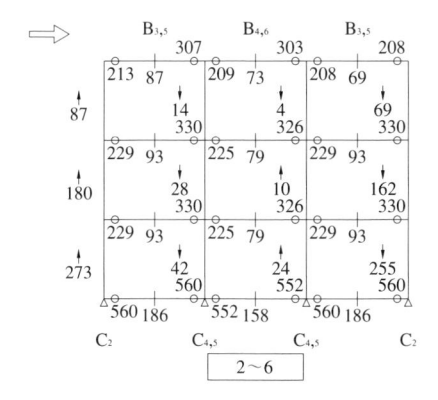

[Figure: A·D frame stress diagram]

[Figure: B·C frame stress diagram]

[Figure: 2〜6 frame stress diagram]

d. 柱の M_u 計算表（配筋 D22 使用）

〈X 方向〉

記号	階	$b \times D$	h (m)	h_0 (m)		Δh (m)	配筋	N_L	N_w	ΣN	M_{uF}	Q	ΔM	M_u (kN·m)
C₁	3	550×550	3.53	2.86	T	0.35	3	(圧) 140	63	203	223	156	54	277
					B	0.38							59	282
					T	0.35		(引)	−63	77	189	133	47	236
					B	0.38							51	240
	2	550×550	3.50	2.78	T	0.38	3	(圧) 310	150	460	286	206	78	364
					B	0.38							78	364
					T	0.38		(引)	−167	143	207	149	57	264
					B	0.38							57	264
	1	550×550	4.03	3.06	T	0.38	4	(圧) 488	299	787	414	271	103	517
					B	0.60							163	577
					T	0.38		(引)	−316	172	271	177	67	338
					B	0.60							106	377
C₂	3	550×550	3.53	2.86	T	0.35	3	(圧) 189	0	189	219	153	54	273
					B	0.38							58	277
					T	0.35		(引)	0	189	219	153	54	273
					B	0.38							58	277
	2	550×550	3.50	2.78	T	0.38	3	(圧) 391	17	408	274	197	74	348
					B	0.38							74	348
					T	0.38		(引)	0	391	269	194	74	343
					B	0.38							74	343
	1	550×550	4.03	3.06	T	0.38	4	(圧) 600	36	636	382	250	95	477
					B	0.60							150	532
					T	0.38		(引)	−19	581	370	242	92	462
					B	0.60							145	515
C₃	3	550×550	3.53	2.86	T	0.35	3	(圧) 258	79	337	256	179	63	319
					B	0.38							68	324
					T	0.35		(引)	−79	179	216	151	53	269
					B	0.38							58	274
	2	550×550	3.50	2.78	T	0.38	3	(圧) 633	218	851	371	267	102	473
					B	0.38							102	473
					T	0.38		(引)	−218	415	275	198	75	350
					B	0.38							75	350
	1	550×550	4.03	3.06	T	0.38	5	(圧) 1 023	385	1 408	582	381	145	727
					B	0.60							229	811
					T	0.38		(引)	−404	619	435	284	108	543
					B	0.60							170	605

₂C₃，₁C₁~₅ 柱は1次設計時節点応力をフェイス応力に変更して主節算出

⟨X 方向⟩

記号	階	$b \times D$	h (m)	h_0 (m)		Δh (m)	配筋		N (kN)		M_{uF}	Q	ΔM	M_u (kN·m)
								N_L	N_w	ΣN				
C₄	3	550×550	3.53	2.86	T	0.35	3	(圧) 326	16	342	258	180	63	321
					B	0.38							68	326
					T	0.35		(引)	−16	310	250	175	61	311
					B	0.38							66	316
	2	550×550	3.50	2.78	T	0.38	4	(圧) 762	68	830	423	304	116	539
					B	0.38							116	539
					T	0.38		(引)	−34	728	402	289	110	512
					B	0.38							110	512
	1	550×550	4.03	3.06	T	0.38	6	(圧) 1 211	124	1 335	627	410	156	783
					B	0.60							246	873
					T	0.38		(引)	−52	1 159	598	391	148	746
					B	0.60							234	832
C₅	3	550×550	3.53	2.86	T	0.35	3	(圧) 292	0	292	245	171	60	305
					B	0.38							65	310
					T	0.35		(引)	0	292	245	171	60	305
					B	0.38							65	310
	2	550×550	3.50	2.78	T	0.38	3	(圧) 631	0	631	325	234	89	414
					B	0.38							89	414
					T	0.38		(引)	−34	597	317	228	87	404
					B	0.38							87	404
	1	550×550	4.03	3.06	T	0.38	5	(圧) 979	0	979	509	332	126	635
					B	0.60							199	708
					T	0.38		(引)	−53	926	498	326	124	622
					B	0.60							196	694
	3													
	2													
	1													

⟨Y 方向⟩

記号	階	$b \times D$	h (m)	h_0 (m)	Δh (m)	配筋	N_L	N_w	ΣN	M_{uF}	Q	ΔM	M_u (kN·m)
C₂	3	550×550	3.53	2.86	T 0.35	3	(圧) 189	69	258	237	165	58	295
					B 0.38							63	300
					T 0.35		(引)	−87	102	196	137	48	244
					B 0.38							52	248
	2	550×550	3.50	2.78	T 0.38	3	(圧) 391	162	553	307	221	84	391
					B 0.38							84	391
					T 0.38		(引)	−180	211	225	162	61	286
					B 0.38							61	286
	1	550×550	4.03	3.06	T 0.38	3	(圧) 600	255	855	372	243	92	464
					B 0.60							146	518
					T 0.38		(引)	−273	327	254	166	63	317
					B 0.60							99	353
C₄	3	550×550	3.53	2.86	T 0.35	3	(圧) 326	14	340	257	180	63	320
					B 0.38							68	325
					T 0.35		(引)	0	326	254	177	62	316
					B 0.38							67	321
	2	550×550	3.50	2.78	T 0.38	3	(圧) 762	28	790	359	258	98	457
					B 0.38							98	457
					T 0.38		(引)	−10	752	351	252	96	447
					B 0.38							96	447
	1	550×550	4.03	3.06	T 0.38	3	(圧) 1 211	42	1 253	445	291	111	556
					B 0.60							175	620
					T 0.38		(引)	−24	1 187	434	284	108	542
					B 0.60							170	604
C₅	3	550×550	3.53	2.86	T 0.35	3	(圧) 292	14	306	249	174	61	310
					B 0.38							66	315
					T 0.35		(引)	0	292	245	171	60	305
					B 0.38							65	310
	2	550×550	3.50	2.78	T 0.38	3	(圧) 631	28	659	331	238	90	421
					B 0.38							90	421
					T 0.38		(引)	−10	621	323	232	88	411
					B 0.38							88	411
	1	550×550	4.03	3.06	T 0.38	3	(圧) 979	42	1 021	404	264	101	505
					B 0.60							159	563
					T 0.38		(引)	−24	955	392	256	97	489
					B 0.60							153	545

e．柱崩壊時応力

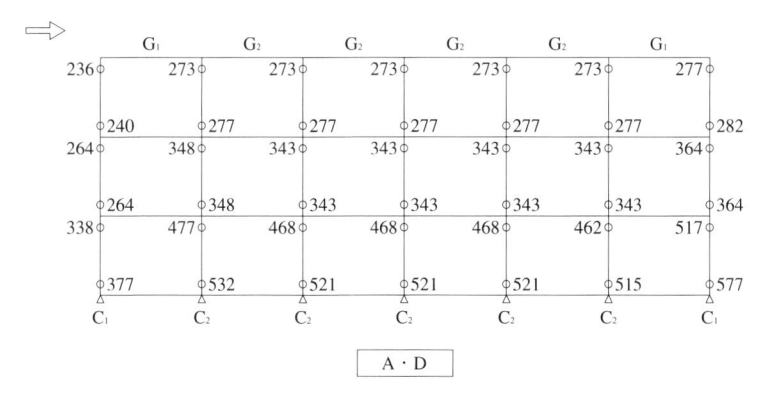

```
         G₁       G₂       G₂       G₂       G₂       G₁
    236ϕ    273ϕ    273ϕ    273ϕ    273ϕ    273ϕ    277ϕ
      ϕ240    ϕ277    ϕ277    ϕ277    ϕ277    ϕ277    ϕ282
    264ϕ    348     343ϕ    343ϕ    343     343     364ϕ
      ϕ264    ϕ348    ϕ343    ϕ343    ϕ343    ϕ343    ϕ364
    338     477     468ϕ    468ϕ    468     462     517ϕ
      ϕ377    ϕ532    ϕ521    ϕ521    ϕ521    ϕ515    ϕ577
      C₁      C₂      C₂      C₂      C₂      C₂      C₁
```

A・D

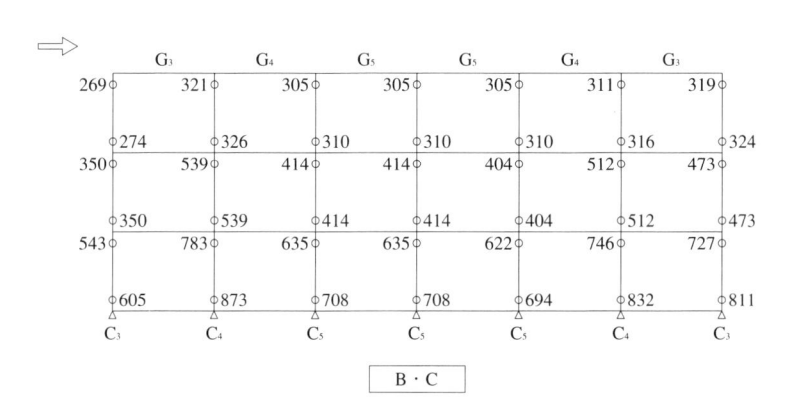

```
         G₃       G₄       G₅       G₅       G₄       G₃
    269ϕ    321ϕ    305ϕ    305ϕ    305ϕ    311ϕ    319ϕ
      ϕ274    ϕ326    ϕ310    ϕ310    ϕ310    ϕ316    ϕ324
    350ϕ    539     414ϕ    414ϕ    404     512     473ϕ
      ϕ350    ϕ539    ϕ414    ϕ414    ϕ404    ϕ512    ϕ473
    543     783     635ϕ    635ϕ    622     746     727ϕ
      ϕ605    ϕ873    ϕ708    ϕ708    ϕ694    ϕ832    ϕ811
      C₃      C₄      C₅      C₅      C₅      C₄      C₃
```

B・C

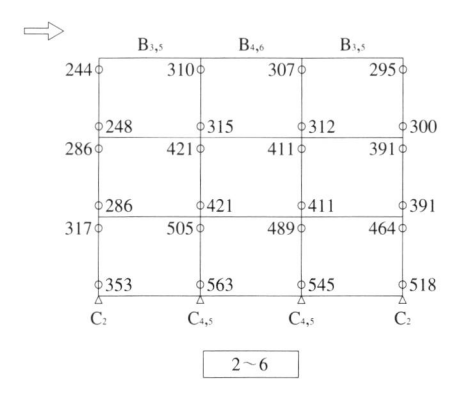

```
         B₃,₅     B₄,₆    B₃,₅
    244ϕ    310ϕ    307ϕ    295ϕ
      ϕ248    ϕ315    ϕ312    ϕ300
    286ϕ    421     411     391ϕ
      ϕ286    ϕ421    ϕ411    ϕ391
    317ϕ    505     489     464ϕ
      ϕ353    ϕ563    ϕ545    ϕ518
      C₂     C₄,₅   C₄,₅    C₂
```

2〜6

f. 崩壊機構

A・D

```
        G₁       G₂       G₂       G₂       G₂       G₂       G₁
        137      137      137      137      137      137      191
   191│191   273φ136  273φ136  273φ136  273φ136  273φ136  273φ136  191│
      ├77       ├124     ├124     ├124     ├124     ├124     ├77        ΣQ=774
       82   312  166  307  165  307  165  307  165  307  165  307  80
   230│312   359  213  355  213  355  213  355  213  355  213  227│
      ├112      ├198     ├196     ├196     ├196     ├196     ├121       ΣQ=1 215
       161  448  334  442  332  442  332  442  332  442  332  549  197
   287│448   454  340  450  340  450  340  450  340  450  346  352│
      ├165      ├245     ├241     ├241     ├241     ├239     ├231       ΣQ=1 603
       φ377     φ532     φ521     φ521     φ521     φ515     φ577
        △        △        △        △        △        △        △
        C₁       C₂       C₂       C₂       C₂       C₂       C₁
```

B・C

```
        G₃       G₄       G₅       G₅       G₄       G₃
        191      153      153      153      154      282
   195│195   321φ130  305φ152  305φ152  305φ152  311φ157  282│
      ├79       ├156     ├133     ├133     ├142     ├154     ├118       ΣQ=915
       85   511  228  307  164  307  164  307  197  411  231  511  134
   237│322   496  213  356  213  356  213  427  317  502  322  377│
      ├116      ├265     ├199     ├199     ├219     ├255     ├177       ΣQ=1 430
       169  660  433  442  339  442  339  442  341  549  390  655  242
   289│458   567  340  443  340  443  340  447  346  510  351  413│
      ├222      ├357     ├286     ├286     ├283     ├333     ├286       ΣQ=2 053
       φ605     φ873     φ708     φ708     φ694     φ832     738 φ738
        △        △        △        △        △        △        △
        C₃       C₄       C₅       C₅       C₅       C₄       C₃
```

2～6

```
        B₃,₅     B₄,₆     B₃,₅
        184      182      208
   213│213   310φ126  307φ125  208│
      ├85       ├157     ├156     ├95         ΣQ=493
       87   330  245  326  245  330  126
   142│229   310  225  310  229  204│
      ├69       ├168     ├168     ├100        ΣQ=505
       101  330  277  326  277  330  145
   128│229   278  225  278  229  185│
      ├119      ├209     ├204     ├174        ΣQ=706
       φ353     φ563     φ545     φ518
        △        △        △        △
        C₂       C₄,₅     C₄,₅     C₂
```

保有水平耐力集計

階	x 方向 (Q_u)	
	A〜D 通	ΣQ_u
3	$(774+915)\times 2$	3 378
2	$(1\,215+1\,430)\times 2$	5 290
1	$(1\,603+2\,503)\times 2$	7 312

階	y 方向 (Q_u)	
	2〜5 通	ΣQ_u
3	493×5	2 465
2	505×5	2 525
1	706×5	3 530

(8.3) 耐震壁架構の保有水平耐力

a) 耐震壁の基礎回転 ($\theta=1$) を考慮した抵抗せん断力

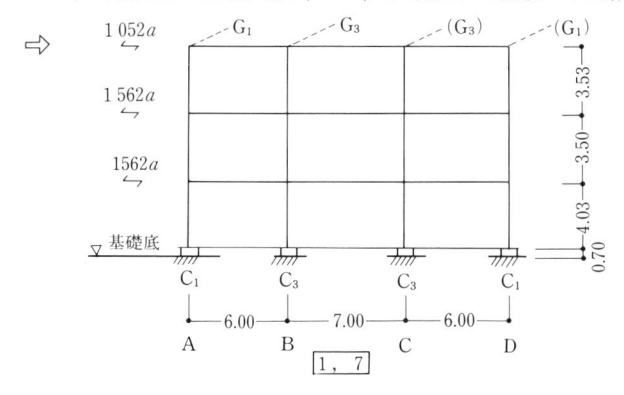

直交梁の Q_u (kN)

階	G_1 (G_1)	G_3 (G_3)
3	63	79
2	87 (104)	139
1	149	167 (186)
F	217	217
計	516 (533)	602 (621)

○外力仕事　$M_{ow}=(418a\times3.53)+(1\,052a\times3.50)$
　　　　　　　$+\{1\,562a\times(4.03+0.70)\}=12\,546a$

○基礎回転による反力（D 通基礎地盤が降伏時点）

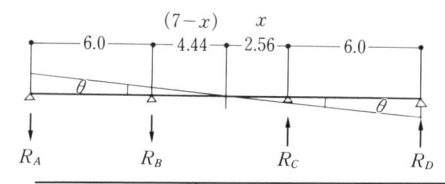

地盤降伏応力度

$q_u=3q_{AL}=450\text{ kN/m}^2$

$R_D=q_a\cdot A$

　　$=450\times2.3\times2.3=283\text{ kN}$(※)

階	A	B	C	D
柱軸力	610	1 250	1 250	610
基礎部重量	80	210	210	80
直交ばり ΣQ_u	520	600	-620	-530
地盤反力	0	0	$-R$	$-2\,380$※
抵抗力 (R)	1 210	206	$(840-R)=-1\,050$	$-2\,220$

$\Sigma R=0,\ 1\,210+2\,060+(840-R)-2\,220=0\quad R=1\,890\text{ kN}>0$

x の位置　$1\,210(13-x)+2\,060(7-x)-1\,050-2\,220(6+x)=0$

　　　　　$x=2.56$

○基礎回転による仕事

$M_R = (1\,210 \times 10.44) + (2\,060 \times 4.44) + (1\,050 \times 2.56) + (2\,220 \times 8.56)$

$= 43\,470$ kN・m

○a 計算

$M_{OW} = M_R \quad 12\,546a = 43\,470$

$a = 3.46$

b) 基礎回転による保有水平耐力

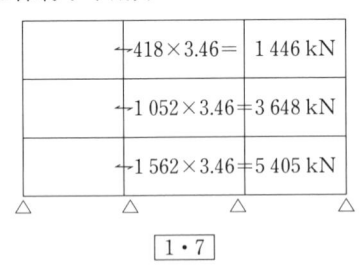

←418×3.46=	1 446 kN
←1 052×3.46=	3 648 kN
←1 562×3.46=	5 405 kN

図 1・7

○地中ばり天端位置で曲げ降伏を生じる場合の検討

$M_{OW} = 12\,546a - \{1\,562a \times (0.6 + 0.7)\} = 10\,515a$

$_1C_1$ 柱主筋 10-D22 ($a_t = 3\,870$ mm^2)

$\sum N = (488 \times 2) + (1\,023 \times 2) = 3\,022$ kN

壁配筋,中柱主筋,直交ばりによる終局曲げモーメントを無視すると

$M_w = a_t \sigma_u \cdot l_w + 0.5 N l_w = (a_t \sigma_u + 0.5N) l_w$

$= (3\,870 \times 330 \times 10^{-3} + 0.5 \times 3\,022) \times 19.0 = 52\,974$ kN・m

$M_{OW} = M_w \quad 10\,515a = 52\,974$

$a = 5.04 > 3.46$

よって基礎回転で保有水平耐力は決まる.

§8. 保有水平耐力　　　277

(8.4)　必要保有水平耐力

　a．必要保有水平耐力時の地震力

　　　$C_0=1.0$　　$Q_{ud}=R_t \cdot W \cdot Z \cdot A_i \cdot C_0$

　　　　　$_3Q_{ud}=8\,900$ kN，$_2Q_{ud}=15\,820$ kN，$_1Q_{ud}=21\,200$ kN

　b．構造特性係数

　　柱・はり・壁の種別

		部材	条　件	計　算　式	種別
柱	$\dfrac{h_0}{D}$	2 階		$\dfrac{h_0}{D}=\dfrac{2.775}{0.55}=5.55>2.5$	F_A
	$\dfrac{\sigma_0}{F_c}$	$_1C_5$	$N=979$ kN	$\dfrac{\sigma_0}{F_c}=\dfrac{979\times10^3}{550\times550\times21}=0.154<0.35$	F_A
	p_t	$_1C_4$	6-D22 ($a_t=2\,322$)	$p_t=\dfrac{2\,322}{55\times47.5}=0.0089>0.008$	F_B
		$_1C_{3,5}$	5-D22 ($a_t=1\,935$)	$p_t=\dfrac{1\,935}{550\times475}=0.0074<0.008$	F_A
	$\dfrac{\tau_u}{F_c}$	$_1C_4$	$Q_u=333$ kN	$\dfrac{\tau_u}{F_c}=\dfrac{333\times10^3}{0.8\times550\times550\times21}=0.066<0.10$	F_A
はり	$\dfrac{\tau_u}{F_c}$	$_2G_3$	$Q_u=186$ kN	$\dfrac{\tau_u}{F_c}=\dfrac{186\times10^3}{0.8\times350\times750\times21}=0.042<0.15$	F_A
壁	$\dfrac{\tau_u}{F_c}$	$_1EW_{18}$	$Q_u=5\,451$ kN	$\dfrac{\tau_u}{F_c}=\dfrac{5\,451\times10^3}{180\times19\,000\times0.82\times21}=0.093<0.10$	W_A

　c．保有水平耐力と D_s 値

階	X 方向				Y 方向					
	F_A	F_B	ΣQ_u	D_s	F_A	F_B	W_A	W_B	ΣQ_u	D_s
3	3 378 (1.00)		3 378 (F_A)	0.30	2 465 (F_A)		2 892 ($\beta=0.54$)		5 357	0.35
2	5 290 (1.00)		5 290 (F_A)	0.30	2 525 (F_A)		7 280 ($\beta=0.74$)		9 805	0.40
1	5 930 (0.81)	1 380 (0..19)	7 310 (F_A)	0.30	3 530 (F_A)		10 810 ($\beta=0.75$)		14 340	0.40

d．形状特性係数

　剛性率計算より　3～1階ともに　$F_s=1.0$

　偏心率計算より　3～1階ともに　$F_e=1.0$

e．必要保有水平耐力

階	Q_{ud} (kN)	x 方向			y 方向		
		D_s	F_{es}	Q_{un}	D_s	F_{es}	Q_{un}
3	8 900	0.30	1.0	2 670	0.35	1.0	3 120
2	15 820	0.30	1.0	4 750	0.40	1.0	6 230
1	21 200	0.30	1.0	6 360	0.40	1.0	8 480

f．建物の保有水平耐力検討

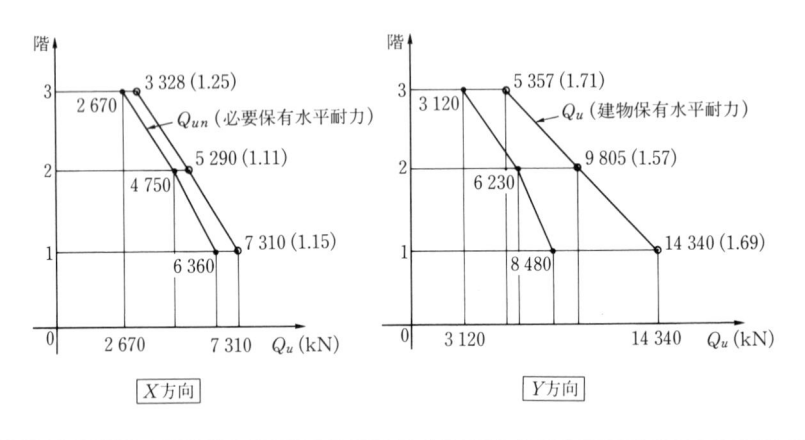

（グラフ：X方向）
- 3階：2 670、3 328 (1.25)
- 2階：4 750、5 290 (1.11)
- 1階：6 360、7 310 (1.15)
- Q_{un}（必要保有水平耐力）

（グラフ：Y方向）
- 3階：3 120、5 357 (1.71)
- 2階：6 230、9 805 (1.57)
- 1階：8 480、14 340 (1.69)
- Q_u（建物保有水平耐力）

○計算による構造設計例は p.279～286 付図 1～8 に記載

付　図

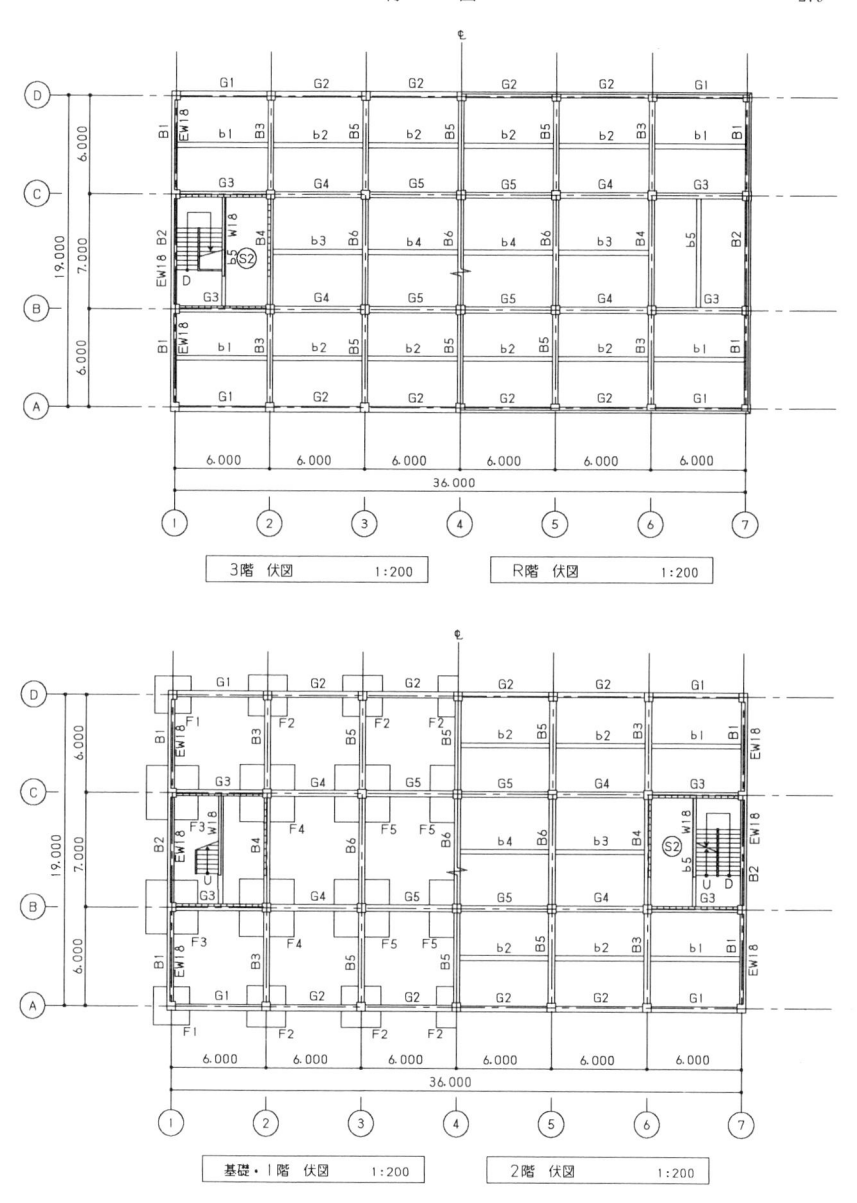

付図1　構造設計図の例1

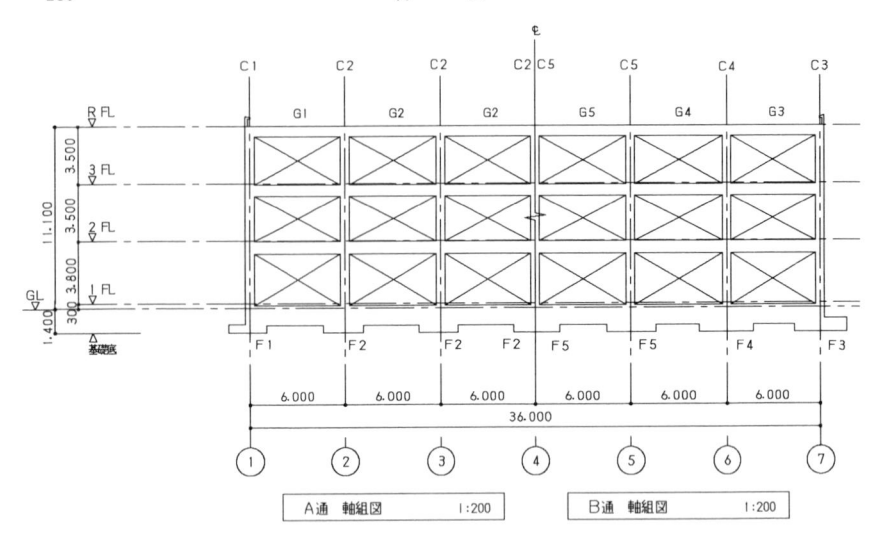

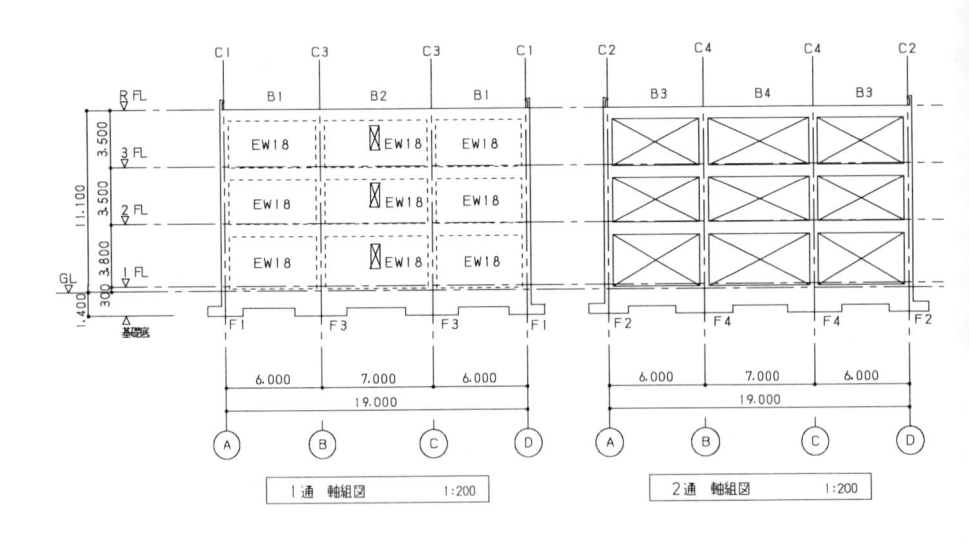

付図2 構造設計図の例2

付　図

大ばりリスト（1）　1:50

階	符　号	G1			G2・G5	
R	位　置	全断面			全断面	
	断　面					
	B × D	350×650			350×650	
	上端筋	2-D25			2-D25	
	下端筋	2-D25			2-D25	
	あばら筋	□D10@200			□D10@200	
	腹筋	2-D10			2-D10	
	備考					
3	位　置	外端	中央	内端	端部	中央
	断　面					
	B × D	350×700	350×700	350×700	350×700	350×700
	上端筋	3-D25	2-D25	3-D25	3-D25	2-D25
	下端筋	3-D25	2-D25	2-D25	2-D25	2-D25
	あばら筋	□D10@200	□D10@200	□D10@200	□D10@200	□D10@200
	腹筋	2-D10	2-D10	2-D10	2-D10	2-D10
	備考					
2	位　置	外端	中央	内端	端部	中央
	断　面	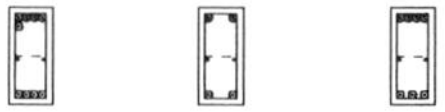				
	B × D	350×750	350×750	350×750	350×750	350×750
	上端筋	5-D25	2-D25	4-D25	4-D25	2-D25
	下端筋	4-D25	2-D25	3-D25	3-D25	2-D25
	あばら筋	□D10@200	□D10@200	□D10@200	□D10@200	□D10@200
	腹筋	2-D10	2-D10	2-D10	2-D10	2-D10
	備考					
1	位　置	外端	中央	内端	全断面	
	断　面	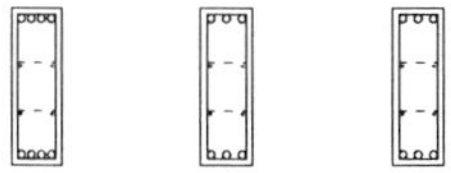			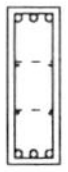	
	B × D	400×1200	400×1200	400×1200	400×1200	
	上端筋	4-D22	3-D22	3-D22	3-D22	
	下端筋	4-D22	3-D22	3-D22	3-D22	
	あばら筋	□D10@150	□D10@150	□D10@150	□D10@150	
	腹筋	4-D10	4-D10	4-D10	4-D10	
	備考					

付図3　構造設計図の例3

大ばりリスト（2）　1:50

階	符号		G3			G4		
R	位置		端部	中央		全断面		
	断面							
	B × D		350×650	350×650		350×650		
	上端筋		3-D25	2-D25		2-D25		
	下端筋		2-D25	2-D25		2-D25		
	あばら筋		□D10@200	□D10@200		□D10@200		
	腹筋		2-D10	2-D10		2-D10		
	備考							
3	位置		端部	中央		2通端	中央	3通端
	断面							
	B × D		350×700	350×700		350×700	350×700	350×700
	上端筋		5-D25	3-D25		4-D25	2-D25	3-D25
	下端筋		3-D25	3-D25		2-D25	2-D25	3-D25
	あばら筋		□D10@75	□D10@75		□D10@200	□D10@200	□D10@200
	腹筋		2-D10	2-D10		2-D10	2-D10	2-D10
	備考							
2	位置		外端	中央	内端	2通端	中央	3通端
	断面							
	B × D		350×750	350×750	350×750	350×750	350×750	350×750
	上端筋		6-D25	3-D25	6-D25	5-D25	3-D25	4-D25
	下端筋		4-D25	3-D25	3-D25	3-D25	3-D25	3-D25
	あばら筋		□D10@75	□D10@75	□D10@75	□D10@150	□D10@150	□D10@150
	腹筋		2-D10	2-D10	2-D10	2-D10	2-D10	2-D10
	備考							
1	位置		外端	中央	内端	全断面		
	断面							
	B × D		400×1200	400×1200	400×1200	400×1200		
	上端筋		4-D22	3-D22	3-D22	3-D22		
	下端筋		4-D22	3-D22	3-D22	3-D22		
	あばら筋		□D10@150	□D10@150	□D10@150	□D10@150		
	腹筋		4-D10	4-D10	4-D10	4-D10		
	備考							

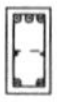

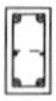

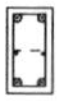

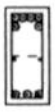

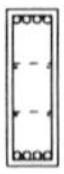

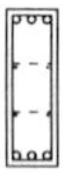

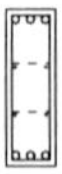

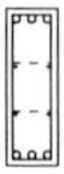

付図 4　構造設計図の例 4

大ばりリスト（3） 1:50

階	符　号	B1, B2	B3, B5			B4, B6	
R	位　置	全断面	外端	中央	内端	端部	中央
	断　面	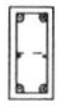 ▯	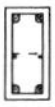 ▯	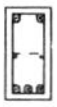 ▯	 ▯	 ▯	 ▯
	B×D	350×700	350×700	350×700	350×700	350×700	350×700
	上端筋	2-D25	2-D25	2-D25	3-D25	3-D25	2-D25
	下端筋	2-D25	2-D25	2-D25	2-D25	2-D25	3-D25
	あばら筋	□D10@200	□D10@200	□D10@200	□D10@200	□D10@200	□D10@200
	腹　筋	2-D10	2-D10	2-D10	2-D10	2-D10	2-D10
	備　考						
3	位　置	全断面	端部	中央		端部	中央
	断　面	 ▯	 ▯	 ▯		 ▯	 ▯
	B×D	350×750	350×750	350×750		350×750	350×750
	上端筋	2-D25	3-D25	2-D25		3-D25	2-D25
	下端筋	3-D25	2-D25	2-D25		2-D25	3-D25
	あばら筋	□D10@200	□D10@200	□D10@200		□D10@200	□D10@200
	腹　筋	2-D10	2-D10	2-D10		2-D10	2-D10
	備　考						
2	位　置	全断面	端部	中央		端部	中央
	断　面	 ▯	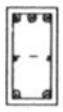 ▯	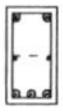 ▯		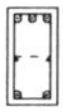 ▯	 ▯
	B×D	400×750	400×750	400×750		400×750	400×750
	上端筋	2-D25	3-D25	2-D25		3-D25	2-D25
	下端筋	3-D25	2-D25	3-D25		2-D25	3-D25
	あばら筋	□D10@150	□D10@150	□D10@150		□D10@150	□D10@150
	腹　筋	2-D10	2-D10	2-D10		2-D10	2-D10
	備　考						
1	位　置	全断面	全断面			全断面	
	断　面	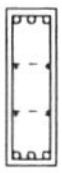 ▯	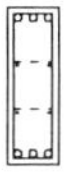 ▯			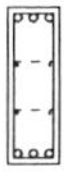 ▯	
	B×D	400×1200	400×1200			400×1200	
	上端筋	3-D22	3-D22			3-D22	
	下端筋	3-D22	3-D22			3-D22	
	あばら筋	□D10@150	□D10@150			□D10@150	
	腹　筋	4-D10	4-D10			4-D10	
	備　考						

付図5　構造設計図の例5

柱リスト 1:50　（　）内は柱脚配筋を示す

階	符号		C1	C2	C3	C4	C5
3	断面						
	B×D		550×550	550×550	550×550	550×550	550×550
	主筋		8-D22	8-D22	8-D22	8-D22	8-D22
	帯筋		□D10@100	□D10@100	□D10@100	□D10@100	□D10@100
	備考						
2	断面						
	B×D		550×550	550×550	550×550	550×550	550×550
	主筋		8-D22	8-D22	10(8)-D22	10-D22	8-D22
	帯筋		□D10@100	□D10@100	□D10@100	□D10@100	□D10@100
	備考						
1	断面						
	B×D		550×550	550×550	550×550	550×550	550×550
	主筋		10(14)-D22	10(14)-D22	12(14)-D22	14(18)-D22	12(18)-D22
	帯筋		□D10@100	□D10@75	□D10@75	□D10@50	□D10@50
	備考						

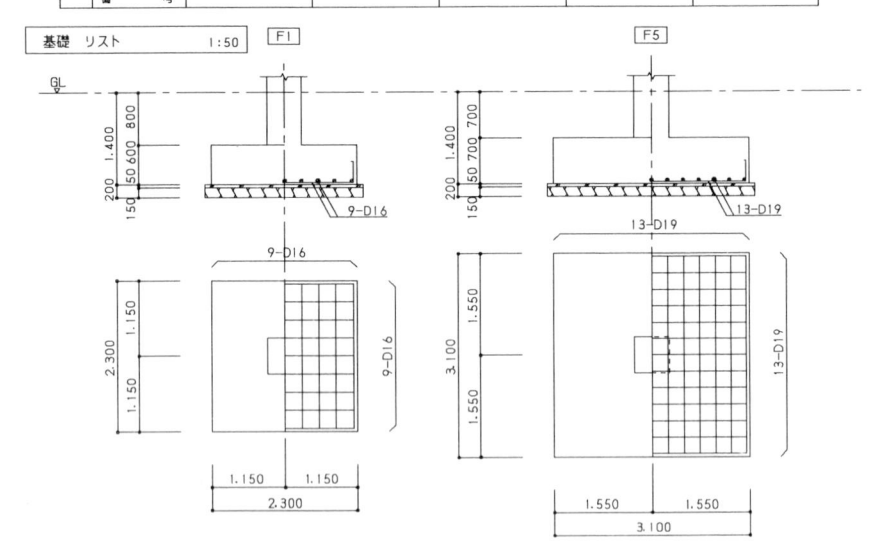

基礎リスト 1:50

付図6　構造設計図の例6

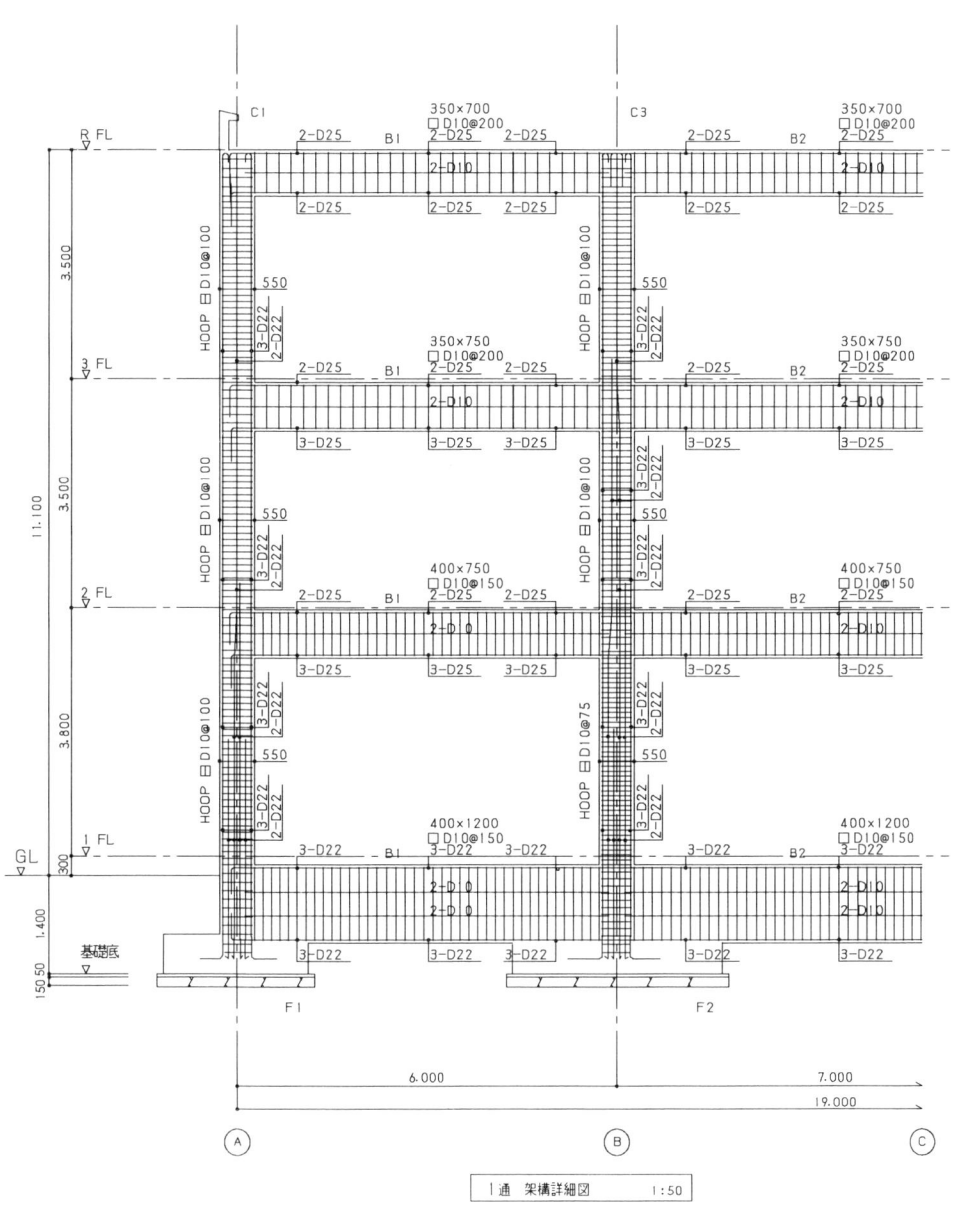

付　図

付図7　構造設計図の例7

1通 架構詳細図　1:50

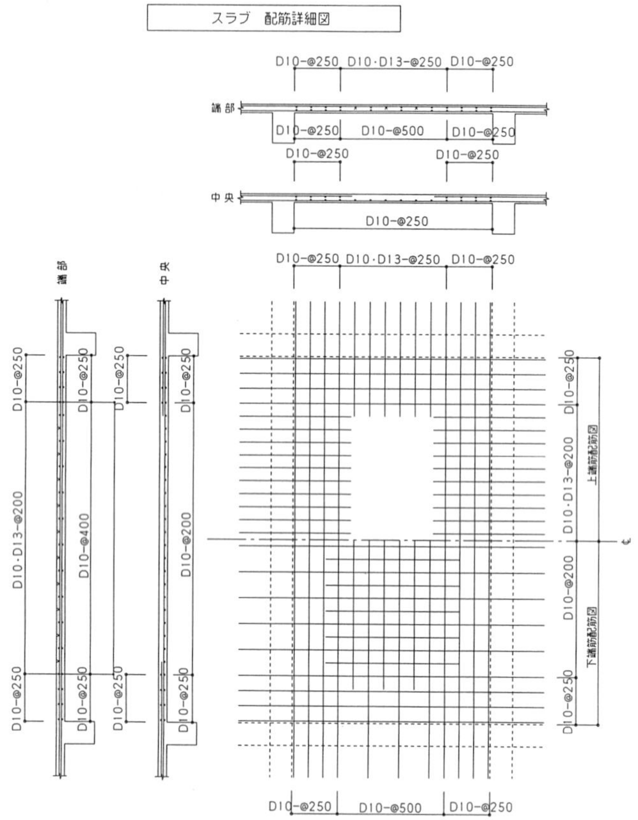

付図8 構造設計図の例8

付図1〜8は，㈱和田建築情報システム開発の建築構造用ソフトアーキプロ-1，アーキプロ-D1，アーキプロ-DRAW1による

付　表

1・1　柱の D 値

(武藤清：耐震設計シリーズ第1巻「耐震計算法」，丸善1963年版，285，286頁より)

| Case 1, 2, 3 | 一様な層高の場合 $D = a k_c \cdots\cdots(1)$ | 記号 k_c：柱の剛比 a：下記により $\bar{k}$ で決まる定数 |

Case 1（一般）

$$\bar{k} = \frac{k_1 + k_2 + k_3 + k_4}{2k_c}, \quad \bar{k} = \frac{k_1 + k_2 + k_{F0} + k_{F1} + k_{F2}}{2k_c}$$

$$a = \frac{\bar{k}}{2 + \bar{k}}$$

Case 2（一端固定）

$$\bar{k} = \frac{k_1 + k_2}{k_c}$$

$$a = \frac{0.5 + \bar{k}}{2 + \bar{k}}$$

Case 3（一端ピン）

$$\bar{k} = \frac{k_1 + k_2}{k_c}$$

$$a = \frac{0.5\bar{k}}{1 + 2\bar{k}}$$

Case 4（柱高 h' が標準柱高 h と異なるとき）

$$D' = a' k_c' \cdots\cdots(2)$$

ここに

$$a' = a \times \left(\frac{h}{h'}\right)^2$$

a：Case 1～3 の公式から求めた値

Case 5（柱の中間にはりをもつとき）

$$D' = \cfrac{1}{\cfrac{1}{D_1}\left(\cfrac{h_1}{h}\right)^2 + \cfrac{1}{D_2}\left(\cfrac{h_2}{h}\right)^2} \cdots\cdots(3)$$

(注)　$\bar{k}$ が小さいとき，相隣る柱やはりの剛比が著しく違う場合には略算法の使用は好ましくない．

1・2 標準反曲点高比 y_0（等分布荷重）

（武藤清：耐震設計シリーズ第1巻「耐震計算法」，丸善1963年版，297頁より）

m	n \ $\overline{k}$	0.1	0.2	0.3	0.4	0.5	0.6	0.7	0.8	0.9	1.0	2.0	3.0	4.0	5.0
1	1	0.80	0.75	0.70	0.65	0.65	0.60	0.60	0.60	0.60	0.55	0.55	0.55	0.55	0.55
2	2	0.45	0.40	0.35	0.35	0.35	0.35	0.40	0.40	0.40	0.40	0.45	0.45	0.45	0.45
	1	0.95	0.80	0.75	0.70	0.65	0.65	0.65	0.60	0.60	0.60	0.55	0.55	0.55	0.50
3	3	0.15	0.20	0.20	0.25	0.30	0.30	0.30	0.35	0.35	0.35	0.40	0.45	0.45	0.45
	2	0.55	0.50	0.45	0.45	0.45	0.45	0.45	0.45	0.45	0.45	0.50	0.50	0.50	0.50
	1	1.00	0.85	0.80	0.75	0.70	0.70	0.65	0.65	0.65	0.60	0.55	0.55	0.55	0.55
4	4	−0.15	0.20	0.15	0.20	0.25	0.30	0.30	0.35	0.35	0.35	0.40	0.45	0.45	0.45
	3	0.25	0.50	0.30	0.35	0.35	0.40	0.40	0.40	0.40	0.45	0.45	0.50	0.50	0.50
	2	0.65	0.55	0.50	0.50	0.45	0.45	0.45	0.45	0.45	0.45	0.50	0.50	0.50	0.50
	1	1.10	0.90	0.80	0.75	0.70	0.70	0.65	0.65	0.65	0.60	0.55	0.55	0.55	0.55
5	5	−0.20	0.00	0.15	0.20	0.25	0.30	0.30	0.30	0.35	0.35	0.40	0.45	0.45	0.45
	4	0.10	0.20	0.25	0.30	0.35	0.35	0.40	0.40	0.40	0.40	0.45	0.50	0.50	0.50
	3	0.40	0.40	0.40	0.40	0.40	0.45	0.45	0.45	0.45	0.45	0.50	0.50	0.50	0.50
	2	0.65	0.55	0.50	0.50	0.50	0.50	0.50	0.50	0.50	0.50	0.50	0.50	0.50	0.50
	1	1.20	0.95	0.80	0.75	0.75	0.70	0.70	0.65	0.65	0.65	0.55	0.55	0.55	0.55
6	6	−0.30	0.00	0.10	0.20	0.25	0.25	0.30	0.30	0.35	0.35	0.40	0.45	0.45	0.45
	5	0.00	0.20	0.25	0.30	0.35	0.35	0.40	0.40	0.40	0.40	0.45	0.45	0.50	0.50
	4	0.20	0.30	0.35	0.35	0.40	0.40	0.40	0.45	0.45	0.45	0.45	0.50	0.50	0.50
	3	0.40	0.40	0.40	0.45	0.45	0.45	0.45	0.45	0.45	0.45	0.50	0.50	0.50	0.50
	2	0.70	0.60	0.55	0.50	0.50	0.50	0.50	0.50	0.50	0.50	0.50	0.50	0.50	0.50
	1	1.20	0.95	0.85	0.80	0.75	0.70	0.70	0.65	0.65	0.65	0.55	0.55	0.55	0.55
7	7	−0.35	−0.05	0.10	0.20	0.20	0.25	0.30	0.30	0.35	0.35	0.40	0.45	0.45	0.45
	6	−0.10	0.15	0.25	0.30	0.35	0.35	0.35	0.40	0.40	0.40	0.45	0.45	0.50	0.50
	5	0.10	0.25	0.30	0.35	0.40	0.40	0.40	0.45	0.45	0.45	0.45	0.50	0.50	0.50
	4	0.30	0.35	0.40	0.40	0.40	0.45	0.45	0.45	0.45	0.45	0.50	0.50	0.50	0.50
	3	0.50	0.45	0.45	0.45	0.45	0.45	0.45	0.45	0.45	0.45	0.50	0.50	0.50	0.50
	2	0.75	0.60	0.55	0.50	0.50	0.50	0.50	0.50	0.50	0.50	0.50	0.50	0.50	0.50
	1	1.20	0.95	0.85	0.80	0.75	0.70	0.70	0.65	0.65	0.65	0.55	0.55	0.55	0.55

1・3 上下のはりの剛比変化のための修正値 y_1

（武藤清：耐震設計シリーズ第1巻「耐震計算法」，丸善1963年版，300頁より）

a_1 \ $\overline{k}$	0.1	0.2	0.3	0.4	0.5	0.6	0.7	0.8	0.9	1.0	2.0	3.0	4.0	5.0
0.4	0.55	0.40	0.30	0.25	0.20	0.20	0.20	0.15	0.15	0.15	0.05	0.05	0.05	0.05
0.5	0.45	0.30	0.20	0.20	0.15	0.15	0.15	0.10	0.10	0.10	0.05	0.05	0.05	0.05
0.6	0.30	0.20	0.15	0.15	0.10	0.10	0.10	0.10	0.05	0.05	0.05	0.05	0.0	0.0
0.7	0.20	0.15	0.10	0.10	0.10	0.05	0.05	0.05	0.05	0.05	0.0	0.0	0.0	0.0
0.8	0.15	0.10	0.05	0.05	0.05	0.05	0.05	0.05	0.0	0.0	0.0	0.0	0.0	0.0
0.9	0.05	0.05	0.05	0.05	0.0	0.0	0.0	0.0	0.0	0.0	0.0	0.0	0.0	0.0

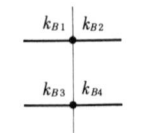

$k_B 上 = k_{B1} + k_{B2}$ 　　a_1：最下層は考えないでよい．

$a_1 = k_B 上 / k_B 下$ 　　上ばりの剛比が大きいときには逆数をとって

$k_B 下 = k_{B3} + k_{B4}$ 　　$a_1：k_B 下 / k_B 上$ として y_1 を求め符号を負（−）とする．

付　　表

1・4 上下の層高変化による修正値 y_2, y_3

y_2：上層の層高変化による修正値　　y_3：下層の層高変化による修正値
(武藤清：耐震設計シリーズ第1巻「耐震計算法」, 丸善1963年版, 301頁より)

a_2上	a_3下	k 0.1	0.2	0.3	0.4	0.5	0.6	0.7	0.8	0.9	1.0	2.0	3.0	4.0	0.5
2.0		0.25	0.15	0.15	0.10	0.10	0.10	0.10	0.10	0.05	0.05	0.05	0.05	0.0	0.0
1.8		0.20	0.15	0.10	0.10	0.10	0.05	0.05	0.05	0.05	0.05	0.05	0.0	0.0	0.0
1.6	0.4	0.15	0.10	0.10	0.05	0.05	0.05	0.05	0.05	0.05	0.05	0.0	0.0	0.0	0.0
1.4	0.6	0.10	0.05	0.05	0.05	0.05	0.05	0.05	0.05	0.05	0.05	0.0	0.0	0.0	0.0
1.2	0.8	0.05	0.05	0.05	0.0	0.0	0.0	0.0	0.0	0.0	0.0	0.0	0.0	0.0	0.0
1.0	1.0	0.0	0.0	0.0	0.0	0.0	0.0	0.0	0.0	0.0	0.0	0.0	0.0	0.0	0.0
0.8	1.2	−0.05	−0.05	−0.05	0.0	0.0	0.0	0.0	0.0	0.0	0.0	0.0	0.0	0.0	0.0
0.6	1.4	−0.10	−0.05	−0.05	−0.05	−0.05	−0.05	−0.05	−0.05	−0.05	0.0	0.0	0.0	0.0	0.0
0.4	1.6	−0.15	−0.10	−0.10	−0.05	−0.05	−0.05	−0.05	−0.05	−0.05	−0.05	0.0	0.0	0.0	0.0
	1.8	−0.20	−0.15	−0.10	−0.10	−0.10	−0.05	−0.05	−0.05	−0.05	−0.05	−0.05	0.0	0.0	0.0
	2.0	−0.25	−0.15	−0.15	−0.10	−0.10	−0.10	−0.10	−0.10	−0.05	−0.05	−0.05	−0.05	0.0	0.0

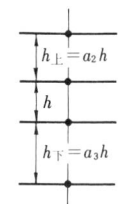

ただし, 最上層については y_2, 最下層については y_3 を考えなくてよい.

y_2：$a_2=h$ 上$/h$ から求める
　　　上層が高いときに正となる
y_3：$a_3=h$ 下$/h$ から求める

$h_上 = a_2 h$
h
$h_下 = a_3 h$

1・5 柱脚固定モーメント解除時の伝達率 DF

(武藤清：耐震設計シリーズ第1巻「耐震計算法」, 丸善1963年版, 289, 315頁より)

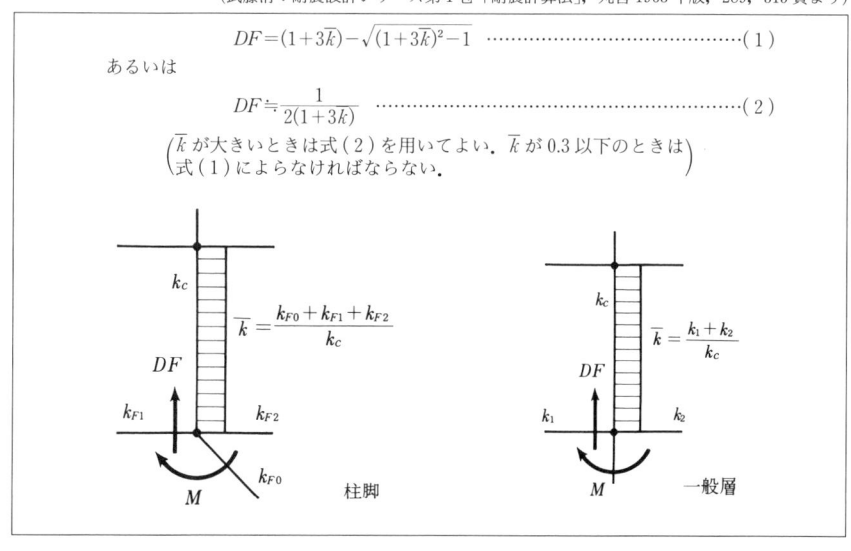

$$DF = (1+3\bar{k}) - \sqrt{(1+3\bar{k})^2 - 1} \quad \cdots\cdots(1)$$

あるいは

$$DF \fallingdotseq \frac{1}{2(1+3\bar{k})} \quad \cdots\cdots(2)$$

($\bar{k}$ が大きいときは式(2)を用いてよい. $\bar{k}$ が0.3以下のときは式(1)によらなければならない.)

柱脚: $\bar{k} = \dfrac{k_{F0} + k_{F1} + k_{F2}}{k_c}$

一般層: $\bar{k} = \dfrac{k_1 + k_2}{k_c}$

2・1 鉄筋の断面積と周長（丸鋼）

丸鋼（溶接金網を含む）の断面積および周長表（太字は断面積 mm^2，細字は周長 mm）

ϕ (mm)	重量 (kg/m)	1−ϕ	2−ϕ	3−ϕ	4−ϕ	5−ϕ	6−ϕ	7−ϕ	8−ϕ	9−ϕ	10−ϕ
4	0.099	**13** 12.6	**25** 25.1	**38** 37.7	**50** 50.2	**63** 62.8	**75** 75.3	**88** 87.8	**101** 100.4	**113** 113.0	**126** 125.5
5	0.154	**20** 15.7	**39** 31.4	**59** 47.1	**79** 62.8	**98** 78.6	**118** 94.3	**137** 110.0	**157** 125.7	**177** 141.4	**196** 157.1
6	0.222	**28** 18.8	**56** 37.6	**85** 56.4	**113** 75.2	**141** 94.0	**169** 112.8	**198** 131.6	**225** 150.4	**254** 169.2	**282** 188.0
7	0.302	**38** 22.0	**77** 44.0	**115** 66.0	**154** 88.0	**192** 110.0	**231** 132.0	**269** 154.0	**308** 176.0	**346** 197.9	**385** 219.9
8	0.395	**50** 25.1	**100** 50.2	**150** 73.5	**200** 100.4	**250** 125.5	**300** 150.5	**350** 175.5	**400** 200.8	**452** 226.0	**502** 251.0
9	0.499	**64** 28.3	**127** 56.5	**191** 84.8	**254** 113.1	**318** 141.4	**382** 169.6	**445** 197.9	**509** 226.2	**573** 254.5	**636** 282.7
12	0.888	**113** 37.7	**226** 75.4	**339** 113.1	**452** 150.8	**565** 188.5	**679** 226.2	**791** 263.9	**905** 301.6	**1 018** 339.3	**1 131** 377.0
13	1.04	**133** 40.8	**265** 81.7	**398** 122.5	**531** 163.4	**664** 204.2	**796** 245.0	**929** 286.0	**1 062** 326.7	**1 195** 367.5	**1 327** 408.4
16	1.58	**201** 50.3	**402** 100.6	**603** 150.9	**804** 201.2	**1 005** 251.5	**1 206** 301.8	**1 407** 352.1	**1 608** 402.4	**1 809** 452.7	**2 011** 503.0
19	2.23	**284** 59.7	**567** 119.4	**851** 179.1	**1 134** 238.8	**1 418** 298.5	**1 702** 358.1	**1 985** 417.8	**2 268** 477.5	**2 552** 537.2	**2 835** 596.9
22	2.98	**380** 69.1	**760** 138.2	**1 140** 207.3	**1 521** 276.5	**1 901** 345.6	**2 281** 414.7	**2 661** 483.8	**3 041** 552.9	**3 421** 622.0	**3 801** 691.2
25	3.85	**491** 78.5	**982** 157.1	**1 473** 235.6	**1 963** 314.2	**2 454** 392.7	**2 945** 471.2	**3 436** 549.8	**3 927** 628.3	**4 418** 706.9	**4 909** 785.4
28	4.83	**616** 88	**1 231** 175.9	**1 847** 263.9	**2 463** 351.9	**3 079** 439.8	**3 694** 527.8	**4 310** 615.8	**4 926** 703.7	**5 542** 791.7	**6 158** 879.2
32	6.31	**804** 100.5	**1 608** 201.1	**2 413** 301.6	**3 217** 402.1	**4 021** 502.7	**4 826** 603.2	**5 630** 703.7	**6 434** 804.2	**7 238** 904.8	**8 042** 1 007.0

2・2 鉄筋の断面積と周長（異形）

異形棒鋼の断面積および周長表（太字は断面積 mm^2，細字は周長 mm）

呼び名	重量 (kg/m)	1−D	2−D	3−D	4−D	5−D	6−D	7−D	8−D	9−D	10−D
D 6	0.249	**32** 20	**64** 40	**96** 60	**128** 80	**160** 100	**192** 120	**224** 140	**258** 160	**288** 180	**320** 200
D 8	0.389	**50** 25	**99** 50	**149** 75	**198** 100	**248** 125	**297** 150	**347** 175	**396** 200	**446** 225	**495** 250
D 10	0.560	**71** 30	**143** 60	**214** 90	**285** 120	**357** 150	**428** 180	**499** 210	**570** 240	**642** 270	**713** 300
D 13	0.995	**127** 40	**254** 80	**381** 120	**508** 160	**635** 200	**762** 240	**889** 280	**1 016** 320	**1 143** 360	**1 270** 400
D 16	1.56	**199** 50	**398** 100	**597** 150	**796** 200	**995** 250	**1 194** 300	**1 393** 350	**1 592** 400	**1 791** 450	**1 990** 500
D 19	2.25	**287** 60	**574** 120	**861** 180	**1 148** 240	**1 435** 300	**1 722** 360	**2 009** 420	**2 296** 480	**2 583** 540	**2 870** 600
D 22	3.04	**387** 70	**774** 140	**1 161** 210	**1 548** 280	**1 935** 350	**2 322** 420	**2 709** 490	**3 096** 560	**3 483** 630	**3 870** 700
D 25	3.98	**507** 80	**1 014** 160	**1 521** 240	**2 028** 320	**2 535** 400	**3 042** 480	**3 549** 560	**4 056** 640	**4 563** 720	**5 070** 800
D 29	5.04	**642** 90	**1 284** 180	**1 926** 270	**2 568** 360	**3 210** 450	**3 852** 540	**4 494** 630	**5 136** 720	**5 778** 810	**6 420** 900
D 32	6.23	**794** 100	**1 588** 200	**2 382** 300	**3 176** 400	**3 970** 500	**4 764** 600	**5 558** 700	**6 352** 800	**7 146** 900	**7 940** 1 000
D 35	7.51	**957** 110	**1 914** 220	**2 871** 330	**3 828** 440	**4 785** 550	**5 742** 660	**6 699** 770	**7 656** 880	**8 613** 990	**9 570** 1 110
D 38	8.95	**1 140** 120	**2 280** 240	**3 430** 360	**4 560** 480	**5 700** 600	**6 840** 720	**7 980** 840	**9 120** 960	**10 260** 1 080	**11 400** 1 200
D 41	10.5	**1 340** 130	**2 680** 260	**4 020** 390	**5 360** 520	**6 700** 650	**8 040** 780	**9 380** 910	**10 720** 1 040	**12 060** 1 170	**13 400** 1 300

3・1 鉄筋本数とはり・柱の最小限幅
（主筋，あばら筋，帯筋とも異形鉄筋，片隅フック・フック後曲げ）

最 小 限 幅 b（単位：mm）

	主筋本数 あばら筋 主筋 帯筋		2	3	4	5	6	7	8	9	10
はり	D 16	D 10 D 13	235 275	285 325	335 375	385 425	435 475	485 525	535 575	585 625	635 675
	D 19	D 10 D 13	235 275	290 330	340 380	395 435	445 485	500 540	555 595	605 645	660 700
	D 22	D 10 D 13	235 275	295 335	355 395	410 450	470 510	525 565	585 625	645 685	700 740
	D 25	D 10 D 13 D 16	240 280 320	305 345 385	370 410 450	435 475 515	505 540 585	570 610 650	635 675 715	700 740 780	765 805 845
	D 29	D 10 D 13 D 16	240 280 320	320 360 400	395 435 475	470 510 555	550 590 630	625 665 705	705 745 785	780 820 860	855 895 940
	D 32	D 13 D 16	280 325	365 405	450 490	535 575	620 660	700 745	785 825	870 910	955 995
	D 35	D 13 D 16	285 325	375 420	470 510	565 605	655 695	750 790	840 885	935 975	1 030 1 070
	D 38	D 13 D 16	285 325	385 425	485 525	585 625	685 725	785 825	885 925	985 1 025	1 085 1 125
柱	D 16	D 10 D 13	230 265	280 315	330 365	380 415	430 465	480 515	530 565	580 615	630 665
	D 19	D 10 D 13	230 270	285 320	340 375	390 425	445 480	495 535	550 585	605 640	655 690
	D 22	D 10 D 13	235 270	295 330	350 390	410 445	465 505	525 560	585 620	640 680	700 735
	D 25	D 10 D 13 D 16	240 275 310	305 340 380	370 405 445	435 470 510	500 540 575	570 605 640	635 670 710	700 735 775	765 800 840
	D 29	D 13 D 16	280 315	355 395	430 470	510 550	585 625	665 700	740 780	815 855	895 935
	D 32	D 13 D 16	280 320	365 405	450 485	530 570	615 655	700 740	785 825	870 905	950 990
	D 35	D 13 D 16	285 320	375 415	470 510	565 600	655 695	750 785	840 880	935 975	1 030 1 065
	D 38	D 16	325	415	525	625	725	825	925	1 025	1 125

〔注〕
- あばら筋・帯筋の形状は図のようにし，末端部折曲げは1隅とする．
- あばら筋・帯筋が9φ，13φ，16φの場合には，それぞれD 10，D 13，D 16の表を準用する．
- 屋外で耐久性有効な仕上げのない場合は，表の数値に20 mmを加える．
- 土に接する場合は，表の数値に20 mmを加える．
- 主筋がD 38の場合は，許容付着応力度を検討する．

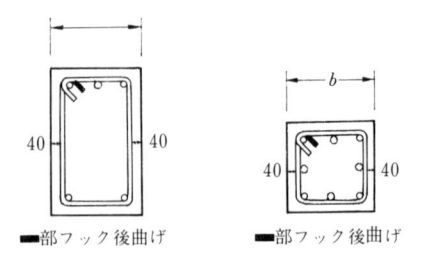

■部フック後曲げ　　■部フック後曲げ

3・2 鉄筋本数とはり・柱の最小限幅

（主筋，あばら筋，帯筋とも異形鉄筋，**片隅フック・フック先曲げ**）

	主筋	あばら筋 帯筋	主筋本数 2	3	4	最小限幅 b(単位：mm) 5	6	7	8	9	10
はり	D 16	D 10 D 13	195 210	235 250	285 300	335 350	385 400	435 450	485 500	535 550	585 600
	D 19	D 10 D 13	195 215	240 255	295 310	345 360	400 415	450 470	505 520	560 575	610 625
	D 22	D 10 D 13	200 220	250 265	310 325	365 380	425 440	480 500	540 555	600 615	655 670
	D 25	D 10 D 13 D 16	210 225 245	265 280 300	330 350 365	400 415 435	465 480 500	530 545 565	595 610 630	660 680 695	730 745 765
	D 29	D 10 D 13 D 16	220 235 255	290 305 320	365 380 395	440 460 475	520 535 550	595 610 635	675 690 705	750 765 780	825 845 860
	D 32	D 13 D 16	245 260	320 335	400 420	485 500	570 585	655 670	740 755	820 840	905 920
	D 35	D 13 D 16	255 270	335 350	430 445	520 540	615 630	710 725	800 815	895 910	985 1 005
	D 38	D 13 D 16	260 275	350 365	450 465	550 565	650 665	750 765	850 865	950 965	1 050 1 065
柱	D 16	D 10 D 13	185 200	225 240	275 290	325 340	375 390	425 440	475 490	525 540	575 590
	D 19	D 10 D 13	190 205	235 250	285 300	340 355	395 410	445 460	500 515	550 565	605 620
	D 22	D 10 D 13	200 215	245 260	305 320	360 375	420 435	480 495	535 550	595 610	650 665
	D 25	D 10 D 13 D 16	210 220 240	265 275 295	330 340 360	395 405 425	460 470 490	530 540 560	595 605 625	660 670 690	725 735 755
	D 29	D 13 D 16	230 245	300 315	375 390	450 465	530 545	605 620	685 700	760 775	835 850
	D 32	D 13 D 16	240 250	315 325	400 410	480 495	565 580	650 660	735 745	820 830	900 915
	D 35	D 13 D 16	255 265	335 345	430 440	520 530	615 625	710 720	800 810	895 905	985 995
	D 38	D 16	270	360	460	560	660	760	860	960	1 060

〔注〕
- あばら筋・帯筋の形状は図のようにし，末端部折曲げは交互に異なる隅を折り曲げる．
- その他，p.292 表3・1の〔注〕に準ずる．

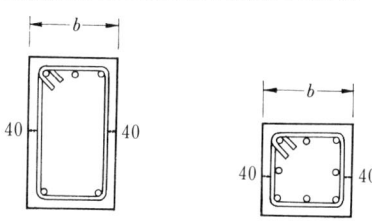

3・3 鉄筋本数とはり・柱の最小限幅

はり：(主筋，あばら筋とも異形鉄筋，U字形・フック先曲げ，交互フック・フック先曲げ)

柱：(主筋，帯筋とも異形鉄筋，**交互フック・フック先曲げ**)

最小限幅 b (単位：mm)

	主筋	主筋本数 あばら筋 帯筋	2	3	4	5	6	7	8	9	10
は り	D 16	D 10 D 13	210 245	245 260	285 300	335 350	385 400	435 450	485 500	535 550	585 600
	D 19	D 10 D 13	210 245	250 265	295 310	345 360	400 415	450 470	505 520	560 575	610 625
	D 22	D 10 D 13	210 245	260 275	310 325	365 380	425 440	480 500	540 555	600 615	655 670
	D 25	D 10 D 13 D 16	215 250 285	275 290 315	330 350 370	400 415 435	465 480 500	530 545 570	595 610 635	660 680 700	730 745 765
	D 29	D 10 D 13 D 16	215 250 285	300 315 330	365 380 395	440 460 475	520 535 550	595 610 630	675 690 705	750 765 780	825 845 860
	D 32	D 13 D 16	250 285	330 345	400 420	485 500	570 585	655 670	740 755	820 840	905 920
	D 35	D 13 D 16	255 290	345 360	430 445	520 540	615 630	710 725	800 815	895 910	985 1 005
	D 38	D 13 D 16	255 290	360 375	450 465	550 565	650 665	750 765	850 865	950 965	1 050 1 065
柱	D 16	D 10 D 13	205 235	235 260	275 300	325 350	375 400	425 450	475 505	525 550	575 600
	D 19	D 10 D 13	205 235	245 265	285 310	340 360	395 415	445 470	500 520	550 575	605 625
	D 22	D 10 D 13	210 240	255 275	305 325	360 380	420 440	480 500	535 555	595 615	650 670
	D 25	D 10 D 13 D 16	215 245 275	275 285 315	330 340 370	395 405 435	460 470 500	530 540 570	595 605 635	660 670 700	725 735 765
	D 29	D 13 D 16	245 280	310 325	375 395	450 470	530 545	605 625	685 700	760 780	835 855
	D 32	D 13 D 16	250 285	325 335	400 410	480 495	565 580	650 660	735 745	820 830	900 915
	D 35	D 13 D 16	255 285	345 355	430 440	520 530	615 625	710 720	800 810	895 905	985 995
	D 38	D 16	290	370	460	560	660	760	860	960	1 060

〔注〕
- あばら筋・帯筋の形状は図のようにする。
- U字形はスラブと同時にコンクリートを打ち込むT形およびL形ばりにのみ用いる。
- その他，p.292 表 3・1 の〔注〕に準ずる。

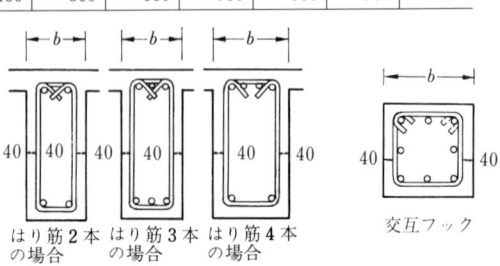

付　図

$$I_0 = \frac{bD^3}{12}$$

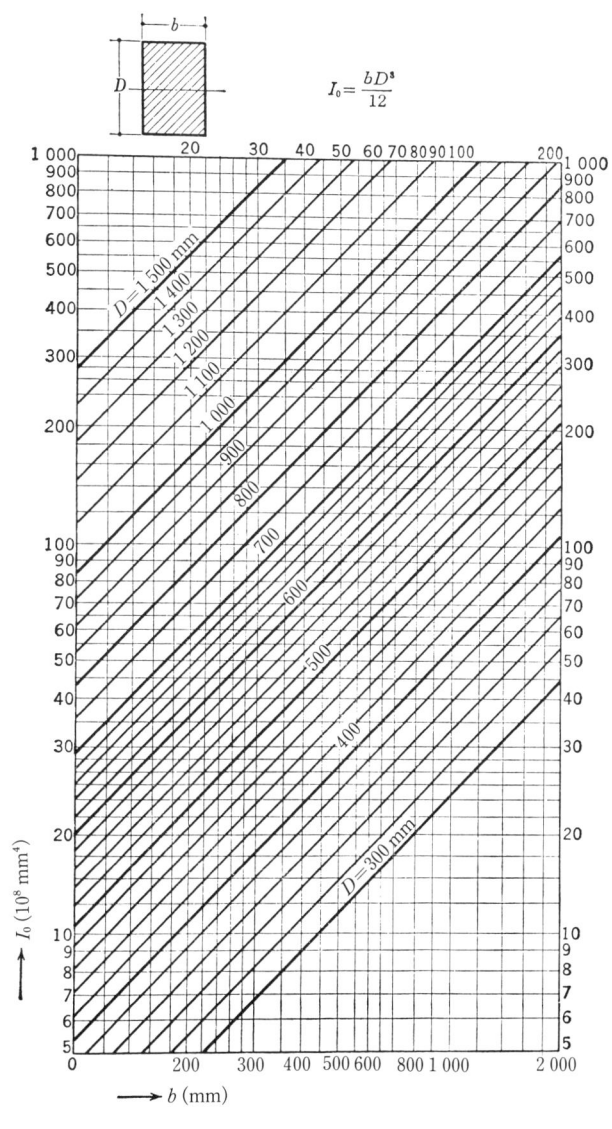

付図 1・1　長方形断面 2 次モーメント計算図表
（日本建築学会：鉄筋コンクリート構造計算基準・同解説より）

$$I = \phi \frac{bD^3}{12} = \phi I_0$$

ここに $\phi = 4\alpha - 3\dfrac{\beta^2}{\gamma}$

$\begin{cases} \alpha = 1 + (b_1 - 1)t_1^3 \\ \beta = 1 + (b_1 - 1)t_1^2 \\ \gamma = 1 + (b_1 - 1)t_1 \end{cases}$ $\begin{cases} b_1 = \dfrac{B}{b} \\ t_1 = \dfrac{t}{D} \end{cases}$

下図は，t/D，B/b を知って，係数 ϕ を求めるものである．

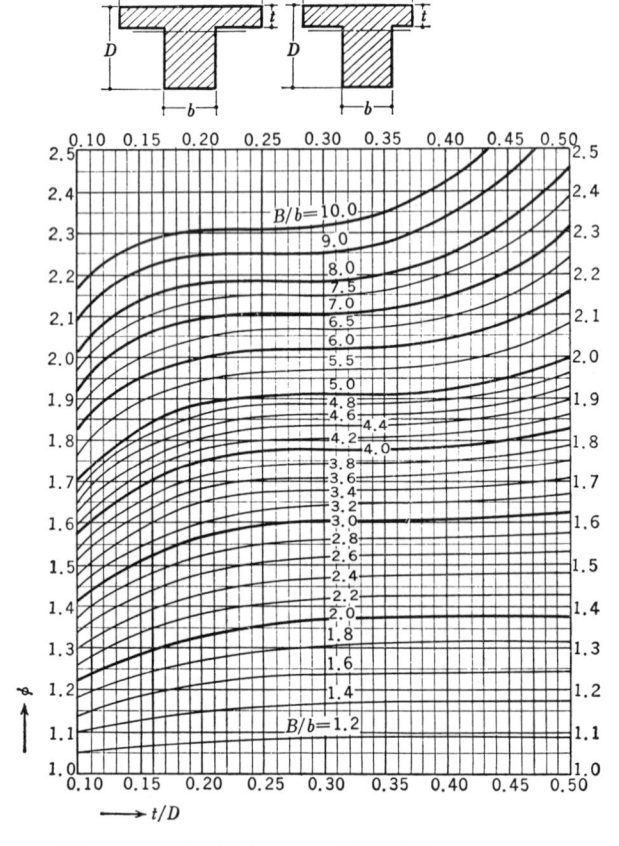

付図 1・2　T形断面2次モーメント計算図表
（日本建築学会：鉄筋コンクリート構造計算基準・同解説より）

付　　図

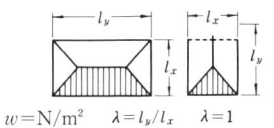

$w = \text{N/m}^2$　　$\lambda = l_y/l_x$　　$\lambda = 1$

（図表の数値は，はりの片側の
スラブに関するものである）

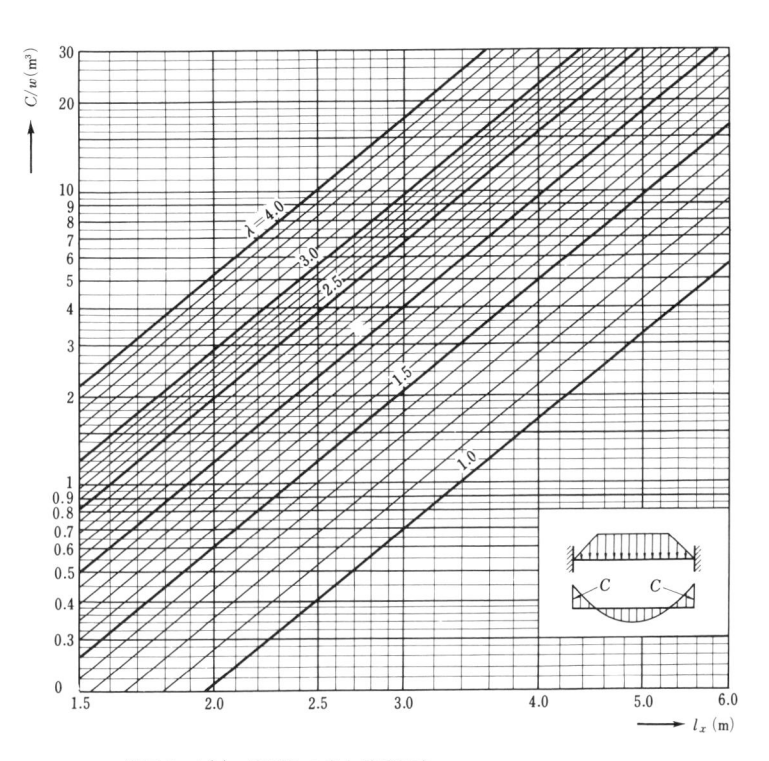

付図 2・1 (a)　床ばりの応力計算図表
（日本建築学会：鉄筋コンクリート構造計算基準・同解説より）

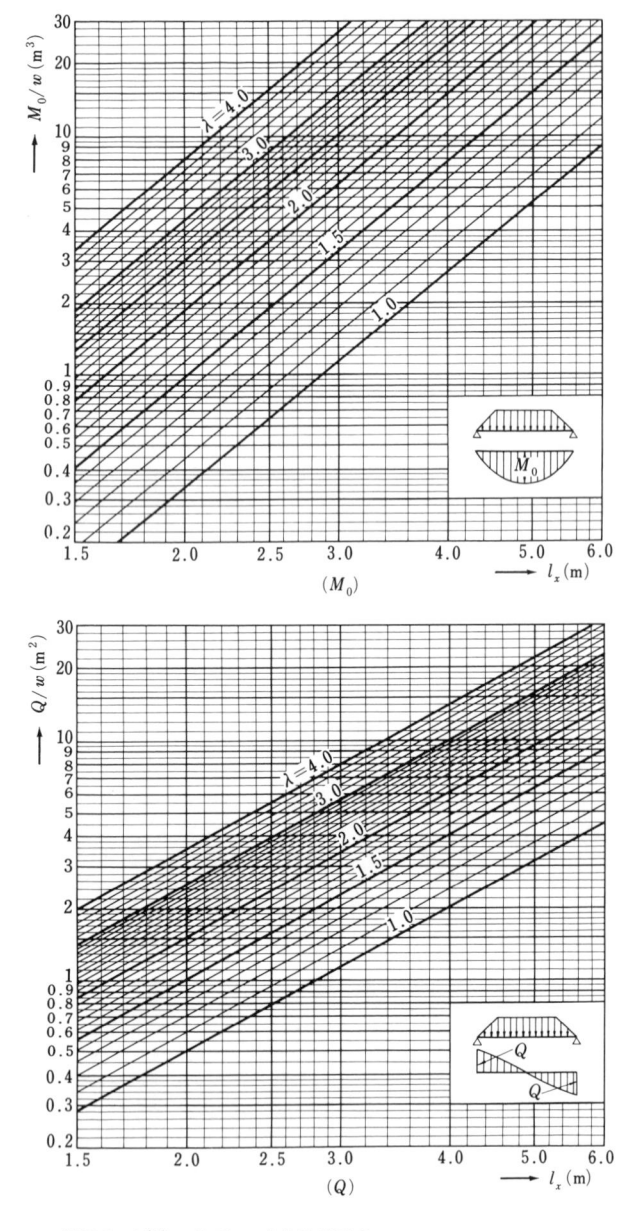

付図2・1(b) 床ばりの応力計算図表
(日本建築学会:鉄筋コンクリート構造計算基準・同解説より)

付　図

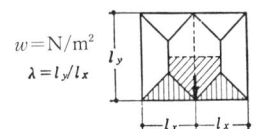

$w = \text{N/m}^2$
$\lambda = l_y/l_x$

（図表の数値は，はりの片側の
スラブに関するものである）

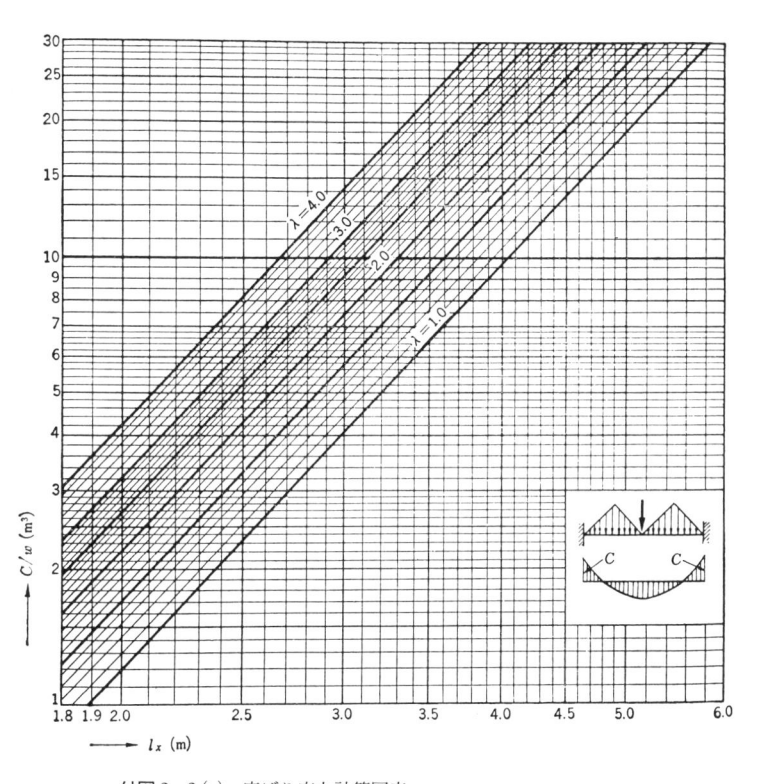

付図 2・2(a)　床ばり応力計算図表
（日本建築学会：鉄筋コンクリート構造計算基準・同解説より）

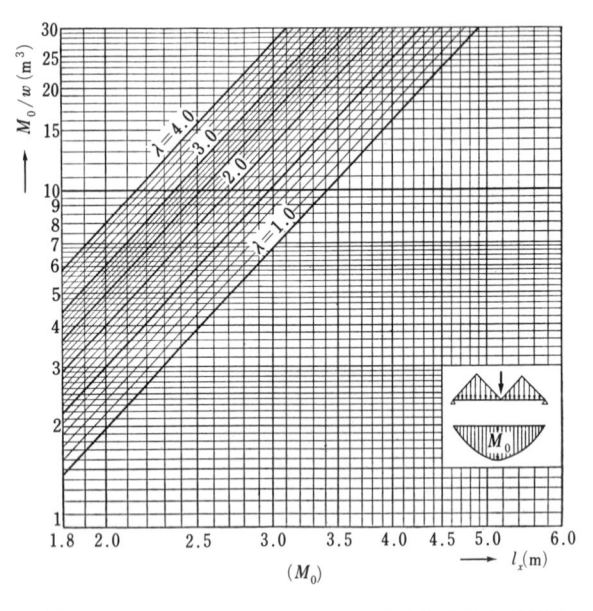

付図 2・2(b)　床ばり応力計算図表
（日本建築学会：鉄筋コンクリート構造計算基準・同解説より）

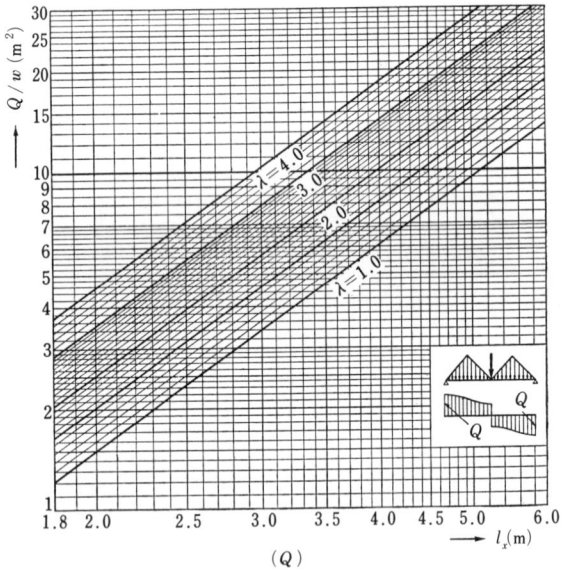

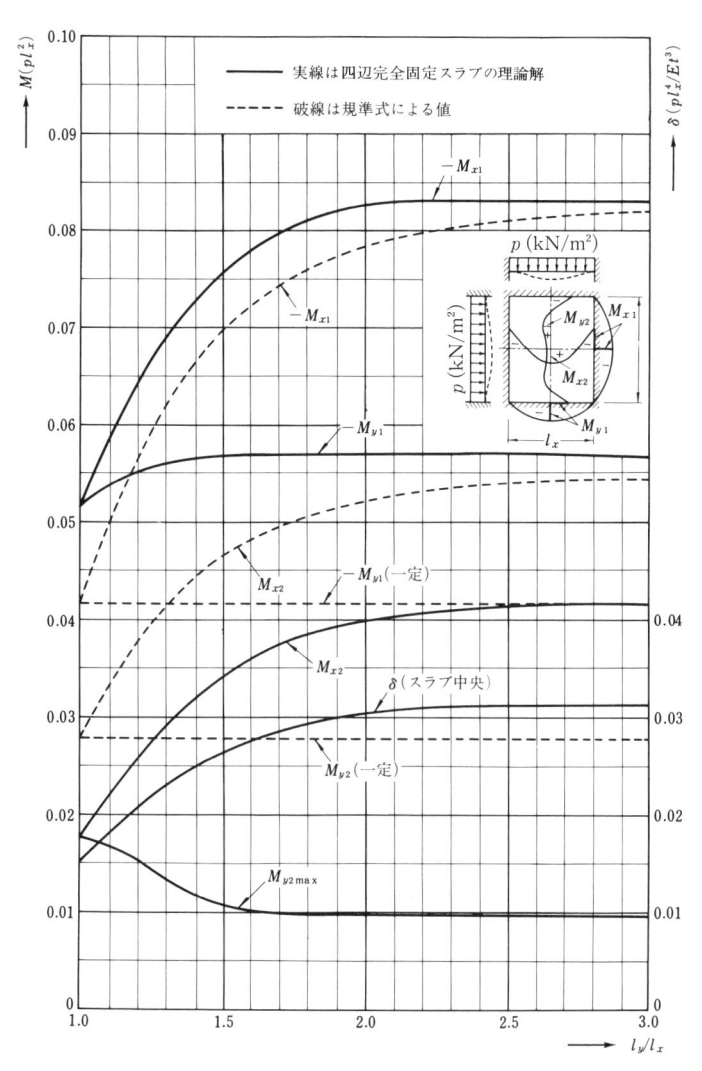

付図3・1 等分布荷重時四辺固定スラブの曲げモーメントとたわみ δ ($\nu=0$)
(東洋一, 小森清司：平板構造, 建築構造学大系 11 より)

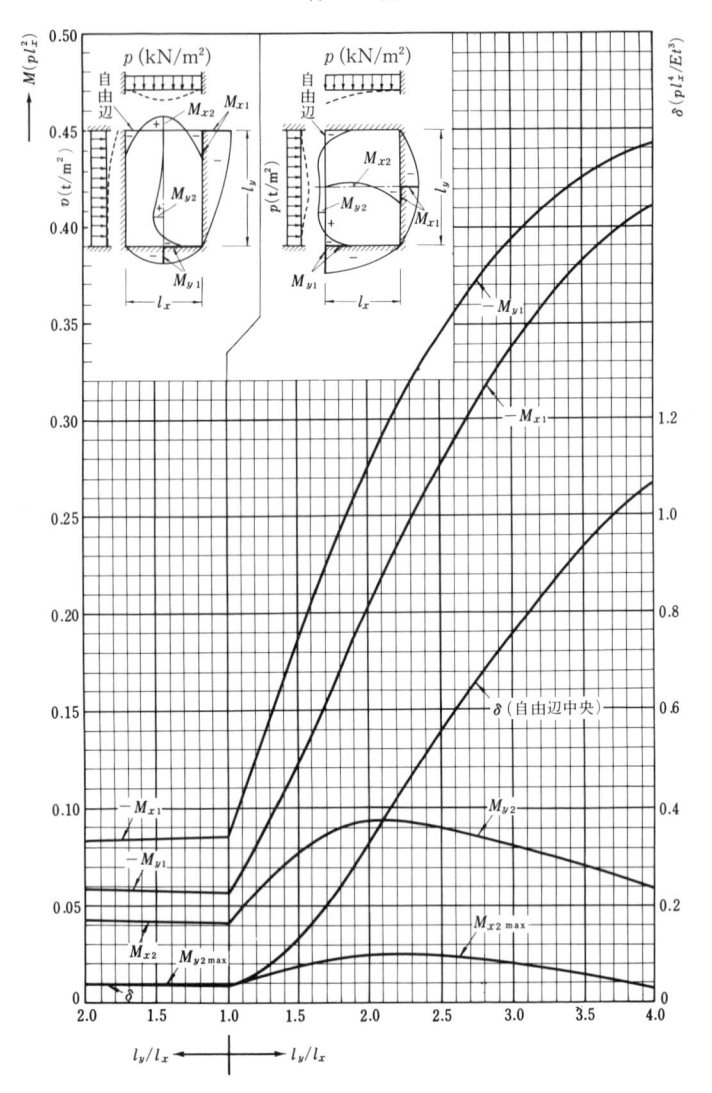

付図3・2 等分布荷重時三辺固定，一辺自由スラブの曲げモーメントとたわみ δ ($\nu=0$)
(東洋一，小森清司：平板構造，建築構造学大系11より)

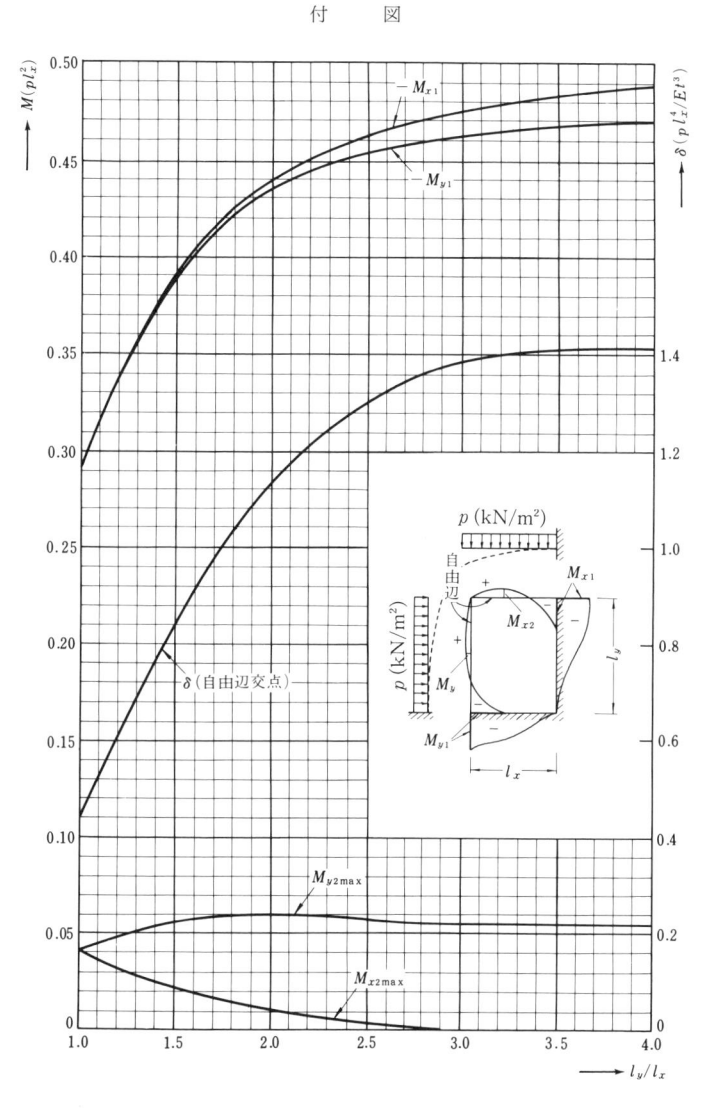

付図3・3 等分布荷重時二隣辺固定,他辺自由スラブの曲げモーメントとたわみ δ ($\nu=0$)
(東洋一,小森清司:平板構造,建築構造学大系11より)

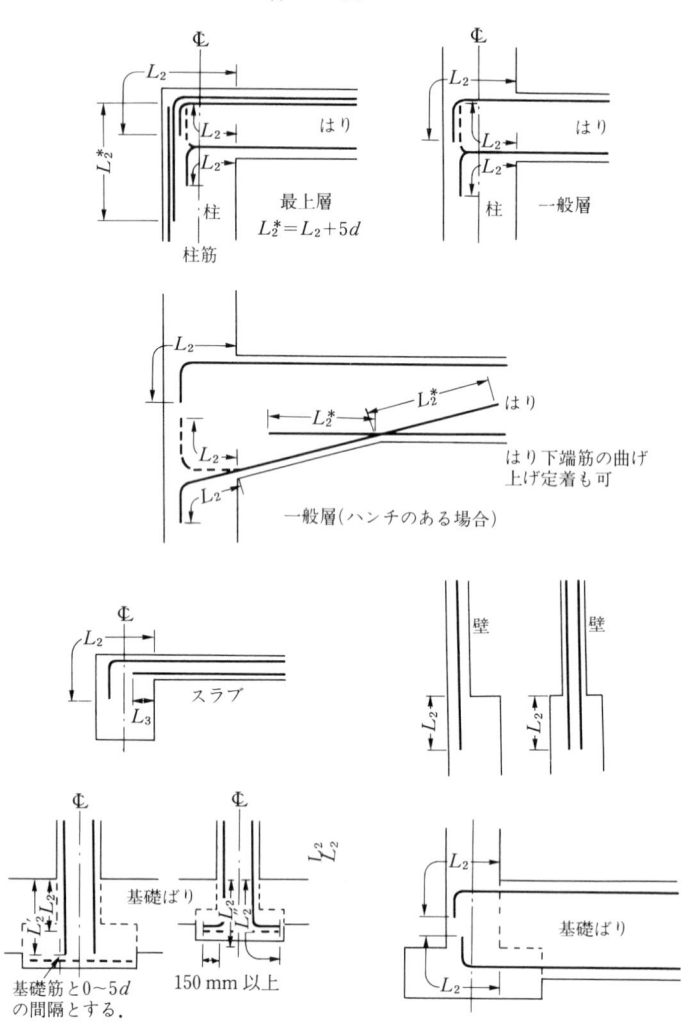

L_2'：L_2 の長さで垂直に定着できる場合でも
　　　L_2' まで伸ばす．
L_2''：L_2 の長さで垂直に定着できない場合は
　　　L_2'' とする．ただし，L_2'' は L 以上とし，
　　　かつ水平折曲げ部長さ 150 mm 以上とする．

付図 4　定着長さの取り方（JASS 5 より）

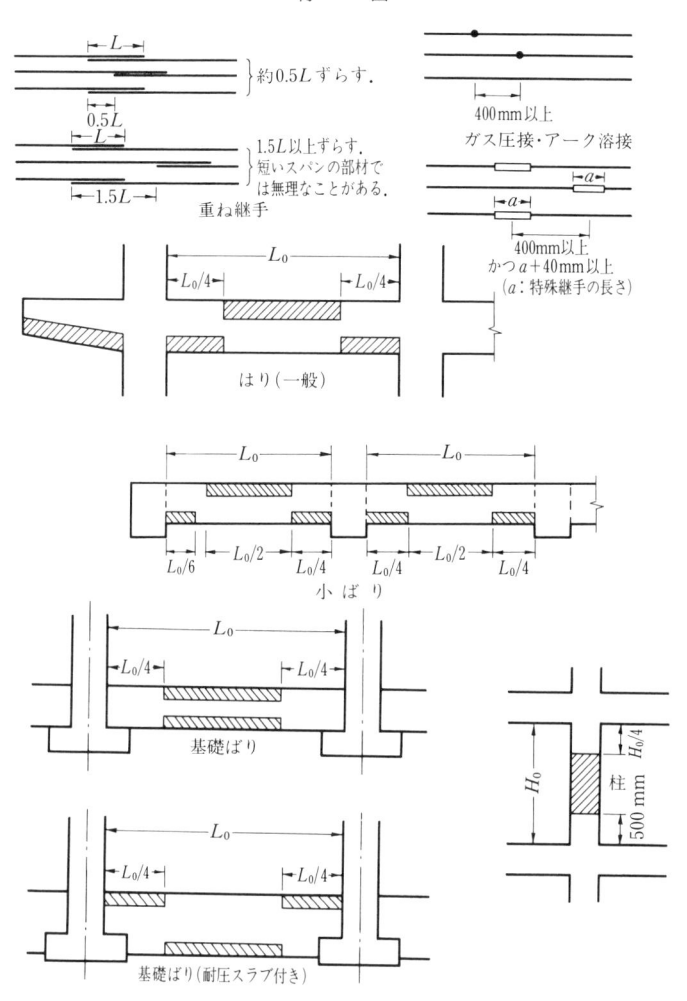

付　図

付図5　継手の位置（JASS 5 より）

演習問題略解

第2章 演習問題（1）(p. 32 ～ 33)

(1) 222 年，395 年　　(2)

(3) 50%

(4) 9.1×10^{-4}

(5) 省略

コンクリート	普通ポルト	早強ポルト	高炉B種
砂利	60%	92%	54%
1種軽量	58%	84%	53%

第4章 演習問題（2）(p. 99)

(1) $x_n = 180$ mm　　(2) $M(長) = 1\,120$ kN·m, $M(短) = 168$ kN·m

(3) $B = 1\,500$ mm, $B' = 900$ mm; $B = 1\,540$ mm, $B' = 920$ mm

(4) $x_{n_1}^3 + 3n(p_c + p_t)x_{n_1} - 3n(p_c d_{c_1} + p_t) = 0$

$$M_1 = \frac{f_c}{x_{n_1}}\left\{\frac{x_{n_1}^4}{6} + np_c(x_{n_1} - d_{c_1})^2 + np_t(x_{n_1} - 1)^2\right\}\frac{Bd^2}{2}$$

$$M_2 = \frac{f_t}{n(x_{n_1} - 1)}\left\{\frac{x_{n_1}^4}{6} + np_c(x_{n_1} - d_{c_1})^2 - np_t(x_{n_1} - 1)^2\right\}\frac{Bd^2}{2}$$

(5) 拘束した場合 $M = 112$ kN·m, 拘束しない場合 $M = 86$ kN·m

第5章 演習問題（3）(p. 116)

(1) $p_t = 0.26\%$, $a_t = 930$ mm², 補正して 958 mm², 4-D 19 (1 148 mm²)

(2) $p_t = 0.52\%$, $a_t = 1\,300$ mm², 補正して 1 389 mm², 4-D 22 (1 548 mm²)
長期で決まるので隅筋を考えて 5-D 22 (1 935 mm²)

(3) 1 700 kN　(4) 普通コンクリート 1 360 kN, 軽量コンクリート 1 130 kN

第6章 演習問題（4）(p. 137)

(1) A, B 端とも構造制限で, 2-D 10, @ 225 mm

(2) 左端 2-D 10 @ 200 mm, 右端 2-D 10 @ 125 mm, 付着力は略

(3) 省略

第7章 演習問題（5）(p. 161)

(1) 異形鉄筋でも, 例題1）の配筋に準ずる.

(2) 長辺方向 8-13ϕ, 短辺方向 10-13ϕ

(3) 長辺方向 8-D 22, 短辺方向 10-D 13（図 7 の（3）を参照）

(4) $b_1 = 1.3$ m, $b_2 = 3.0$ m

演習問題略解

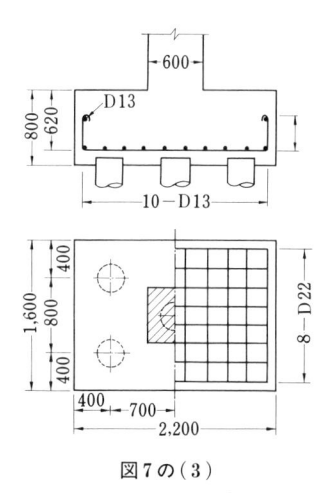

図7の(3)

(5) 基礎ばり端部上ば 2-D 25，下ば 5-D 25，中央部上ば 3-D 25，下ば 2-D 25，あばら筋 2-D 13 @ 200 mm，中腹用心筋 8-D 13，基礎スラブ，はりに直角方向 D 13 @ 250 mm，用心筋はり方向 D 13 @ 300 mm

第8章 演習問題(6)(p. 183)
(1) 端部上ば D 13, D 10 の交互 @ 200 mm
(2) 短辺端部 $a_t = 542 \text{ mm}^2/\text{m}$, D 13, D 10 交互 @ 150 mm
中 央 部 $a_t = 360 \text{ mm}^2/\text{m}$, D 10 @ 150 mm
長辺端部 $a_t = 390 \text{ mm}^2/\text{m}$, D 10 @ 150 mm
中 央 部 $a_t = 260 \text{ mm}^2/\text{m}$, D 10 @ 300 mm

第9章 演習問題(7)(p. 193)
(1)(2) 省略　(3) フックのある場合 1 170 mm，フックの無い場合 1 510 mm

第10章 演習問題(8)(p. 205)
(1) 262 kN·m　(2) 335 kN·m　(3) 265 kN·m, 343 kN·m

参 考 文 献

編著者	書名	発行所
日本建築学会	鉄筋コンクリート構造計算規準・同解説	
〃	建築工事仕様書・同解説 JASS 5	
〃	1968 十勝沖地震災害調査報告	
〃	建築学便覧	丸善
近藤・坂	コンクリート工学ハンドブック	朝倉書店
浜田 稔	軽量コンクリート構造	丸善
ＡＬＡ懇談会	人工軽量骨材	
軽量骨材コンクリートハンドブック編集（委員会）	軽量骨材コンクリートハンドブック	日刊工業新聞
西・礒	軽量コンクリートと重量コンクリート	技術書院
坂 静雄	鉄筋コンクリート学教程	産業図書
〃	鉄筋コンクリートの研究	〃
小倉・石井・高橋・岩間	鉄筋コンクリート 建築学大系 16-1	彰国社
松井・望月	鉄筋コンクリート構造 建築構造学4	鹿島出版
吉田徳次郎	鉄筋コンクリート設計方法	養賢堂
神山 一	鉄筋コンクリート 標準土木工学講座 17	コロナ社
赤尾・水野	鉄筋コンクリート工学	オーム社
蛭田・谷・桜井・松井・望月・十代田・若林・勝田・竹内	鉄骨鉄筋コンクリート構造・工作物の構造 建築学大系 18	彰国社
坪井善勝(訳補)	マルクス：床板の計算	コロナ社
坪井善勝	平面構造論	丸善
東・小森	平板構造	彰国社
湯浅亀一	材料力学	コロナ社
松下清夫	建築安全計画	鹿島出版会
金井 清	地震学 建築学大系 11	彰国社
武藤 清	耐震計算法 耐震設計シリーズ 1	丸善
〃	構造設計法 建築学大系 14	彰国社
大原資生	最新 耐震工学	森北出版
成田春人	建築構造計画実施例	鹿島出版会
梅村・鈴木	骨組のデザイン	産業図書
ACI STANDARDS	Building Code Requirements for Reinforced Concrete (ACI 318-63)	彰国社
梅村 魁	新しい耐震設計	日本建築センター
日本建築センター	新耐震設計に関する試行設計解析等調査報告書	日本建築センター
柴田明徳	最新耐震構造解析	森北出版
日本建築センター	改正建築基準法施工令新耐震基準に基づく構造計算指針・同解説	日本建築センター

索　引

あ　行

あき　91
圧縮鉄筋比　83
圧密作用　138
あばら筋　1, 117, 121
　——比　122
安全率　2, 30
異形鉄筋　4, 6
1次固有周期　46, 209
1次設計　45, 67, 217
　——用　46
　——用地震力　48
ウォールガーダー　91
AE剤　13
永久ひずみ　6
F 値　208
応力中心距離　79, 81
応力ひずみ図　4
帯　筋　100, 118, 129
　——柱　100
　——比　130
折曲げ筋　1, 117, 122

か　行

核　141
荷重係数　195
荷重項　53, 54
ガス圧接　191
かぶり厚さ　25
基礎ばり　91, 138
基礎スラブ　138, 150
境界効果　62
境界条件　163
許容応力度　2, 30
　——法　194
許容水平せん断力　171
許容せん断応力度　30
許容せん断力　123
許容塑性率　71
許容付着応力度　32
くい基礎　138
空気量　15
クリープ　22
　——限度　22

形状係数　197
形状特性係数　70, 72
軽量骨材　12
軽量コンクリート　8
減水剤　13
減衰定数　71
剛　域　35, 49
交差ばり　165
剛　心　37, 69
剛性率　69, 239
構造規定　69
構造特性係数　70
構造要素　35
高張力鋼　4, 5
剛　度　51
剛　比　50, 51, 212, 213
降伏点　4
骨　材　8, 11
固定荷重　40
固定端モーメント　54
固定法　52, 55
混和材料　13

さ　行

細骨材　11
地震荷重　45
4辺固定スラブ　167
4辺固定版　166
斜張力　18, 75, 117, 121, 132
終局強度式　203
終局強さ　2, 194
終局破壊　171
修正ポータル法　60
主応力　117
　——度　121
常用の長さ　187
振動特性係数　46
水酸化石灰　10
水平荷重　59
水平震度　209
水平力　59
スラブ　86
　——ハンチ　156
スリーブ継手　192
成分調整鋼　5

索　引

積載荷重　42
積雪荷重　44
設計基準強度　28
設計震度　45
設計用1次固有周期　46
設計用応力　65
設計用地震力　45, 48
接地圧　138
セメント　9
　——水比説　14
せん断応力　117, 118
せん断強度　17
せん断スパン　117
　——比　124, 173
せん断弾性係数　5, 21, 28
せん断破壊　35
せん断ひび割れ　202
せん断補強　121, 202
　——筋　121, 172
　——筋比　173
せん断力分布係数　60
線膨張係数　28
層間変位　68
層間変形角　68
層せん断力　71, 209
　——係数　45, 59
　——分布係数　46, 68
相対変位　61
粗骨材　11
塑性　2
　——設計　194
　——設計法　70
　——中心　199
　——ひずみ　22
　——変形　5, 125
粗粒率　11

た 行

耐久性　24
耐震壁　35, 37, 61, 162, 171
耐力壁　162
たばね鉄筋　192
単筋ばり　80, 196
弾性係数　20
弾性限度　4
弾性設計　2, 30
弾力半径　69
地域係数　46, 47, 68
中性化　24
中立軸　79
　——比　81

長柱　113
直接基礎　138
疲れ　22
継手長さ　186
つりあい断面　82
つりあい鉄筋比　77, 82
T形ばり　86, 198
低減係数　43
定尺　7
D 値　61
定着　184
　——長さ　186
鉄筋比　81
等価あばら筋比　123
等価断面1次モーメント　77, 102
等価断面2次モーメント　77, 103
等価断面積　102

な 行

2次設計　45, 67, 68
　——用　46
ねじり剛性　69
ねじりモーメント　131, 164
ねじれ振動　69
ねじれ補正係数　237
熱膨張係数　1, 6, 24

は 行

反曲点　60
　——高比　63, 215
版剛度　163
ハンチ　89
パンチングシヤー　152
引抜耐力　216
引張り鉄筋比　77
標準剛度　51, 61, 213
表面活性剤　13
比例限度　4
複筋ばり　80, 197
複筋比　77, 83, 85
付着応力度　27
付着力　1, 26
普通骨材　11
普通コンクリート　8
フック　184
　——の法則　5
プレストレストコンクリート　2
分布係数　209
平面版　162
平面保持の法則　75
偏心距離　69, 101

偏心率　69, 239
ポアソン数　5, 21
ポアソン比　21, 28
棒　鋼　6
保有水平耐力　70
保有せん断力　70

ま　行

曲げ降伏モーメント　125, 128
曲げ破壊モーメント　195
丸　鋼　6
水セメント比　1, 14

や　行

ヤング係数　5, 20, 28
　――比　28, 75
有効せい　76, 80
有効断面積　91
有効断面2次モーメント　50

有効等価断面1次モーメント　79
有効等価断面2次モーメント　83
有効幅　50, 86, 212
床スラブ　53, 162
用心筋　155
溶接金網　8
用途係数　40
余　長　185, 189
呼び名　7

ら　行

らせん筋　100
流動化剤　8, 13
冷間加工鋼　5
レディーミクストコンクリート　9

わ　行

ワーカビリチー　8

著者略歴

福島　正人（ふくしま・まさと）（故人）
- 1922 年 12 月 15 日生まれ
- 1945 年　東京大学工学部建築学科卒業
- 1952 年　鹿児島県立大学講師
- 1957 年　鹿児島大学助教授
- 1964 年　大阪工業大学教授
- 1992 年　大阪工業大学名誉教授　工学博士

大場　新太郎（おおば・しんたろう）（故人）
- 1941 年 1 月 28 日生まれ
- 1963 年　大阪工業大学工学部建築学科卒業
- 1972 年　大阪工業大学講師
- 1984 年　大阪工業大学助教授
- 1989 年　大阪工業大学教授
- 2005 年　広島国際大学副学長
- 2005 年　大阪工業大学名誉教授　工学博士

和田　勉（わだ・べん）
- 1936 年 11 月 23 日生まれ
- 1961 年　早稲田大学理工学部建築学科卒業
- 1981 年　（株）和田建築技術研究所代表取締役

鉄筋コンクリート構造（第 6 版）
　　　　　　　　　　　　　　　© 福島正人・大場新太郎・和田　勉　2004

		【本書の無断転載を禁ず】
1972 年 12 月 10 日	第 1 版第 1 刷発行	
1974 年 12 月 1 日	第 1 版第 4 刷発行	
1980 年 3 月 10 日	第 2 版第 5 刷発行	
1983 年 10 月 31 日	第 3 版第 3 刷発行	
1990 年 3 月 5 日	第 4 版第 5 刷発行	
2003 年 3 月 28 日	第 5 版第 13 刷発行	
2004 年 4 月 10 日	第 6 版第 1 刷発行	
2022 年 3 月 10 日	第 6 版第 6 刷発行	

著　　者　福島正人・大場新太郎・和田　勉
発 行 者　森北博巳
発 行 所　森北出版株式会社
　　　　　東京都千代田区富士見 1-4-11（〒102-0071）
　　　　　電話 03-3265-8341／FAX 03-3264-8709
　　　　　https://www.morikita.co.jp/
　　　　　日本書籍出版協会・自然科学書協会　会員
　　　　　JCOPY ＜（一社）出版者著作権管理機構　委託出版物＞

落丁・乱丁本はお取替えいたします　　印刷／太洋社・製本／ブックアート

Printed in Japan／ISBN978-4-627-51166-8

MEMO